权威·前沿·原创

皮书系列为
"十二五""十三五"国家重点图书出版规划项目

B

BLUE BOOK

智库成果出版与传播平台

温州蓝皮书

BLUE BOOK OF WENZHOU

编委会主任／马永良　陈建明
执行主任／洪文滨

2020年温州经济社会形势分析与预测

ANALYSIS AND FORECAST ON ECONOMY AND
SOCIETY OF WENZHOU (2020)

主　编／王　健　王春光　金　浩
副主编／朱康对　任　晓　陈中权

社会科学文献出版社
SOCIAL SCIENCES ACADEMIC PRESS (CHINA)

图书在版编目(CIP)数据

2020年温州经济社会形势分析与预测/王健,王春光,金浩主编.--北京:社会科学文献出版社,2020.6
(温州蓝皮书)
ISBN 978-7-5201-6715-4

Ⅰ.①2… Ⅱ.①王…②王…③金… Ⅲ.①区域经济-经济分析-温州-2019②社会分析-温州-2019③区域经济-经济预测-温州-2020④社会预测-温州-2020 Ⅳ.①F127.553

中国版本图书馆CIP数据核字(2020)第092102号

温州蓝皮书
2020年温州经济社会形势分析与预测

主　　编／王　健　王春光　金　浩
副 主 编／朱康对　任　晓　陈中权

出 版 人／谢寿光
组稿编辑／宋　静　邓泳红
责任编辑／宋　静　吴云苓

出　　版／社会科学文献出版社・皮书出版分社 (010) 59367127
　　　　　地址:北京市北三环中路甲29号院华龙大厦　邮编:100029
　　　　　网址:www.ssap.com.cn
发　　行／市场营销中心 (010) 59367081　59367083
印　　装／天津千鹤文化传播有限公司
规　　格／开本:787mm×1092mm　1/16
　　　　　印　张:26　字　数:389千字
版　　次／2020年6月第1版　2020年6月第1次印刷
书　　号／ISBN 978-7-5201-6715-4
定　　价／128.00元

本书如有印装质量问题,请与读者服务中心 (010-59367028) 联系

▲ 版权所有 翻印必究

温州蓝皮书编委会

主　　任	马永良　陈建明
执行主任	洪文滨
主　　编	王　健　王春光　金　浩
副 主 编	朱康对　任　晓　陈中权
编　　辑	缪来顺　周义邦　陈　勋
英文翻译	林李硕
编　　审	（按姓氏笔画排序）
	方立明　白小虎　朱　彬　刘玉侠　李　涛
	陈立旭　郑黎明　郎友兴　胡瑞怀　洪振宁
	贾焕翔　徐明华　潘忠强

主编简介

王 健 中共温州市委党校教育长、中国农村社会学专业委员会委员、浙江省社科信息学会第六届理事会副理事长、浙江省哲学社会科学重点研究基地"文化发展创新与文化浙江建设研究中心"研究员、温州市公共政策研究团队"社会治理创新"负责人。主要从事区域社会发展、人口结构变迁等研究，发表文章40余篇，获得地厅级成果奖10余项。2007年以来，一直主持温州蓝皮书日常编撰工作，2017年获得"皮书专业化二十年·致敬人物"。

王春光 中国社会科学院社会学所副所长，社会政策研究中心副主任，中国社会科学院社会学研究所首席研究员，博士，博士生导师，享受国务院特殊津贴专家。长期从事农村社会发展、农村流动人口、社会阶层和社会流动、海外移民等方面的研究。曾主持和参与国家社会科学基金课题、中国社会科学院重点课题的研究，先后出版了《社会流动和社会重构》《中国农村社会变迁》《中国城市化之路》《巴黎的温州人》《中国农村社会分化和农民负担研究》等专著，并先后在《中国社会科学》《社会学研究》《社会》《中国人口科学》等杂志上发表多篇文章。

金 浩 曾任中共温州市委讲师团团长、中共温州市委党校副校长、温州市乡镇企业局局长、温州市科学技术委员会主任。

摘　要

本书是中共温州市委党校与中国社会科学院社会学研究所合作推出的第13本关于温州经济社会发展形势分析与预测的报告。

总报告指出，2019年温州经济社会在外部经济环境不确定性加大、风险加剧的形势下，保持战略定力，以"两个健康"先行区和自主创新示范区为主抓手，推动高质量发展，为经济社会发展提供了新动能，全年经济运行平稳，四个季度的经济增长均处于8%以上的良好态势，连续19个季度经济增长水平处于7.5%~8.5%，全年地区生产总值增长8.2%，明显高于全省平均水平，城市综合实力由2018年的第35位上升到第30位；社会民生事业继续向好，温州入选"中国十大最具幸福感城市"和"中国气候宜居城市"。2020年，受新冠肺炎疫情影响，温州经济面临较大下行压力，金融风险和就业压力有所上升，必须密切关注疫情发展，小心应对。课题组指出，全市人民要努力团结在市委市政府周围，保持战略定力，把统筹推进疫情防控和经济社会发展的两篇文章做得更深更实更好，温州经济社会仍将保持平稳的发展局面。在疫情不出现反复的情况下，预计全年地区生产总值增长将处于6.5%~7%，若秋冬季出现反复，则地区生产总值增长将处于5.5%~6%。

本报告以官方的统计数据和第一手调查资料为依据，分领域全景式地展现了2019年温州经济社会运行的情况，分6个板块（不含附录），共1篇总报告和29篇分报告。经济篇深入分析了经济运行、工业经济、农业经济、投资、外经贸、服务业、财税、金融、旅游的运行形势并提出了应对挑战和问题的对策建议，全景式地呈现了温州经济发展的图景。

社会篇着重研究社会治安、城乡居民收入与消费、就业、村（社区）

规模优化调整等领域的形势和问题。

文化篇分析了文化发展、民俗体育、旅游市场主体发展面临的形势和问题，提出了相应的发展建议。

生态篇对全局性生态环境保护工作、工业污染、生态环保基础设施、省级以上自然保护区做了深入研究和分析。

专题篇分别对温州经济社会发展趋势、规上工业企业经营、金融业高质量发展、民营企业对外开放、小微园区建设、国资运营、"两个健康"先行区建设、龙港撤镇设市、农民资产受托代管融资等改革和发展的重要领域进行了分析研究，并给出专业性、有针对性的建议。

关键词： 温州经济　社会形势　新冠肺炎疫情　高质量发展

Abstract

This book is the thirteenth report on the analysis and forecast on economic and social development of Wenzhou jointly compiled by Wenzhou Municipal Party Committee School andthe Institute of Sociology, Chinese Academy of Social Sciences.

According to the general report, Wenzhou has managed to stick to its strategies for economic and social development in 2019 in spite of the increasing uncertainty and risks of external economic environment. Centering on the development of "Two Health" pilot zone and independent innovation demonstration zone, the city has managed to promote quality development and offer new drive to the economic and social development, leading to a smooth economic development throughout the year. The economic growth rate of the four seasons all reached above 8%, which helps the city gain an economic growth rate between 7.5% and 8.5% for 19 successive seasons. The annual gross regional product reached by 8.2%, obviously higher than the average level of Zhejiang Province. The comprehensive strength of the city leapt from 35th place in 2018 to 30th place. Besides, Wenzhou was selected as one of "Top 10 Happiest Cities in China" and "Livable Cities in China", proving that people's life has continued improving. Affected by COVID – 19, however, Wenzhou is facing greater downward pressure in 2020, including increasing financial risks and employment pressure. It is necessary to pay close attention to the development of the epidemic and handle it with care. The research group points out that all Wenzhou citizens should stand together with the municipal Party committee and the municipal government to better enhance COVID – 19 prevention and control and promote economic and social development sticking to related strategies, so as to maintain stable economic and social development. If the epidemic stabilizes, the annual gross regional product will be somewhere between 6.5% and 7%. However, if it makes a comeback, the figure will be somewhere between 5.5% and 6%.

This report, replying on official statistics and first-hand data gained from investigation, shows the economic and social operation of Wenzhou in 2019 in different fields panoramically. It is divided into 6 parts (Appendix is not included), consisting of one general report and 29 specific reports. Economy Reports makes in-depth analysis of the situation of economy, industrial economy, service industry, financial industry, agriculture, foreign trade, investment, tourism and finance, and meanwhile offers countermeasures and suggestions to help handle challenges and problems, presenting a panoramic view of the economic development of Wenzhou.

Society Reports centers on the situation and problems of employment, social security, income and expenditure of urban and rural residents, optimization and adjustment of village (community) scale, etc.

Culture Reports analyzes the situation and problems of cultural development, folk sports, and tourism market players and offers relevant suggestions.

Ecology Reports makes in-depth research and analysis on overall ecological environmental protection, industrial pollution, ecological environmental protection infrastructure, and provincial level natural reserves.

Special Reports, consisting of 9 reports, makes analysis and research on the major fields of reform and development, including judgment of Wenzhou's economic and social development trend, operation of industrial enterprises above designated size, quality development of financial industry, developmentof industrial parks for small and micro-sized enterprises, reform of state-owned assets operation, "Two Health" pilot zone, county-to-city upgrade of Longgang, and entrusted escrow financing of farmers' assets, and offers professional, specific suggestions.

Keywords: Wenzhou Economy; Social Situation; COVID – 19; High – quality Development

目 录

Ⅰ 总报告

B.1 2019年温州经济社会形势分析与2020年预测 …………… 课题组 / 001
    一　2019年温州经济社会发展总体形势 ……………………………… / 003
    二　新冠肺炎疫情给温州经济社会发展带来的挑战 ………………… / 013
    三　2020年温州经济社会发展展望与政策建议 ……………………… / 014

Ⅱ 经济篇

B.2 温州经济运行分析与预测（2019~2020）…………… 高顺岳 / 021

B.3 温州工业经济运行分析与展望（2019~2020）………… 任　晓 / 035

B.4 温州农业农村经济发展形势分析（2019~2020）
    ………………………………………………… 谢小荣　林晓滨 / 058

B.5 温州市固定资产投资形势分析与展望（2019~2020）
    ………………………………………………… 邹向阳　万秀芝 / 067

B.6 温州外经贸形势分析及预测（2019~2020）
    ………………………… 林　俐　张月馨　房　娣　金碧婷 / 074

B.7 温州服务业发展形势分析与预测（2019~2020）……… 郑黎明 / 084

B.8 温州地方财税运行形势分析与预测（2019~2020）
　　　　　　　　　　　　　　　　　　　　陈宣安　金童童 / 094

B.9 温州市金融形势分析与展望（2019~2020）………… 周荣俊 / 109

B.10 温州旅游经济运行分析及预测（2019~2020） ……… 胡念望 / 122

Ⅲ 社会篇

B.11 温州社会治安形势分析 …………………………………… 黄建春 / 142

B.12 2019年温州城乡居民收入与消费状况分析报告
　　　　　　　　　　　　　　　　　徐俊　王梵　傅一特 / 153

B.13 2019年温州就业形势及对策建议 ……………………… 杨美凤 / 167

B.14 温州市村（社区）规模优化调整研究报告 …………… 缪来顺 / 178

Ⅳ 文化篇

B.15 2019年温州文化发展报告 ……………………………… 陈中权 / 188

B.16 温州民俗体育发展现状研究 ……………………………… 陈秋 / 204

B.17 温州市旅游市场主体研究报告 …………………………… 谢中榜 / 218

Ⅴ 生态篇

B.18 2019年温州市生态环境保护进展报告
　　　　　　　　　　　　　　　　　　唐庆蝉　薛设　叶舒帆 / 230

B.19 温州市工业污染状况分析报告 …… 薛设　唐庆蝉　潘霞 / 238

B.20 温州市生态环保基础设施现状及提升对策研究
　　　　　　　　　　　　林海转　黄兆惠　程璐璐　麻素挺 / 251

B.21 温州市省级以上自然保护区治理研究报告
　　　　　　　　　　　　程璐璐　胡佳佳　林海转　孙肖飒 / 260

Ⅵ 专题篇

B.22 领导干部对温州2019年经济社会发展评价和2020年趋势判断
　　……………………………………………………… 陈忠谊 / 270

B.23 2019年温州市规模以上工业企业经营形势分析报告
　　………………………………… 张建东　谢伯寿　张瑞玹 / 285

B.24 温州金融业高质量发展研究报告
　　………………………………… 章　炜　刘　逍　胡仁智 / 297

B.25 温州民营企业对外开放研究报告（2019~2020）
　　………………………………………… 张洪胜　潘利泽 / 311

B.26 温州小微园区运营管理现状及对策建议 ……… 林　巍 / 328

B.27 温州市国资运营产融结合实践研究 ……… 柯园园 / 338

B.28 温州新时代"两个健康"先行区进展研究报告 ……… 夏天舒 / 348

B.29 龙港撤镇设市研究报告 ……………………… 朱康对 / 363

B.30 温州市瓯海区农民资产受托代管融资研究报告 …… 徐　炯 / 377

Ⅶ 附录

B.31 1978~2019年温州经济社会发展主要指标 ………………… / 388

CONTENTS

I General Report

B.1 Analysis and Forecast on Economic and Social Development of
Wenzhou (2019)　　　　　　　　　　　　　　*Research Group* / 001
　　1. The General Situation of Wenzhou's Economy and Society in 2019　/ 003
　　2. The Challenges Brought by COVID-19 to Wenzhou's Economic and
　　　 Social Development　　　　　　　　　　　　　　　　　/ 013
　　3. Prospect of Wenzhou's Economic and Social Development in 2020
　　　 and Policy Suggestions　　　　　　　　　　　　　　　 / 014

II Economy Reports

B.2 Analysis and Forecast on Economic Operation Situation of
Wenzhou (2019-2020)　　　　　　　　　　　　*Gao Shunyue* / 021

B.3 Analysis and Prospect on Industrial Economy of Wenzhou (2019-2020)
　　　　　　　　　　　　　　　　　　　　　　　 Ren Xiao / 035

B.4 Analysis of Agriculture and Rural Economy Development in
Wenzhou (2019-2020)　　　　　　　　 *Xie Xiaorong, Lin Xiaobin* / 058

CONTENTS

B.5 Analysis and Prospect of the Situation of Fixed Assets Investment of Wenzhou　　　　　　　　　　　　*Zou Xiangyang, Wan Xiuzhi* / 067

B.6 Analysis and Forecast on Wenzhou's Foreign Trade Development (2019-2020)
　　　　　　　　Lin Li, Zhang Yuexin, Fang Di and Jin Biting / 074

B.7 Analysis and Forecast on Wenzhou's Service Industry Development (2019-2020)　　　　　　　　　　*Zheng Liming* / 084

B.8 Analysis and Forecast on Operational Aspect of Wenzhou's Local Finance and Taxation (2019-2020)　　*Chen Xuanan, Jin Tongtong* / 094

B.9 Analysis and Prospect of Financial Situation in Wenzhou (2019-2020)
　　　　　　　　　　　　　　　　　　　　　Zhou Rongjun / 109

B.10 Analysis and Forecast on Wenzhou's Tourism Economy (2019-2020)
　　　　　　　　　　　　　　　　　　　　　Hu Nianwang / 122

III Society Reports

B.11 Analysis on Wenzhou's Social Security Situation　　*Huang Jianchun* / 142

B.12 Report on Wenzhou's Urban and Rural Residents' Income and Consumption in 2019　　　*Xu Jun, Wang Fan and Fu Yite* / 153

B.13 Wenzhou's Employment Situation in 2019 and Suggestions
　　　　　　　　　　　　　　　　　　　　　Yang Meifeng / 167

B.14 Report on the Optimization and Adjustment of Village (Community) Scale in Wenzhou　　　　　　　　　　　*Miao Laishun* / 178

IV Culture Reports

B.15 Report on Wenzhou's Cultural Development in 2019
　　　　　　　　　　　　　　　　　　　　　Chen Zhongquan / 188

B.16 Research on the Development of Wenzhou's Folk Sports

Chen Qiu / 204

B.17 Report on Wenzhou's Tourism Market Players *Xie Zhongbang* / 218

V　Ecology Reports

B.18 Report on the Progress of Ecological Environment Protection in Wenzhou in 2019　*Tang Qingchan, Xue She and Ye Shufan* / 230

B.19 Report on the Industrial Pollution in Wenzhou

Xue She, Tang Qingchan and Pan Xia / 238

B.20 Research on the Current Situation of and Improvement Measures for Wenzhou's Ecological Environmental Protection Facilities

Lin Haizhuang, Huang Zhaohui, Cheng Lulu and Ma Suting / 251

B.21 Report on the Management of Natural Reserves above Provincial Level in Wenzhou

Cheng Lulu, Hu Jiajia, Lin Haizhuang and Sun Xiaofeng / 260

VI　Special Reports

B.22 Leading Cadres' Comments on Wenzhou's Economic and Social Development Situation in 2019 and Trend Judgments of 2020

Chen Zhongyi / 270

B.23 Business Situation Analysis on Industrial Enterprises above Designated Size in Wenzhou in 2019

Zhang Jiandong, Xie Boshou and Zhang Ruixuan / 285

B.24 Report on the Quality Development of Wenzhou's Financial Industry

Zhang Wei, Liu Xiao and Hu Renzhi / 297

B.25 Report on the Opening-up of Private Enterprises in Wenzhou (2019-2020)

Zhong Hongsheng, Pan Lize / 311

CONTENTS

B.26　Current Operation and Management of and Countermeasures and Suggestions for Industrial Parks for Small and Micro-sized Enterprises in Wenzhou　　　*Lin Wei* / 328

B.27　Research on the Practice of Industry-Finance Integration of State-Owned Assets in Wenzhou　　　*Ke Yuanyuan* / 338

B.28　Report on the Progress of Wenzhou's "Two Health" Pilot Zone in the New Era　　　*Xia Tianshu* / 348

B.29　Report on the County-to-city Upgrade of Longgang　　*Zhu Kangdui* / 363

B.30　Report on the Entrusted Escrow Financing of Farmers' Assets in Ouhai District, Wenzhou　　　*Xu Jiong* / 377

VII Appendix

B.31　Main Index of Wenzhou's Social and Economic Development During 1978-2019　　　/ 388

总 报 告

General Report

B.1
2019年温州经济社会形势分析与2020年预测

课题组*

摘　要： 2019年温州经济社会在外部经济环境不确定性加大、风险加剧的形势下，保持战略定力，以"两个健康"先行区和自主创新示范区为主抓手，为经济社会发展提供了新动能，地区生产总值增长8.2%，社会民生事业继续向好。2020年伊始，新冠肺炎疫情蔓延全国，温州一度沦为全省疫情最严重的地区，经济社会运行受到严重影响，受到改革开放以来最严重的冲击，打乱了温州发展节奏。疫情尚未结束，面对疫情，温州必须以一手抓疫情防控、一手抓经济社会发展为前提，加强各项政策措施之间的协同，努力挽回疫情造成的损失，

---

* 课题组成员：王健（执笔）、王春光、金浩、朱康对、任晓、陈中权。

奋力实现2020年的各项目标任务，努力成为新时代展示中国特色社会主义制度优越性的重要窗口。

关键词： 经济形势　社会形势　新冠肺炎疫情

2019年是新中国成立70周年，是温州积极推进民营经济"两个健康"先行区和国家自主创新示范区建设的关键之年，面对全市制造业投资萎缩、创新驱动不足，国际经济形势复杂多变、风险加剧的局面。温州市委市政府在党中央国务院、浙江省委省政府的坚强领导下，综合发挥市场的无形之手和政府调控有形之手有机结合的作用，以新发展理念为指导，紧扣"奋战1161、奋进2019"年度工作主题主线，创新"温州擂台、六比竞赛"高质量发展评价体系，倒逼各地各部门着力推动高质量发展。继续推进"放管服"改革，全面推进"最多跑一次"扩面提质，加快全面实现个人和企业全生命周期"一件事"全流程"最多跑一次"，积极推动"最多跑一次"改革向机关内部、公共服务、司法服务、中介服务等各个领域拓展，打通治理领域中的难点堵点，有力改善了营商环境，人民群众获得感、幸福感继续增强。坚持稳中求进的工作总基调，切实做好稳就业、稳金融、稳外贸、稳外资、稳投资、稳预期各项工作，温州出台了一系列促进经济社会平稳发展的政策措施，有力保障了经济社会持续良好发展势头，2019年地区生产总值同比增长8.2%，增速显著高于预期增长目标，社会大局继续保持和谐稳定的良好局面。2019年12月25日，市委召开全委会议，通过了"高水平建设小康社会，开启市域治理现代化新征程"的决议。2020年伊始，一场无法预料的新冠肺炎疫情突如其来，浙江全省第一个新冠肺炎患者1月中旬在温州确诊。1月23日武汉封城的同日，浙江全省启动了疫情防控应急一级响应。时值春节返乡期，温州输入性疫情压力剧增（温州在武汉经商就学的人员有18万人，官方披露信息表明武汉封城后仍有3.3万温商由武汉及周边地区返回温州），返乡潮带来的第一波疫情又在家庭和社区扩散，温州疫情迅速升级，社会恐慌情绪加重，温州成为全省疫情最重的地区，一些地区也把温州人视为高风险人群特殊对待。2月1日，温州出台了坚决打赢疫情防控阻击战的25条，全面部署严管、严防、严控、严责和加强救治等25条紧急措施。抗击疫情就是战疫，全市人民上下一心，密切配合，经过30多天的集中硬隔离、居家硬管控，有效切断了病毒的传染途径，成功控制了疫情发展。3月6日，全市疫情防控应急响应由一级降为二级，3月16日，全市确诊病例全部清零，3月25日，全市疫情防控应急响应降为三级，取得了阶段性有效控制。新冠肺炎疫情给世界造成极大的生命和财产损失，并将严重冲击全球秩序，其影响难以估量。疫情给温州经济带来了严重损害，中小企业更是遭受前所未有的打击。海外疫情的迅速发展使温州正经历第二波境外输入性疫情，做好疫情防控和复工复产工作，稳定经济，加大政策扶持力度，保住中小企业，防止发生疫情反复，防止更大面积企业倒闭引发金融风险和失业率高企成为当前持续推进温州经济社会平稳发展的重中之重。

一 2019年温州经济社会发展总体形势

2019年，我国经济发展面临着前所未有的风险和挑战。在中美贸易摩擦加剧、高科技企业不断受到美国打压、实体经济发展困难增多、金融风险有所累积、内需增长乏力等背景下，中国经济下行压力继续加大。以习近平同志为核心的党中央根据国内外政治经济形势的变化发展趋势，坚持稳中求进的总基调，保持战略定力，推动高质量发展，进一步稳就业、稳金融、稳外贸、稳外资、稳投资、稳预期，充分利用多种政策工具，加强逆周期调节。有效落实降费减税，降低企业经营成本，稳定企业信心。继续深化对外开放，2019年初国家颁布《外商投资法》，大幅降低及取消外资诸多领域的准入门槛，确保了国内经济平稳运行和社会稳定，经济增长达到6.1%，在全球主要经济体中继续保持第一。

2019年，温州在党中央和浙江省委的坚强领导下，深入贯彻落实习近平总书记寄予温州"续写创新史"的嘱托。正确认识温州经济高质量发展面临的形势，系统推进深化改革、扩大开放、创新驱动、乡村振兴、治理创新、从严治党各项工作，延续了温州经济社会发展的良好态势，全市地区生产总值达到6606.1亿元，增速和总量均位列全省第三，按可比价计算同比增长8.2%，超过政府工作报告预期目标0.7个百分点，分别比全国、全省高出2.1个和1.4个百分点，比杭州、宁波均高出1.4个百分点，城市经济综合实力显著上升，地区生产总值在全国城市排名中从2018年的第35位上升到2019年的第30位。全市财政总收入达到936.9亿元，一般公共预算收入达到579.0亿元。城乡居民收入水平同比分别增长8.7%和9.9%，分别高于上年0.7个和0.5个百分点，城乡居民收入比继续缩小。城乡面貌进一步改善，美丽温州的样貌进一步显现，城乡公共服务供给质量不断提高，能力不断增强。温州入选5G试点城市，建成5G基站2000多个，"5G+医疗""5G+教育""5G+警务"等实现落地应用。温州入选"中国十大最具幸福感城市"和"中国气候宜居城市"。

（一）经济运行平稳快速，PPI走势平稳

温州继续深入推进"放管服"改革，加大供给侧改革力度，全面推进"两个健康"146项责任清单落地，有力改善营商环境，招商引资引智成效显著，经济活力得到有效激发，全市市场主体总量突破百万家。经济保持平稳较快运行，全年四个季度的经济增长分别为8.5%、8.2%、8.2%、8.2%，呈现先高后低稳走态势，经济增长速度自2015年第二季度以来，已经连续19个季度处于7.5%~8.5%，经济增速高于全省平均水平。各县（市、区）经济增长普遍较快，经济强县不断涌现。全市11个县（市、区）中，9个县（市、区）的经济增长率超过8.2%。继鹿城区、乐清市2018年经济总量迈入千亿元级，瑞安以生产总值1003.96亿元成为全市第三个超千亿元的县域经济体。

2019年全市三次产业结构调整为2.3∶42.6∶55.1，第三产业自2012年

以来连续第 8 年超过第二产业成为拉动经济增长的第一动力。分产业看，第一产业发展平稳。全市农林牧渔业增加值150.50亿元，同比增长2.2%。粮食、蔬菜种植面积有所增长；年末生猪存栏数较上年增加，出栏数则较上年少5万头；渔业生产稳中有升，全市水产品总产量同比增长2.54%，渔业资源繁育和保护力度继续加大。一、二、三产融合发展的趋势明显，农村经济结构明显优化，产业链延长，农民收益增加，全市农村居民人均可支配收入首次突破3万元。第二产业走势震荡回稳，全年实现增加值2812.5亿元，增长6.1%。工业用电量走势低开高走，从第三季度开始回升，全年工业用电量达257.44亿千瓦时，同比增长2.9%。第一季度工业生产走势由低谷开始快速回升，规上工业增加值增速到第一季度末已经回升到全年最高点9.9%，之后逐渐回落稳定保持在7.6%~8%。泵阀、电气、服装等主导产业增加值分别增长15.7%、8.6%、7.8%。第三产业继续发挥主引擎作用，贸易回归贡献突出。全年第三产业生产总值达到3641.9亿元，同比增长10.1%，对GDP增长的贡献率达到66.6%。批发零售、金融业增长较快，分别同比增长8.2%、9.9%，信息传输、软件和信息技术等其他营利性服务业增加值同比增长12.1%；房地产增加值增速为7.7%；交通运输、仓储和邮政业，住宿和餐饮业整体增长乏力，增速不到三产增速的50%。

全年PPI同比增长0.1%，走势平稳，工业生产者购进价格指数同比下降2%。这表明工业产品销售、库存压力仍存，但供需矛盾有所好转。

（二）三大需求呈现平稳较快增长，外贸增速一马当先

2019年，温州投资、消费、出口三大需求平稳较快增长，同比分别增长10.3%、9.6%、29.4%，比全省平均水平分别高0.2个、0.9个、20.4个百分点。

投资增速平稳，投资结构趋好。全年投资同比增长10.3%，其中民间项目投资同比增长19.5%，高于全省增速5.8个百分点，增速居全省第3位。工业技改投资同比增长15.5%，高于工业投资平均水平4.5个百分点，

居全省前列。高新技术产业投资同比增长23.8%，增速居全省第六位，增速超过全省平均2个百分点。旅游业投资迎来风口，全市着眼于发展大旅游，一批具有战略性、引领性、带动性的项目陆续开工，全年86个项目投资总额达到548.57亿元。

消费增速平稳，消费升级类产品增速明显。全年实现社会消费品零售总额3655.9亿元，同比增长9.6%，比上年提高0.6个百分点，增速高于全省平均0.9个百分点，其中限上消费品零售额1040.2亿元，同比增长9.9%，增速高于全省平均3.8个百分点。智能家电、通信器材类、照相器材类、家具类、中西药品类等消费升级类商品增长较快。网络消费依然保持较快增长，网络零售总额达到2152.2亿元，同比增长18.5%，比2018年增加184亿元，居民网络消费1340.7亿元，同比增长19.9%。汽车市场继续延续洗牌格局，品牌竞争激烈，一些品牌销量跌幅在50%以上。燃油汽车和新能源汽车消费出现分化，燃油汽车上牌量比2018年下降7.62%，依旧处于寒冬。新能源汽车则迎来特斯拉、威马、蔚来、荣威、广汽新能源等多个品牌销量大增的暖春，其中特斯拉、威马、广汽销量同比增长都超过10倍，温州威马汽车2019年交付16876辆，排名新势力车企第二，仅次于蔚来。

外贸实现逆势增长。在中美贸易摩擦加剧、外需趋于减少的背景下，温州商人展现了商业才能，全年实现出口1685.3亿元，同比增长29.4%，增速比上年提高16.9个百分点，比全省平均提高了20.4个百分点，增速居全省首位。高新技术产品出口增长快，出口总值53.43亿元，同比增长39.8%；全市机电和劳动密集型产品仍为出口主导，占比达86%，其中机电产品出口778.05亿元，同比增长31.1%，占比46.2%，在出口商品结构中稳居第一；劳动密集型产品出口670.53亿元，同比增长23.5%，占比39.8%。市场采购贸易新模式有效助推出口增长，全市贸易试点累计出口额为272.91亿元，占全年出口额的16.2%。私营企业依然占据出口的主导地位，出口比重达到91.3%。从出口市场来看，面向共建"一带一路"国家和APEC成员国出口分别为721.34亿元、787.12亿元，同比分别增长52.0%、30.8%。

（三）创新举措，稳步推进"两区"建设

随着人才"80条"新政、"两个健康"先行区创建146项责任清单任务的落地落实，"两区"建设的积极效应逐渐显现，民营经济发展出现了一些积极变化，使温州民营企业又站上民营经济舞台中央。2019年温州新设企业5.7万家，市场主体超过百万家，为企业减负达到228亿元，民间项目投资增速19.5%，高出全省平均水平5.8个百分点。2019年末，温州民营经济贷款余额4759.9亿元，比年初增加617.1亿元，四个季度同比增速分别为10.3%、11.8%、14.2%和15.9%。2019年末温州制造业贷款余额1633.7亿元，同比增长8.7%，比年初增加130.8亿元，与上年同期相比多增100.3亿元。个体工商户和小微企业主经营性贷款余额2142.4亿元，比年初增加383.9亿元，同比多增162.8亿元。新增上市报会企业14家，工业"小升规"企业1030家，上云企业1.4万家，新增"隐形冠军"企业数、"专精特新"培育企业入库数排名全省第一，产业升级步伐稳健，全市亩均增加值、传统制造业改造提升指数位列全省第二，有效缓解了制造业动能后劲不足问题。创建了民营经济学院，举办了"亲清政商学堂""青蓝新学"，150名党政干部和企业家亲清共成长，54名年轻企业家赴有关部门挂职。出台专项办法落实企业家参与涉企专项政策制定，2019年通过举办"政企圆桌会议"邀请企业界人士参与10多个涉企政策的讨论，充分听取企业家的声音，真正在决策中落实尊重民营企业、尊重民营企业家、民营企业和国有企业同等重要的理念。率先推出温州政商交往"正面清单""负面清单"和清廉民企建设"引导清单"各7条，全市3.5万多名领导干部书面签订了"反对不按规则办事行为承诺"书，明晰了构建亲清政商关系的底线、红线和高压线。国家自主创新示范区"一区五园"是温州经济高质量发展的重要平台，是温州战略性新兴产业的发源地。2019年新落地重大科创项目51个，北斗产业基地、中国眼谷等重大项目加快推进，高新技术产业投资增长近20%，高新技术企业新增552家。浙江大学温州研究院、中国科学院大学温州研究院等高能级的科创平台陆续运

行，温州新增7家省级创新服务综合体，人才呈现净流入趋势。温州举办了2019年世界青年科学家峰会、国际工业与能源物联网创新发展大会。

（四）"三大攻坚战"取得明显成效

防范化解重大风险，平安温州建设卓有成效。全市社会治安形势继续趋于好转，平安建设考核位列全省第二。基于互联网的金融诈骗案件呈现高发态势，且手段更加隐蔽，技术更加先进，防范难度更大。网贷受害群体以"80后""90后"为主，情感类诈骗最难防。安全生产指标继续改善，安全生产事故数、火灾数分别比上年下降38.2%和34.4%。危房改造去除了悬在群众头上的安全隐患，"除险安居"三年行动收官，完成城乡危旧房治理5235幢。温州以最快最有效的手段应对"利奇马"台风带来的巨大损失，把这种不可抗力的影响降到最小，受灾严重的永嘉岩坦镇山早村异地重建，首批新居在2020年春节前迎来了村民入住。金融环境继续改善，2019年末，全市金融机构不良贷款余额109.4亿元，比年初下降20.5亿元，不良贷款率降至0.94%，比年初下降0.35个百分点，不良率处于近年历史低位。

精准脱贫有序推进，低收入农户受益明显。全力做好"下山居住、上山致富、人才回归、产业兴旺"16字文章，完成异地搬迁1.55万人，产业帮扶低收入农户16530户，到户率达110.2%；切实防止因病致贫、因病返贫发生，家庭医生签约服务低收入农户16.1万人，列全省第一；26万低收入农户医疗补充保险从100元/人调增到300元/人，并实现参保全覆盖。低收入农户人均可支配收入增长13.6%，比全省平均水平高0.2个百分点。推行扶贫资金"折股量化"扶贫模式，涉及光伏、乡村民宿、小微园、农贸市场、养老院等项目141个，投入扶贫资金2.7亿元，受益低收入农户2万余户，为2020年全面打赢脱贫攻坚战夯实了基础。

生态短板加快补齐，污染防治成果显著。认真解决中央环保督察、省级生态环保督察和长江经济带抽查发现的突出生态问题，解决整改、交办问题34个、信访件785件，有效化解了重大环境风险。推进重污染行业整治，开展新一轮七大行业整治提升，完成污染整治企业13506家，其中4975家企业完成规范提升。建设配套污染物处理设施，处理设施建设率由整治前的13%提升到目前的93%，大幅减少污染排放；8325家企业（作坊）关停淘汰，"散、乱、污"现象有效扭转；建成环保小微园区13个，建成印刷小微园3个，已入驻生产企业206家。推行"环保管家"服务，全市已有2634家企业签约"环保管家"。全市绿色发展指数为80.4，在全省排名跃升到第3位，连续三年提升。大力推进"污水零直排区"建设，投入资金15.03亿元，已完成"污水零直排区"建设工业园区3个、生活小区100个、镇街42个。创建省级美丽河湖11条，瓯江干流、飞云江干流、鳌江干流三大水系首次达到全优。纳入考核的省控站位Ⅲ类以上水体占比达87.5%，同比提高12.5个百分点，达到历史最好水平。国家"水十条"断面100%达到考核要求，全市县级以上饮用水水质连续5年保持100%达标。空气质量继续改善，空气优良率为98.1%，同比提高0.2个百分点。全市PM2.5平均浓度为每立方米25微克。2019年12月，生态环境部监测报告显示，在长三角41个城市里，温州等四个城市空气质量优良比例为100%，比长三角平均水平高27.2个百分点。

（五）龙港设市成功，实现了国家新型城镇化综合试点的突破

龙港自设镇以来，率先利用城市建设用地市场化和户籍制度改革，走出了一条农民造城道路，龙港被誉为"中国农民第一城"。作为经济强镇，龙港人口、经济规模的扩张使其在管理上捉襟见肘，陷入行政体制上"小马拉大车"的困境。2014年12月29日，国家发改委等11部委联合下发《关于印发国家新型城镇化综合试点方案的通知》（发改规划〔2014〕2960号），龙港镇成为全国两个镇级试点之一。试点要求龙港探索建立职能分工合理、行政层级优化、管理机构精简、行政成本降低、行政效能提高、公共服务改善、治理能力提升的新型设市模式，为全国提供可复制、可推广的经验和模式。围绕试点任务，在没有先例可循的情况下，龙港开始了新型设市模式探索，经过三年的试点探索，在充分论证、审慎评估后，2019年5月

21日浙江省政府向国务院提交了《温州市苍南县龙港撤镇设市行政区划调整总体实施方案》。2019年8月30日浙江省人民政府召开新闻发布会正式发布：经国务院批准，同意撤销苍南县龙港镇，设立县级龙港市，以原龙港镇的行政区域为龙港市的行政区域。龙港设市成功不会是一个孤立的事件，它对国家进一步探索推进县域治理体系和治理能力现代化具有里程碑式的意义，其影响不可低估。

（六）公共服务接续改善，民生福祉稳步提高

城乡居民收入继续增长，就业保持稳定。2019年温州市全体居民人均可支配收入51490元，同比增长9.7%。其中，城镇居民收入增长8.7%，达60957元，农村居民收入增长9.9%，达30211元，增速均超过GDP增长速度。工资性收入是城乡居民收入的主要来源，分别占城乡居民总收入的51.2%和58.4%。转移性收入增长最快，城乡居民转移性收入分别增长11.6%和14.4%。就业情况良好。2019年城镇新增就业人数达到118605人，失业人员实现再就业14599人，困难人员实现再就业4516人，城镇登记失业率为1.8%，处于较低水平。从支出看，生存型消费的食品烟酒支出为10300元，支出增速为6.5%，低于总体消费增速2.8个百分点，恩格尔系数为30.2%，比上年下降0.8个百分点，按照联合国粮农组织的划分，温州居民的生活水平已经处于富裕等级。发展型消费增长较快，医疗保健、教育文化娱乐消费分别增长17.4%、16%。受二孩政策和老龄化趋势严重的影响，家庭服务需求大量增加，人均家政服务支出增速达到27.8%，家政服务行业工资水平也是水涨船高，月薪水处于6000~7000元。

财政较好保障民生支出，但财政收支平衡难度加大。2019年，全市一般公共预算收入579.0亿元，增长12.5%，一般公共预算支出1084.12亿元，同比增长24.0%，支出总额列全省第3位。其中，民生支出861.11亿元，增长28.4%，占一般公共预算支出比重为79.4%，高于上年同期2.7个百分点。社会保障扩面提质。截至2019年11月底，全市基本养老保险户籍人口参保率为98.5%，比上年提高4个百分点。基础养老金标准由每人

每月190元提高至215元。教育资源供给大大改善。新改扩建中小学230所、幼儿园82所，全市中小学生均占地、建筑面积均提升0.75平方米，增幅总量稳居全省前三。7个县（市、区）通过省基本教育现代化县（市、区）评估，新创省级区域和学校整体推进智慧教育综合试点单位16个，新建未来（智慧）校园68个、精品（特色）教学空间229个、功能室达标（示范）校150所、创新实验室150个、学科教室30个，数量均居全省第一。义务教育均衡发展持续推进，新增省义务教育标准化学校15所，占比达98.5%以上。实施乡村"小而优"学校建设和初中全面提升行动，投入资金2.8亿元，完成乡村小规模学校和乡镇寄宿制学校改造提升98所。高等教育发展成绩显著。温州医科大学李校堃教授成为本土高校培养的第一个院士，温州医科大学新增全球ESI前1%学科2个，累计有7个学科进入全球前1%，在全国医学高校中进步明显。温州大学发展迎来新的历史时期，省政府同意温州大学以省市共建方式成为浙江省重点建设高校，将有力推动温州大学创建一流学科、培养高质量专业化人才、建设高水平科研平台等各项工作。健康温州稳步推进。基于互联网、大数据加医疗服务软件的智慧医疗服务扩面提质，预约看病、刷脸就医、医后付落地应用，据测算，全市患者看病排队时间不足3分钟，全市门诊和病房智慧结算率分别达到72.32%、69.17%。全省规模最大的医学影像云平台建成投用，温州完成市域检验检查平台建设，并与省平台连通，实现市内医学影像资料和检验检查结果的互通互认，数字影像的互通互认有效降低了患者负担和财政支出，实践结果表明，仅CT检查一项一年就可减少医疗费用6600万元。建成县域医共体19个，苍南、瑞安的医共体做法和经验得到上级的肯定。投入资金16.21亿元用于公共卫生基础设施建设，完成乡镇卫生院标准化新改扩建38家，改造提升村卫生计生室（站）216个，在26个省级中心镇卫生院建成县域医疗技术分中心。率先开展中小学生"皓齿"工程，完成学龄儿童免费窝沟封闭8.15万例。出台《关于支持社会力量提供多层次多样化医疗服务的实施意见》，全市在建社会办医项目19个。妥善处置了超强台风灾害、登革热疫情防控等重大事件。全面实施城乡垃圾分类，尽管初步实施效果还不

理想，但总算开始启动，垃圾分类工作无论对于美丽中国、美丽城市、美丽乡村建设，还是对于民众的环保意识、卫生意识提高，甚至新兴产业的形成，都具有深刻的影响。

（七）一批大项目陆续开竣工，美丽温州露出新姿

温州"大建大美"项目迎来建设高潮，新开工"大建大美"项目298个，比上年增加105个，294个项目落成，精心完成瓯江光影码头、瓯越大桥水舞秀、世贸中心和置信大厦亮化项目、白鹿洲公园光影秀、塘河石刻博物馆、三垟湿地花溪花海等70个"大建大美"市民体验项目。小城镇环境综合整治三年任务圆满收官，投资140.5亿元完成整治项目1979个；115个乡镇全数通过省级验收，44个乡镇被评为样板乡镇。入选全国棚改激励支持城市，借棚改之力，截至2019年12月10日，完成2018年城中村改造项目"清零"18个，新签约23个村，完成22个村旧房拆除。

美丽乡村展露风姿。以西部生态休闲产业带和乡村示范带带动乡村振兴成效明显，全年社会资本下乡227亿元，美丽乡村给百姓带来的好处实实在在，农民资产价值得到提升，民宿、乡村旅游、田园综合体发展给农民提供了新的就业机会，就业质量和收入有了较大提高。

全力推进高效便捷的城市体系。市区建成城市道路99公里，打通断头路19条，全市建成停车位6.3万个，其中公共停车位9735个。市域S1线全线运营，BRT三号线、四号线、五号线开通。新建了BRT二号南延伸线和BRT六号线，快速公交线网里程超过400公里。龙湾区创新开发智慧城管城市停车云平台，通过推进"违停预警执法""全渠道无感便捷支付""老旧小区停车泊位共享"等智慧化停车管理方式，有效破解停车管理城市顽疾，这些做法具备推广价值。

（八）开放发展取得重要进展

主动融入长三角，杭温高铁全线开工，温州（嘉定）科技创新园开园，人才工作、卫生健康工作、市民卡等相继与上海及长三角地区对接，融入长

三角一体化发展的意识正在提高。全市高速公路、港口、机场建设进一步提升对外开放水平，一些制约发展的紧缺要素、高端要素正随着温州不断改善的发展环境得到缓解。

二 新冠肺炎疫情给温州经济社会发展带来的挑战

2020年是全面实现小康社会和"十三五"规划的收官之年，新冠肺炎疫情突如其来，导致中国经济社会出现停摆，全球许多国家均采取了严格的封城措施，全球经济衰退，并引发经济、政治、外交连锁反应，加重了全球形势不确定性。我国必须严重关切，小心应对。

（一）疫情对经济的冲击是改革开放以来从未有过的

温州全市2020年第一季度地区生产总值1352.7亿元，同比下降8.2%。由于温州疫情在省内最为严重，复工复产较晚，经济损失最大，地区生产总值增速比全省平均还要低2.6个百分点，经济增速降幅之大是改革开放以来所没有过的。受春节企业放假与疫情叠加影响，第二产业损失最大，增加值同比下降15.9%，第三产业增加值下降3.2%，其中住宿餐饮企业增加值下降25.4%，尽管不少餐饮企业在疫情期间开发线上销售，通过无接触配送减少了一些损失，但第一季度住宿餐饮业的损失已成定局。

（二）外贸企业将同时面临需求下降和涉外合同纠纷的双重影响

2020年第一季度温州出口下降4.7%，其中3月逆势增长，增长13.2%，反映了温州企业具有很强的应对突发状况的能力，看准疫情带来的新的产品需求，转产于疫情防护相关产品，开辟新的市场。但世界经济衰退已成事实，要做好全球经济进入长期衰退的预期。与此同时，此次疫情也导致初期外贸企业无法交货，后期疫情在海外蔓延，外商取消订单不断引发合同纠纷。要防止外贸企业在受疫情损失后再遭受合同纠纷引发的二次打击，造成企业破产倒闭后果。

（三）金融风险回升

疫情严重冲击经济社会的正常运行，企业和个人部门贷款逾期和违约情况会有所增加，不良贷款额和不良率将会回升。同时，温州存在金融风险跨部门传导、引发资金链断裂的风险，进而引发连锁反应，对经济活动形成新的冲击。

（四）就业面临较大压力

疫情冲击经济社会正常运行，导致生产经营与社会生活停滞，直接影响劳动力就业。从全省情况看，2020年第一季度全省调查失业率为4.7%，同比、环比均有所上升。温州疫情最为严重，且主要的就业部门都在中小民营企业，中小民营企业抗风险能力普遍不强，这次疫情重、时间长致使有些行业产业链遭到致命打击，企业停工停产甚至倒闭。温州失业率要比全省平均水平更高一些。同时，海外疫情造成的外国企业停工停产和企业倒闭压力也将会传导过来，失业问题预计在第二季度以后开始显现，并且表现出结构性特点，就业压力趋于上升。

三 2020年温州经济社会发展展望与政策建议

（一）展望

新冠肺炎疫情发生以来，中国政府全力防输出、防扩散，为全球防控疫情争取了宝贵的时间。疫情在意大利、西班牙、美国等发达国家快速发展，截至2020年3月26日，新冠肺炎疫情已经在中国以外的199个国家暴发，美国成为全球确诊病例最多的国家，疫情发展仍在上升期。新冠肺炎疫情也让世界看到中国在面对突发重大事件中所体现出的快速决断、强大组织动员能力、资源动员能力和执行能力，对于快速稳定社会秩序、稳定经济发展起到了核心和关键作用，体现了中国共产党领导和新时代中国特色社会主义制度在治理体系和治理能力上的优越性。同时，在国内疫情基本控制之后，中国向几乎所有暴发新冠肺炎疫情的国家提供了及时的援助，这些做法，对于我国进一步扩大改革开放、增强国与国之间的信任、吸引外资都具有重要作用。我们认为疫情之后，受西方保守主义"去中国化"以及抹黑中国抗疫行动的影响，短期中国经济会受到外资回撤、供应链中断的冲击。长期来看，只要我们不断深化改革，保护外资，做优营商环境，中国市场会变得更具吸引力而不是相反。目前国内疫情得到较好控制，但外部输入性风险仍存，不能心存侥幸。课题组基于两种假设预测，假设1，疫情在3月得到控制，成功把损失锁定在第一季度，4月全部复工复产，疫情没有反复，各项减负帮扶措施逐步实施，政府投资加大，消费拉动增强，2020年温州生产总值增长估计在6.5%~7%。假设2，如果疫情2020年秋冬季出现反复，再次冲击经济社会运行，估计地区生产总值增速将会继续下滑到5.5%~6%。从社会层面来看，由于疫情期间政府出色的危机处理能力，政府的公信力和号召力明显提高，应对危机的能力比之前更强，即使经济短期受挫，居民收入和就业会受到一些影响，但不会影响社会稳定。但新冠肺炎疫情带给人们的深切感受必定在经济社会治理和生活方式上对人们产生深远影响。

（二）对策与建议

新冠肺炎疫情在全球暴发，给整个世界带来了沉重的打击，危害不亚于世界大战，发达国家和发展中国家均难以幸免，生命和财产损失巨大，整个世界尚未形成联合抗疫的共识，疫情造成的危害仍在延续，尤其是不发达国家的公共医疗卫生状况令人担忧，进一步加重疫情引发的灾难性后果的不确定性非常大。可以肯定，这次新冠肺炎疫情世界性大流行将深刻影响世界未来走向，短期内逆全球化的呼声将严重阻滞经济发展，并直接影响中国的宏观经济环境。为此，要继续保持良好的经济社会发展形势，必须加强疫情、经情、社情的预判，完善各项重大风险的应对措施，抱着最坏的准备，做最大的努力。全市人民要坚定团结在温州市委市政府周围，保持战略定力，把统筹推进疫情防控和经济社会

发展两篇文章做得更深更实更好,确保高水平建成小康社会目标不动摇,奋力完成全年经济社会发展任务,把温州建设成为新时代展示中国特色社会主义制度优越性的重要窗口。

1. 坚持疫情防控底线不放松,防止出现疫情反弹

坚持把疫情防控作为一切工作的基础,维持和巩固当前的疫情防控良好局面,未来主要是防海外疫情输入,要加强来自疫情严重国家和地区的人员隔离措施,堵住国际输入性疫情的漏洞。市民要养成戴口罩、勤洗手、不聚集的防控习惯,确保已经逐步恢复生产的企业和社会正常秩序不因疫情反复给全市经济社会活动造成二次伤害。

2. 发挥政府投资在稳定经济中的定盘星作用

当期疫情出现轮动式传播态势,疫情仍在全球加速扩散,欧美发达国家和地区疫情最为严重,外需下降,预计年内外需难以恢复。必须加大政府投资力度,发挥好政府投资在特殊时期的中流砥柱作用,尽量不因疫情发生造成投资增速大滑坡,增强温州经济发展的信心。在国家积极财政政策和宽松货币政策的总体指导方针下,积极争取上级财政转移性支出和政府适度举债,优先投入交通基础设施、优质教育、公共卫生、旅游设施、充电桩、旧小区改造、5G基站等发展短板、民生需求和新基建中,进一步完善城市发展各项基础设施。

3. 采取积极措施稳定消费

当前要采取积极措施加快服务业的复工复产。第一,要推动服务业的线上线下融合,做好两手准备。疫情伊始,远程办公、线上教育、直播购物、云看展等新业态用户量成倍增长,不仅躲过了疫情,相反业务得到迅速扩张。全市一些餐饮企业也迅速开发线上购物软件,通过互联网营销推出线上订餐+无接触快递获得理想的业绩。比如,红蜻蜓集团负责人首次试水"直播卖货"也获得了很好的业绩。线上线下融合发展反映了疫情冲击加快了产业结构的调整。第二,发放数字消费券,刺激消费尽快复苏。疫情重创了服务业,同时也使市民收入受到损失。通过发放消费券可以直接拉动市场消费,效果立竿见影。利用目前的支付软件、数字支付、

数字货币等技术手段，向市民发放数字消费券，发挥消费补贴的杠杆作用和乘数效应，并精准地把消费资金引导到指定的领域上去，有效实现激活消费产业的效果。对低收入人群政府可以直接发放现金，保证低收入群体不因疫情而陷入生活困境。第三，实行限期内的景区免门票活动，发挥温州旅游经济快速增长的带动作用。温州靠山沿海，海岸线绵长，江河湖海湿地丰富，旅游资源类型丰富，人文历史自然资源品质优良，雁荡山被誉为东南第一山。疫情使国际旅游遭受重大打击，旅游主管部门和旅游企业要抓住机会，把国际旅游转化为国内旅游。通过实行免门票及优惠措施吸引域内外游客来温观光，把长三角和北京、广州、深圳、重庆、天津等区域和城市作为重点旅客来源地，深化温州融入长三角旅游一体化和全国的发展战略。旅游景区要注重打造高质量的网红景点，利用互联网营销手段进行有效的旅游推广，提高温州旅游的美誉度，通过旅游带动其他服务业。第四，打响"瓯菜"品牌。美食是旅游五要素之一，中国人注重吃的文化，"瓯菜"以海鲜为主料，精致、清淡、健康，在业界知名度很高，连续几代瓯菜大师主掌国宴，但在区域外的名声不高，主要原因是对瓯菜的宣传不足，瓯菜作为一个地域餐饮文化名牌，其远未得到开发利用，在人民日益追求美好生活之时，打响"瓯菜"品牌也是恰逢其时。第五，推出汽车消费补贴政策，激活大宗消费。激活大宗消费对拉动经济作用明显，有助于市场信心的建立。近期国家、个别省市连续出台刺激汽车消费的政策，通过以旧换新、购车补贴、放宽限购、减免购置税、农村三轮汽车换购等措施，降低新能源汽车、二手车、新车的购买成本。当前温州居民汽车拥有量与人均 GDP 相当的国家相比还存在较大差距，这次疫情防控期间交通停运，也使一些无车的市民有了买车的打算，需求空间仍然较大。第六，营造良好的消费环境。良好的消费环境是促进消费的基本保障，政府和行业协会要保证各项促进消费和保护消费者权益的法律规章的落实，切实加强消费领域的执法检查，保护消费者权益。围绕消费升级，提升产品和服务质量水平，营造真正让消费者满意的诚信、安全、公平、放心的消费环境。

4. 稳住外贸基本盘，继续扩大开放

疫情使温州外贸从1月、2月的履约难到3月已逆转为订单大量流失，货款回收难，一些外贸企业停工停产或关闭，还要面临合同纠纷，直接影响外贸企业的生存。建议从三方面稳住外贸基本盘。第一，金融支持。资金问题是首先要解决的，在专项信贷、利率优惠、绿色通道服务等各方面为外贸企业提供金融支持。第二，积极寻求新的市场。利用省贸促会、香港贸发局等平台参加线上展销，依托亚马逊、环球资源网、阿里的速卖通贸易平台寻求新的买家。第三，政府协调法律界人士为中小外贸企业提供免费或者低收费涉外法律服务，保护企业合法权益免受损失。这次疫情造成外贸企业履约难和订单取消，由此带来的合同纠纷让外贸企业难以应付，建议政府组建法律服务团队为全市涉外贸纠纷的企业提供全程的法律服务，切实保护外贸企业的合法权益，稳住外贸企业阵脚，待疫情过去，东山再起。

5. 制造业抱团取暖，共渡难关

求生存是第一位的。首先要抱团取暖。新冠肺炎疫情导致需求大量减少，不少企业面临订单不足、原材料供应不上、用工短缺、物流中断等难题。比如，疫情期间，机电、鞋革、食品加工等企业在行业协会商会的指导下，开展协作生产，在同类产品中，协调订单、原材料、用工、设备的共享，就近修复产业链条，实现危急时刻抱团取暖，共克时艰。其次要提升制造业的创新能力。推动制造业高质量发展，扶持制造业智能化升级，利用奖补、技术改造补贴、减税等惠企手段促进企业加快工业互联网、上云、物联网等技术改造和升级，提升制造业的创新力和竞争力。

6. 大力推动数字经济发展

数字经济已经成为全球经济增长的核心动力，近年来，数字经济占GDP比重逐年上升。新冠肺炎疫情使在线教育、远程办公、视频娱乐、网上购物等不依赖于人的物理移动的数字业态成功避开疫情的冲击得以快速发展。有研究表明，发展数字经济在技术创新、供给侧改革、提供就业岗位、吸引投资四个方面具有重要促进作用。中国信息通信研究院预测，到2025

年，我国数字经济将达到 60 万亿元。产业数字化则是数字经济的主引擎，5G 的应用将带来更多新业态和机会，可以说，当前是发展数字经济的战略机遇期。温州数字经济发展基础较好，建议政府要在数字经济发展上高站位谋篇布局，抢占数字经济发展高地。第一，加快数字化产业发展。引进和培养数字经济人才，在本地高校中开设与数字经济相关的系科；培育数字经济领军企业；积极争创省级数字经济创新发展试验区；引导小微企业通过上云加快数字化转型，提升小微企业数字化决策能力，提高市场竞争力。第二，加快新一代 5G 网络基础设施建设，发挥 5G 试点城市的领先作用，加快 5G 应用。第三，加快数字经济与数字产业的融合发展，推动工业互联网、智慧交通、智能汽车的产业化。第四，加快政府数字化转型，构建完善的数字治理体系。

7. 以"两带"引领乡村振兴，高水平实现小康社会

小康不小康，关键看老乡。温州"两带"建设成效显著，应继续抓住"两带"建设扩大受益面。在农村地区加大农业产业园区发展；继续推进科技下乡活动，着力培育特色农产品，打造区域优质农产品品牌；积极推动专业社会组织参与乡村振兴，通过社会组织培育农村农业种植、农业科技、电商、民宿经营、文化营销等人才或者引导社会资本下乡扶贫，推动农村发展、农民增收，确保 2020 年全面高水平实现小康社会。

8. 高水平推进市域治理体系和治理能力现代化

2020 年是深入贯彻党的十九届四中全会和浙江省委十四届六次全会精神的第一年，也是温州提出加快市域治理体系和治理能力现代化开局之年。市域治理要聚焦群众反映的重大民生和发展问题，加强系统治理、依法治理、综合治理、源头治理，把制度优势转化为治理效能，更好地落实以人民为中心的发展理念，将群众反映强烈、长期得不到解决的关乎群众美好生活的城市环境污染、垃圾分类难、旧小区改造、优质教育不均衡、医疗便利化不强、停车难、公共卫生问题、食品安全问题、养老问题、社区治理问题等民生问题解决好，真正实现以人民为中心的发展理念，实现经济社会协调推进，人民生活和谐有序。

参考文献

李培林等主编《2020年中国社会形势分析与预测》,社会科学文献出版社,2020。

王健等主编《2019年温州经济社会形势分析与预测》,社会科学文献出版社,2019。

经济合作与发展组织:《共同抵御疫情对全球经济的冲击》,《社会科学报》2020年3月19日。

经 济 篇

Economy Reports

B.2 温州经济运行分析与预测（2019~2020）

高顺岳*

摘　要： 2019年，在外部风险挑战明显增多的背景下，温州坚持稳中求进工作总基调，积极落实逆周期调节政策，以做大"平台、项目、产业"为着力点，培育动能，挖掘增量，经济保持平稳运行，主要经济指标好于预期，处于合理区间。但是当前温州经济下行压力较大，经济运行中存在不确定、不稳定因素，尤其是制造业对经济支撑不足，经济运行质量有待进一步提高。展望2020年，国际环境依然复杂严峻，国内经济总体处于平稳运行区间。当前，温州正处在大有可为的战略机遇期，经济发展环境持续优化，民

---

* 高顺岳，温州市统计局副局长，高级统计师、高级会计师、注册会计师。

营经济活力不断增强，有利于克服经济下行压力，预计2020年温州GDP增长有所回落，继续处于提质增效的关键时期。

关键词： 经济运行　民营经济　温州

2019年，在复杂多变的外部环境下，温州坚持稳中求进工作总基调，紧紧围绕"奋战1161、奋进2019"主题主线，聚焦聚力"两区"建设，积极用好政策，培育动能，挖掘增量，有效化解经济下行压力，经济运行总体平稳、稳中有进、好于预期，主要指标好于全国、全省，转型升级稳步推进，发展的稳定性、协调性进一步增强，经济结构继续优化。同时，当前温州经济下行压力加大，经济发展过多地依赖房地产等传统三产经济，制造业面临较多困难，新动能支撑不足，经济运行质量有待进一步提高。

一　2019年经济运行基本特征

2019年，在国家一系列逆周期调节政策的积极影响下，温州市以"平台、项目、产业、效益"为着力点，积极应对困难、风险、挑战，稳定了市场预期，经济运行保持在合理区间，呈现良好的发展韧性。全市实现生产总值6606.1亿元，按可比价计算，同比增长8.2%。分产业看，第一产业增加值151.7亿元，比上年增长2.1%；第二产业增加值2812.5亿元，同比增长6.1%；第三产业增加值3641.9亿元，同比增长10.1%。三次产业结构调整为2.3∶42.6∶55.1，第三产业比重比上年提高1.1个百分点。2019年温州市GDP增速分别高于全国和全省2.1个和1.4个百分点，已连续19个季度保持在7.5%~8.5%，同时连续18个季度高于全国、全省平均水平（见图1）。

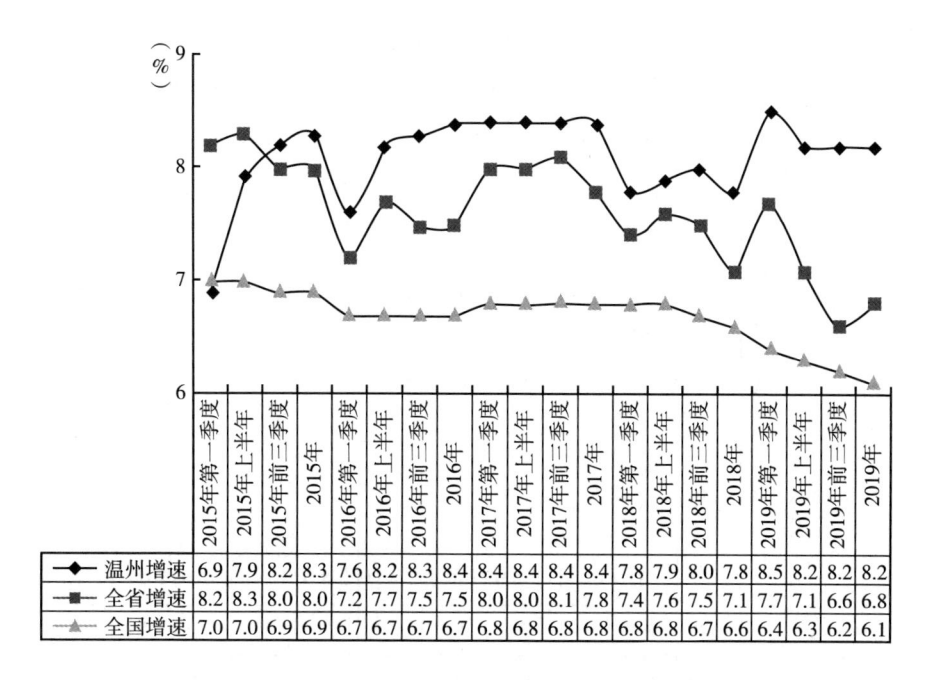

	2015年第一季度	2015年上半年	2015年前三季度	2015年	2016年第一季度	2016年上半年	2016年前三季度	2016年	2017年第一季度	2017年上半年	2017年前三季度	2017年	2018年第一季度	2018年上半年	2018年前三季度	2018年	2019年第一季度	2019年上半年	2019年前三季度	2019年
温州增速	6.9	7.9	8.2	8.3	7.6	8.2	8.3	8.4	8.4	8.4	8.4	8.4	7.8	7.9	8.0	7.8	8.5	8.2	8.2	8.2
全省增速	8.2	8.3	8.0	8.0	7.2	7.7	7.5	7.5	8.0	8.0	8.1	7.8	7.4	7.6	7.5	7.1	7.7	7.1	6.6	6.8
全国增速	7.0	7.0	6.9	6.9	6.7	6.7	6.7	6.7	6.8	6.8	6.8	6.8	6.8	6.8	6.7	6.6	6.4	6.3	6.2	6.1

图 1 2015 年以来温州与全国、全省 GDP 增速

（一）生产形势总体稳定，服务业支撑作用更趋明显

1. 工业生产缓中趋稳

2019 年，全市实现工业增加值 2311 亿元，比上年增长 7.8%，其中规模以上工业增加值为 1109.3 亿元，同比增长 7.6%。从走势看，全年工业生产呈现"高开稳走"趋势，第一季度规上工业增加值增长 9.9%，上半年增长 8.0%，从下半年开始，增速有所放缓，增长的稳定性有所增强。与工业生产匹配的工业用电量增速第二季度进入低谷，下半年持续回升，全年同比增长 2.9%（见图 2）。在规上工业 33 个行业大类中，增加值同比均保持正增长，增长面为 100%，增速超过 10% 的行业有 11 个，其中，增长较快的计算通用设备（12.7%）、专用设备（13.1%）、非金属矿物制品（25.5%）和金属制品（12.3%）等 4 个行业合计拉动规上工业增加值增长 3.4 个百分点。在五大支柱产业中，电气、服装、泵阀等支柱产业增加值分

别增长8.6%、7.8%和15.7%，增速分别高于规上工业增加值1.0个、0.2个和8.1个百分点。中小企业发展向好，中小企业规上工业增加值同比增长8.2%，高于规上工业增加值0.6个百分点，高于大型企业2.3个百分点。

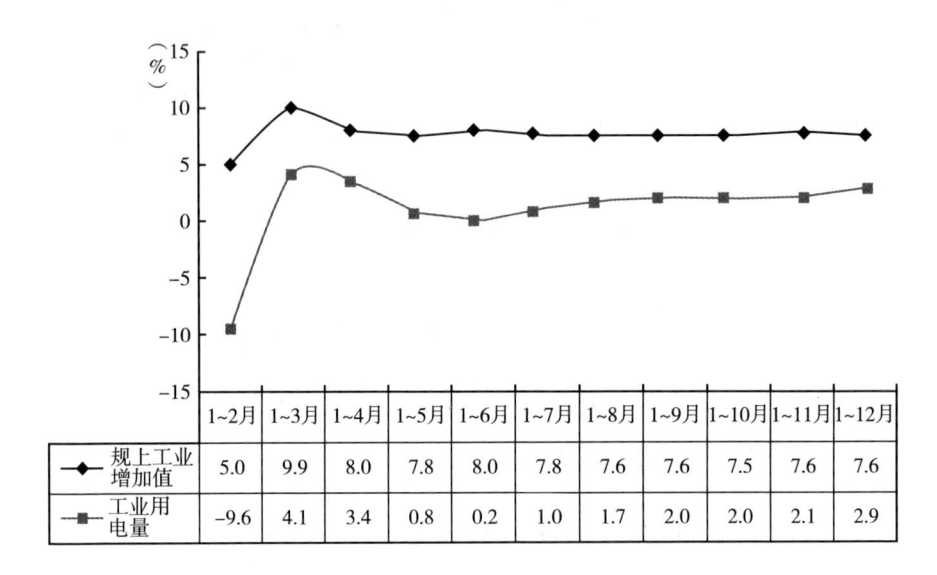

	1~2月	1~3月	1~4月	1~5月	1~6月	1~7月	1~8月	1~9月	1~10月	1~11月	1~12月
规上工业增加值	5.0	9.9	8.0	7.8	8.0	7.8	7.6	7.6	7.5	7.6	7.6
工业用电量	-9.6	4.1	3.4	0.8	0.2	1.0	1.7	2.0	2.0	2.1	2.9

图2　2019年以来温州规上工业增加值、工业用电量累计增速

2. 服务业对经济贡献持续加大

2019年，全市实现服务业增加值3641.9亿元，同比增长10.1%，对GDP增长的贡献率达到66.6%，服务业成为温州市经济稳增长的主要支撑。其中批发业、金融业、房地产业（K门类）、其他营利性服务业、其他非营利性服务业增加值分别增长12.2%、9.9%、10.3%、12.1%和14.5%，是服务业较快增长的主要原因，五个行业合计对GDP增长贡献率达57.1%。在"总部回归"的带动下，全市全年限额以上批零住餐业销售（营业）额增长42.2%，增速同比提高30.1个百分点，其中批发业销售额增长51.5%，同比提高37.4个百分点，增速居全省第1位。温州金融业创出2011年下半年局部金融风波以来的最好成效。温州金融机构人民币存款13156.4亿元，增长12.1%；金融机构人民币贷款余额11529.6亿元，增长15.6%；保险业保费收入增长10.7%，增速同比提高1.1个百分点。2019年1~11月规上营利性服务业营业收入同比增长21.3%,保持较快增长态势。但是,交通运输业、信息传输业等少数行业增长仍然乏力。

3.农业生产总体稳定

2019年,全市农林牧渔业增加值154.5亿元,按可比价格计算,同比增长2.2%。其中,种植业、林业、渔业和农林牧渔服务业增加值分别增长2.9%、2.4%、3.6%和7.6%,牧业受非洲猪瘟疫情及猪周期影响,增加值同比下降5.3%。从主要产品产量看,蔬菜播种面积103.9万亩,增长2.7%;中草药材播种面积14.4万亩,增长7.8%;水产品总产量62.6万吨,增长3.5%。

(二)内需拉动平稳协调,外贸出口逆市上扬

2019年,全市投资、消费、出口三大需求持续扩大,消费品市场平稳向好,投资增速保持稳定,外贸出口好于预期(见图3),经济发展的拉动力总体比较协调。与此同时,投资、消费和出口内部结构不断优化升级。

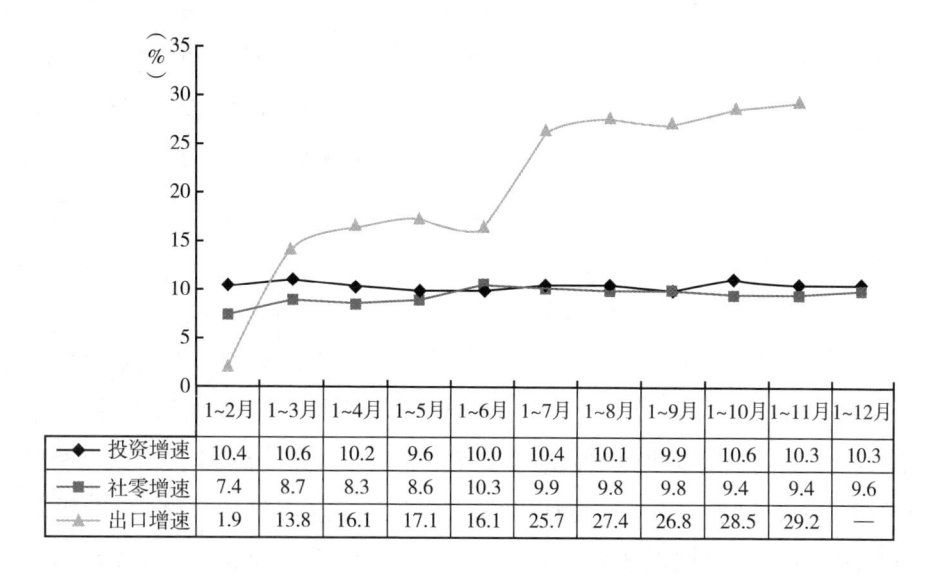

	1~2月	1~3月	1~4月	1~5月	1~6月	1~7月	1~8月	1~9月	1~10月	1~11月	1~12月
投资增速	10.4	10.6	10.2	9.6	10.0	10.4	10.1	9.9	10.6	10.3	10.3
社零增速	7.4	8.7	8.3	8.6	10.3	9.9	9.8	9.8	9.4	9.4	9.6
出口增速	1.9	13.8	16.1	17.1	16.1	25.7	27.4	26.8	28.5	29.2	—

图3 2019年以来温州市固定资产投资、社会消费品零售总额和出口额累计增速

1. 消费对经济"压舱石"作用增强

2019年，全市实现社会消费品零售总额3655.9亿元，增长9.6%，增速高于全省平均0.9个百分点，其中限上消费品零售额1040.2亿元，增长9.9%，增速高于全省平均3.8个百分点，以上两个增速均居全省第3位。受节假日和线上线下促销活动带动，基本生活类商品增长稳定，限额以上单位粮油类、饮料类商品零售额同比分别增长5.4%和29.4%。部分消费升级类商品增长较快，智能家电、通信器材类、照相器材类、中西药品类、家具类等均实现较快增长。尤其值得关注的是，汽车消费在前几年持续低速增长后，有所回升。汽车类零售额428.0亿元，同比增长0.8%，增速同比提高1.5个百分点，占限上消费品零售额比重为41.1%。汽车消费对社会消费品零售总额增速影响较大，2019年新能源汽车销量增长较快，总体情况好于上年。

2. 投资增速有所提升

2019年，全市固定资产投资增长10.3%，增速比上年提高2.2个百分点，高于全省平均0.2个百分点，居全省第6位。项目投资增长16.7%，其中工业投资增长11.0%，制造业投资增长15.3%，技改投资增长15.5%。此外，温州市民间项目投资、高新技术产业投资分别增长19.5%和23.8%，增速高于全省平均5.8个和2.0个百分点；交通投资增长14.2%，增速比上年同期提高1.7个百分点。房地产开发投资同比增长2.0%，增速比上年回落12.9个百分点。这表明，温州市投资在平稳增长的前提下，投资结构得到进一步改善。

3. 外贸出口受市场采购贸易拉动较大

全年温州市实现外贸出口1685.3亿元，同比增长29.2%，增速比上年同期提高16.9个百分点，居全省首位。温州出口的高增长，主要受市场采购贸易出口持续快速增长的拉动作用，2019年市场采购贸易出口额达272.9亿元，拉动全市出口增长20.9个百分点。从出口结构看，全年温州市高新技术产品和机电产品出口分别增长39.8%和31.1%，高于全部出口增速10.4个和1.7个百分点。温州市对共建"一带一路"国家和地区出口721.3亿元，同比增长52.0%，高于全部出口增速22.6个百分点。受中美贸易摩擦影响，全年对美国出口同比增长0.3%，低于全部出口增速29.1个百分点。进口仍处于低位增长区间，全年外贸进口216.9亿元，同比增长6%。

（三）民营经济地位更加突出，新动能得到进一步培育

2019年，温州市把"两区"建设作为加快高质量发展的主载体，聚焦聚力民营经济高质量发展，培育新动力，形成新动能，提升温州产业竞争力。温州市经济发展活力潜力不断释放，民营经济在各个领域贡献提升，新经济成为经济发展的新增长点，民生福祉持续改善，财政、居民收入增速居全省前列。

1. 民营经济高质量发展成效显现

据统计，2019年温州民营经济在总量、投资、出口和税收等方面指标都得到不同程度的提升。从民营工业经济发展看，全市全年规上工业中民营企业实现增加值939.2亿元，占全部规上工业的84.7%，同比增长7.7%，增速高于规上工业0.1个百分点。在民间投资方面，全市民间项目投资增长19.5%，增速高于全省平均5.8个百分点，比上年提高11.9个百分点，居全省第3位。在民营企业出口方面，全年温州市民营企业出口总额1575.2亿元，占全部出口比重达93.5%，同比增长32.4%，高于全部出口增速3.0个百分点。在民营税收贡献方面，温州市民营经济单位纳税总额达783.3亿元，增长7.7%，高于全市税收增速0.9个百分点，占全市税收收入比重达89.0%，比上年提高0.8个百分点。

2. 新兴动能日益壮大

从工业经济改造提升看，全市全年装备制造业、节能环保制造业和时尚制造业增加值分别增长8.8%、7.9%和6.6%，增速分别高于全省平均1.0个、2.2个和2.4个百分点。规上工业新产品产值增长29.1%，增速居全省第2位；新产品产值率36.9%，同比提高6.1个百分点，其中新能源汽车增长47.2%，新一代信息技术产业增长14.8%，人工智能产业增长31.0%，

智能装备产业增长22.6%。在新业态发展方面，网络消费、新能源汽车、快递业等新兴领域表现突出，全年网络销售额增长18.5%，居民网络消费增长19.9%，跨境网络零售出口增长39.5%。新能源汽车、可穿戴智能设备类商品零售额分别增长705.0%和17.9%。邮政业务在电商拉动下较快增长，全年邮政业务总量同比增长23.9%，其中快递业务量和业务收入同比分别增长18.6%和12.9%。

（四）财政、居民收入稳步提高，金融风险得到有效控制

1. 财政收支较快增长

2019年，全市实现财政总收入和一般公共预算收入分别为936.9亿元和579.0亿元，分别增长4.6%和5.7%（按可比口径分别增长8.6%和12.5%）。全年全市一般公共预算支出突破千亿元大关，合计1084.1亿元，增长24.0%，居全省第3位。民生保障水平继续提高，民生支出合计861.1亿元，占财政支出的79.4%，增长28.4%，其中，科学技术、文化体育与传媒、节能环保、城乡社区事务支出分别增长28.9%、29.5%、83.8%和103.2%。

2. 居民收入增速稳中有升

温州市农村常住居民人均可支配收入为30211元，同比增长9.9%，增速比上年提高0.7个百分点；城镇常住居民人均可支配收入为60957元，同比增长8.7%，增速比上年提高0.5个百分点。城乡居民收入差距进一步缩小，农村居民收入增速高于城镇居民收入1.2个百分点，城乡居民收入比为2.02，比上年缩小0.02个点。

3. 不良贷款持续"双降"，创金改以来新低

随着金融风险的持续化解，温州市不良贷款率创下金改以来的新低，金融环境的改善为企业创造了良好的发展环境。12月末，全市银行业不良贷款余额109.39亿元，比年初减少20.5亿元，不良贷款率为0.94%，比年初下降0.35个百分点。关注类贷款余额216.6亿元，比年初减少23.29亿元，关注类贷款占比1.87%，比年初下降0.52个百分点。

（五）市场价格总体稳定，市场预期有所改善

1. 居民消费价格涨势温和

2019年，虽受猪肉价格大幅上升影响，温州物价水平总体仍然保持稳定，居民消费价格涨势温和。2019年各月CPI涨幅均低于3%的预期目标。全年居民消费价格总水平同比上涨2.2%，比全国、全省平均水平分别低0.9个和0.7个百分点，总体处于温和上涨区间。猪肉价格同比大幅上涨28.8%，拉动CPI上涨0.54个百分点，成为CPI指数上涨的最主要拉动因素。分类别看，食品烟酒、其他用品和服务、衣着、医疗保健、生活用品及服务、教育文化和娱乐同比分别上涨5.3%、2.0%、1.6%、5.5%、0.4%和3.2%；居住、交通和通信同比分别下降0.7%和0.5%。

2. 工业生产者价格平稳

2019年温州市工业生产者出厂价格（PPI）同比上涨0.1%，涨幅比上半年收窄0.5个百分点。工业生产者购进价格（IPI）同比下降2.0%，降幅比上半年扩大1.1个百分点。12月，PPI同比下降0.7%，降幅较上月收窄0.2个百分点，IPI同比下降3.2%，降幅较上月收窄0.3个百分点。

3. 市场预期有所改善

企业景气和企业家信心指数双双环比回升，据对温州市8488家企业生产经营景气状况专项调查，2019年第三季度全市企业景气指数为122.51，企业家信心指数为122.99，两项指数有所回升，环比分别回升2.12点和1.37点，继续处于"较为景气"区间。

二 经济运行中需要关注的几个问题

2019年，温州市经济运行总体平稳，各项经济指标运行在合理区间。也要看到，由于政策利好效应集中释放，在一定程度上缓解了经济下行压力，经济结构性矛盾依然突出，实体经济经营困难，经济增长动能有待增强，经济下行压力较大，稳增长任务十分艰巨。

（一）政策利好效应可持续性需要关注

在全球经济增长放缓的大背景下，全国、全省经济增速逐季放缓。2019年温州市积极用好用活"总部回归"、市场采购贸易、地方专项债等经济稳增长政策，再加上房地产市场的拉动，经济下行压力得到有效缓解，但政策因素导致经济增量加快释放，2020年经济的可持续增长面临较大压力，稳增长任务艰巨。2019年全年主要经济指标完成情况与前三季度相比，工业、金融、消费、利用外资等领域指标呈现走弱态势。

（二）制造业面临较多困难

2019年，温州市制造业效益指标明显劣于生产指标。1~11月，温州市规上工业企业利润总额与上年同期持平，增速同比回落19.4个百分点，低于全省平均5.4个百分点，全年持续低位运行，上半年和前三季度分别增长3.1%和下降0.3%。亏损企业数496家，企业亏损面为9.3%，同比扩大1.3个百分点。企业成本方面出现持续上升态势。1~11月规上工业企业应付职工薪酬同比增长10.9%，四项费用（销售费用、管理费用、研发费用、财务费用）同比增长10.2%，分别高出营业收入增速7.4个和6.7个百分点，对企业效益产生挤出效应。从产销率看，市场需求不足导致产销率进一步下降，1~11月规上工业产品产销率为95.4%，比上年同期下降1.7个百分点，低于全省平均1.8个百分点，居全省第10位。

（三）中美经贸摩擦的负面影响不容忽视

美国是温州企业重要出口目的地市场，中美经贸摩擦对温州市部分工业行业冲击较大，温州规上工业中汽摩配、鞋业增加值分别增长3.5%和0.6%，低于全部规上工业4.1个和7.0个百分点。近期对温州市多家汽摩配企业调研显示，关税提高增加企业负担，利润受到挤压，产品在国际市场已无价格优势，部分企业面临订单损失或者亏损经营的艰难选择。受访的大部分企业反映，考虑到产业链、配套服务和外迁成本等因素，产能转移并不现实。从长远看，中美经贸摩擦升级对温州市产业结构升级、劳动力就业、居民收入等的间接影响也将进一步加深。

三 2020年经济展望及对策建议

当前，全球经济增长放缓，外部不稳定、不确定因素较多，国内周期性问题与结构性矛盾叠加，经济下行压力持续加大。

从国际看，国际环境依然复杂严峻，保护主义、单边主义和反全球化思潮引发全球贸易摩擦升级，特别是实体经济不振引发全球经济减速及金融风险上升。

从国内看，2020年是全面建成小康社会、打好三大攻坚战的决胜之年，是完成"十三五"目标任务的收官之年。国内经济刺激政策手段较多，如继续通过降准、减税、地方政府专项债券发行等举措，稳定市场预期，国内经济发展的韧性、潜力和创新活力增强，能够有效化解经济下行压力。在国内外经济发展大背景下，预计2020年温州经济运行将总体平稳，增长速度略有回落，主要宏观指标处于合理区间。

从支撑面看，温州正处在大有可为的战略机遇期，拥有跻身长三角中心区城市的有利条件，面对国家战略机遇叠加的有利形势，在融入长三角一体化发展、创建新时代"两个健康"先行区、打造全国性综合交通枢纽、都市能级提升等方面赢得了先机和主动。温州经济发展环境不断优化，发展韧性不断增强，经济运行质量稳步提升，三次产业协调发展，新动能积蓄加快，"大建大美"、大干交通、城市经济、休闲旅游等重点工作有力推进，这都将对经济增长形成支撑。

从压力面看，一是工业生产面临下行压力。在总需求难有明显好转、企业效益不佳、经营成本较高等因素影响下，工业生产将可能延续波动下行态势。二是出口压力较大，贸易摩擦影响依然存在。全球经济仍将延续下行态势，外部需求不旺，出口面临较大压力。三是政策利好因素可持续性有待观察。2019年依靠政策利好因素（总部回归、地方债、市场采购、"小升规"

等），经济增速好于全国、全省，但2020年政策因素可持续性有待观察，且上年因政策因素导致部分指标基数较高，要继续保持较快增长的难度非常大。为此，提出以下对策建议。

（一）突出重大战略引领，增创区域经济发展优势

在市场经济条件下，区位优势在一定程度上决定了竞争优势，"地利"因素至关重要。一是要加快融入长三角一体化发展战略。温州市处于长三角与海西经济圈的交汇地带，从经济流向上看，温州与长三角经济关联度更强。要紧紧抓住长三角上升为国家战略和温州成为长三角一体化第27个城市的机遇，全方位提升对接融入长三角一体化发展战略的层次，推动平台建设、产业培育、科技创新、城市建设等多领域合作。二是加快提升区域中心城市能级。城市能级是城市能量、活力、竞争力和影响力的集中体现，城市能级提升关键是要增强温州都市区集聚辐射带动能力。要提升城市硬件设施水平，加快完善深水港区、航空、铁路、高速公路网功能，着力城市中心区和副中心区建设，进一步释放中心区经济动能。三是推进民营经济发展。要深化新时代"两个健康"先行区建设，在制度建设和治理能力方面要有新突破，打造好全国民营经济发展示范区，使温州成为全国民营经济创业创新的高地，以及资本流入目的地。

（二）推动工业经济转型，全力振兴制造业

温州经济总量在浙江省排名第三，工业经济居全省第五位。近年来温州经济主要依靠三产拉动，导致三产比重上升，制造业比重明显偏低，同时也进一步影响生产性服务业发展和税源基础。一是加快传统产业转型升级。密切关注电气、汽摩配、服装、皮鞋、泵阀等传统产业发展动向，引导企业加大研发和技改投入，利用工业互联网等新技术，推动制造业向智能化和服务型转型，加快上市和上云步伐，深度参与长三角产业链分工。二是做大做强新兴产业。积极培育新兴产业，以五大战略性新兴产业为重点，加快推进产业高端化、规模化、集群化发展。三是加快推进创新载体建设。加快引进、

共建和完善一批高能级的研究机构，着力培育一批创新型、科技型企业，推动科研成果产业化。

（三）繁荣消费市场，提高消费对经济的拉动率

据统计，发达国家消费率为70%左右，有的国家或地区甚至达到80%，温州市消费率提升至少有10%的空间。由于电子商务、消费升级、新消费业态等深刻地影响当前消费格局，各地抢占消费"高端"客源，竞争十分激烈，目前温州消费不足和消费分流同时存在。一是聚焦培育城区消费经济。城区是消费的重心，2019年温州市城区消费额占43%，还有较大的提升空间。要加快提升中心城区首位度和辐射带动力，以"精建精美"及新一轮城市建设为契机，进一步打造中高端消费场所，发展楼宇经济、街区经济和月光经济，吸引消费回流。二是进一步完善促进消费的体制机制。做大做强会展业，积极引导健康、文化、旅游、养老、教育培训等重点领域消费，拓展农村消费市场。三是引导消费方式升级。加快零售业线上线下融合发展，加快传统市场改造提升，加快新零售行业发展。

（四）加快发展外向型经济，着力增强出口动能

温州经济发展主要依靠民营经济，外向型经济比重低，受国际市场影响，出口波动较大。一是大力发展外贸新业态。推进温州全域开展市场采购贸易，扩大跨境电子商务规模，发展公共海外仓，做好国家侨贸电商综合试点。二是积极开拓国际市场。依靠温州人资源、港口资源等优势，进一步打开海外市场，努力开拓共建"一带一路"国家等新兴市场。用好国家出口信用保险政策，引导企业积极参加国际性展会。三是提升产品品质。鼓励企业加快转型升级，加大企业内部研发投入，做强自主品牌，形成有国际竞争力的产品优势。

（五）扩大有效投资，挖掘经济增量

要继续关注国内外市场需求低迷导致投资意愿降低、地方政府财政收

支承压加大、基建资金缺口等问题，要"聚焦关键领域促进有效投资"，以改善民生为导向培育新的有效投资，加大制造业、基础设施、社会领域补短板的投资力度，提高投资有效性。一是强化项目谋划。从源头上优化项目引进的质量和结构，以税收、效益、增加值等指标为考核重点，加紧谋划、引进、落地一批支撑温州发展的重大产业项目，引导民间资本投向新兴产业领域。二是发挥产业平台集聚作用。提升投资平台支撑体系，依托重大平台集聚重大项目、培育重大产业，加快引进一批新兴产业、高端制造业、现代服务业企业，对重点项目落实扶持政策，增强要素保障。三是挖掘经济增量。从完善、优化和提升工业经济的产业链着手，持之以恒推进温商优势产业回归，持续做大做强制造业龙头企业，加快引进和培育现代服务业。

B.3 温州工业经济运行分析与展望（2019~2020）

任 晓[*]

摘　要： 2019年温州工业经济运行总体态势可概括为"稳中有缓"。全年运行呈现需求偏软拖累生产退坡，主动去库存加快，效益同步收入走弱，销售利润下行，投资增速触"顶"等态势。展望2020年，平稳运行格局不变；产出波动幅度将收窄；新动能政策保育初步见效；利润增速中枢下移；投资同比态势持平。总之，当前工业经济偏软态势只是经济运行的周期性阶段，未来结构性增长机会将逐渐呈现。建议稳住生产和投资，挖掘增量，对冲生产增长减速和投资增长走弱势头，重点关注产能汰换迭代和产业跨界升级，坚持高质量发展，继续落实制造业中小企业结构性宽松和减税减负托底提振政策，实施激发微观主体投资投放加速政策，增强穿越经济弱周期能力。

关键词： 工业经济　新动能　产业政策　温州

2019年，全球政治经济不确定性事件增多，贸易增速放缓，经济增长减速。国内经济增速"前高后低"，第一季度过后承压下行明显。在国内外

---

[*] 任晓，中共温州市委党校图书馆馆长、《温州论坛》副主编、教授。

经济风险挑战明显增多的复杂局面下，温州工业经济增速放缓回稳，新兴动能增量正在强化对存量的替代，主要指标进度符合预期。一年来宏观经济形势已经从"经济面临下行压力"到更为严峻的"经济下行压力加大",[①] 内外困难多，局部风险大，目标任务重，温州工业经济能够保持良好态势，成绩来之不易。回顾2019年温州工业经济表现，吻合此前"运行保持整固筑底，提速增长机会不大"的总体判断。

2019年1~11月，规模以上工业增加值累计991.41亿元，累计同比增速为7.6%，增速累计同比的指标表现较前一年下降0.8个百分点，居浙江省域内地区第5位，排名较上年前进一位，反映温州工业经济能够从容面对"动荡源和风险点显著增多""转变发展方式、优化经济结构、转换增长动力的攻关期，结构性、体制性、周期性问题相互交织"的挑战，经受住"承压支撑能力一轮新的考验",[②] 尽管工业经济增速回落，但坚持聚焦聚力高质量发展，托底调控，挖掘潜力，筑牢"内在增长坚韧"的基本面支撑，坚守"退坡不滑坡"底线，保持工业经济运行稳健。总体特点可表述为，"稳中有缓"。

"稳"直接表现在2019年1~11月，月度规模以上工业增加值累计增长速度数据，自第一季度出现短期回升，高于同比增速外，此后增速数据全面弱于上年同期。准确验证"生产节奏持续放慢态势则可能在更早的2019年第二季度观察到"的研判。"稳"的表现是，1~11月，规模以上工业增加值增速月度累计表现平稳，波动不超过2.4个百分点。虽然进入第二季度后，工业生产同比增长进入减速通道，但仍然在第三季度开始稳住下滑势头，并取得逐月收窄增速同比降幅的成效（见图1a）。

一 需求疲软拖累增速退坡，生产运行步伐稳健

温州市规模以上工业增加值同比增速呈现较为明显季末抬升而季初走弱

---

① 参见《2019年中央经济工作会议公报》，Wind新闻情报。
② 浙江省统计月报（2019），浙江省统计局。

的"季末抬高效应"。单个季度内的最后一个月增速数据明显冲高,尔后在下一个季度的初始月份则出现明显跌落。其中,3月、6月、9月,分别出现了年内17.2%、8.9%和7.7%排名前三的高位,低值出现在4月、7月,分别为2.8%和6.6%(见图1b)。"季末抬高效应"直接投射的是需求景气不足。背后的逻辑是生产端与需求端对接不顺,产能安排不能按照既定节奏匹配市场需求,累积生产任务只能延押至季末月度进行"冲刺"。

比较浙江省和温州市2018~2019年规模以上工业增加值的总量增速数据。一方面,省市工业销售数据呈趋势性下滑是需求疲弱的结果,需求收缩是拉低工业生产数据主要力量。另一方面,2019年1~11月温州规模以上工业增加值累计增速高于浙江省平均水平1.4个百分点,在上一年这一数据领先0.8个百分点的基础上再次拉大领先幅度。温州规模以上工业销售产值累计增速高于浙江省平均水平2.7个百分点,而上一年则落后2.6个百分点。表明"2018年以来,偏弱的需求替代此前库存的去补轮动,主导产能节奏调整"。产出与销售数据的快速收敛,反映了工业企业为了缓冲需求下

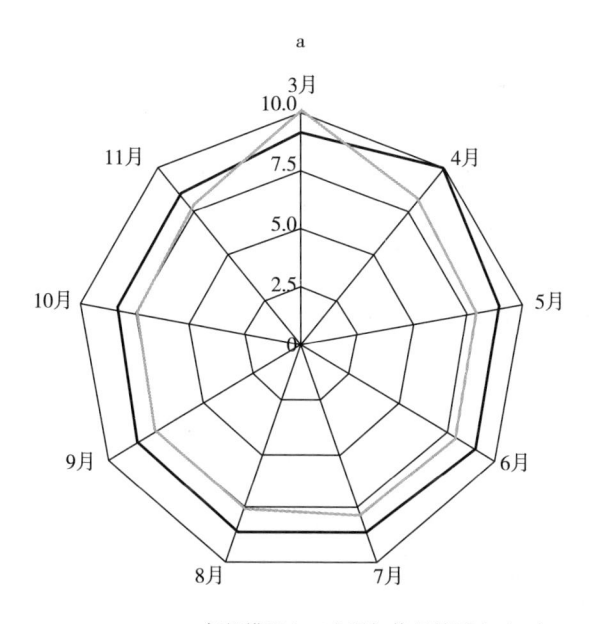

a

——2018年规模以上工业增加值累计同比(%)
——2019年规模以上工业增加值累计同比(%)

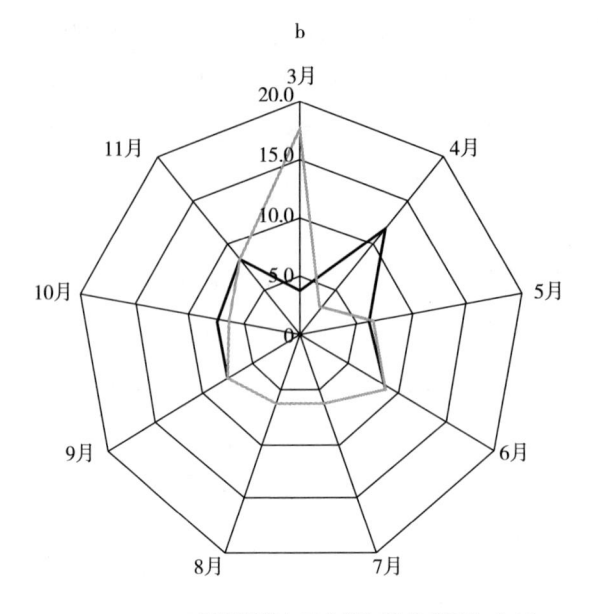

图 1　2018～2019 年温州市工业经济运行态势

资料来源：温州统计月报（2018～2019），温州市统计局。

滑、预期偏软，加快主动去库存，削减存货投资，压缩产能，降低库存水平。

另外，通过数据对照，看到温州工业产能结构弹性相对更大，有利于应对需求变动进行及时调整。也可以理解为"温州工业产品所处区段下游接收终端，传导链条更短，更早受到市场需求收缩冲击的结果"，并做出有效应对安排，对外呈现"工业增加值增速波动幅度表现为高起快落，渐趋收窄的态势"（见图2）。

图3显示2013年3月至2019年11月，温州规模以上工业销售产值月度增速在2019年3月达到27.6%，产值累计增速为14.1%，分别是过去80个月里的增速的第一位和第三位。排除上年的低基数产生的抬高效应，倾向于理解为温州工业企业对需求转弱有着更为敏感的市场直觉，去库存主动迅速且执行坚决。

此外，从工业销售月度增速数据看销售增速高位集中在2017年，强劲

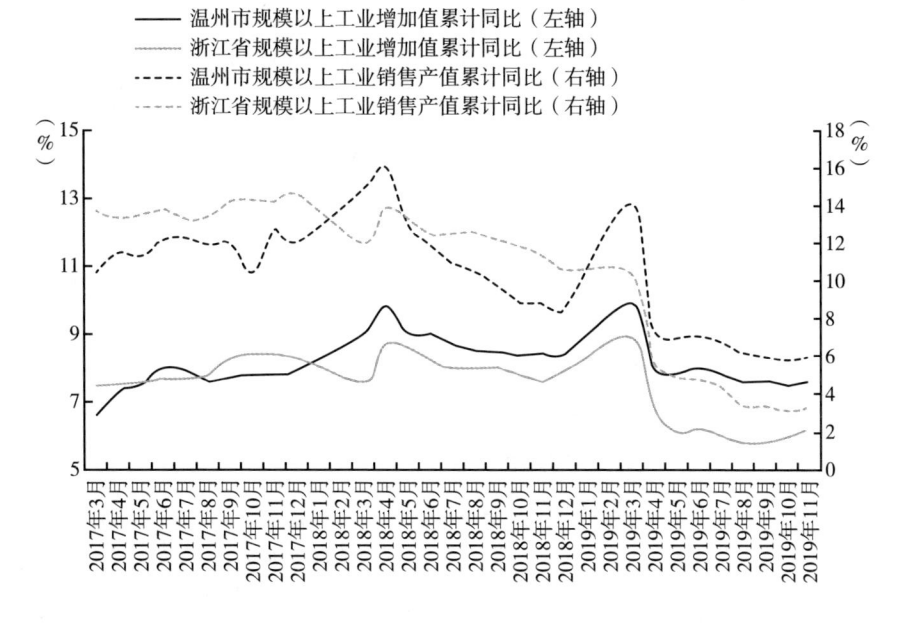

图 2　2017~2019 年浙江省、温州市工业经济增长水平

资料来源：温州统计月报（2017~2019），温州市统计局；浙江省统计月报（2017~2019），浙江省统计局。

需求带来主动补库存的产能，尔后扩张产能驱动累计增速在 2018 年出现阶段性高点。从中可以得到的推断是，其一，2018 年可能是未来 2~3 年的工业销售阶段性高点年份，也是一个跨度 10 年左右中长经济周期的需求表现最为积极的年份。其二，工业企业为需求变动而做出库存响应需要时间大约不长于 3 个季度。也就是说，存在一个 3 个季度以内的滞后期。其三，工业销售月度增速和累计增速数据离散度分别为 3.23 和 3.33。① 两者接近，且月度数据更集中。

高频工业销售增长数据能够在一个合理的增长中枢附近保持平稳，表明温州工业需求侧基本盘扎实，足以支撑工业经济运行保持稳态。这也与此前

---

① 离散度是指算术平均值的绝对偏差平均。$V = \frac{1}{n} \sum (f_i - \bar{f})$，其中 V 为离散系数，n 为观测值，f_i 为数量，$\bar{f}$ 为观测的值的算术平均值。

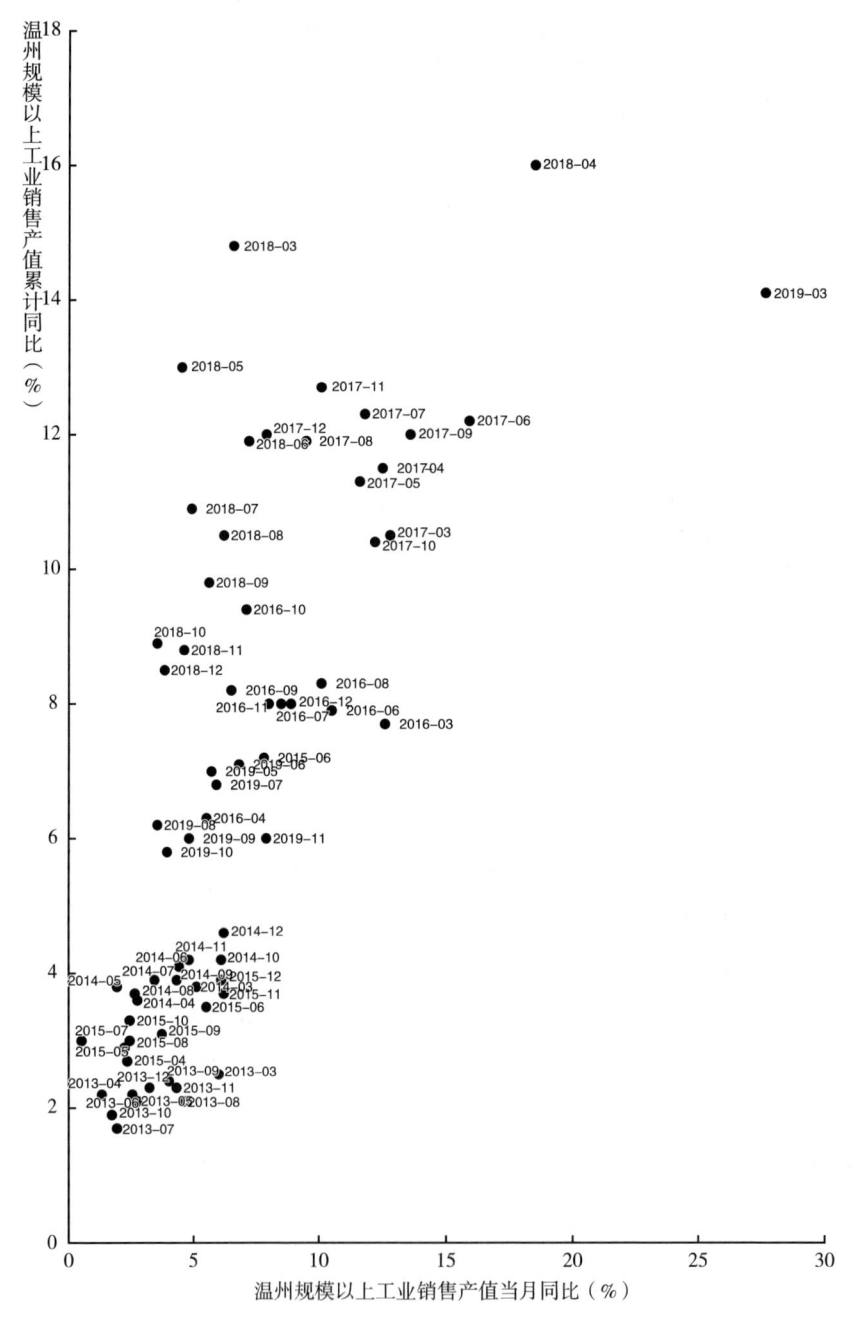

图3 2013~2019年月度工业销售增速

资料来源：温州统计月报（2013~2019），温州市统计局。

关于2016~2018年供给侧增速数据的研究结论接近，即"工业增加值增速起伏不大，年度间分月度数据互有高低，且能平稳保持在一个合理的增长中枢附近"。

2019年1~11月，温州工业用电量累计增速为2.1%，不及前一年同期水平的一半，低了2.9个百分点。分月度工业用电量同比增长平均水平为3.9%，不仅弱于前一年同期平均水平0.7个百分点，而且是近5年平均水平新低。另外，从月度环比增速数据来看，3月、4月、6月、8月和9月共5个月工业用电量逐月环比增速指标处在负值区间（见图4）。

这一方面表明，以用电量指示的工业生产增速中枢已下移到更低的位置，支持此前对于"地方工业经济整体走弱"的意见。另一方面，鉴于工业用电量环比增速是生产景气趋势前行指标，早前"滑落走低态势已有所遏止"的判断仍有待进一步观察。2019年1~11月，工业用电量逐月环比增速指标数值月度波动保持收敛，较前一年同期增速标准差略大0.32，说明市场预期到位，生产节奏把控合理，总体进度平稳。

工业经济的运行走向预测，可以基于上一年增长速度同比的数据来推断。不过，用月度环比增长速度数据作为先行指标估计工业经济运行趋势更为合理。由于高频月度增速数据可能会受到季节因素和同比基期因素的干扰而在质量上有所损失，拟通过季节调整方法将这两类干扰因素做技术性处理，以获取质量和可靠性更高的数据，并据此推断运行走向趋势。

按季节调整后的工业增加值月度环比增长速度数据轨迹[①]（见图5），2019年的工业经济增长形态可以概括为上一年工业经济"回落压力在减小，上升力度在积聚放大"基本态势的一个进阶版本。1~11月的分月度环比增速进入第二季度后起伏幅度微小，节奏平稳。其中，环比数据为负的月份较

[①] 一般而言，虽然同比增速是分析经济走势的常用指标，但同比数据难以剔除季节影响，且相对滞后于环比数据，难以准确反映经济走势。季调环比趋势增速数据能剔除季节因素与不规则项，估计结果更能反映经济的实际趋势。对经济趋势预期研判，倾向于参考应用环比数据模拟结论。本文考虑处理两端数据缺失便利，采用以"中心化12项移动平均"为基础的X12季调方法，直接运用Eviews计算季调环比趋势。

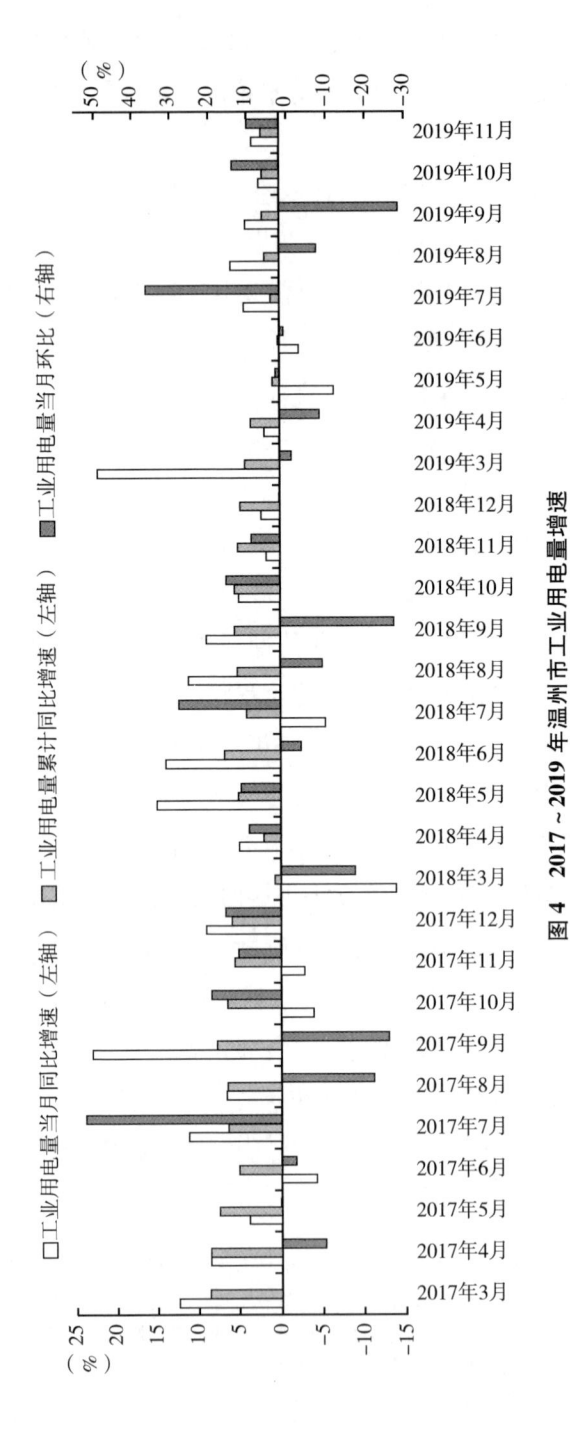

图 4 2017~2019 年温州市工业用电量增速

资料来源：温州统计月报（2017~2019），温州市统计局。

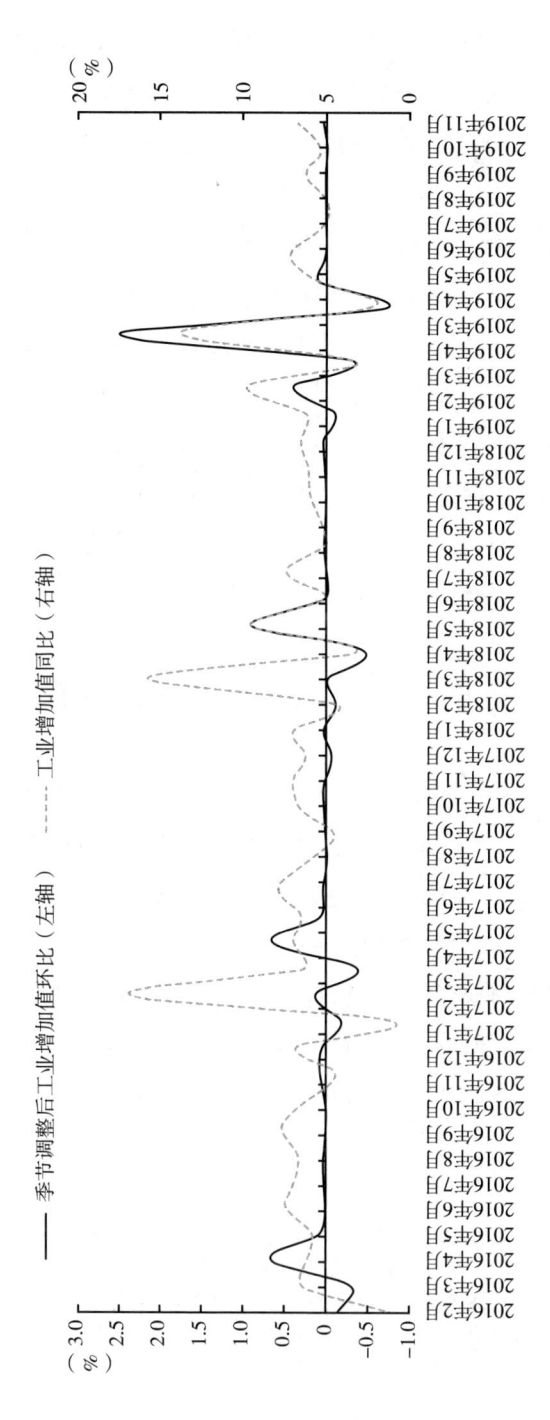

图 5 2016~2019 年季节调整后温州市工业增加值增速

资料来源：温州统计月报（2016~2019），温州市统计局。

上一年减少,且环比正增长力度有所放大。从稳增长的角度看,数据呈现的工业经济运行的确更为"稳定",支持"工业内在增长积极因素更多,本地工业经济运行的韧性不变"的观察和所处"整固筑底"运行阶段特征的总体判断。

不过,工业经济运行态势虽然胶着,但也没有给出清晰确定的增长乐观预期。原因在于,"推动工业经济的增长加速的有效支撑力量在过去两年中不见峥嵘,当前本地驱动力量积聚不足,工业经济运行不具备在近期走出提速增长形态"。可以说,工业经济还未走出周期"磨底"阶段,破局增长瓶颈的力量如果不能得到加快积累和积聚,穿越周期的难度会逐年上升,未来即便只是为了"稳"住当前的增长节奏,都可能要耗费更多的资源,应对更复杂的环境,付出更大的代价。这也是过去几年未见"驱动未来工业经济增长的内生性引擎",而提醒工业经济运行"稳中有忧"的其来所自。

二 新动能保育政策加码,结构迭代主线清晰

温州"两个健康"创建中的系列改革创新对保育新动能提供优质营商环境。2019年通过推出包括《温州市优化营商环境办法》在内的多项创新举措,温州在市场公平准入、合法权益保护、生产经营要素获取、政务服务优化等多个方面促进培育、吸引和发展新动能。

提升助企服务。实施"白名单"帮扶计划,开通惠企政策"直通车",实施新一轮降本减负政策"30条",推行"帮企云""易企办"。① 其中,2019年通过全面升级小微企业园建设,定制"快宽优"准入环境,实现新增科技型小微企业2213家,新增"专精特新"省级培育企业22704家,新

---

① "融资畅通工程",推出"无还本续贷"等融资新政14条举措;把发展有前景但暂时有困难的企业列入"白名单"帮扶计划,已成功帮扶48家企业渡过难关。惠企政策"直通车"指,实质性突破政策兑现慢、兑现难问题;推行涉企柔性执法,创新推出3290项"首次不罚"清单。"帮企云""易企办"是指,有9条属于全省独创;创新推出企业(开办)注销便利化行动。参见《温州"两个健康"创建获中国改革十大年度案例奖》,《温州日报》2019年12月22日。

增省级隐形冠军企业10家,数量均列浙江省地市排名第一。①

加快数字转型。数字经济的核心产业——电子信息产业正在成为,甚至已经是温州目前创新最活跃、辐射最广泛、融合最深的战略性新兴产业。2019年1~10月,全市数字经济核心制造业增加值118.09亿元,同比增长9.2%,数字经济核心制造业增加值已经达到本地规模以上工业企业增加值的13.3%,高于浙江省平均水平0.84个百分点。②

优化产业布局。2019年温州市制定并发布《传统制造业重塑计划》,意图构建以电气、鞋业、服装、汽车零部件、泵阀等五大传统制造业为主,"N"个县域重点特色产业为辅的"5+N"产业集群。③ 其中,五大传统制造业以在2021年之前达到总产值5000亿元为目标。2019年1~11月,仅电气一个产业增加值已经达到187亿元,占本地同期全部规模以上工业企业增加值的19%。本地累计增长速度为9.2%,高于全部规模以上工业企业增加值增速1.6个百分点。④

从产品结构的迭代速度看,2019年新产品产值单月同比增速高点在2019年6月,达到51.5%,此后逐月下滑,且平均月度跌幅深达近7个百分点。跨年度的新产品产出节奏从2018年的"U"形反转为倒"U"形走势。

从趋势上看,后续向下减速态势还未见走缓回稳。值得特别说明的是,2019年6月新产品产值单月同比增速51.5%,为近十年来最高,而6月累计增速为近七年来最高。这在很大程度上归因于技术性基数效应,而产品结

---

① 《我市小微企业突破24万》,《温州日报》2019年12月22日;隐形冠军企业是指长期专注并深耕于产业领域,处于领军位置但又不被公众所知晓的企业。奔腾激光(温州)有限公司的8000瓦光及以上功率段激光切割机在市场中处于领军地位,目前是国内高功率激光切割设备出口领先企业。参见《省级隐形冠军企业温州再添"新兵"》,《温州日报》2019年12月28日。

② 《我市数字经济核心制造业"增值"》,《温州日报》2019年12月24日。

③ 其中,智能电气产业打造成为世界级产业集群,鞋业、服装产业打造成为千亿元级时尚智造产业集群,汽车零部件、泵阀产业分别向千亿元级产业进军。各县(市、区)、产业集聚区和有条件的开发区同步选择1~2个百亿元制造业作为区域重点特色产业集群。

④ 《"八大行动"重塑温州传统制造业》,《温州日报》2019年11月8日。

构创新有其自身版本更新或折旧换代等内驱性规律需要遵循。这一点，2019年度的研究曾提出警示，"工业新产品迭代如果不能尽快进入新一轮加速周期，在不确定性上升的局面下，将拖累新旧动能更替加快目标的结构调整进程"。至少从图6中可以看到，销售产值增速态势并未表现出接近于新产品产值增速那样短期内大幅拐折向下。

另外，从图6可见，这一轮产品结构调整开始于2018年5月，高点出现在2019年7月，历时超过一年。销售产值增速数据反映的需求侧下行平缓原因在于宏观基本面，而不是产品升级不足。此外，图6显示，2019年相对增速比值大幅拉高完成对2018年前值过低的修正后，自2019年8月开始，逐月退坡，11月已接近2017年的常态水平。据此，预计未来1~2年内产品升级与结构更迭节奏逐渐走稳，新产品产值增速中枢下移后，不晚于2020年第二季度企稳平走。

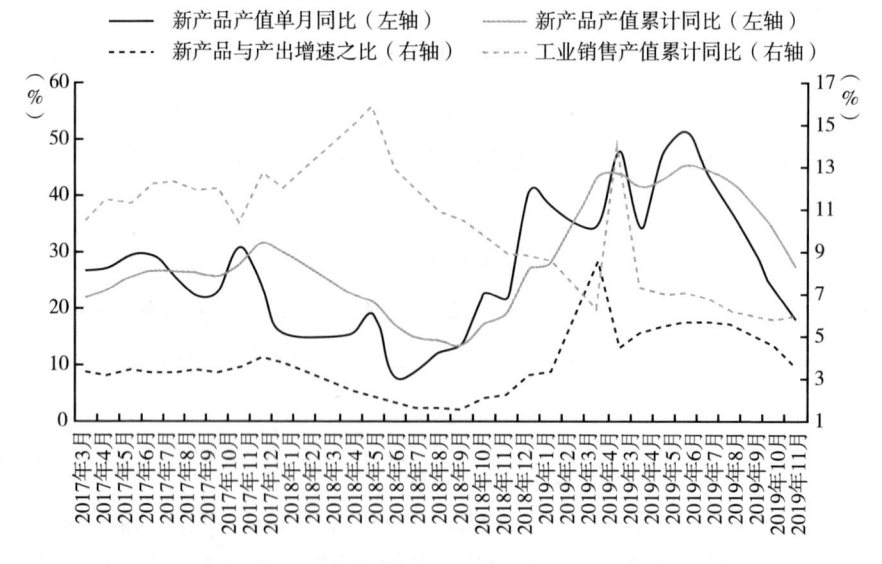

图6　2017~2019年温州规模以上工业企业新产品产值增速

资料来源：温州统计月报（2017~2019），温州市统计局。

进度数据反映，2019年以来小微工业企业生产出现强劲回升。1~11月，小微工业企业增加值累计增速超过全部规模以上工业企业增加值增速的平均水平，增速差由前一年的负数转为正数，且全年月平均大幅高出2.82个百分点，其中，与上半年平均增加值增长速度比较，小微工业企业高出全部规模以上工业企业超过3.52个百分点（见图7）。从规模结构角度看，工业经济中数量更多的小微企业生产有更快的增长，有利于夯实工业经济基本面和产能托底支撑。

不过，进度数据也同样反映出，小微企业生产组织的弹性更加充分，回溯此前2017年、2018年两年的分月度数据，小微工业企业增加值增速的单月数据高过同期全部工业企业平均水平的共有11个月，持平的有1个月，低于的有8个月，即平均线以下的月份占45%。在2019年所有可获得数据的9个月中，小微工业企业分月度增速低于全部工业企业平均增速的共4个，也就是，处在平均线以下的月份占44%。再结合月度累计增速数据来看，2017年月度数据全部落在负值区间，2018年则全部落在正值区间，2019年又全部回到正值区间，生产走完一轮不短的轮动周期。

关于以上表现背后的逻辑需要分开来看。第一，增速大幅领先得益于政策效应。应当归因于上一年报告提及的，"针对小规模企业的减税、融资、降费等纾困扶持政策密集出台，在经过半年左右政策时滞后，小规模企业或有望在2019年得到政策效应"。另外，温州市2018年以来实施的新一轮"小微企业三年成长计划"初步见效。一方面，企业数量增加。2019年11月，全市小微企业数量超过24万家，其中2019年新设立逾4.3万家。另一方面，企业实力提升。近三年新设小微企业社会贡献度指数排名浙江省第一，全市共有七个县（市、区）进入县域小微企业成长指数浙江省前30名，入围比例位列浙江全省第一。①

第二，结构迭代的周期轮动，是小微工业企业对产能灵活安排的合理反映，不过，也可以从中了解现象背后的另一面，即整体的稳健性不足。这固然与规模有关，但更为根本的原因是成长性潜力仍然不够。

---

① 《我市小微企业突破24万》，《温州日报》2019年12月22日。

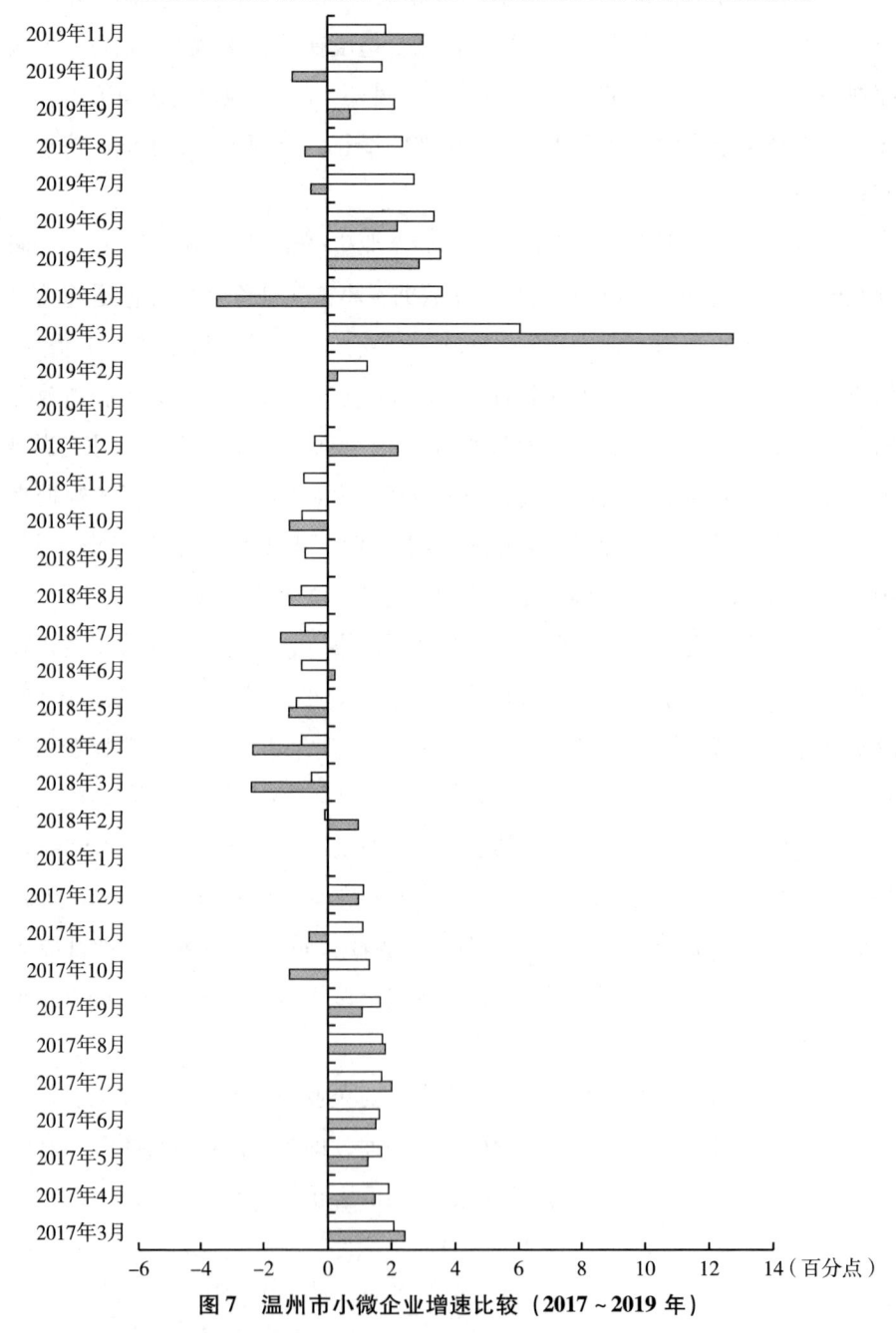

图7 温州市小微企业增速比较（2017~2019年）

资料来源：温州统计月报（2017~2019），温州市统计局。

第三，这一背离很大程度上表明的是两种运营策略性调度。进入2019年，直至10月，小型企业的PMI分项指标生产经营活动预期指数持续高于中型企业。① 一是对成本更为敏感的小微企业而言，经济下行趋势下进一步减税降费政策预期升高，推动生产加速。二是市场不确定性浓郁，集中释放产能，加快库存去化，拉高月度产值。

第四，还有2018年低基数产生的技术性"抬高"效应。此外，11月数据显示，不论增加值增速，还是生产经营预期指数都已经落后于中型企业。

总之，从大逻辑上看，数据反映的是一次阶段性反弹而不是趋势性反转。这是一轮主要受政策性、周期性和技术性因素驱动的小微工业企业的相对高增长。考虑政策扰动对企业预期和信心的影响，应特别关注后续政策利好边际效应减弱带来小微工业企业未来走势的变动。

三 效益收入同步走弱，利润增长中枢下移

2019年1~11月，温州市规模以上工业企业利润总额累计同比增速为零，较上年同期水平骤降19.4个百分点。这一看似低迷累计同比零增长数据，却已经分别较1~9月、1~10月回升0.3个和1.2个百分点。1~11月工业企业主营业务收入累计增长3.5%，较上年同期增速下滑2.7个百分点，却分别较1~9月、1~10月有0.1个和0.6个百分点提升。明显地，进入2019年后，利润与收入收缩变动方向趋于一致，且两者同比增速差距出现收敛（见图8）。

2019年1~11月，温州市规模以上工业企业利润率为6.22%，同比下降0.38个百分点。自2019年第二季度开始利润率表现相对稳定，但年度利润率平均水平从上一年的6.12%缩减至5.67%（见图9）。这就直接解释了，主动去库存阶段，主营业务收入和利润总额必定出现大幅缩减。利润缩

---

① 国家统计局，Wind中国宏观数据库。

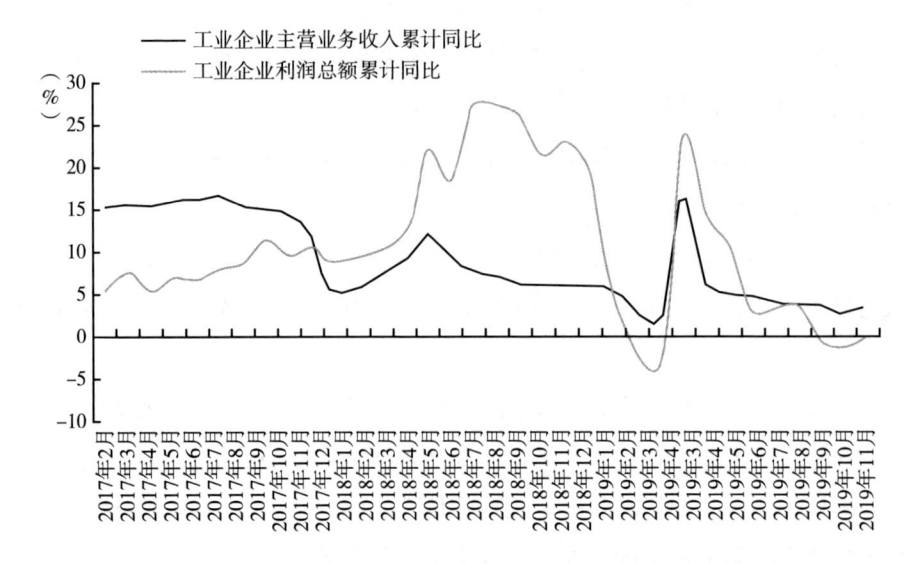

图8　2017～2019年温州市工业企业利润与主营业务收入累计变动

资料来源：温州统计月报（2017～2019），温州市统计局。

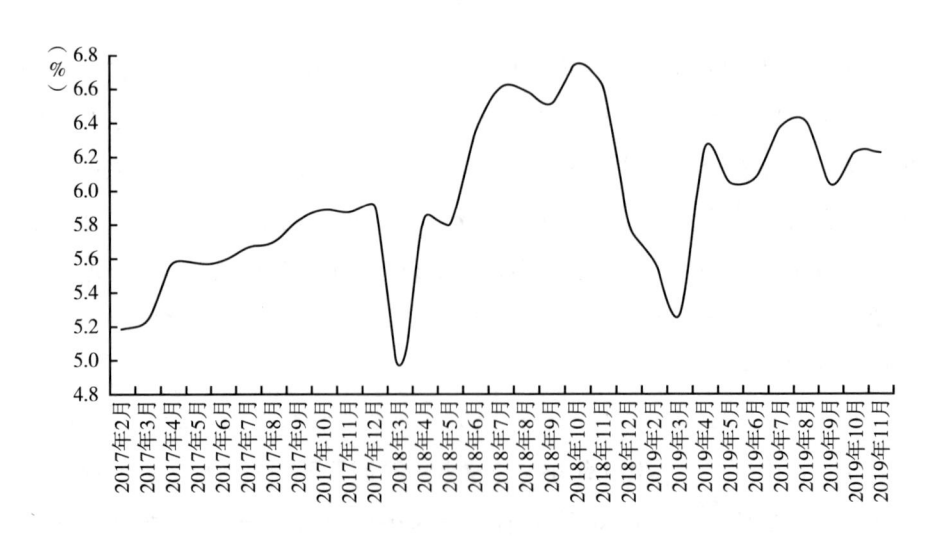

图9　2017～2019年温州市工业企业利润率走势

资料来源：温州统计月报（2017～2019），温州市统计局。

减自我实现的传导循环路径是：利润低迷→降低成本→压缩库存→生产收缩→主营收入减少→利润低迷。

2019年1~11月温州规模以上工业企业每百元主营业务收入中的成本为82.37元，同比减少0.71元。这一数据2018年为减少1.50元。比较来看，2019年在前一年的成本降幅上再减一半。同期，每百元资产实现的主营业务收入为81.58元，较上一年增加7.53元，而2018年这一数据为减少9.1元，也就是说，2019年的资产利用能力有所恢复。[①] 根据以上分析，可以简单地概括如下：成本进一步下降，但抵近刚性成本边界，边际空间有限。而资产收入水平回升表明产能利用率相对2018年出现回暖，不过，仍然不及2017年的水平。

将利润总额进一步分解为业务收入乘以利润率，再把业务收入拆分为增加值乘以生产者价格指数（PPI），分别代表量、价两端的分析指标，由此获得量、价、质（利润率）三个维度，分析影响利润的关键因素。从量、价、质三项因素看，以2019年3月为基准，4~11月，温州市规模以上工业企业利润水平走势与增加值走势整体保持更好的同步性，表明驱动利润主要力量来自增加值，即来自"量"的支撑。另外，生产者价格指数出现下行。如果生产者价格指数所指示"价"的下跌，可以在很大程度上解释为外部需求景气不足，那么，2019年工业利润水平的滑落，未见到较明显"质"的提升则是主要原因。

2019年温州工业企业生产者购进价格指数（PPIRM）一路下滑。由2月的99.4%逐月跌落至11月的98.1%，指数持续走低态势揭示的事实是，2019年工业经济景气低迷有全局性，不分区段笼罩产业上下游。温州工业生产出厂价格指数有同样表现，从2月100.8%连续下行9个月至11月的100.1%（见图10）。不过，难能可贵而又相当艰难地保持在上升区间以上，与此前预测一致，"PPI大概率仍将停留在'1'时代"。生产者购进价格指数与生产出厂价格指数近似完全同步的走势的背后，仍旧是

---

① 根据温州统计月报（2017~2019）月度指标数据计算而得。

因为，"企业销售利润水平更多地受到供给成本端影响，而不是需求价格侧""本地制造业企业个体及企业群整体均不具备影响产品市场价格的能力"。

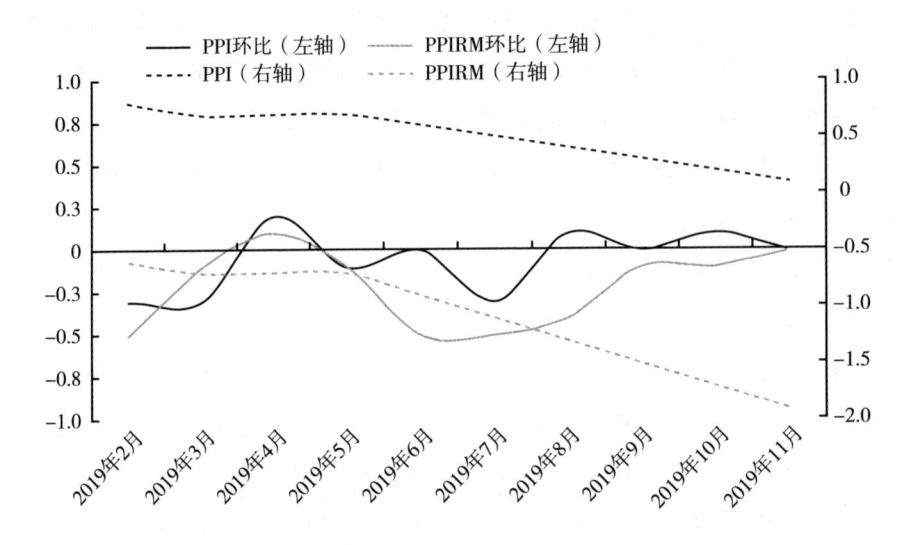

图 10　2019 年温州市 PPIRM 及 PPI 变动

资料来源：温州统计月报（2018），温州市统计局。

后市随着库存去化到位，有了更大的让"速"空间，而让"价"的压力减轻。PPI虽然缺乏上涨的机会，却也不至于跌至1以下。不过，还是有不确定性，环比数据显示，从2019年7月开始，温州工业企业生产者购进价格指数月度环比逐月收窄，至11月已经走出下跌区间。而温州工业生产出厂价格指数月度环比虽然早在8月已经结束上跌回正，但仍有波动反复，未见走稳（见图10）。从环比数据领先价格指数走势的角度看，后续工业企业保价压力上升。

总体而言，2019年1~11月，温州市规模以上工业企业效益表现不出此前预期，"工业经济效益2019年内走弱"，而且"温州工业企业并未进入新旧动能结构性的整体改善进程。而且企业盈利后市将持续走弱"。2019年企业效益总体低于上年，利润率开年起势较低，4月上到阶段高点后便又回落，其间虽有7月、8月连续两个月的小幅回升，但是终究还是在9月再次下行（见图11）。需求下降压力下的库存去化阶段，价格与利润率预期较低。至少在未来一年内，需求侧向好机会不大。生产增速承压，叠加库存去化收尾，销售利润规模面临收缩下行，效益改善前景不乐观。

另外，工业投资能力和潜力有限。提高或降低投资扩张的速度决定于资产收益率和融资成本两个关键条件。一般地，投资增速的变化幅度与资产收益率与融资成本的差值变动趋势一致，也即当资产收益率减融资成本扩大时，净收益增加驱动工业投资增速幅度上升，反之反是。这里资产收益率采用的是利润除成本数据，融资成本采用的指标为10年期国债收益率。图12显示，自2019年7月开始收益率—融资成本逐月增加，但正值差值幅度在过去的5年中最低，后续投资驱动乏力。

必须特别提及的是，金融服务实体是未来政策倾斜密度和力度的重点。国家层面，中国人民银行明确要求，加强对先进制造业、科技创新企业的信贷支持力度。[①] 地方上，《温州市财政支持深化民营和小微企业金融服务综合改革试点实施方案》（温政办〔2019〕76号）已于2019年12月27日发布，并于2020年2月1日起生效施行，这其中的"金融服务综合改革十二条政策"，从融资担保、风险补偿、资本金激励、资产代管、增信杠杆等多项相当有支持诚意和力度的安排，帮助企业降低融资成本。这对于目前主动去库存周期进入收尾期，企业补杠杆需求大增，此番融资支持机制创新优化，有助于促进未来工业企业投资增长。

四 结论与建议

2019年温州工业经济运行总体态势可概括为"稳中有缓"。尽管工业经济增速减缓，但坚持聚焦聚力高质量发展不动摇，保持定力，托底调控，深

[①] 《央行：房地产占用信贷资源依然较多 对精准扶贫等领域支持力度仍有待加强》，《证券日报》2019年8月1日。

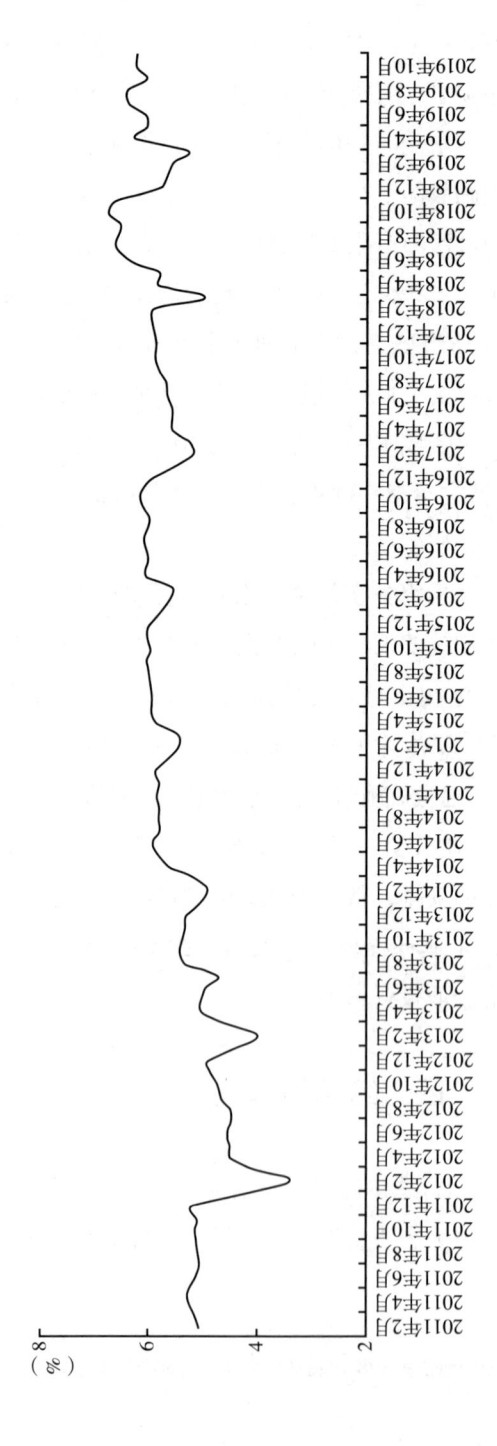

图 11　2011~2019 年温州市工业企业销售利润率

资料来源：温州统计月报（2011~2019），温州市统计局。

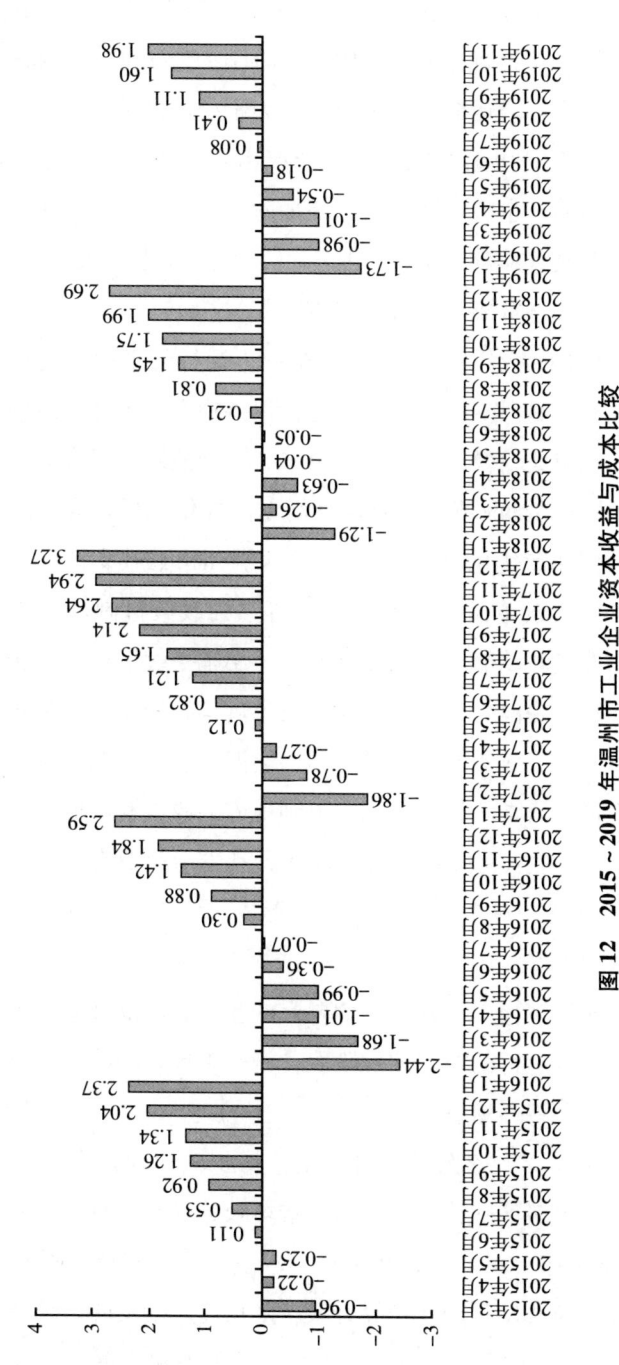

温州工业经济运行分析与展望（2019~2020）

图 12　2015~2019 年温州市工业企业资本收益与成本比较

资料来源：温州统计月报（2015~2019）；温州市统计局；Wind 中国宏观数据库。

挖潜力，精准施策，奋力稳定工业经济的基本面，坚守"退坡不滑坡"底线，确保了工业经济全年运行稳健。2019年的工业经济运行变化特征如下。其一，需求偏软拖累生产增速退坡。工业企业为了缓冲需求下滑，通过主动去库存，削减存货投资，压缩产能，以至于产出与销售数据快速收敛。其二，效益同步收入走弱，生产增速承压，叠加库存去化收尾，销售利润规模面临收缩下行，效益改善前景不乐观。其三，工业投资能力和潜力有上限。面临资产收益率不高和融资成本不低双向挤压。

展望2020年温州工业经济运行形势，第一，运行的平稳格局不变。需求侧基本盘依旧扎实，足以支撑工业经济运行保持稳态。另外，结构迭代周期轮动接近尾声，产出波动幅度将收窄。第二，新动能政策保育见效。温州"两个健康"创建中的系列改革创新对保育新动能提供优质营商环境。2019年通过推出包括《温州市优化营商环境办法》《温州市财政支持深化民营和小微企业金融服务综合改革试点实施方案》等系列政策机制优化创新，以促进培育、吸引和发展新动能。第三，利润增速小幅平缓下行，增速锚点下移。如果需求侧不能回暖向好，生产增速承压难进，叠加库存去化收尾，销售利润规模将收缩下行，效益改善前景不明。第四，后续支撑工业投资的动力未见，且驱动逻辑不清晰。好在有从中央到地方的政策利好加持对冲，尤其是信贷资源定向工业企业纾困融资能力不足，让部分企业有机会通过补加杠杆"上车"升级产能，对于稳定工业投资形成一定支撑，预期大概率能够持平上年的投资水平。

总之，温州工业经济稳中向好、长期向好的基本趋势没有变，当前工业经济偏软态势只是经济运行的弱周期性阶段，偏悲观预期的冲击会过去，短期内的结构性增长机会将逐渐呈现。

建议稳住生产和投资，挖掘增量对冲生产增长减速和投资增长走弱势头。年内不一定需要更多试图拉动工业前后端增长的刺激政策，重要的是按照2019年中央经济工作会议要求，坚持稳中求进工作总基调，保持战略定力，重点关注产能汰换迭代和产业跨界升级，坚持高质量发展。长期中继续"坚持按照2018年11月1日民营企业座谈会上习近平主席关于，降低企业税负以支持民营企业发展的指示，落实制造业中小企业结构性宽松和减税减负托底提振政策，实施激发微观主体投资投放加速政策"不动摇。本地传统制造业市场受存量需求主导，周期属性较强，未来需要弱化周期逻辑，增强穿越周期能力。因此，未来较长一段时期内产业结构升级仍是主旨。

B.4
温州农业农村经济发展形势分析
（2019~2020）

谢小荣　林晓滨*

摘　要： 2019年温州市全面深化农村综合改革，高水平建设西部生态休闲产业带和乡村振兴示范带，乡村产业获得长足发展，乡村面貌有了较大改善。但对标全面建成小康社会目标要求，温州农村发展还存在土地、资本等促进三产融合发展的要素制约依然突出，农村基础设施建设短板明显，农业投资下降较快，农民持续增收难度加大，社会资本下乡受阻等问题。温州市应在打赢低收入农户增收攻坚战、保持农业生产稳定和重要农产品有效供给、加快培育农民增收新动能、全面深化农村综合改革等方面下功夫推进乡村振兴战略。

关键词： 农村经济　乡村振兴　"两带"建设　全面小康

2019年是新中国成立70周年，是全面建成小康社会的关键之年。温州市围绕"产业兴旺、生态宜居、乡风文明、治理有效、生活富裕"的乡村振兴战略总要求，以实施西部生态休闲产业带和乡村振兴示范带建设为重点，以"12306"为主抓手，全力打造"千万工程"升级版，加快推进农业农村现代化，全面深化农村综合改革，实现农业农村经济较好发展。全市农

---

* 谢小荣，温州市人大常委会委员、温州市人大法制委员会副主任委员，温州市决策咨询委员会委员，浙江省农村发展研究中心研究员；林晓滨，温州市农业农村局，高级经济师。

林牧渔业增加值150.50亿元，增长2.2%；农村居民人均可支配收入首次突破3万元大关，增长9.9%。乡村振兴示范带、西部生态休闲产业带建设成为温州推进乡村振兴的响亮品牌。

一 2019年农业和农村发展情况

（一）农业生产稳中向好

1. 粮经作物生产稳步推进

全市粮食种植面积147.81万亩，同比增加1.79万亩，增长1.23%。蔬菜种植面积86.32万亩，同比增加6.73万亩，增长8.46%。水果种植面积66.59万亩，略有下降。中草药材种植面积7.18万亩，略有增长。茶园种植面积27.03万亩，保持稳定。温州市建成高标准农田7.4万亩，新增省级农业绿色发展先行县2个，瑞安市成为全国第四批全程机械化示范县。

2. 畜牧业生产负重前行

围绕"防非瘟、促增长、保供给"目标，温州市出台了生猪生产六条意见，打好"存栏提升、新建猪场、空栏复养"三个组合拳，成功引进四川新希望、河南牧原、江西双胞胎等知名企业，落地新建3个20万头、2个10万头猪场和15个新建或扩建万头猪场，计划总投资达25亿元以上，建成后可新增产能110万头。同时，畜牧业绿色发展示范市建设加速。全市新建省级美丽牧场30个、农牧对接绿色循环体20个、数字化牧场1个。加快培育奶业、家禽业、蜂业等特色优势畜牧产业，推动畜牧业产业转型升级、提质增效。全市年末生猪存栏38万头，出栏69万头；家禽出栏1461.09万羽，牛出栏1.46万头，羊出栏10.97万只，兔出栏85.79万只。

3. 渔业生产稳中有升

开展生态修复增殖放流活动，全市投放各类海洋水生生物苗种8.1亿尾。洞头区、平阳县分别成为国家级、省级渔业健康养殖示范县。洞头、平阳南麂创建国家级海洋牧场示范区，瑞安北麂、苍南顶草屿新增被列入全国

规划；建成温台渔场、官山岛、七星岛3个产卵场保护区。全市年水产品总产量61.97万吨，同比增长2.54%，渔业总产值（含苗种）93.25亿元，同比增加8.62%。其中海淡水捕捞产量43.57万吨，与上年基本持平，捕捞产值47.81亿元，同比增加5.33%；海淡水养殖面积24807公顷，同比增加2.15%，养殖产量18.4万吨，同比增加11.31%，养殖产值42.87亿元，同比增加15.71%。水产品出口量0.89万吨，创汇4525万美元。

4.三次产业融合深入推进

围绕一、二、三产业融合，在现代农业种植、养殖、"新六产"等方面全面发力，做大做强乐清铁皮石斛、平阳奶业、瓯海花卉、泰顺竹木、瑞安水产、苍南水产等超10亿元全产业链。统筹推进农业休闲、乡村旅游、农家餐饮、婚庆文化乡村等新业态发展，其中，乐清市被列入国家一、二、三产融合发展先导区创建计划，永嘉楠溪源头田园综合体、乐清大荆铁皮石斛田园综合体、瑞安天井垟田园综合体被列入省级田园综合体创建计划。全市农家乐休闲旅游接待游客4486.15万人次，直接营业收入25.86亿元，同比分别增长15%、16%。

（二）"两带"建设引领乡村振兴

1.高站位推进"两带"建设

坚持把"两带"建设作为乡村振兴的主抓手、主平台。对标五年建成乡村振兴示范带109条的目标，新建成高水平乡村振兴示范带35条，两年累计建成51条，谋划261个西部生态休闲产业带项目，新建休闲农业项目109个。

2.高定位畅通跨区域精品带

围绕"山水雁楠""红都绿野"两条陆地跨区域乡村振兴精品带和洞头全国"两山"实践创新海岛样板建设，温州共谋划乡村振兴跨区域精品带"市县共建"建设类项目34个、改革类项目15个，完成投资5.92亿元，项目投资综合完成率达到100%，充分展现温州乡村振兴新风貌和农村改革新探索。瑞安曹村和乐清下山头村成为全省乡村振兴样板。

3. 高品位推进平台建设

依托"两带"建设，布局田园综合体、现代农业园区、特色农业强镇等产业平台建设，共培育建设各类市级以上产业平台24个。组织实施农业品牌培育"111"行动，成功发布"瓯越鲜风"农产品区域公用品牌。推进温州早茶、雁荡山铁皮石斛、温州瓯柑、文成糯米山药等优质农产品和苍农一品、瑞安农产、楠溪嘉品、平阳五个鲜、文成原农、泰顺山友等县域公用品牌建设，集中形成品牌效应。雁荡山铁皮石斛、泰顺三杯香入选中国农业品牌目录，并均入选浙江农业百强榜。"藤桥牌""一鸣""子久""御茗乡村"入选浙江农业百强榜。

4. 高质量深化农村改革

建立健全乡村振兴"两进两回"机制，持续推进农村产权制度改革和农村土地确权登记回头看，全市确权承包地面积83140.59亩。全面推行农民资产受托代管融资模式，全市发放此项贷款74239户余额131.5亿元。盘活利用闲置农房2781幢面积近60万平方米，带动农户就业8823人，增收1.3亿元。全年新增3个全国农村改革试验区拓展项目，占全国新增项目数的1/9。农民合作社质量提升整县推进试点县4个，占全省的40%、全国的2.5%。启动全国首个温栀子鲜果目标价格保险创新试点。深化苍南养殖用海"三权分置"，丁香鱼专项捕捞继续成为全国唯一试点。全市林权抵押贷款和公益林补偿收益权质押余额1.35亿元，新增林业股份合作项目12个，吸引工商资本投资近28亿元。

（三）持续激发乡村振兴新动能

1. 坚持发展壮大集体经济，做大乡村公有制经济

以"五千"精准攻坚行动和"551"飞地抱团发展计划为重点，大力发展壮大村级集体经济。全市所有村的集体经济总收入均超过10万元且经营性收入高于5万元；村级集体经济总收入69.8亿元，村级集体经济经营性收入39.9亿元，是2016年的2倍多。不断推进农村集体产权制度改革，共发放股权证124.35万份，新增股份分红3.25亿元。全市清查货币资金

133.82亿元，经营性资产207.21亿元，在建工程254.07亿元，资产总计731.83亿元。顺利完成村规模优化调整，全市村（社区）直接融合率达97%。做大农村产权交易平台，做到标的额在5万元以上的农村集体经营性资产和资源都进入产权交易中心进行交易，全市进入中心交易额达12.52亿元。

2. 坚持培育和清理并举，做强乡村非公有制经济

加快推进培育农业新型经营主体工程，新增销售产值首次达到亿元企业5家，新增1家国家级农业龙头企业和28家市级农业龙头企业，新增30家省级示范性农民专业合作社和33家市级示范性农民专业合作社，新增22家省级示范性家庭农场和20家市级示范性家庭农场。目前，农业龙头企业方面，国家级6家，省级38家，市级322家；示范性合作社方面，国家级32家，省级95家，市级302家；示范性家庭农场方面，省级90家，市级175家。全面推进12888家合作社清理整顿，20%的合作社得到规范提升，3320家"空壳社"被清除。专项清理分类处置的做法得到农业农村部充分肯定，并向全国推广。

3. 坚持以低收入农民扶贫和增收为重点，保障低收入农户持续增收

围绕高质量解决"两不愁三保障"要求，做好"下山居住、上山致富、人才回归、产业兴旺"16字文章，完成异地搬迁1.55万人，产业就业帮扶低收入农户16530户，到户率110.2%；家庭医生签约服务16.1万人，位列全省第一；26万低收入农户医疗补充保险从每人100元调增到每人300元，并实现参保全覆盖。低收入农户人均可支配收入增长率13.6%，比全省高0.2个百分点。实施"折股量化"扶贫模式，涵盖光伏、旅游民宿、小微园、农贸市场、养老院、肉联厂等项目141个，扶贫资金投入2.7亿元，低收入农户2万余户受益。

（四）巩固夯实乡村振兴基础

1. 实施农村人居环境整治

在全市开展"最脏村""最美村"评选、清洁乡村"百日攻坚"、"清洁乡村美丽家园"等系列行动，提升和美化农村人居环境。全市新增农村生活垃圾分类处理村880个，评出"最脏村"349个、"最美村"359个，

创建省级美丽乡村示范县1个、示范乡镇13个、特色精品村45个、新时代美丽乡村792个、A级景区村353个、3A级景区村53个；创建市级美丽乡村标杆乡镇10个、美丽乡村样板村51个、美丽庭院5.1万户。

2. 抓好农（渔）业技术推广和产业服务

开展"千名干部联千村"专项行动，组织实施贯穿全年的惠农"五送"计划，创设乡土人才"名师名家"计划、乡村振兴流动服务工作站（队）、科技创新公益讲堂、农业绿色发展先行示范带等新载体。加强"利奇马"台风灾后恢复生产指导，举办"温州市首届小吃展"、第23届中国南方种业（温州）博览会，按季节、农时，到田间地头实地开设种植模式、稻渔共生、绿色防控等技术培训班指导农户、养殖户、经营户生产。

3. 抓农业数字产业发展

建成浙江省首个"5G+智慧农业"的示范点瑞安曹村现代农业产业园。建设乐清农业物联网示范基地，涉及17个基地5200亩，完成乐清农业物联网通用平台建设。以"山水雁楠"乡村振兴精品带为核心建设农旅信息公共服务平台"野趣玩"。

4. 抓好安全生产和农产品质量安全监管体系

建立防台防汛工作机制，运用AIS防碰撞智能终端系统和北斗全天候监控功能，推进"智慧海洋"成果应用。加大农业执法力度，启动国家农产品质量安全市创建活动，创建四个省级农产品安全放心县，实现放心县全覆盖。小农户抽检9241批次，合格率为99.57%；定性抽检106907批次，合格率为99.61%。创新追溯手段，全面推广应用"智能云码"标牌标识，规模以上主体加贴合格证率为98%。全市10338家农业经营主体实现统一的智慧云平台管理，1872家生产企业实现统一的可追溯管理。

二 当前温州农业农村发展需要重点关注的问题

1. 土地、资本等促进三产融合发展的要素制约依然突出

乡村三产融合发展的土地瓶颈亟待突破，特别是"大棚房"专项整治，

对触及土地红线的农业园区、休闲农业影响大。同时，各地财力有限，财政资金投入跟不上建设任务要求。

2. 农村基础设施建设短板明显

由于历史欠账比较多，大部分村庄的基础设施建设相对落后。如农村道路、供排水等基础设施依然是制约农村经济社会发展的突出短板。

3. 农业、林业投资下降较快

与其他产业相比，2019年浙江省农业固定资产投资比第二、三产业增速分别低25.3个、32个百分点，温州与全省类似。从分业投资看，畜牧业、渔业保持较快增长，分别增长32%、81.9%；农业、林业投资增速下降较多，分别下降45.7%、70.1%。

4. 农民持续增收难度加大

从工资性收入看，受中美经贸摩擦、国内项目投资低迷等因素影响，企业赢利能力有所弱化，对务工农民收入影响不可小觑。从经营性收入看，粮食市场价格总体偏弱运行，大宗农产品价格持续低迷，小麦价格高开低走，农业生产经营活动收益不高。

5. 社会资本下乡受阻

部分地区建设项目与农民需求错位，引导和撬动社会资本投向农村的政策不活，农民缺乏参与建设的主动性，将社会资本投入乡村振兴建设的积极性不高。

三 2020年做好温州农业农村工作的政策建议

对标全面建成小康社会目标，集中力量打赢脱贫攻坚战，补上全面小康"三农"领域突出短板，2020年温州农业农村经济社会发展要继续以"两带"建设和"三位一体"等农村改革为主抓手，补齐基础设施、乡村风貌和品牌的短板。

1. 坚决打赢低收入农户增收攻坚战

研究制定扶贫开发与实施乡村振兴战略有机衔接的政策。制定"因病致贫、因病返贫"人员精准扶贫措施，实行"对账销号制"。深化山海协作，全面推广泰顺县异地搬迁做法。扎实推进机关支部结对帮扶农村特别困难户等工作。重点推行来料加工、折股量化扶贫、金融扶贫、就业扶贫、电商扶贫、消费扶贫等模式。

2. 保持农业生产稳定和重要农产品有效供给

稳定粮食生产面积76万亩，建设高标准农田3万亩，全面实施农药实名制、化肥定额制，建设数字化农资经营体系，保障农业生产稳定。加强非洲猪瘟疫情等重大动物疫情防控，全面落实生猪产业用地、环评、补贴、信贷等政策措施，确保完成135万头的省定任务。实施奶业振兴计划，大力发展特色家禽业。推进温州海洋经济发展示范区建设，建设渔船"宽带入海"项目，纵深推进"浙南鱼仓"修复振兴，加快发展大黄鱼等高附加值海洋养殖业。

建设保鲜冷链物流和电商中转仓，确保农产品与市场高效无缝对接。实施"互联网+"农产品出村进城工程，建设百家农产品电商中转仓。启动农产品仓储保鲜冷链物流设施建设工程，建设县级农村电商服务中心。

3. 加快补齐农村基础设施和公共服务短板

加快农村基础设施提档升级。加快制订全市村庄规划和审批办法，实现乡村振兴示范带村庄规划全覆盖。大力推进农村四好公路建设、农村饮用水达标提标工程、信息进村入户工程。开展城乡教育共同体建设，深化义务教育学校教师"县管校聘"，解决农村教师队伍人才流失问题，推进农村公办幼儿园建设，加快优质教育资源向农村延伸。规范乡镇卫生院和村级卫生室建设，引导优质医疗卫生资源流向农村。推行农村建房带方案审批制度，对符合条件的农村困难家庭危房改造开展即时救助，着力改善农村住房居住条件。加强农村居家养老服务照料中心建设，完善农村居民基本医疗保险、大病保险制度。

4. 加快培育农民增收新动能

谋划建设100个以上西部生态休闲产业带项目，高水平推出10条以上西部生态休闲产业带旅游精品线路。开展"百个农家乐"提档升级、"百家精品民宿"示范创建和"万亩美丽田园"创建行动。深入实施农业品牌培育"111"行动，加快构建"瓯越鲜风"标准体系、符号体系、产品体系、传播体系、运营体系等，创建优质农牧渔产品"瓯越鲜风"标准化生产基地。积极组织参加各类农博会、展销会等产销对接活动，推行农超对接、农社对接、农校对接等产销对接模式。深入推进"五千"精准攻坚行动和"551"飞地抱团发展计划，发展壮大薄弱村集体经济。

5. 全面深化农村综合改革

全力推进乐清宅基地、平阳小农户与现代农业发展有机衔接、泰顺人口集聚与农民增收致富三项国家级农村改革试验任务。推广瓯海农民资产受托代管融资和宅基地房地一体的确权登记颁证工作。构建生产、供销、信用"三位一体"农民合作体系及有效运行的体制机制。加快特色产业农合联"产业贷"开发，探索推进农村无担保贷款和基准利率贷款。总结完善永嘉县农村"三资"智慧监管系统试点经验，在全市范围推广微权利e监督模式。深化"最多跑一次"改革，完善内跑事项和办事指南，在全市逐步推行渔业办证"智能化审批""一件事联办"。

6. 加强制度建设保障农业农村发展

坚持把农业农村作为财政优先保障领域和金融优先服务领域。加强乡村振兴用地保障，各县（市、区）每年应至少安排5%新增建设用地指标保障乡村重点产业和项目用地。建立健全农业农村现代化指标体系，实行县（市、区）党政领导班子和领导干部实施乡村振兴战略实绩考核，强化四级书记抓乡村振兴责任。

B.5 温州市固定资产投资形势分析与展望（2019~2020）

邹向阳　万秀芝[*]

摘　要： 2019年温州市固定资产投资增速稳中有进，民间投资保持领先地位，高新技术产业投资保持平稳较快增长。但同时，温州固定资产投资仍存在生态环保和公共设施领域投入不足、工业投资疲软、要素保障不够等问题。为此，课题组建议应着力从全力抢抓政策机遇、深入推进重大项目建设、完善项目建设推进机制、夯实项目建设要素保障、加快市场主体培育等方面扩大固定资产投资。

关键词： 固定资产　经济形势　项目建设

2019年以来，温州市把扩大有效投资作为新时代"两个健康"先行区建设和国家自主创新示范区建设战略的重要举措和特色亮点来抓，认真贯彻落实年初既定的扩大有效投资目标任务，聚焦重大产业、重大基础设施、重大民生领域，用心谋划并全力推动一批重大项目建设，进一步优化投资结构，发挥固定资产投资稳增长、补短板、优供给、促提升的关键作用，为温州市"两个高水平"建设提供强劲动力。

---

[*] 邹向阳，温州市发展和改革委员会投资处处长；万秀芝，温州市发展和改革委员会投资处。

一 2019年固定资产投资运行情况

（一）投资增速稳中有进，产业结构优化调整

2019年温州市固定资产投资总体延续近年来的增长趋势，总量稳步增长，增速稳中有升。1～12月，温州市固定资产投资增长10.3%，增速高于温州市年初下达的标线目标2.3个百分点。从产业结构看，温州市聚焦聚力高质量发展、竞争力提升、现代化建设，第二产业投资高速增长，2019年第二产业投资增速达10.8%，其中工业投资增速达11%，制造业投资增速达15.3%，高于三次产业投资平均增速。

（二）民间投资保持领先地位

近年来，温州市高度重视民间投资，采取一系列有力举措，促进民间投资保持快速增长。2019年1～12月，民间项目投资增速为19.5%，高于浙江省增速6.2个百分点，增速居浙江省第3位。

（三）工业技改投资增速亮眼

温州先行布局智能制造，启动"千企智能化改造"行动，2019年温州市完成企业智能化改造"一对一"入户诊断300家左右，培育30多个国家级智能制造试点应用企业和项目，打造120多个国家级、省级企业技术中心和工业设计中心。2019年1～12月，温州市技改投资增速为15.5%，高于工业投资增速4.5个百分点，居浙江省前列。

（四）高新技术产业投资保持平稳较快增长

温州市通过加快创新平台建设，强化科技企业培育，促进科技金融融合等举措，全力推进自创区建设，为温州市经济发展注入创新动能。2019年

1~12月，温州市高新技术产业投资同比增长23.8%，增速居浙江省第六位，增速超过浙江省平均增速2个百分点。

（五）服务业投资有明显突破

旅游休闲方面，温州市筛选了一批具有战略意义、带动力强、引领作用大且总投资达到一定规模的高质量项目，精心谋划推动，力争以大项目带动休闲旅游大发展。2019年推进项目86个（其中10亿元以上项目16个），总投资额高达548.57亿元。此外，温州各地的民宿发展都非常快。物流方面，国内物流巨头加速在温州布局。物流大项目在温州加速落地，总投资6亿元的海西物流园项目计划于2020年开工建设。随着电商行业的进一步发展，物流领域的发展空间依然很大。

（六）项目开工步伐加快

温州市80个第七批浙江省集中开工项目，率浙江省之先实现项目100%开工，温州龙舟运动基地、永嘉县人民医院迁建工程、330国道瑞安场桥至罗凤段工程等一批项目开工建设；75个"大建大美"计划开工项目全部开工。项目谋划推动加快，谋划申报省、市、县长工程项目54个，2019年已开工落地项目38个，落地率72%；总投资1190亿元，项目平均投资规模22亿元，较上年提高4.5亿元。

二 2019年投资运行值得关注的问题

（一）生态环保和公共设施领域投入不足

2019年1~12月，生态环保和公共设施投资增速为8.3%，与10%的目标存在一定差距。部分项目受要素制约推进缓慢，比如瑞安市温瑞平原东片排涝等26个项目涉及永久基本农田，前期推进困难。另外，一批新开工项目尚未形成投资规模也导致增速较慢。

（二）工业投资疲软，产业项目缺乏

温州的产业投资长期以来只占温州市固定资产投资的30%～40%，工业投资占比则在15%～23%，工业投资总量偏小，新旧动能转换不够。目前，各地总投资较大的项目基本上是以政府性投资为主的基础设施类项目，社会投资的产业类大项目较为缺乏。温州市制造业项目仍然以传统产业为主导，多为低附加值的劳动密集型产业，战略性新兴产业项目不多，战略性新兴产业大项目更是缺乏。从省内兄弟市来看，嘉兴、湖州等市近年先后招引落地了一大批投资50亿元以上和世界500强企业项目，而温州市近年新引进的大项目很少，总投资50亿元以上的制造业项目只有威马汽车，100亿元以上制造业项目还是空白。

（三）投资要素保障压力较大

1. 资金压力突出

随着防范化解债务风险工作推进，市级政府投资资金筹集困难，各地城建项目普遍存在保续建、控新建的现象。2019年温州市共有实施类政府投资项目134个，年度计划投资266亿元，金丽温东延线、大门产业基地应急引水工程等项目因资金问题进展滞后。

2. 用地问题

土地要素制约，对温州来说是由来已久的问题。温州市未来可新增的土地空间有限，各地工业用地指标受限严重，制造业面临可持续发展困境。温州市2019年共有63个项目5494亩（15亩＝1公顷，全书同）新增建设用地指标需加以落实解决，包括列入2019年省重大产业项目实施类23个，用地指标缺口2086亩；2019年前列入省重大产业项目实施类（尚未取得奖励指标）及预选类21个，用地指标缺口1286亩；其他重大产业项目19个，用地指标缺口2122亩。

3. 政策处理难度大

如小门岛环岛公路工程、温州科技职业学院校园扩建项目学生宿舍建设工程等，由于征地拆迁等政策处理困难，进度缓慢。

三 2020年固定资产投资展望与对策建议

2020年经济增长动力和下行压力并存的局面将进一步延续，国内外宏观经济环境错综复杂，在中美贸易摩擦、新冠肺炎疫情暴发等不利因素影响下，投资仍是拉动经济发展"三驾马车"的主要动力。

（一）面临的挑战与机遇

从面临的挑战来看，一是国际、国内经济形势不容乐观，经济下行压力在短期内难以出现趋势性扭转，投资信心不足问题依然突出。2019年1~12月，全国固定资产投资同比增长5.4%，降至1998年以来的最低水平。二是国家防范控制地方隐性债务风险并未放松，温州偏高的隐性债务水平制约了政府投资重大项目的上马。三是重大交通项目处于新旧接续的转换期，龙丽温高速公路文成至瑞安段、市域铁路S1线一期工程等一批项目已建成投用，金丽温、M1线等项目尚未开工建设，2020年保持交通投资增速10%的压力较大。

从面临的机遇来看，一是全国稳投资力度加大。国务院要求各地抓住国家政策机遇，加快补短板项目建设，形成更多实物工作量，促进有效投资和产业升级，加强重大项目谋划和前期准备，推动尽早开工。二是要素制约有望缓解。自然资源部支持温州市部分已围成及合法审批围海用地的使用，近期可用的有9万多亩。通过城市拆整，城市核心区腾出了3.6万亩土地。通过集中开展"拓空间强保障"专项行动，盘活"批而未供""供而未用"等土地4万亩。三是2019年温州市土地拍卖市场形势良好，1~10月温州市出让住宅及商住用地8800亩，累计成交金额1000.6亿元，同比增长10.52%，这对2020年房地产投资形成有力支撑。

（二）2020年扩大有效投资的对策建议

2020年温州市扩大有效投资工作的基本思路是聚焦高质量发展，以"六重清单"为主攻点，以投资结构优化为导向，以重大项目推进为抓手，

力争"一个略高",进一步优化投资结构,实施省"六个千亿"投资工程,充分激发民间投资等市场主体活力,以新投资行动加快新动能培育,为温州"两区"建设提供更有力支撑。

1. 全力抢抓政策机遇

抢抓国家加快实施地方政府债券发行使用新规定的机遇,应报尽报,争取国家最大支持。加快2019年提前批次专项债券资金支付使用,尽快形成实物量,切实发挥专项债券对投资的拉动作用。充分利用国家货币相对宽松和利率较低的窗口期,加快中长期企业债申报发行。充分利用中央、浙江省基础设施补短板政策红利,争取瓯飞一期围垦工程等项目资金支持。深化国土新规对接,推进符合新规的设计永农项目前期工作,确保早日完成用地预审。

2. 深入推进重大项目建设

谋划推进基础设施、重大民生、产业转型等三大领域重大项目工程,共梳理重大项目工程160个,总投资9559.4亿元,年度计划投资959.5亿元。推进重大产业项目100个,总投资1930.3亿元,年度计划投资153.3亿元,突出省、市、县长工程和500强项目,力争百亿元制造业项目实现突破。落实推进数字经济、生命健康、高端装备、文化旅游、能源环保、技术改造等省"六个千亿"投资工程,高水平谋划招引、落地建设一批重大产业项目,以高质量的产业项目支撑投资的提质增效,促进创新力和竞争力的提升。

3. 完善项目建设推进机制

一是强抓项目前期开工。助力做好纳入上位规划、争取项目审批、要素配置等基础工作,打通前期"卡脖子"环节。二是加大督查推进力度,实施市党政领导挂钩联系项目机制,实行三色预警亮灯,对滞后项目按月抓好跟踪落实,掌握动态情况,并将督查情况作为考核的重要依据。三是加强项目综合协调。强化重大项目月度协调例会、领导联系制度,协调解决项目推进中遇到的问题,特别是征地拆迁及政策处理等难题,开通建材供应、物流运输绿色通道,加强工程材料价格监督。

4. 夯实项目建设要素保障

破除日益加剧的土地等要素资源瓶颈，是推进具体投资项目实施的关键环节。着力优化增量，把用地保障与重点项目推进结合起来，积极争取省级重大产业项目用地支持，优先支持投资强度大、产出效益好、成长性好、带动性强的好项目、大项目。加快盘活存量、腾出空间，把小微园与城镇化建设结合起来，用好城镇低效用地再开发试点，盘活低效土地；把"转而未供、供而未用"土地清理与项目安排结合起来，提高供地率。扎实做好财政支持深化民营和小微企业金融服务综合改革试点工作，新增制造业贷款100亿元以上，小微企业贷款余额突破5000亿元，有效缓解融资贵融资难问题。

5. 加快市场主体培育

全面落实党中央、国务院《关于营造更好发展环境支持民营企业改革发展的意见》，持续深化"两个健康"146项责任清单落实，推动民营企业发展景气指数和民营企业家的满意度"双提升"。扎实开展国家化营商环境试点和"10＋N"便利化行动，深化开展"三服务""万名干部进万企"活动，加大"白名单"企业帮扶力度，推行涉企活动"三规范"，实行政府服务"好差评"制度，全力打造营商环境最优城市。开展"破堵点推新政创亮点"活动，分批分类梳理破解企业堵点痛点共性问题。落实好国家和省市减税降费政策和措施，2019年为企业减负150亿元以上。

B.6
温州外经贸形势分析及预测
（2019~2020）

林俐 张月馨 房娣 金碧婷*

摘 要： 2019年温州市对外贸易稳中向好，引进外资实现"双增长"，境外投资快速增长。2020年，新冠肺炎疫情全球暴发、中美贸易摩擦等不确定因素，对温州外经贸的影响不可低估，温州外经贸发展将面临严峻挑战。本报告认为应采取强有力的措施予以应对：政企合力多措并举，应对疫情后国际市场的变化；发挥本地产业优势，扩大"以民引外"；一手抓境外产业投资布局，一手抓风险防范。

关键词： 外贸形势 新冠肺炎疫情 企业信心

面对复杂多变的国内外形势，温州市外经贸面临较为严峻的挑战。2019年温州市商务系统上下共同努力，积极推进落实中国共产党温州市第十二届委员会第五次全体会议通过的《关于新时代进一步扩大对外开放的决定》，2019年以来，温州陆续推出各项有利于改革开放的政策与措施，对外贸易总体保持稳速增长，实际利用外资较同期快速增长，境外投资持续增长。

---

* 林俐，温州大学商学院教授，研究方向为区域开放与企业国际化；张月馨、房娣，温州大学商学院硕士研究生，研究方向为产业经济与国际化；金碧婷，温州市商务局。

一 温州市外经贸发展情况

（一）对外贸易：在波动中增长

根据温州市统计局数据，2019年温州市累计进出口总额1902.2亿元，同比增长26.3%，增速比上年提高12.7个百分点。其中出口1685.3亿元，同比增长29.4%，增速比上年提高16.9个百分点；进口216.9亿元，同比增长6.0%。从出口方面看，2019年1月增长速度较快，同比增长达到38%；2月出口回落，同比降幅为35.4%；3月开始快速增长，同比增幅达到79.5%；4~6月增速开始减缓；7月增速再次快速上升，增幅达72.2%；8~11月，出口增速再度放缓；12月增速达到峰值，同比增幅为108.2%。从进口方面看，2019年1月进口16.76亿元，增长率为负，同比下降了24.5%；2月进口增长率回升并达到峰值，同比增幅达到61.9%；3~7月，进口增速迅速下降至负数；8月，进口增长率开始回升，由负转正；9月增长率再次下跌；10~12月，增长率回升并保持相对平稳（见图1）。

根据杭州海关统计，2019年浙江省实现进出口总值30831.90亿元，同比增长8.1%。其中出口23069.77亿元，同比增长9.0%；进口7762.13亿元，同比增长5.8%。进出口、出口增速在沿海主要外贸省市中均位居第一，进口增速位列沿海主要外贸省市第三；进出口规模排名全国第四，出口规模排名全国第三，占全国比重分别为9.8%、13.4%，进出口、出口份额均同比增长0.5个百分点。2019年，全省11个市（地区）外贸出口与上年同期相比都呈现不同程度的增长，其中温州市以29.4%的增幅，从上年的第三位跃居第一位。从进口方面来看，金华市以66.8%的增幅处于首位，温州市进口增速排名由上年的第四下降到第六位（见图2）。

1. 商品结构

出口商品结构持续优化，高新技术产品出口增长迅速，机电产品和传统

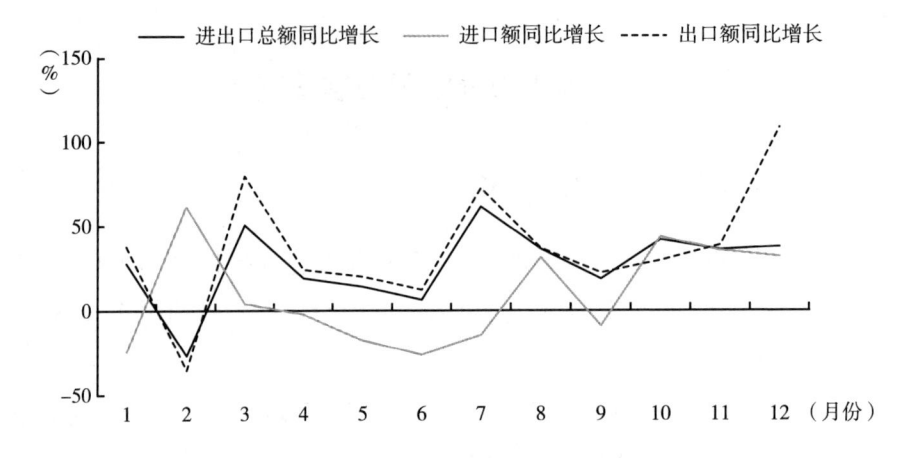

图1 2019年1~12月温州市进出口增长率

资料来源：根据温州市政府信息公开数据计算，http://xxgk.wenzhou.gov.cn/col/col1326692/index.html。

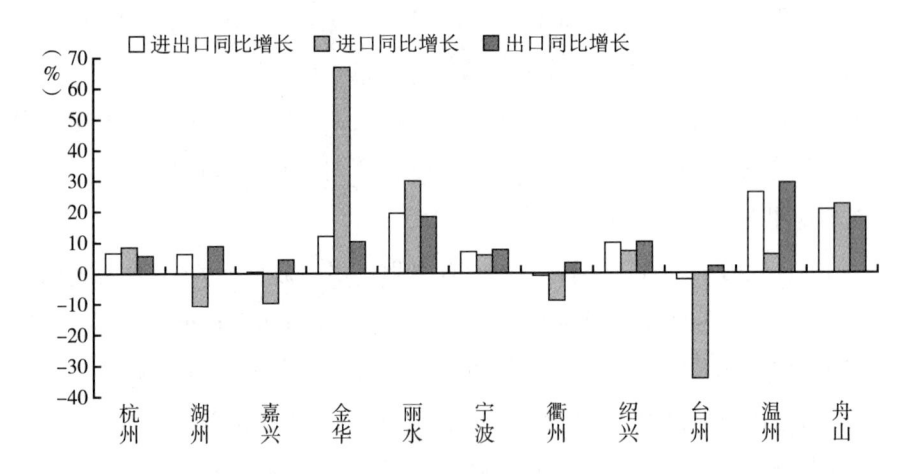

图2 2019年1~12月浙江省各市（地区）进出口增长率

资料来源：根据杭州海关数据计算，http://hangzhou.customs.gov.cn。

劳动密集型产品仍占主导地位。根据温州市政府信息公开最新数据，2019年温州市出口机电产品778.05亿元，同比增长31.1%，占比46.2%，与上年持平；出口传统劳动密集型产品670.53亿元，同比增长23.5%，占比39.8%，比上年下降1.9个百分点；出口高新技术产品53.43亿元，同比增长39.8%,占比3.2%。其中,高新技术产品出口增幅高于同期全省同类产品出口平均增幅。进口方面,钢坯及粗锻件、钢材、铁合金、液化气、初级形状的塑料、原木等六类原材料商品进口合计128.69亿元,占同期进口总额的59.3%。

2. 贸易市场

出口贸易市场以APEC成员国、共建"一带一路"国家、欧盟、东盟、金砖国家为主,其中,对共建"一带一路"国家出口增长迅速。根据温州市政府信息公开最新数据,2019年,温州市对共建"一带一路"国家出口721.34亿元,同比增长52.0%;对APEC出口787.12亿元,同比增长30.8%,占同期温州市出口总额的46.7%;对欧盟出口394.78亿元,同比增长10.5%;对东盟出口255.85亿元,同比增长121.8%;对金砖四国出口235.89亿元,同比增长24.5%。

温州市进口前五大市场分别为APEC成员国、共建"一带一路"国家、东盟、印度尼西亚和非洲。其中自APEC成员国进口122.11亿元,占同期温州市进口总额的56.3%;自共建"一带一路"国家进口94.02亿元,同比下降8.6%;自东盟和印度尼西亚进口也均呈负增长,分别进口77.64亿元和55.58亿元,同比下降3.1%和7.3%;自非洲市场进口增长迅速,进口52.01亿元,增长率达到67.4%。

3. 贸易主体

在温州市2019年各类企业进出口中,私营企业仍然占据着主导地位。如表1所示,2019年温州市私营企业进出口额为1735.84亿元,同比增长31.0%。其中出口1556.14亿元,同比增长33.2%;进口179.69亿元,同比增长14.6%。国有企业进出口59.85亿元,同比下降7.0%,进出口份额较上年同期均略有下降。从出口比重来看,私营企业占比91.3%,国有企业占比3.1%。此外,2019年温州市跨境网络零售出口额累计73.2亿元,同比增长39.5%,占同期全省跨境网络零售出口总额的9.4%。跨境电商的快速发展对温州市贸易主体的发展产生了重要的影响。

表1 温州地区2019年1~12月进出口情况（按企业性质分类）

单位：万元，%

企业性质	进出口累计 数量	进出口累计 同比增长	出口累计 数量	出口累计 同比增长	进口累计 数量	进口累计 同比增长
私营	17358381	31.0	15561448	33.2	1796933	14.6
集体	190396	-12.3	189620	-11.9	777	-52.5
个体	1270	-26.4	854	2.0	417	-53.2
合资	595153	-11.5	445940	-1.8	149212	-31.7
独资	278559	-1.8	156997	0.9	121562	-5.1
合作	39	-4.8	39	4.8	0	—
国有	598527	-7.0	498561	-3.1	99966	-22.6
合计	19022325	31.0	16853458	33.2	2168867	14.6

资料来源：根据温州市政府信息公开的数据整理。

4. 贸易方式

一般贸易方式仍占据主导地位，2019年一般贸易进出口额为1577.76亿元，同比增长8.7%，所占比重为82.94%。在出口方面，值得一提的是，2019年市场采购贸易方式试点成为温州市对外出口的新方式。2019年市场采购贸易方式试点累计出口额为272.91亿元，占全年累计出口额的14.41%。在进口方面，一般贸易进口额小幅增加，增幅为8.2%。加工贸易和保税物流进口额均下降，降幅分别为19.4%和13.2%。

（二）引进外资：双增长

2019年温州市进一步优化营商环境，加大招商引资力度，在全球跨国投资总量下降的大背景下，温州市利用外资实现稳步增长创新高。2019年1~12月外商直接投资企业115家，同比增长29.2%；实际利用外资75842万美元，同比增长45.0%，分别完成省定5亿美元、市定5.5亿美元目标任务的151.68%、137.89%，超前且超额完成全年"双定"目标任务。

2019年外资企业家数增长较为平稳，除2月外资企业家数增长较上年同期有所下降外，其他月份增速都在稳步提升。合同外资金额与上年同期相比保持平稳增长，但1~2月累计出现高速增长。实际利用外资基本保持增长态势，但1月表现异常，因为2018年1月实际利用外资金额为190万美元，而2019年1月由于大项目的拉动，实际利用外资金额为4726万美元，同期增长了约24倍，而6~9月出现低微的负增长，10~12月增长平稳（见图3）。

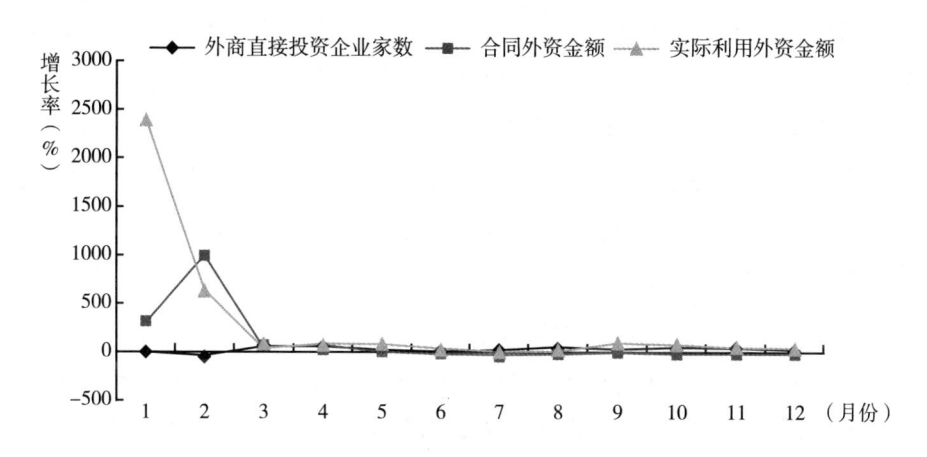

图3　2019年1~12月温州市实际利用外资累计增长率

资料来源：根据温州市统计局发布的数据整理。

高新技术产业投资增长较快。温州市高新技术产业吸引外资稳步增长，引技引智成为新动能，主要集中在智能制造、新材料、新能源、信息技术等重点鼓励类产业。2019年1~12月，温州市高新技术产业利用外资16355万美元，同比增长147%，占同期全部利用外资的比重达21.56%。其中，高新技术制造业实际利用外资4300万美元，同比增长24.6倍；高新技术服务业实际利用外资12055万美元，同比增长86.8%。

大项目成为外资利用新引擎。2019年1~12月，温州市实际利用外资总额7.58亿美元，其中，实际利用外资1000万美元以上大项目12个，实际利用外资5000万美元以上大项目4个，占温州市总量的53.8%。截至12月，新批世界500强项目5个，实际利用外资14345万美元，占温州市总量的18.9%。

（三）境外投资："一带一路"成热点

2019年1~12月，温州新设境外投资企业36家，中方投资额7.51亿美元，同比增长26.86%，提前超额完成年度目标。对共建"一带一路"国家投资成为新增长点，温州市企业在共建"一带一路"国家境外投资项目23个，其中，中方投资额为6.92亿美元，占比92.2%，较2018年占比大幅提高（64%）。温州对外投资合作走在全省前列，呈现以下特点。

1. 加快省外经贸综合服务体系试点建设

指导推动印度尼西亚纬达贝工业园通过备案，中方投资7352万美元。该园区由温州市青山控股集团在印度尼西亚投资组建。目前，温州市拥有6家境外园区，数量位列全省第一。

2. 突出抓好本土跨国公司培育工作

出台实施"加快培育温州本土民营跨国公司三年行动计划"，成功推动青山控股集团、正泰集团2家企业入选浙江本土民营企业跨国经营20强；其中青山控股新晋《财富》世界500强企业名单。突出抓好企业参与"一带一路"建设的服务，帮助指导青山控股、森马股份等申报中央外经贸专项资金项目5个，成功争取资金670万元。

二 温州市外经贸发展的影响因素

受中美贸易摩擦、新冠肺炎疫情等不确定因素影响，全球经贸增长压力加大。2019年以来温州市外经贸获得了稳定发展，但依然面临一些亟待解决的问题。

（一）新冠肺炎疫情全球暴发，其影响不可低估

2020年新冠肺炎疫情全球暴发，对温州外经贸发展的影响不可低估。从对外贸易来看，据初步调研，企业家信心下降较快，对下半年经济形势比较悲观。2020年3月初，课题组对温州189家外贸企业进行问卷调查，并

对12家外贸企业负责人进行微信或电话访谈，尝试评估疫情对外贸的影响。调查发现，其影响主要表现在2020年订单大幅减少、企业复工达产困难、收汇风险加大。总体而言，外贸企业面临前所未有的挑战。从吸引外资与境外投资来看，受全球疫情影响，许多国际商务考察活动不得不暂停，疫后投资环境需要重新评估，由此，"两资"都会受到不同程度的影响。

（二）进口贸易增长慢，高新技术产品出口占比依旧不高

2019年温州市累计进口216.9亿元，占进出口总额的比重为11.40%，同比增长6.0%，全省同比增长5.8%，温州略高于全省平均水平，但增幅从上年的第4位下降至第6位。作为温州市进口主体的钢坯及粗锻件、钢材、液化气、原木类原材料商品，技术含量明显不高。温州市出口仍然以机电产品和传统劳动密集型产品为主，虽然高新技术产品出口在2019年增长迅速，但是占比仍不高。温州市出口机电产品和传统劳动密集型产品占总出口额的比重分别为46.2%和39.8%，高新技术产品占比仅为3.2%。

（三）国际贸易摩擦加剧，危机依然存在

当前国际上的大环境依旧错综复杂，贸易保护主义增加了全球经济的不确定性，加上中美贸易摩擦的影响持续存在，企业的生产成本相较之前有所上升。由于美国是温州市的主要贸易市场，温州外贸受中美贸易摩擦的冲击较大。根据温州市统计局统计，2019年，美国作为温州出口市场，占温州出口总量的比重较上年下降，由17.4%下降为13.5%，降幅为22.4%。民营企业在温州市对外经贸中占有绝对主体地位，而对于大部分民营企业来说，生产规模普遍较小，缺乏开拓其他潜力市场的能力。由于中美贸易摩擦的持续，温州市的外贸形势并不乐观。

（四）东道国政策不稳定，潜在风险较大

对境外投资企业而言，政治风险是最大的风险。一旦发生，企业遭受的损失不可估量。以越南龙江境外经贸合作区为例，越南处在工业化和对外开

放的初级阶段，政治风险犹存、安全格局多变，贸易与投资政策调整频繁，土地征收、基础设施建设等领域安全保障缺失，园区建设前对开发企业扶持的优惠政策充满着不确定性。一些境外经贸合作区的发展，带动了基础设施的优化和产业经营赢利水平的提高，但是东道国政府萌生没收土地的想法。这种潜在风险将大大阻碍境外园区的发展，也成为温州市企业在进行境外园区投资权衡时的重要考量。

三 2020年温州市外经贸发展态势预测与政策建议

2020年温州外经贸发展，将面临前所未有的严峻挑战。针对当前形势，建议如下。

（一）政企合力多措并举，应对疫情后国际市场的变化

总体而言，建议政府精准帮扶外贸企业，稳住国际市场份额，共渡难关。具体而言，从政府层面来看，积极调研疫后恢复过程中国外市场对商品的偏好与需求，及时向企业发布有关国际市场动态信息，及时让企业了解市场需求信息。通过对企业开展相关学习培训等，鼓励企业积极应对外界环境变化。同时，通过简化管理流程，放宽企业备案条件，减少政府审批管理环节，大力提高引进外资工作效率，缩短外资进入时间，助力企业高效把握市场时机。

从企业层面看，根据疫情发展情况，在出口商品、国别市场、商业模式等方面，做出及时调整。近期重点输出抗疫相关物资；针对欧美市场进一步萎缩的可能，鼓励开拓中东、非洲、东南亚等新兴市场。鼓励企业积极开拓新的商业模式，创造条件引导企业积极开展线上业务，利用温州跨境电商试验区平台，加大线上交易。外贸企业应加大对技术及品牌建设的投入，通过拥有核心技术及自主品牌，提升自身核心竞争力，更好抵抗外部风险。

（二）发挥本地产业优势，扩大"以民引外"

一是应立足温州本地的产业优势，吸引外来资金、设备、技术和管理等

要素。二是充分发挥龙头企业的牵头作用,利用自身厂房和土地资源,积极主动探寻新的项目渠道,争取大项目,利用营销网络,通过品牌联合等方式,为本土业务经营发展注入新活力,实现内资外资联动发展。

(三)一手抓境外产业投资布局,一手抓风险防范

一是推进在共建"一带一路"国家投资。鼓励企业投资境外工业园区、出口加工区和境外经贸合作区等各类境外平台,规避贸易摩擦带来的关税壁垒,打造跨国产业体系和价值链体系。以共建"一带一路"国家为对外投资的主要目的地,服务"一带一路"建设。二是加快融入东道国。不应以己方利益为导向,而应"入乡随俗",承担应尽的社会责任与义务,与东道国互利互惠,才能取得共同发展。三是建立有效的风险防范机制。积极分析当前主要投资国家或地区可能存在的政治、经营环境、法律等方面的风险,为企业提供境外投资参考建议。在投资集聚的地区设立咨询、法律援助等服务工作站,为境外投资提供及时精准服务。

B.7
温州服务业发展形势分析与预测（2019～2020）

郑黎明[*]

摘　要： 2019年温州市服务业发展呈现稳中向好态势，服务业引领全市经济增长，商贸、物流、房地产、金融等行业运行稳定。调查发现，温州市服务业发展与杭州、宁波相比差距较大，县（市、区）服务业发展不平衡，跨境电商仍有很大发展空间，高技术服务业发展相对滞后。面对世界经济的不确定因素增加和新冠肺炎疫情的影响，本报告建议温州市应通过制定促进消费的支持性政策、巩固传统消费、培育新的消费热点、打造区域特色鲜明的现代服务业等举措，来应对服务业下行的压力。

关键词： 服务业　"三新"经济　温州

2019年温州市服务业发展稳中向好。据初步核算，全年实现地区生产总值6606.11亿元，按可比价计算（下同），比上年增长8.2%。其中，实现服务业增加值3642.46亿元，增长10.1%，增幅比上年提高1.9个百分点，高出同期GDP增速1.9个百分点，高出第二产业和第一产业增速4.0个和8.0个百分点。服务业占GDP比重为55.1%，比上年提高1.1个百分

---

[*] 郑黎明，温州市统计局原党组副书记、副局长，高级统计师。

点，对GDP增速贡献率高达66.6%。在第二产业增长相对乏力的情况下，服务业已经成为温州市推动经济高质量发展的主引擎。

一 服务业运行总体特征及主要行业发展状况

(一) 服务业运行总体特征

1. 服务业拉动全市经济增长作用明显

2015~2019年，温州市服务业增速分别为10.4%、12.4%、10.9%、8.2%、10.1%，分别高于同期地区生产总值增速2.1个、4.0个、2.5个、0.4个、1.9个百分点，对全市经济增长起到"加速器"作用。2019年温州市服务业增加值增速（10.1%）比全省平均增幅高2.3个百分点，增幅居省内各市第1位，为全省唯一增速超过10%的设区市（见图1）。同时，2019年服务业实现税收收入（不含关税及海关代征税）487.1亿元，比上年增长10.8%，增速高出全市税收总收入增速4.0个百分点。

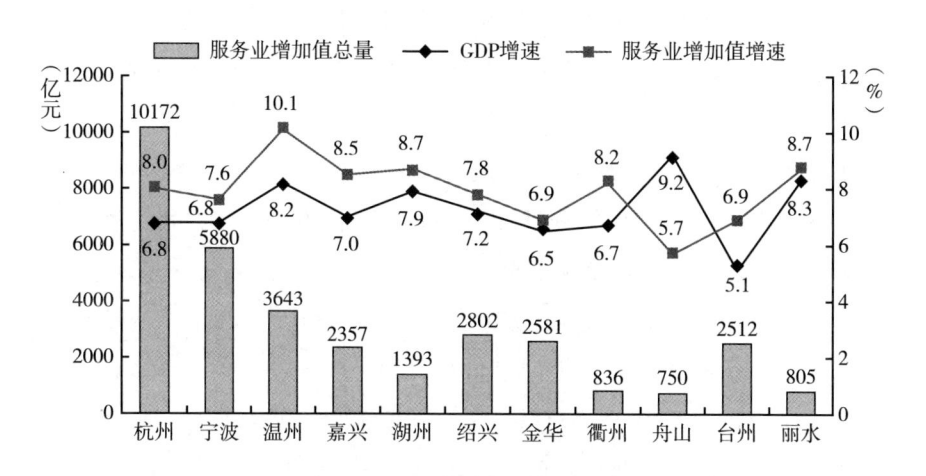

图1 2019年浙江省各市GDP及服务业增长情况

2. 服务业占GDP比重保持较高水平

2019年温州市服务业增加值占GDP比重为55.1%，比重高于全省平均

水平1.1个百分点，仅次于杭州（66.2%）、金华（56.6%），居全省第3位。自2015年以来，温州市服务业增加值占GDP比重均超过51%。

3. 五大行业拉动服务业增长

2019年，温州市批发业、金融业、房地产业（K门类）、其他营利性服务业、其他非营利性服务业增加值分别增长12.2%、9.9%、10.3%、12.1%和14.5%，是服务业较快增长的主要原因，五个行业合计对GDP增长贡献率达57.1%。一是"总部回归"拉动商贸业强劲增长。青山控股、多弗控股等"总部回归"企业持续拉动全市限上批发业强劲增长。全年限额以上批发、零售、住宿、餐饮业销售（营业）额增长42.2%，增速同比提高30.1个百分点，其中批发业销售额增长51.5%，同比提高37.4个百分点，增速居全省第1位。二是金融业增势良好。存款与贷款同比增量均创历年新高，2019年12月末，温州市金融机构人民币存款余额13156.4亿元，较年初增加1417亿元，同比增长12.1%，增速同比提高4.2个百分点；人民币贷款余额11529.6亿元，较年初增加1452.6亿元，同比增长15.6%。保险业保费收入增长10.7%，增速同比提高1.1个百分点。三是其他服务业保持较快增长。从与其他营利性和非营利性服务业相关的指标来看，规上营利性服务业营业收入同比增长21.3%，财政八项支出同比增长30.5%，均保持较快增长态势。

4. 服务业"三新"经济培育展现成效

2019年温州市坚持保护开发和业态升级一体推进，大力培育和发展服务业新产业、新业态、新商业模式。一是市场采购贸易方式试点成效显著。该试点出口目的地国（地区）已从47个拓宽到139个，2019年完成市场采购贸易出口39.18亿美元，使鹿城区出口增长97.7%，创18年来新高，拉动温州全市出口增长21.3个百分点。二是文旅融合亮丽呈现。温州市中心城区鹿城区奋力打造商圈经济和"月光"经济成效喜人。江心屿诗路明珠、南塘光影秀、公园路步行街等23个"两线三片"项目精彩亮相，温州小外滩、夜画塘河、活力绿轴、魅力斗城"四张金名片"古姿新貌交相辉映。三是生产性服务业科技能量进一步释放。以温州国家大学科技园为例，现入驻的科技型初创企业有 317 家，已累计孵化出独角兽企业 1 家、准独角兽企业 2 家、国家级高新技术企业 7 家、省级科技型企业 66 家、科技型小微企业 131 家。四是特色服务业实现新突破。如中国（瓯海）眼镜小镇打造眼镜行业品牌，实现"买全球、卖全国"。

（二）主要行业发展状况

1. 商贸经济保持平稳增长

2019 年温州市批发业销售额高速增长，全年批发业销售额增长 51.5%，同比提高 37.4 个百分点，增速高于浙江全省平均 38.7 个百分点，居全省第 1 位。2019 年温州市实现社会消费品零售总额 3655.9 亿元，同比增长 9.6%，增幅比上年提高 0.9 个百分点，其中限上社会消费品零售总额同比增长 9.9%。网络消费持续走强，据商务部门统计，温州市 2019 年网络销售额增长 18.5%（见图 2），居民网络消费增长 19.9%，跨境网络零售出口增长 39.5%。

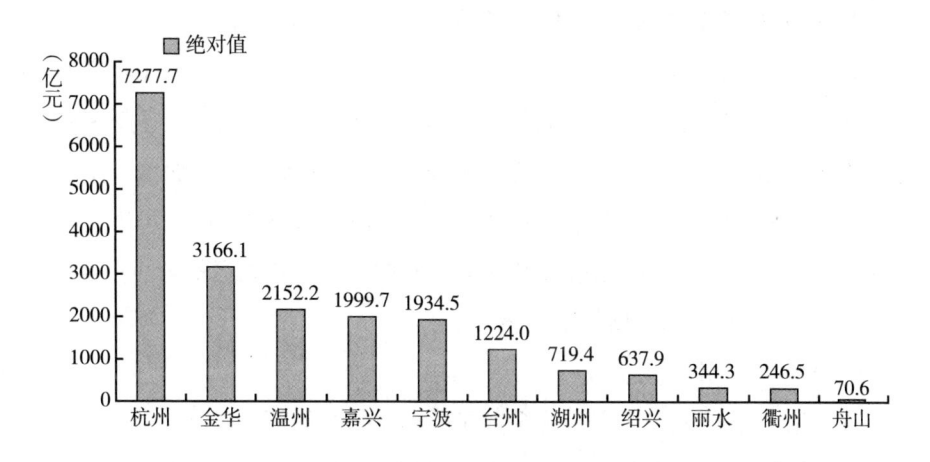

图 2　2019 年浙江全省各设区市网络零售情况

2019 年温州市消费品市场主要亮点如下。一是通信器材类商品零售额高速增长。得益于智能手机畅销，通信器材类商品增长 79.3%。二是体育、娱乐用品类商品零售额较快增长。在居民越来越注重健身娱乐等生活观念影

响下，体育、娱乐用品类商品增长37.1%。三是中西药品类商品零售额维持高位运行。在药品价格上涨带动下，中西药品类商品实现零售额32.3亿元，在上年增速29.1%的基础上，全年增长22.3%。四是汽车消费总体平稳。汽车消费在前几年持续低迷后，增速有所回升，全年实现零售额428亿元，同比增长0.8%，其中新能源汽车成为汽车消费新亮点，同比增长705%，带动汽车消费的平稳增长。

2. 住宿、餐饮行业表现差异较大

餐饮业增长较快。随着农家乐、特色餐饮的蓬勃发展，以及外卖餐饮消费的兴起，温州市餐饮消费市场增长较快，2019年餐饮业实现营业额715.6亿元，同比增长14.0%。住宿业表现欠佳。2019年住宿业实现营业额75.2亿元，同比增长7.8%，温州市示范性精品民宿蓬勃发展，分流了星级酒店客源，其中四星级以上酒店全年营业额同比下降0.7%，客房收入同比下降8.9%。星级酒店经营情况不佳影响了温州市整体住宿业的增长。

3. 物流业运行总体平稳

2019年温州市主要港口集装箱吞吐量80.2万标准箱，比上年增长20.9%；公路货运周转量104.5亿吨公里，增长5.9%，增幅比上年回落3.3个百分点；邮政快递业在电商拉动下较快增长，全年快递业务量突破10亿件大关，达到10.85亿件，快递业务量和业务收入同比分别增长18.6%和12.9%。据对规上交通运输业企业统计，温州市289家企业2019年实现营业收入199.6亿元，同比增长12.0%，其中161家货物运输业企业实现营业收入86.2亿元，同比增长18.3%。

4. 房地产市场运行稳定

近年来，温州市房地产开发投资和销售面积屡创历史新高，2017~2019年商品房销售面积均突破千万平方米。2019年全市商品房销售面积比上年同期下降2.2%，降幅比全省平均水平低1.7个百分点（见图3），全年完成房地产业投资比上年同期增长9.0%。全国70个大中城市住宅销售价格监测数据显示，2019年12月温州新建商品住宅销售价格指数环比持平，同比上涨4.2%；二手住宅销售价格指数环比下降0.3%，同比上涨3.5%。

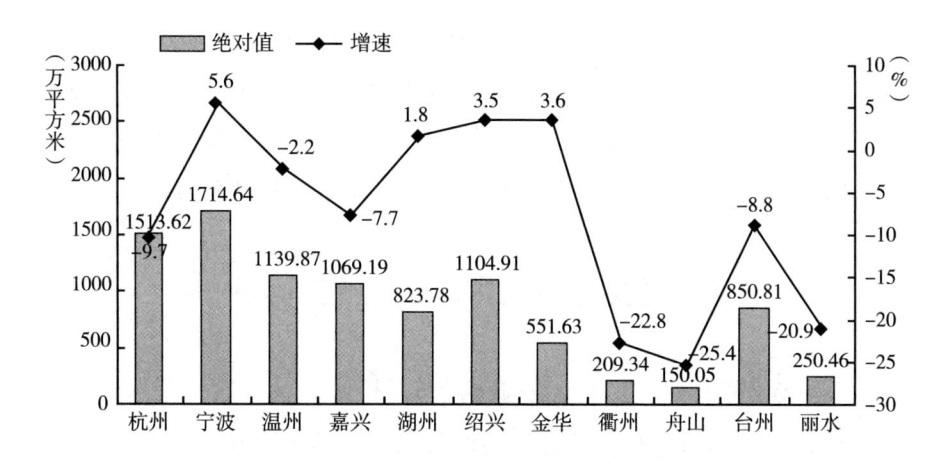

图3 2019年浙江省各设区市商品房销售面积比较

5. 金融市场运行良好

存款与贷款同比增量均创历年新高，金融风险有效稳控。随着金融风险的持续化解，自2011年以来温州市发生的局部金融风暴影响基本消除，不良贷款率创温州金融改革以来新低，金融生态修复向好，金融环境的改善更有助于经济发展大局稳定。2019年末，温州市金融机构不良贷款余额109.4亿元，不良贷款率0.94%，不良贷款率处于近年历史低位。关注类贷款余额216.4亿元，关注类贷款率1.87%，比上年末下降0.52个百分点。

6. 旅游业快速发展

2019年温州市以打造"国际化休闲度假旅游城市"为战略目标，聚焦"诗画山水、温润之州"主题定位，旅游业得到快速发展。2019年共接待国内外旅游人数13728万人次，比上年增长15.2%；实现旅游总收入1550.7亿元，比上年增长16.2%。其中国内旅游收入和国内旅客人数分别增长16.2%和15.2%。旅游外汇收入和入境旅客人数分别增长9.3%和5.1%。据规上旅行社统计，2019年21家企业实现营业收入9.32亿元，比上年同期增长2.9%。

7. 商务服务业发展平稳

2019年温州市规上商务服务业企业实现营业收入86.3亿元，比上年增长

12.4%。其中，以企业总部管理等为主的商务服务业企业营业收入增长35.4%；以市场、商业综合体管理服务为主的规上商务服务业企业营业收入增长40.3%；以会计、审计及税务服务和市场调查等为主的咨询与调查业营业收入增长46.4%；法律服务业、人力资源服务业营业收入分别增长16.2%、14.6%。

二 服务业发展中需要关注的问题

1. 温州市服务业发展与杭州、宁波相比差距较大

2019年温州市服务业增加值3642.5亿元，增速达到10.1%。温州市服务业增加值总量居浙江省第三位，相当于杭州市的35.8%、宁波市的61.9%。与先进城市比较，温州市服务业仍存在传统产业比重高、产业规模偏小等问题。2019年温州市规上服务业企业1011家，仅相当于杭州的25.3%、宁波的43.0%，全年营业收入仅相当于杭州的4.9%、宁波的20.3%，甚至落后于嘉兴。温州市规模较大的服务业企业是以传统的电信企业、国有交通企业为主，缺乏较大型的互联网、金融、传媒等高端企业，这是制约温州市服务业发展的重要因素。

2. 县（市、区）服务业发展不平衡

从服务业经济总量看，温州市服务业集中在"三区两市"，2019年"三区两市"服务业增加值占全市比重为71.9%。从服务业增加值增速看，排名第一的瓯海区（10.4%）增速高于最低的苍南县2.8个百分点（见图4）。从服务业占GDP比重来看，排名第一的鹿城区（74.7%）占比高于大部分县（市、区）20个百分点以上。

3. 跨境电商仍有很大发展空间

2019年温州市跨境网络零售出口额73.2亿元，同比增长39.5%，增幅位列浙江省设区市第5；占全省的9.4%，居金华市、杭州市、宁波市之后，位列设区市第4（见表1）。随着跨境支付、物流、通关、结汇等服务体系的完善，跨境电商交易规模仍将扩大。对商贸业发达的温州而言，跨境电商仍有很大发展空间。

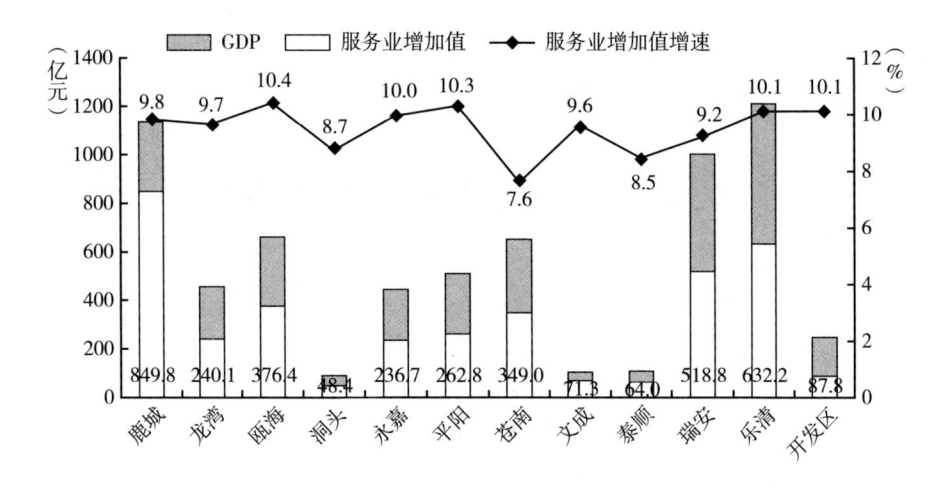

图 4 2019 年温州市各县（市、区）服务业发展比较

表 1 2019 年浙江省设区市跨境网络零售出口额

单位：亿元，%

地市	跨境网络零售出口额	占比	同比增长
全省	777.1	100.0	35.3
杭州	167.8	21.6	45.3
宁波	76.6	9.9	41.6
温州	73.2	9.4	39.5
湖州	3.6	0.5	39.8
嘉兴	13.3	1.7	36.6
绍兴	13.0	1.7	45.0
金华	402.1	51.7	29.6
衢州	4.6	0.6	25.7
舟山	1.2	0.2	22.8
台州	15.0	1.9	39.2
丽水	6.8	0.9	27.1

资料来源：浙江省商务厅，覆盖 AliExpress、Amazon、eBay、Wish 等一批国际性第三方跨境网络零售出口平台，也包括一批企业自建跨境网络零售出口平台。

4. 高技术服务业发展相对滞后

2019 年温州市规上高技术服务业企业营业收入 209.4 亿元，比上年增

长6.1%，总量占规上服务业营业收入比重为34.9%，比浙江省平均水平低20.8个百分点，低于杭州市36.9个百分点。

三 2020年温州市服务业发展建议

2020年全球经济复苏依然乏力，影响经济发展的不确定性、不稳定性因素增多，特别是新冠肺炎疫情对服务业发展将产生较大影响。对温州而言，要紧紧抓住温州市跻身长三角中心区城市、面对国家战略机遇叠加的有利条件，结合"大建大美""精建精美"，依托工业经济转型升级、消费市场新热点培育以及服务业新经济业态的呈现，大力推进服务业发展。

1. 制定促进消费的支持性政策

制定有利于减轻企业负担、促进居民消费的财税支持措施。向中低收入群体发放消费券，刺激居民消费。推出市域内旅游景区免门票或减价政策以及周末2.5天弹性作息制度，引导居民消费，降低疫情对旅游观光、餐饮、住宿等服务业的负面影响。

2. 巩固传统消费支撑作用

一是稳定汽车消费。研究制定汽车消费的基础设施建设和汽车消费升级等相关政策，改善汽车消费环境，鼓励二手车交易，提振汽车消费。二是有效加强房地产市场监测预警。温州市房地产业增加值、税收、投资分别占全市总量的7.6%、29.1%和40.4%。房地产的稳定，关系到经济的平稳发展。建议在"房住不炒"的前提下，根据温州市经济发展需要，适当调节土地出让节奏，稳定房地产投资和销售。三是举办各类消费促销活动。办好"双11"和"双12"购物节、岁末迎新等节庆营销活动，加快会展业发展，充分挖掘消费潜力。

3. 培育新的消费热点

一是做大做强城市经济和"月光经济"。加快建设一批特色商业街区、新兴时尚商圈和新零售智能商圈、泛娱乐时尚消费新场景，形成消费新增量。二是加快服务消费市场发展。进一步规范教育、养老、健康、旅游等服务消费市场发展，努力构建良性有序的市场环境，加强消费保障，创建安全放心消费环境。三是加快浙南、闽北、赣东进口商品集散中心建设。集聚全球最新最潮的商品和服务，引导创造消费新需求。

4. 积极拓展电子商务和跨境电商

一是积极拓展线上消费和服务。紧抓互联网经济发展机遇，帮助线下服务企业创新商业模式，拓展线上服务，鼓励本地农产品线上销售。二是因地制宜拓展电子商务销售渠道。瑞安、鹿城、瓯海、龙湾等区（市）要发挥示范引领作用，其他县（市、区）要充分利用区域条件、资源禀赋和发展基础，加快推进电子商务发展。三是积极提升跨境电商营销能力和水平。充分发挥温州市轻工时尚产品门类齐备，在国外商贸企业多、华侨多、社团多等优势，形成内外互动的跨境电商营销体系；积极争取创建跨境电子商务综合试验区，复制推广成熟经验做法；完善跨境电子商务零售进出口管理模式，优化通关作业流程。

5. 打造区域特色鲜明的现代服务业

做大做强温州市现代服务业，加快发展科技金融、知识产权、供应链管理等生产性服务业，促进服务业与工业、农业融合发展。聚力大项目，加大税源经济、总部经济的招引和培育力度，充分发挥平台资源优势，招引一批有实力、有影响力的服务业大项目。加快规上服务业企业培育，鼓励企业做大做强，推动形成龙头企业和服务业产业集群，形成区域特色明显、比较优势突出的服务业发展新格局。

B.8
温州地方财税运行形势分析与预测
(2019~2020)

陈宣安 金童童*

摘 要： 2019年，温州市财政收入保持较快增长，财政总收入和一般公共预算收入增长速度在全省的位次均创十年来新高。展望2020年，面对经济下行压力加大，温州市存在税收与经济财政协调性不够、税收结构不优、税收改革对收入与支出影响较大等制约财政高质量增长的因素。为实现温州市财政高质量增长，应从培育实体经济税源、支持企业做大做强、优化公平营商环境、完善协税护税机制等方面入手。

关键词： 地方财政 运行分析 减税降费

"加力提效"是习近平总书记2019年4月22日在中央财经委员会第四次会议上为2019年财政政策定下的总基调。"加力"的重点是"力度"，要实施更大规模的减税降费；"提效"的重点是"质量"，要优化财政收支结构，提高财政收支的质量。如何更好地推动和实现温州市地方财力可持续发展，是推进高质量发展必须研究、破解的核心问题。

---

* 陈宣安，温州市财政局局长、党组书记；金童童，温州市财政局办公室副主任。

一 2019年温州地方财政运行情况分析

2019年,温州全市财政运行情况总体保持平稳态势,较好地完成了全年财政收支目标。

(一)基本情况

1. 财政收入较快增长

2019年,全市财政总收入936.9亿元,增长8.6%;其中:一般公共预算收入579.0亿元,增长12.5%,完成年初预算的104.1%。全市一般公共预算收入中税收收入为474.6亿元,同比增长8.3%;税收收入占一般公共预算收入比重为82.0%。

2. 财政支出着重保障民生事业和促进经济增长

2019年全市财政支出进度和增幅保持较好态势,一般公共预算支出1084.12亿元,同比增长24.0%,完成年初预算的119.0%,总量和增速均位列全省第三。其中,民生支出861.11亿元,增长28.4%,占一般公共预算支出比重为79.4%,高于上年同期2.7个百分点;GDP相关八项支出871.68亿元,增长30.1%,高于全省平均(21.3%)8.8个百分点,位列全省第二,占一般公共预算支出比重为80.4%,高于上年同期3.7个百分点。从具体科目看,增长较快的有城乡社区支出(103.2%)、节能环保支出(83.8%)、科学技术支出(28.9%);呈负增长的主要有自然资源海洋气象等支出(-54.1%)、商业服务业支出(-46.7%)、农林水支出(-0.8%)。

(二)特点分析

1. 收入保持较快增长态势

2019年全市财政收入继续保持较快增长,财政总收入增长速度高于全省平均水平3.8个百分点,一般公共预算收入增长速度高于全省平均水平

5.7个百分点。从横向对比看,财政总收入增长速度比杭州高3.0个百分点,比宁波高3.7个百分点,比嘉兴高3.0个百分点,增速位居全省第二;一般公共预算收入增长速度比杭州高4.8个百分点,比宁波高6.1个百分点,比嘉兴高3.4个百分点,增长速度位居全省第一(见表1)。财政总收入和一般公共预算收入增长速度位次均创十年来新高。

表1 2019年全省及部分地市财政收入情况

单位:亿元,%

项目	财政总收入	增速	一般公共预算收入	增速	税收收入	增速
全省	12267.66	4.8	7048.00	6.8	5898.17	5.6
杭州	3650.04	5.6	1965.97	7.7	1791.17	8.5
宁波	2784.83	4.9	1468.39	6.4	1217.46	3.3
温州	936.87	8.6	578.97	12.5	474.60	8.3
嘉兴	945.40	5.6	565.69	9.1	509.60	7.6
绍兴	825.36	1.7	528.37	5.4	418.40	1.4
台州	729.83	-2.1	438.49	1.7	363.67	-3.3
湖州	540.55	10.2	316.07	10.1	270.72	12.4

2. 第三产业税收收入增速快于第二产业

2019年温州第三产业税收收入增长速度远快于第二产业,对税收收入增长的贡献率越来越大。2019年,一般公共预算收入中第三产业税收收入271.90亿元,增长14.0%,第二产业税收收入203.04亿元,增长1.8%,第三产业税收收入增速比第二产业高12.2个百分点(见表2)。第三产业中:房地产业(含公共管理业)税收为146.44亿元,增长15.8%,对税收增收贡献率为54.2%;批发和零售业税收为45.98亿元,增长17.9%,对税收增收贡献率为18.9%;金融业税收为35.10亿元,增长14.7%,对税收增收贡献率为12.2%。第二产业中:制造业税收为160.09亿元,增长-0.9%,对税收增收贡献率为-4.0%;建筑业税收为35.33亿元,增长16.6%,对税收增收贡献率为13.6%(见表3)。

表2　2016～2019年温州市分产业税收情况

单位：亿元，%

年份	第三产业税收收入	增速	第二产业税收收入	增速
2016	190.85	9.2	173.69	0.9
2017	206.23	8.1	184.87	6.4
2018	238.34	15.6	199.40	7.9
2019	271.90	14.0	203.04	1.8

表3　2016～2019年主要行业税收占比与对税收增收贡献

单位：%

年份	第三产业						第二产业			
	房地产业（含公共管理业）税收占比	房地产业（含公共管理业）税收增收贡献	批发和零售业税收占比	批发和零售业税收增收贡献	金融业税收占比	金融业税收增收贡献	制造业税收占比	制造业税收增收贡献	建筑业税收占比	建筑业税收增收贡献
2016	26.8	57.4	7.2	-1.4	8.7	27.4	37.7	-7.7	6.6	19.9
2017	26.2	11.5	8.8	28.8	8.1	-2.2	39.2	52.1	6.0	-2.7
2018	28.8	50.5	8.9	9.7	7.0	-3.0	36.9	17.0	6.9	14.0
2019	30.8	54.2	9.7	18.9	7.4	12.2	33.7	-4.0	7.4	13.6

3. 区域发展差距有所缩小

2019年温州各县（市、区）财政收入总体较好，区域差距有所缩小。从一般公共预算收入增幅来看，各县（市、区）普遍保持较快的发展态势，基本实现两位数以上增长，增幅均高于全省平均水平。从温州各县（市、区）一般公共预算收入总量看，可分为三个梯队，第一梯队的为乐清市、瑞安市，第二梯队的为苍南县、平阳县、永嘉县、瓯海区、鹿城区、龙湾区，第三梯队的为开发区、洞头区、瓯江口新区、文成县、泰顺县。2019年，第二梯队的苍南县、平阳县、永嘉县、瓯海区、鹿城区、龙湾区，一般公共预算收入增速分别为12.6%、16.0%、12.7%、13.5%、14.0%、13.7%，均快于第一梯队的平均增速，第二梯队与第一梯队差距在缩小。第三梯队的开发区、洞头区、瓯江口新区、文成县、泰顺县一般公共预算收入增速分别为22.4%、18.7%、21.5%、16.6%、15.3%，快于第一梯队和第二梯队的平均增速,第三梯队与第一、第二梯队的差距也有缩小趋势。

4. 重点支出运行平稳

加大财政资金投入,民生事业发展等重点支出有新保障。积极向上争取各类转移支付资金,规模居全省第二,如争取"利奇马"台风救灾资金达6.35亿元,有力保障灾区恢复重建。大力推动乡村振兴,设立4.3亿元市级乡村振兴大专项资金。推进市区教育体制改革,优化两级财权、事权,率全省之先建立高校激励性政策,激发服务地方动力。争取上级保障性安居工程专项资金5.8亿元,市级投入住房租赁补贴5131万元,缓解中低收入困难群众住房压力。高规格保障首届世界青年科学家峰会在温州成功举办,市级设立3639万元专项资金支持文化礼堂,助力国家文化示范区创建,投入1035万元扶持文艺精品创作,市非遗体验基地被列入省公共文化创新项目,城市书房完成省级标准化建设。

二 制约2020年温州财政高质量增长的因素分析[①]

展望2020年,影响财政平稳运行的不确定、不稳定因素仍然较多,财政收入可持续增长的基础尚不稳固,收入增长仍面临很大挑战,各领域支出需求依然强烈,收支矛盾仍很突出。

(一)税收与经济财政协调性不够

1. 单位GDP税收产出较低,经济发展质量不高

2016~2019年,浙江省单位GDP税收产出分别为9.8%、9.5%、9.9%、9.8%,分别高出温州市2.4个、2.3个、2.6个、2.4个百分点。2016~2019年,温州市单位GDP税收产出在全省的排名分别为第8名、第8名、第10名、第7名,表明经济发展的含金量在全省处于较低位置,经济发展的质量还不够高。2016~2019年,杭州单位GDP税收产出分别为

---

① 本部分税收收入口径均为一般公共预算收入中的税收收入口径。

11.7%、11.3%、12.2%、12.4%，连续四年排名浙江省第1，分别比温州市高4.3个、4.1个、4.9个、5.0个百分点；宁波单位GDP税收产出分别为10.8%、10.6%、11.0%、10.7%，连续四年处于浙江省第2名，分别比温州市高3.4个、3.4个、3.7个、3.3个百分点；嘉兴单位GDP税收产出分别为9.3%、9.5%、9.7%、9.8%，连续四年处于浙江省第3名，分别比温州市高1.9个、2.3个、2.4个、2.4个百分点（见表4）。

表4　2016~2019年浙江全省及各市单位GDP税收产出

单位：%

年份	2016	2017	2018	2019
全省平均	9.8	9.5	9.9	9.8
杭州	11.7	11.3	12.2	12.4
宁波	10.8	10.6	11.0	10.7
温州	7.4	7.2	7.3	7.4
嘉兴	9.3	9.5	9.7	9.8
绍兴	7.1	7.2	7.6	7.2
台州	7.6	7.5	7.7	7.2
金华	8.0	8.0	8.4	8.2
湖州	8.1	8.2	8.9	9.3
衢州	6.7	6.5	7.3	7.1
丽水	7.0	6.9	7.5	7.2
舟山	7.9	7.9	7.7	7.6

2. 税收占财政收入比重不高，财政收入质量不优

2016~2019年，温州市税收收入占一般公共预算收入的比重分别低于浙江省平均水平1.2个、1.1个、4.7个、1.7个百分点，在浙江省排名分别为第7、第7、第10、第7。从省内税占比较高的城市来看，2016~2019年，杭州税占比分别为91.9%、90.4%、90.5%、91.1%，分别比温州市高7.5个、6.4个、10.5个、9.1个百分点；嘉兴税占比分别为89.7%、92.8%、91.3%、90.1%，分别比温州市高5.3个、8.8个、11.3个、8.1个百分点（见图1）。

温州蓝皮书

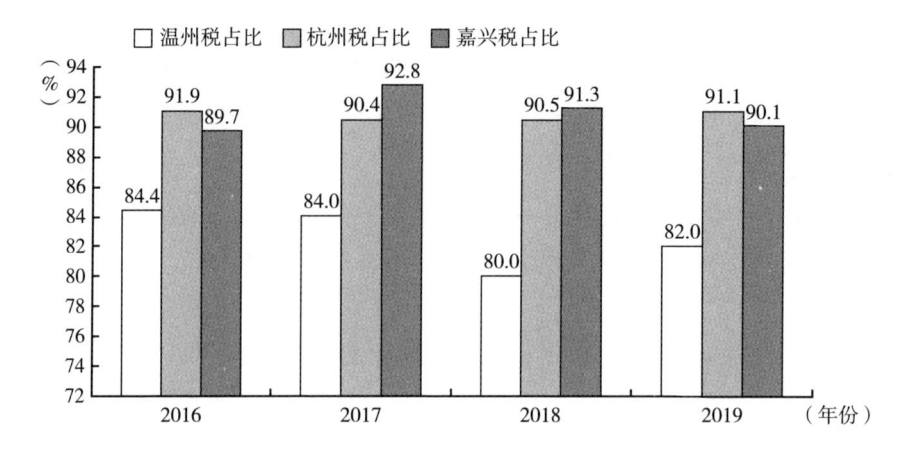

图1 2016～2019年温州市税占比与杭州、嘉兴的比较

（图中数据：温州税占比 2016年84.4、2017年84.0、2018年80.0、2019年82.0；杭州税占比 2016年91.9、2017年90.4、2018年90.5、2019年91.1；嘉兴税占比 2016年89.7、2017年92.8、2018年91.3、2019年90.1）

3. 税收收入弹性系数相对偏低，税收与经济增长协调性不够

虽然2016～2019年温州市GDP增速在全省均排前三名，但是税收收入增速平均排名却比较靠后，温州市税收收入与杭州、宁波、嘉兴等城市的差距呈扩大态势。2016年温州市税收收入与杭州、宁波、嘉兴的比值分别为28.8%、40.2%、106.7%，2019年差距已经扩大，分别为杭州、宁波、嘉兴的26.4%、38.9%、93.1%。从税收弹性系数看，2016～2019年，浙江省税收弹性系数分别为1.1、1.5、1.6、0.8，弹性系数平均为1.2，说明2016～2019年全省税收收入的平均增长速度是GDP的平均增长速度的1.2倍。从温州市的情况看，2016～2019年，税收弹性系数在浙江省的排名分别为第9名、第10名、第10名、第4名（见表5）；温州市税收弹性系数平均为1.0，比浙江省平均水平低16.7%，在全省排第9名，而杭州税收弹性系数平均为1.7，排名全省第一，嘉兴为1.6，排名全省第二。

表5 2016～2019年浙江全省及各市税收弹性系数情况

年份	2016	2017	2018	2019
全省平均	1.1	1.5	1.6	0.8
杭州	1.9	1.8	1.9	1.3
宁波	0.7	1.6	1.8	0.5

续表

年份	2016	2017	2018	2019
温州	0.6	0.8	1.5	1.0
嘉兴	0.8	2.2	2.0	1.1
绍兴	0.7	1.7	1.8	0.2
台州	1.0	1.6	1.8	-0.6
金华	1.0	1.5	2.0	0.6
湖州	0.8	1.6	2.3	1.6
衢州	0.6	1.5	2.8	0.6
丽水	1.0	1.3	2.4	0.5
舟山	0.6	0.7	1.0	0.6

（二）税收结构不优

1. 房地产依赖度高，税源基础不稳固

近年来，温州市房地产业发展较快，贡献的税收也越来越多，税收对房地产业依赖有进一步加强态势。2016～2019年，全市房地产业（含公共管理业）税收增速分别比全市税收入增速高5.1个百分点、低3.9个百分点、高11.2个百分点、高7.5个百分点，占税收收入比重分别为27.3%、26.2%、28.8%、30.9%（见表6）。2016年、2018年、2019年，房地产业税收对税收收入增长的贡献率分别达到57.4%、50.6%、54.2%，在各行业中均排名第一。2019年，全市房地产业（含公共管理业）和建筑业税收合计占税收收入比重达到38.2%，同比提高2.5个百分点，对全市税收增收贡献率达到67.8%。

表6　2016～2019年温州市房地产业（含公共管理业）税收情况

单位：亿元，%

年份	房地产税收	增速	占税收收入的比重
2016	99.58	11.3	27.3
2017	102.62	3.1	26.2
2018	126.41	23.2	28.8
2019	146.44	15.8	30.9

2. 制造业短板明显，后续税收增长乏力

2016~2019年，温州市制造业对经济发展支撑力度持续减弱，制造业税收收入增长较慢，占税收收入的比重也呈现下降趋势，年均增速比全市税收收入年均增速低5个百分点，占税收收入的比重下降了4.0个百分点。2016年制造业税收收入比全市税收收入增速低6.5个百分点，占税收收入的比重为37.7%。2017年制造业税收收入增长9.8%，但增长主要是受一次性因素影响，若剔除正泰股权转让一次性入库影响，制造业税收收入仅增长0.8%，低于全市税收收入增速6.2个百分点。2018年，制造业税收收入增长5.2%，比全市税收收入增速低6.8个百分点，占税收收入的比重为36.9%。2019年，制造业税收收入增长-0.9%，比全市税收收入增速低9.2个百分点，占税收收入的比重下降到33.7%（见表7）。

表7 2016~2019年温州市制造业税收情况

单位：亿元，%

年份	制造业税收	增速	占税收收入的比重
2016	139.83	-1.1	37.7
2017	153.56	9.8	39.2
2018	161.59	5.2	36.9
2019	160.09	-0.9	33.7

3. 纳税企业"低、小、散"问题突出，大企业对税收贡献不足

温州市税收企业结构"低、小、散"问题突出，截至2019年底，一般纳税人户数占增值税纳税人户数的比重仅为17.8%。2019年全市纳税百强企业税收收入占全市税收收入的比重不到23%（其中：制造业企业13家，同比减少9家，合计纳税20.22亿元，占全市税收收入的比重为4.3%），纳税500强企业税收收入占全市税收收入的比重仅为44.1%，纳税超过100万元市场主体仅5162家，占全部市场主体的比重仅为0.5%。作为经济发展的龙头，温州市上市公司较少，赢利能力较弱，缴纳的税收规模普遍较小。截至2019年底，温州市共有A股上市公司20家，而浙江省有A股上

市公司458家,其中杭州、宁波、绍兴、台州、嘉兴、金华、湖州七个地区的数量分别为145家、82家、59家、51家、38家、30家和24家,温州市A股上市公司数量仅排在第八位。2019年温州市20家A股上市公司入库税收合计14.66亿元,占全市税收收入的比重仅为3.1%,其中,税收超过5亿元的1家,1亿~5亿元的1家,5000万~1亿元的1家,1000万~5000万元的12家,1000万元以下的5家。

(三)税收改革对收入与支出影响较大

1. 减税力度越来越大,主体税种受影响大

2019年,温州"实施更大规模的减税"和"普惠性减税与结构性减税"并举,重点降低制造业和小微企业税收负担,包括小微企业普惠性减税、增值税大规模减税、个人所得税改革等减税政策,主要涉及增值税、企业所得税、个人所得税等地方主体税种,新增减税超过税收收入的10%,减税力度空前。从对温州市的影响来看,2019年新增减税达到114亿元(财政总收入口径),影响一般公共预算收入中的税收收入达到56亿元。

2. 收入划分改革红利有限,短期税收增加不多

为解决地方出现财政税收减收这一问题,2019年10月国务院对中央与地方收入划分进行调整,方案核心内容有三点:一是第一大税种国内增值税维持现有中央地方"五五分享"不变,二是对地方增值税留抵退税50%采取均衡负担机制,三是后移消费税征收环节并稳步下划地方。综合现有情况推断,该方案对温州市税收没有大的影响。国内增值税维持现有中央地方"五五分享"不变,只是稳定预期,对地方财力没有实质影响。增值税留抵退税对温州市影响也不大。从消费税看,高档手表消费税原在生产环节征税,温州市收入为0,首饰和珠宝玉石消费税2017~2019年温州市收入分别为4827万元、4459万元、1943万元(税务部门组织税收收入口径),基数不大,改革后增收有限。

3. 税收增收难度较大,后续支出需求较高

2019年温州市税收收入增速为8.3%,新增的减税影响一般公共预算收入

56亿元，意味着可比口径税收收入达到531亿元，可比口径增速达21.2%，可比口径增速超过名义增速12.9个百分点。从当前形势看，税收收入高增长很难持续，而且温州市经济受到中美贸易摩擦、房地产市场的不确定性、减税降费的持续深入、债务金融风险的累积、养老保险基金风险的上升等隐忧影响，后续税收增收的难度将越来越大。从支出方面看，今后几年温州市大事要事多，财政既要保工资、保运转、保民生，又要保障好"两个健康"先行区、国家自创区、重大交通基础设施等建设，财政支出压力日益增大。财政税收"增收"难度加大与不断升级的"支出"需求矛盾将逐步显现。

三 确保2020年温州地方财政高质量增长的政策建议

温州市经济稳中向好、长期向好的基本趋势没有改变，2019年全市经济发展呈现"好于预期、高于全省、快于全国"的良好势头，财税经济稳中向好。但受新冠肺炎疫情影响以及减税降费巩固扩展相关政策的叠加影响，2020年财政收入仍存在较多不确定因素，财政收支紧平衡状态将持续存在。按照财政收入增长与GDP增长基本同步的要求，2020年全市一般公共预算收入目标为625.0亿元，同比增长8.0%；一般公共预算支出拟安排970.0亿元，同比增长6.5%。

（一）培育实体经济税源

1. 完善总部经济招引机制

以财税优惠政策和财政资金投入为主要鼓励措施，充分挖掘温州人经济这个资源，争取企业总部留在本地或回迁，将增值税等流转税入库到温州本地。完善总部回归政策，理顺招引机制，不断扩大地方税源。严格执行"温州市域外"的招引要求，对于签约落地的总部回归项目要抓好税收回归，确保新增税收达到预期目标。防止各县（市、区）之间相互挖税源行为，建议市政府成立区域财政税收收入协调委员会，建立各县（市、区）区域财政税收收入协调机制，理顺各县（市、区）之间财政税收利益分配关系，防止税源与税收背离等一系列问题,解决各县(市、区)政府间的横向税收竞争。

2. 提高楼宇经济税收产出

以"大建大美"("两线三片")建设、棚户区改造等为抓手,加快推进一批商业型、新兴市场型城市楼宇经济的发展,培育壮大地方税源,提升城区功能品位,增强区域综合竞争力。从财政扶持、金融支持、人才支撑、法律保障、配套服务等多方面入手,吸引更多的企业以法人身份落地温州,确保入驻楼宇的企业税收落地,提高楼宇的财政税收贡献度,解决"有税源无税收"问题。建议出台楼宇经济财政奖补政策,对楼宇项目实行税收总量(除住宅项目税收外)上台阶奖励、增速奖励政策,对楼宇中的购物中心和写字楼项目给予扶持政策。对入驻楼宇的企业注册,建议采取财政、税务、工商等现场办证办公,给予租金优惠、招商引资补贴等措施,鼓励入驻企业在温州注册法人身份。

3. 加强产业平台税收支撑

以国家自主创新示范区为载体,撬动产业平台高质量发展和科技创新大提升。集中力量推进温州国家高新区(浙南科技城)、浙南产业集聚区、瓯江口产业集聚区、温州高教园区、乐清智能电器省级高新技术产业园区和瑞安智能装备高新技术产业园区等"一区五园"主平台建设,推动"万亩千亿"新产业平台建设,加快产业集聚、项目集聚、人才集聚、科技集聚。着力打造数字经济、智能装备、生命健康、新能源智能网联汽车、新材料等一批具有国内竞争力的战略性新兴产业集群,为税收收入高质量增长谋得先机。产业平台在招商引资上要注重产出效益,以"亩均税收论英雄"为抓手,以亩均税收至少要达到30万元以上为评价标准,招引一批好产业、好项目。

(二)支持企业做大做强

1. 优化涉企财政资金管理

科学谋划财政涉企产业专项资金预算统筹,做大总量,优化结构,确保惠企财政政策落地、落细、落实。加快涉企产业政策刚性兑现,完善"产业政策奖补资金管理办法",进一步简化资金拨付程序,压缩资金到位周期,明确办事时限,同步年初预算与兑现政策的需求。科学安排科技和经信专项资金，加快企业升级步伐和发展速度。支持培育企业"雏鹰行动"，通过"产学研"对接、定向培育等多种方式鼓励企业科技创新，研发应用新技术，掌握专有技术，攻克关键技术，梯度助力中小微企业加速发展，新增一批"隐形冠军"培育企业、"专精特新"培育企业、"小升规"企业。

2.合力缓解企业融资难题

发挥财政、金融等政策合力，探索"财银合作"新渠道，实现财政、银行与企业"三赢"，帮助实体企业解决"融资难"问题。充分利用政策性融资担保公司作用，提高中小微企业融资增信能力，连通企业和银行的桥梁，为中小微企业发展提供金融支持，引导更多金融资金流向实体企业。扩大信保基金担保规模，破解初创企业零信贷、轻资产难题。探索企业融资新渠道，完善产权交易市场，完善风险资本的进出机制，发挥长三角股权投资基金作用，为企业资产流动、股权交易提供服务。探索帮助成长性好、经营业绩优的成长型企业通过发债的形式融资，为企业扩大中长期项目投资提供稳定的资金支持。加大对上市企业的财政支持力度，引导企业通过上市进行融资。

3.支持企业并购做大做强

引导企业围绕主业开展并购活动，对生产规模小、技术含量低、难以达到规模经济的中小企业利用环保督察、供给侧改革、大拆大整、"劣五类水"整治，倒逼"低、小、散"企业整合，使其抱团发展、做大做强，形成一批有竞争力的大企业，提高企业规模、生产能力和工作效率。优化并购方式，探索设立行业并购基金，支持企业重大项目并购、重大项目重组、重大产业投资、重大股权投资，促进主业发展和核心竞争力提升。简化并购的审批程序，减少审批时间，切实降低企业并购的税费负担，开展税收专项辅导，通过涉税辅导帮助企业有效化解并购重组过程中的涉税风险，有意识地督促企业排除涉税风险，避免企业被处罚或者缴纳滞纳金现象。

（三）优化公平营商环境

1.严格落实减税降费政策

密切跟踪减税降费政策执行情况，积极会同税务部门联合部署落实，使各项减税降费政策简明易行可操作。加强政策解读与宣传,开展专项检查,推动政策落到实处,确保所有行业税负只减不增,让每个企业都享受到政策红利,提升企业获得感,激发经济内在活力,推动实体经济转型升级。同时,密切关注减税降费对财政收入的减收影响,积极采取措施,确保地方财政平稳运行。要有前瞻性的考虑,要硬化预算约束、厉行勤俭节约,带头过"紧日子",既要保工资、保运转、保民生,又要保障好温州"两个健康"先行区、国家自创区、全国性综合交通枢纽城市、区域中心城市建设等大事要事。

2. 加强会计信息质量检查

切实履行会计监督法定职责,营造公平竞争的良好市场环境。按照"放管服"改革的要求,深入开展会计执法检查,有效整顿和规范会计秩序。围绕市委市政府重大决策部署,对重点行业开展会计信息检查,规范企业财务行为,完善企业的会计核算、公司治理、信息披露、内控管理等制度,逐步规范管理架构与法人实体分离等问题。加强会计师行业监管,完善质量控制体系建设,增强行业的风险意识和责任意识。成立代理记账机构行业协会,探索行业诚信自律建设,为小微企业提供更加规范化、专业化的服务,营造良好的营商环境。

3. 完善征管体系营造税负公平环境

完善征管体系,支持税务部门依法征管、应收尽收,防止和纠正收过头税、乱收费、虚收空转等行为。创新征管模式,大力推广"数据管税",加强数据分析联动,强化数据比对,精准研判税源情况,科学制订管理计划。加大对"小升规"的引导力度,纠正企业"人为退规",引导企业"合理上规"。对投入产出明显不匹配或者规上躲规下的企业进行有效监管,做到一视同仁、依法征管,进一步实现税负公平,优化营商环境。加大税收执法力度,最大限度维护市场公平,提高全民依法纳税意识和对税法的遵从度,巩固减税降费成果,营造公平诚实守信的市场环境。

(四)完善协税护税机制

1. 强化属地政府主体责任

县(市、区)应凝心聚力抓财政收入、抓增收,切实承担组织财政收入的主体责任,把组织财政收入摆到更加突出的位置,配置更多的资源。加大财政收入考核力度,充分调动各县(市、区)涵养税源、组织收入积极性。健全乡镇(街道)财政体制,按照事权与支出责任相适应、财力与事权相匹配的原则,明确收支划分,完善财政收入增长奖励办法,对组织财政收入工作成效突出的乡镇(街道),加大奖补力度,进一步完善乡镇(街道)协税护税机制,努力实现辖区税源都能"看得见、够得着、拿得到"。

2. 完善部门联动协调机制

发挥部门协税护税作用,共同做大收入蛋糕。财政部门要进一步加强与税务部门的沟通协调,配合做好"三个100强"纳税排位分析,通过大数据管税,帮助企业增产增收,持续提升企业的税收贡献度,切实推动税收增收提效。要牢固树立"大财政""大税务"理念,加强与其他职能部门协调配合,发挥部门职能优势,形成齐抓共管税收的工作格局。加强与住建、教育、发改、交通、交警、统计、经信、环保、商务、大数据发展管理等职能部门的沟通协作,整合各部门的信息资源,加强部门涉税信息比对共享,拓宽税源风险动态监控渠道,建立收入保障信息系统,形成收入齐抓共管格局,进一步推动收入可持续增长。

3. 构建社会参与共治格局

要积极发挥社会组织资源优势,鼓励引导参与协税护税工作,构建"广泛参与、税收共治"格局。以营造良好税收营商环境为重点,统筹税务部门与涉税各方力量,发挥行业协会、商会、群团组织优势,问需求、优服务、促发展,多形式、全方位开展互联、互动、互助,形成全社会协税护税、综合治税的强大合力。推进与行业协会等社会组织的密切合作,积极利用资源搭建宣传平台,拓宽宣传渠道,确保所有会员企业对税收政策应知尽知,对改革红利应享尽享,提高企业纳税遵从度。

B.9
温州市金融形势分析与展望
（2019～2020）

周荣俊*

摘　要： 自2019年以来，温州金融运行总体平稳向好，社会融资规模增量保持合理适度，存贷款增长稳健有力，资产质量持续优化，金融市场发展符合预期，在一系列支持民营和小微企业政策激励下，信贷结构改善向好，融资成本稳步下行，有力促进了区域经济高质量发展。但是，运行中仍然存在金融供给效率不高、信贷结构有待优化、局部风险隐患较大等问题。展望2020年，要以深化金融供给侧结构性改革为主线，保持信贷合理增长，着力优化信贷结构，深化融资畅通工程，提升民营经济、小微企业金融供给和服务质效，同时防范化解金融风险，优化区域金融生态，为实现"六稳"和经济高质量发展营造更加适宜的货币金融环境。

关键词： 金融运行　信贷结构　金融生态

一　2019年温州金融运行情况

（一）新增社会融资规模合理适度，企业债券融资增长较快

2019年，温州新增社会融资1964.4亿元，比上年多增238.8亿元，同

---

* 周荣俊，中国人民银行温州市中心支行调查统计科科长，高级经济师。

比增长13.8%，增速比温州市生产总值增长（8.2%）与居民消费价格总水平同比增长（2.2%）之和高出3.4个百分点，较好地发挥资金投入对地方社会经济发展的托举作用。从构成看，一是人民币贷款保持高位增长。2019年新增1452.2亿元，比上年多增84亿元；占新增社会融资规模的73.9%，间接融资仍是新增主体。二是企业债券融资回升较快。2019年企业债券融资235.7亿元，比上年多增161.5亿元，增长217.7%。三是地方政府专项债券保持平稳。2019年增加135.4亿元，比上年少增22.7亿元，下降14.4%。四是非金融企业境内股票融资有所下降。2019年新增股票融资12.3亿元，比上年少增11.1亿元，下降47%。

（二）信贷增长稳健有力，投向结构趋于优化

2019年末，温州本外币存款余额13379.7亿元，比年初增加1410.7亿元，比上年同期多增662.8亿元；同比增长11.8%，比上年同期高5.1个百分点，增速显著优于往年，比浙江省存款平均增速低0.9个百分点。本外币贷款余额11608.8亿元，比年初增加1451.3亿元，比上年同期多增65.6亿元；同比增长15.5%，比上年同期低0.6个百分点，但比浙江省贷款平均增速高0.4个百分点。存贷款余额、增量均位居浙江省第3，余额存贷比为86.8%，新增存贷比达到102.9%，较好地发挥信贷对稳增长的支撑作用。

1. 存款增长结构有所改善

从存款构成看，一是住户存款保持平稳增长。2019年末，温州市住户存款余额7712.2亿元，比年初增加968.4亿元，占全部增量的68.6%，同比增长14.4%，比上年同期低2.8个百分点，主要受风险暴露、监管趋严、棚改后续推进等因素影响，居民储蓄存款总体继续保持回流态势，但趋势明显减弱。二是非金融企业存款回升较快。2019年末，温州市非金融企业存款余额3109.4亿元，比年初增加427.2亿元，同比增长15.9%，快于上年同期11.4个百分点，主要是国有背景平台、大型龙头企业、房地产企业存款保持增长。三是广义政府存款增长总体稳定。2019年末，温州市广义政府存款余额1946亿元，比年初增加141.2亿元，同比增长7.9%。四是非银

行业金融机构存款降幅有所收窄。2019年末，温州市非银行业金融机构存款余额550.1亿元，比年初下降125.7亿元，同比下降18.6%，降幅比上年同期收窄43.9个百分点。

2. 信贷投放质效趋于优化

一是对公贷款增长快于个人贷款。2019年末，温州企业及机关团体贷款余额5387.3亿元，比年初增加816.2亿元，占新增贷款的56.2%；同比增长17.9%，高于温州市贷款平均增速2.4个百分点。从构成看，主要是中长期贷款增加662亿元，增速27.6%；余额占比56.9%，增量占比81.1%，信贷期限结构匹配性增强。票据融资增加129亿元，同比增长56.3%，主要是信贷规模相对宽松，促使银行配置部分流动性强的信贷资产。个人贷款增长相对平稳，余额6214.8亿元，比年初增加634.4亿元，占新增贷款的43.7%，同比增长13.5%。

二是民营经济金融服务不断深化。2019年末，温州民营经济贷款①余额4759.9亿元，比年初增加617.1亿元，同比多增317.7亿元。2019年以来，温州民营经济贷款逐月稳步提速，四个季度同比增速分别为10.3%、11.8%、14.2%和15.9%。其中，民营企业贷款余额2617.6亿元，比年初增加233.2亿元，同比多增154.8亿元；个体工商户和小微企业主经营性贷款余额2142.4亿元，比年初增加383.9亿元，同比多增162.8亿元。

三是行业结构优化持续推进。制造业贷款企稳回升，2019年末温州制造业贷款余额1633.7亿元，同比增长8.7%，比年初增加130.8亿元，与上年同期相比多增100.3亿元。房地产贷款保持平稳，2019年末温州市房地产贷款余额3048.5亿元，比年初新增551.5亿元，同比多增6.8亿元，增长22.1%，增速比上年回落5.8个百分点，但仍快于温州市贷款平均增速6.6个百分点；其中房地产开发贷款增加249.6亿元，同比少增1.5亿元，

---

① 包括私人控股企业贷款、集体控股企业贷款以及个体工商户经营性贷款、小微企业主经营性贷款。

购房贷款增加262.8亿元,同比多增12.9亿元。

四是信贷服务覆盖面明显改善。2019年末,温州市企业贷款户数32185户,比年初新增7428户,增长30%。企业首贷户①往往是初创、小微型的民营企业,这是过去金融服务相对薄弱的环节。据统计,2019年温州市企业首贷户累计增加5326户,贷款243亿元,占温州市对公贷款增量的29.8%。首贷户拓展工作有效促使银行实现对客户需求满足的精准化。

(三)信贷资产质量稳中向好,经营效益持续改善

1. 不良贷款率保持低位运行

2019年末,温州市金融机构不良贷款余额109.4亿元,比年初下降20.5亿元,不良贷款率0.94%,比年初下降0.35个百分点,不良贷款率处于近年历史低位。关注类贷款余额216.4亿元,关注类贷款率1.87%,分别比上年末下降23.5亿元和0.52个百分点。2019年1~12月新发生不良贷款123.4亿元,同比下降18.2亿元。出险企业和涉贷金额总体呈下降趋势,温州市新增出险企业156家,同比微增10家,涉贷金额38.1亿元,同比减少96.1亿元。温州市累计处置不良贷款145亿元,同比少处置17.2亿元。

2. 银行经营效益总体向好

2019年前三季度,温州市银行机构利润总额210.3亿元,同比增长13.3%;实现净利润180.9亿元,同比增长15%。与往年有所不同,2019年银行经营效益回升主要得益于作为主要收入来源的利息净收入增长较快,而资产减值损失有所上升,投资收益出现明显下降。前三季度温州市银行机构利息净收入255.3亿元,同比增加47.6亿元,增长22.9%。资产减值损失18.8亿元,同比上升8.5%;实现投资收益38.8亿元,同比下降25.1%。随着利润增长回归到一定的水平,有助于银行

---

① 指在整个金融系统从来没有贷过款的企业贷款户,不含个人。

机构特别是区域法人机构补充资本,增强银行支持实体经济和防范风险的能力。

(四)金融市场运行稳健,总体好于市场预期

1. 证券交易明显回暖

2019年,温州证券市场交易有所活跃,温州市证券交易额25758亿元,同比增长39.1%,资金净流入160.4亿元。资金开户数195.6万户,比年初新增15.5万户。2019年末托管市值1872亿元,同比增加419亿元。期货交易额24842亿元,同比增长45.5%。

2. 保险市场保持稳健增长

2019年,温州保险市场稳步增长,温州市保费收入293.5亿元,同比增长10.7%。其中,财产险收入98.3亿元,同比增长11%;人身险收入195.2亿元,同比增长10.6%。保险赔付有所增加,温州市保险赔付83.0亿元,同比增长11.7%。其中,财产险公司赔付56.9亿元,同比增长21.9%;人身险公司赔付26.1亿元,同比下降5.6%。

3. 跨境收支和结售汇规模小幅下降

2019年,温州市跨境收支总体规模267亿美元,同比下降2%。收支顺差167.8亿美元,同比增长4.3%。支出规模同比降幅达11.1%,这是跨境收支规模下滑和收支顺差扩大的主要原因。结售汇总额249.6亿美元,同比下降0.4%,主要源于职工报酬及货物贸易项下结汇规模下滑。结售汇顺差1682.1亿美元,同比缩小6.2%。

4. 债券融资步伐加快

2019年,温州市非金融企业发行债务融资工具99.3亿元,同比多发44.6亿元;加权平均利率4.54%,同比下降1.28个百分点。其中,超短期融资券28亿元、短期融资券16亿元、中期票据35亿元、非公开定向债18.6亿元、资产支持票据(ABN)1.7亿元。特别是ABN,量小面广,有21家民营企业参与了直接融资尝试。

二 2019年温州货币政策执行效果及需要关注的问题

（一）政策举措及主要效果

2019年，中国人民银行温州市中心支行（以下简称市人行）认真贯彻落实稳健的货币政策，切实加大金融对实体经济尤其是民营企业、小微企业的支持力度，积极打好防范化解金融风险攻坚战，不断提高金融管理服务水平，促进温州经济高质量发展。

1. 引导社会融资总量较快增长

一是有效落实双支柱调控框架。加强信贷指导逆周期调节，2019年12月末温州市法人金融机构人民币贷款比年初新增583.3亿元，同比多增11.8亿元。发挥宏观审慎评估（MPA）结构性引导作用，将信贷投放节奏、民营企业融资、制造业贷款、房地产信贷等纳入考核范围，前三季度累计为15家次法人金融机构申请宏观审慎资本容忍度和结构性参数调整，支持金融机构加大对实体经济的信贷投放。

二是拓宽服务实体经济的资金来源。落实"三档两优"的存款准备金率新政策框架，积极争取再贷款再贴现额度。2019年以来5次下调存款准备金率，累计释放资金154亿元。温州市再贷款限额58.6亿元，比年初新增17.9亿元，再贴现限额8亿元，比年初增加3亿元。创新央行"园票通"产品对接小微园入园企业票据，2019年累计办理162户小微园入园企业票据再贴现7.6亿元，有力支持小微园高质量发展。

三是积极引导支持乡村振兴。开展金融机构服务乡村振兴考核评估，引导金融机构持续深化金融服务乡村振兴工作。2019年末，温州市涉农贷款余额5316.1亿元，同比增长16.2%；农户贷款余额3150.4亿元，同比增长16.8%。鼓励金融机构因地制宜开展林权抵押贷款等"三农"金融产品创新，12月末林权抵押贷款累计发放7.69亿元，贷款余额1.63亿元，同比增长53.5%；辖内11家农商行推广"农民资产受托代管融资"模式，2019

年12月末已发放贷款131.5亿元，惠及农户7.4万户。联合市环保局通报企业环境信用等级评价结果，推动绿色金融发展，2019年末温州市绿色贷款余额476亿元，比年初新增122.5亿元。

2. 实施融资畅通工程

一是充分发挥"几家抬"政策合力。会同市财政局成功申报财政资金支持民营和小微企业金融服务综合改革试点城市，探索出台财政激励配套政策，联合市总工会开展金融支持民营企业专项竞赛活动，联合市工商联建立金融服务民营企业工作机制，开展"三服务"和"万家民企评银行"活动，联合印发获得信贷便利化实施方案，推动辖内银行机构精减贷款审批流程，提高贷款获得效率。

二是打好融资畅通"组合拳"。2019年温州成功获批财政支持深化民营和小微企业金融服务综合改革试点城市，出台财政激励的十二条配套政策。温州市中心支行建立了民营经济金融服务情况统计制度，该制度被纳入"两个健康"统计评估体系，市人行出台推进知识产权质押融资工作的实施意见，不断优化民营和小微企业融资环境。2019年12月末，温州市民营经济贷款余额4760亿元，比年初增加617.1亿元，同比大幅多增317.7亿元。自2019年以来，温州市民营经济贷款逐季稳步提速，四个季度末的同比增速分别为10.3%、11.8%、14.2%和15.8%，年末增速快于上年同期9.7个百分点。知识产权（含商标权和专利权）质押贷款余额15亿元，比年初新增11.7亿元。推动民营企业参与央行债券融资支持工具，温州市发行非金融企业债务融资工具99.3亿元，同比多发44.6亿元，其中民营企业21家。

三是着力强化考核督导。建立制造业贷款专项考核机制，根据各家银行机构的自定目标和上半年实际增长情况，逐家合理确定2019年制造业贷款增长目标，并按月监测、按季通报制造业等重点领域信贷投向结构情况，对制造业贷款投放工作不力的银行机构开展约谈，努力推动落实制造业贷款增长目标。2019年末，温州市制造业贷款余额1633.7亿元，比年初增加130.8亿元，同比多增100.3亿元，连续两年实现正增长，有效扭转了制造

业贷款下降的局面。

3. 深化利率定价机制改革

一是落实利率市场化改革。浙江省率先制定出台利率定价机制创新工作方案，将LPR定价运用情况纳入定价行为评估，督促金融机构加快推进合同文本和信息系统改造，全面推进LPR定价运用。2019年12月末，温州市银行机构LPR定价运用占比为78.3%，其中法人金融机构LPR定价运用占比为79.7%。

二是着力引导降低企业融资成本。全面落实自律机制工作要求，规范存款市场竞争秩序，稳定负债端成本，引导融资成本平稳下降。2019年温州市一般贷款平均利率为6.08%，同比下降0.21个百分点，其中企业贷款平均利率为5.42%，同比下降0.21个百分点。

三是推动存单产品扩面增量。辖内法人金融机构积极参与利率市场化改革，充分用足存单备案政策，同业存单和大额存单快速增长，2019年分别发行940.4亿元和368.37亿元，同比分别多发184.4亿元和204.57亿元，银行主动负债能力进一步提高。

4. 防范化解重点领域金融风险

一是完善企业风险监测制度。建立辖内重点企业名单库，按季开展融资10亿元以上的大型民营企业风险监测，及时掌握涉贷企业风险动态。开展上市企业股权质押风险监测，重点对股权质押比例高的企业及时更新信息。

二是加强辖内法人银行机构监测。定期重点监测法人机构设立的村镇银行的负债结构、资本充足率等，建立风险约谈机制。2019年多次约谈温州银行，委托辖内支行约谈苍南中银富登村镇银行，就其不良率升高、资本和拨备接近监管警戒线等问题进行风险提示，督促机构提高经营稳健性。

（二）需要关注的问题

1. 金融供给效率有待提升

一是信贷增长动能有所减弱。随着政府隐性债务化解工作推进，棚改货币化安置可操作性进一步降低，国有平台、房地产领域融资增长受到抑制，给银行信贷投放带来压力，信贷投放继续保持较快增长，客观上存在一定难度。2019年末，温州市国有单位贷款比年初新增454.1亿元，同比少增107.6亿元，占各项贷款增量从上年末40.3%下降至31.3%。房地产领域也是如此，房地产开发授信名录制管理下房地产开发贷款少增，个别银行实行收二放一的限制，导致温州市房地产信贷总体高位趋缓，2019年12月末，温州市房地产开发贷款比年初新增249.6亿元，同比增长46.8%，增速比上年同期下降42个百分点；个人住房贷款比年初新增265亿元，同比增长15.4%，增速比上年同期下降1个百分点。因此，金融机构如何优化信贷产品，提升审批效率，有效匹配实体经济的融资需求，全力提升信贷投放效率，是下阶段需要解决的核心问题。

二是信贷供给与需求错位现象仍然存在。当前银行授信审批倾向于优质龙头企业或有足额抵押物的企业。大企业不提用贷款和小企业贷不到款的情况仍然存在，这一点在资金价格不占优势、审批权限下放不够的股份制银行表现更为突出。如个别行由一级分行降为二级分行，所有业务审批权限集中到上级分行。个别行将劳动密集型、技术含量低的行业纳入压控类，包括服装、鞋革、印染等，新增授信难度较大。个别行经营导向转为零售业务，500万元以下对公授信均采用个人贷款形式发放。权限下放不足导致股份制银行在授信审批额度、时间方面存在劣势。从企业端看，主动压缩或提前还款情况增多，用信意愿不足。如某城商行2019年企业用信率水平约为30%，而2018年同期达到45%。

三是中小机构资金成本偏高，贷款利率不占优势。以一年期短期贷款的内部资金成本为例，某国有大行仅2.75%，而某股份制银行为3.47%，相当于现行基准利率多上浮15.4%。在普惠金融领域，国有大型银行受政策红利明显较多，资金成本可以再下降至2.25%，而股份制银行则无相应优惠，导致贷款流向大行。

2. 信贷投放结构有待优化

一是民营企业融资问题仍待改善。2015~2019年，温州市民营经济贷款（民营企业贷款＋个人经营性贷款）保持稳中有增态势，但占比却从65%下降

至50%，出现明显的回落，主要是民营企业贷款占比持续下降造成的，2015年温州民营企业贷款占比高出个人经营性贷款10个百分点，到2019年被反超3.6个百分点，差距逐年拉大，由此导致民营企业融资问题反映较为突出。

二是小微企业贷款增长较为乏力。虽然，当前小微企业在信贷规模、审批流程和贷款利率方面得到政策大力支持，但实际效果并不尽如人意。2019年末，温州小微企业贷款余额2269.7亿元，比年初增加104.5亿元，同比仅增长4.7%；民营小微企业贷款余额1330.3亿元，比年初增加74.5亿元，同比增长5.6%。民营企业、民营小微企业贷款增速均远低于温州市贷款平均增速15.5%的水平。

三是制造业贷款占比仍处在下滑通道。民间借贷风波以来，温州制造业贷款出现快速趋降态势，2017年温州制造业贷款余额仅为1471.6亿元，创下近年低点，一定程度上影响实体经济发展。2018年开始，制造业贷款余额虽然企稳回升，连续两年实现正增长，但占比仍处在持续下降中，2019年末，温州市制造业贷款占比仅为14.1%（见表1）。

表1　2015~2019年温州制造业贷款统计

单位：亿元，%

年份	2015	2016	2017	2018	2019
制造业贷款余额	1890.5	1603.8	1471.6	1502.9	1633.7
占各项贷款比重	24.8	19.9	17.0	15.0	14.1

3. 部分领域金融风险仍需重视

一是经济下行背景下企业因经营不善出险增加。2019年前三季度温州监测到的出险企业中，因经营不善造成的企业数量和银行贷款占比分别为32.8%和22.4%，较上年同期提高10.7个和18.2个百分点，增幅明显。受股价下行影响，温州部分上市企业股权质押风险加大，个别企业面临流动性紧张、业绩下滑甚至停产等问题，蕴含风险较大。

二是银行机构账面质量未能充分反映风险。部分银行机构通过借新还旧、展期、无还本续贷等方式延缓风险暴露；个别银行授信集中度高，资金用途通常涉及房地产，隐含风险较大；部分银行存在不良资产认定不准确等情况。

三是政府隐形债务压力仍处高位。2019年末，温州市作为债务构成主体的棚户区改造融资余额1216亿元，比年初增加209亿元，为2018年温州市一般公共预算收入的2.22倍。从融资方式看，2019年末项目贷款803亿元，比年初增加179亿元；产业基金对接等类信贷业务300亿元，比年初增加4亿元；其他形式融资113亿元，比年初增加13亿元。列入政府隐形债务948亿元，比上年增加136亿元；其中，政府购买服务898亿元，PPP模式3亿元，其他类47亿元。

三 对策建议

2020年是全面建成小康社会和"十三五"规划收官之年，也是温州"两区"建设和深化金融改革服务民营经济的关键一年。从形势看，实体经济融资需求偏弱，经济下行压力不小，预计2020年货币政策继续保持稳健基调，在"稳增长""防风险""控通胀"之间相机抉择，适时加大逆周期调节力度。从金融运行趋势看，2020年存款业务可能难有大的起色，银行"负债难、负债贵"的问题会继续存在；贷款方面，在房地产调控的大环境下，房地产市场难以继续充当信贷扩张发力点，表外融资和地方隐性债务等信用扩张模式已难以为继，信贷持续保持较快增长的可能性不大，预计温州市贷款保持稳中趋缓态势。但是，随着支持民营企业各项政策的落地见效，预计民营企业贷款增长会有所加快，特别是制造业、小微企业贷款投放力度将会加大，为区域经济增长提供有力的金融支持。

温州金融系统要坚持金融服务实体经济的根本要求，以金融供给侧结构性改革为主线，积极贯彻落实稳健的货币政策，保持信贷合理增长，深化融资畅通工程，切实改善民营经济、小微企业金融服务，全力提升金融供给和服务质效，同时防范化解金融风险，优化区域金融生态，为实现"六稳"和经济高质量发展营造更加适宜的货币金融环境。

1. 着力推动社会融资的稳增长和优结构

一是保持社会融资规模增量合理稳定。要加大逆周期调节力度，继续做好稳总量的文章，保持信贷合理平稳增长，既要高于地方经济增速和物价涨幅之和，也要不低于浙江省平均水平，避免大起大落，引导好市场预期。同时，继续推动民营企业利用债市、股市进行融资，提升企业规范化发展水平。二是认真贯彻落实双支柱调控政策。要结合形势变化及时灵敏应对，积极运用再贷款再贴现等货币政策工具，引导金融机构加大信贷投放力度发挥央行资金的支撑作用。三是优化信贷投向结构。重点围绕"三新"经济、制造业投资等环节，加大民营和小微企业信贷投放，力争民营经济贷款、小微企业贷款占比稳步提高。发展好科技金融，推动商标权、专利权质押贷款业务提质增效。同时，加强差异化住房信贷政策窗口指导，把握好房地产调控的力度和节奏。引导金融机构合理把控房地产信贷增长，力争房地产信贷余额占比和新增占比持续下降，防止房地产行业占用过多的社会资金。四是发挥好信贷补短板作用。全力做好补短板的基建投资和新型基础设施建设投资的资金保障工作，加大对养老、教育、健康等新消费领域以及创业创新、海洋经济、战略性新兴产业等重点领域的融资支持力度，同时做好"两不愁三保障"、产业扶贫等乡村振兴领域的金融服务工作。

2. 着力提升信贷服务的可得性和便利化

一是积极探索企业融资服务平台建设。探索开发温州市企业融资服务平台，归集相关信息，挖掘数据使用价值，通过平台实现信息整合和企业融资需求的精准推送，提高金融机构审贷效率，实施差别化信用服务，实现银企融资网上对接，提高金融支持民营和小微企业发展的精准性。二是疏通利率传导机制。鼓励运用LPR利率定价机制，坚持用市场化改革方法降低实体经济融资成本，督促银行机构落实好实质性降成本举措，推动企业融资成本稳中有降。三是完善信用体系建设。加强对商业银行贷款保证行为的督促指导，积极推动保证贷款登记查询平台的建设和推广应用，从机制上防范化解担保链风险。深化破产重整企业信用修复工作，为民营和小微企业融资创造更好的条件。四是发挥地方担保体系作用。运行央行支小再贷款信贷资金，推动地方融资担保公司完善运营机制和业务发展壮大，鼓励银行机构与政策性融资担保机构深入合作，加大小微企业融资满足力度。

3. 着力落实区域金融的防风险和优环境

一是加强民营企业风险的预警防范。构建民营企业多维度风险管控体系，及时反馈苗头性、倾向性风险隐患，重点关注集团公司、上市公司等大中型企业股权质押、债券违约等风险的预警防范，切实加强对金融风险新情况、新问题的分析研判。加大对恶意逃废债企业打击力度，提高违约成本，优化金融生态，维护经济金融良性健康发展。二是强化金融机构风险监测分析及处置。强化小法人银行机构的风险监测。运用非现场监测工具，及时关注金融机构经营指标异常变化情况，穿透分析金融机构经营状况真实性，及时掌握辖内重点风险机构和风险领域。实施问题投保机构名单制管理，采取切实可行的早纠措施，督促投保机构主动化解和处置风险。三是加强房地产宏观审慎管理。做好房地产市场的形势研判和风险提示，防止政策变动诱发房地产市场大幅调整，影响区域金融稳定。四是完善地方政府举债约束机制。严格按照中央有关要求，加快建立依法透明、规范合理的举债融资机制，既要积极发挥政府专项债的带动作用，加大对重点领域和薄弱环节的支持力度，促进地方经济社会发展；又要强化平台公司融资管理，加大财政监督和审计工作力度，严禁变相举债，严控债务风险，构建良好的区域金融生态环境。

B.10 温州旅游经济运行分析及预测（2019~2020）

胡念望*

摘　要： 2019年是文化和旅游机构融合的开局之年，温州市旅游经济发展势头强劲，旅游经济主要指标创历史新高，旅游投资高速增长，乡村旅游火爆。同时，温州旅游经济运行中存在文旅融合需加强、入境旅游市场总量偏低、国内客源结构不够合理、A级旅游景区品质有待提升等问题。2020年，新冠肺炎疫情使旅游业遭受严重冲击，温州旅游经济工作重点应突出"救市场、促转型"双管齐下的措施，推动旅游经济快速复苏和高质量发展。

关键词： 旅游经济　文旅融合　温州

2019年是文化和旅游机构融合的开局之年，也是"走万里路"与"读万卷书"无缝对接的开门之年。温州以打造国际化休闲旅游度假城市为目标，把旅游业作为新的经济增长点与新兴支柱产业来培育扶持，坚持改革创新，注重融合发展，突出转型升级，注重多元业态培育，深化全域旅游创建，打造"两线三片"文旅业态，推动都市夜游，推进瓯江山水诗路建设。温州旅游经济工作亮点纷呈、成效显著。

---

* 胡念望，温州市文化广电旅游局文物处处长，温州市决咨委研究员。

一 2019年全市旅游经济运行基本情况

2019年温州市旅游经济发展势头强劲，旅游经济指标均创历史新高。全市接待国内外游客1.37亿人次，总收入1550.72亿元，同比分别增长15.2%、16.2%，其中接待过夜游客6192.4万人次，同比增长5.3%。接待国内游客1.37亿人次，国内旅游收入1528.66亿元，同比分别增长15.2%、16.2%；接待入境游客58.4万人次，旅游创汇3.19亿美元，同比分别增长5.1%、9.3%（见表1）。千亿级支柱性产业地位得到进一步巩固。

表1 2019年温州市旅游经济主要指标完成情况

指标	完成值	同比增长(%)
接待国内外游客(万人次)	13728.00	15.2
旅游总收入(亿元)	1550.72	16.2
接待国内游客(万人次)	13669.90	15.2
国内旅游收入(亿元)	1528.66	16.2
接待入境游客(万人次)	58.40	5.1
外汇收入(万美元)	31928.5	9.3

（一）国内旅游市场发展强劲

1.旅游接待规模不断扩大

2019年，全市累计接待国内游客达13669.90万人次，同比增长15.2%。其中，国内旅游接待量居前的县（市、区）分别为乐清（2304.02万人次）、鹿城（1950.68万人次）、平阳（1896.40万人次）、苍南（1622.31万人次）、永嘉（1560.47万人次）。2019年各县（市、区）国内旅游接待人数详见图1。

2.国内旅游收入稳步增长

2019年，全市累计实现国内旅游收入1528.66亿元，同比增长16.2%。

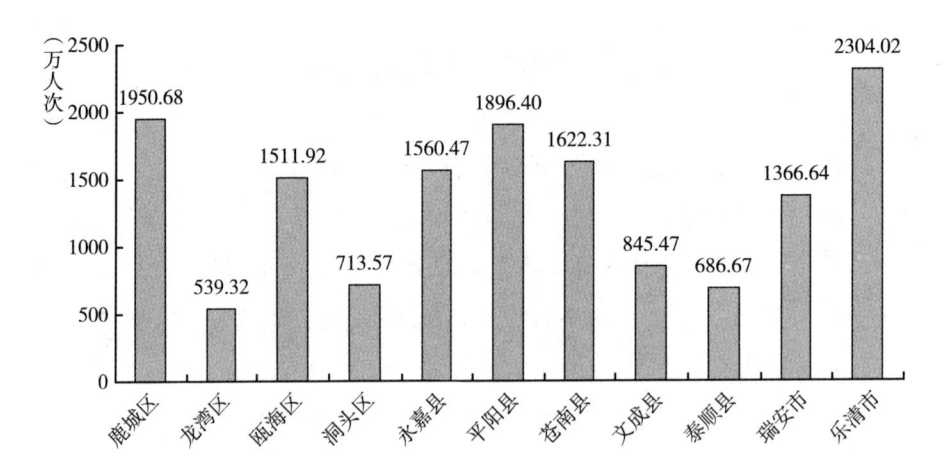

图1　2019年度温州各县（市、区）国内游客接待人数

国内旅游收入居前的县（市、区）为乐清（320.36亿元）、鹿城（258.99亿元）、永嘉（182.95亿元）、瑞安（166.05亿元）、平阳（160.72亿元）。2019年各县（市、区）旅游收入详见图2。

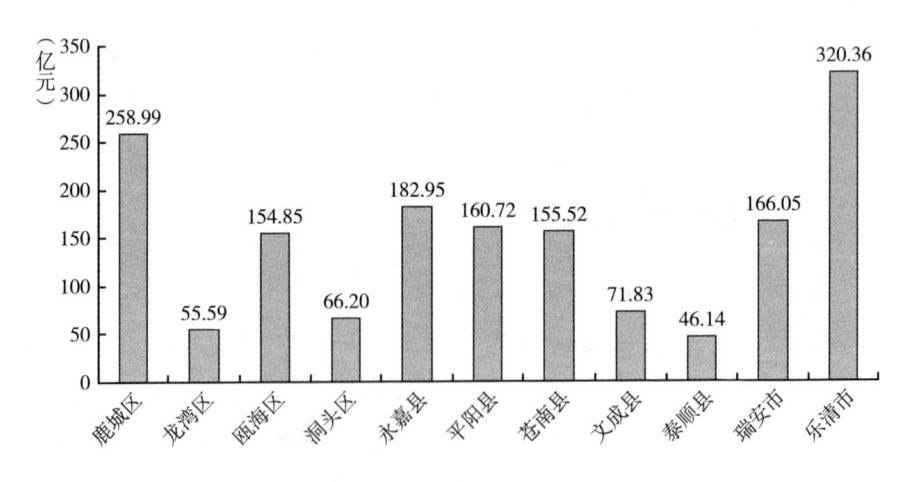

图2　2019年度温州各县（市、区）国内旅游收入

3. 一日游和短途游比例增加

2019年，全市接待国内一日游游客7477.2万人次，同比增长25.1%；

过夜游客6192.4万人次，同比增长5.3%，然而过夜游客的占比却由2018年的49.6%下降为2019年的45.3%，一日游游客占比达54.7%。在国内游客接待人数方面，本地一日游游客1162.0万人次，外地一日游游客6315.2万人次，外地一日游游客比重由2018年的59.12%提高到84.46%，在一定程度上说明，温州对周边城市客源的吸引力正逐步加大，也反映出中远程与入境市场拓展的严重滞后（见表2）。

表2 2018~2019年温州市国内过夜游客与一日游游客接待情况

单位：万人次，%

游客类型	2018年		2019年	
	接待人数	占比	接待人数	占比
国内过夜客	5882.85	49.60	6192.4	45.30
国内一日游客	5978.27	50.40	7477.2	54.70
其中，本地一日游客	3534.35	40.88	1162.0	15.54
外地一日游客	2443.91	59.12	6315.2	84.46

4. 游客人均花费小幅走高

从消费水平来看，2019年来温旅游的国内游客人均花费1118.29元，较2018年的1108.75元提高了9.54元。国内游客人均消费较高的县（市、区）为乐清（1390.40元）、鹿城（1327.60元）和瑞安（1215.00元），国内游客人均消费较低的县（市、区）为泰顺（671.96元）、平阳（847.48元）、文成（849.55元）（见图3）。

5. 省内游客占比超过八成

客源分布方面，根据全市旅行社行业的统计数据，在来温国内旅游者中，浙江本省游客占绝对比重，占旅行社接待游客总数的81.8%。除浙江省以外，主要客源省份（在国内游客中的占比）分别为江苏（4.69%）、福建（4.43%）、上海（3.76%）、广东（1.30%）和安徽（0.97%），其他省份游客合计占3.06%。本省、周边省份及长三角地区是温州市最重要的客源地（见图4）。

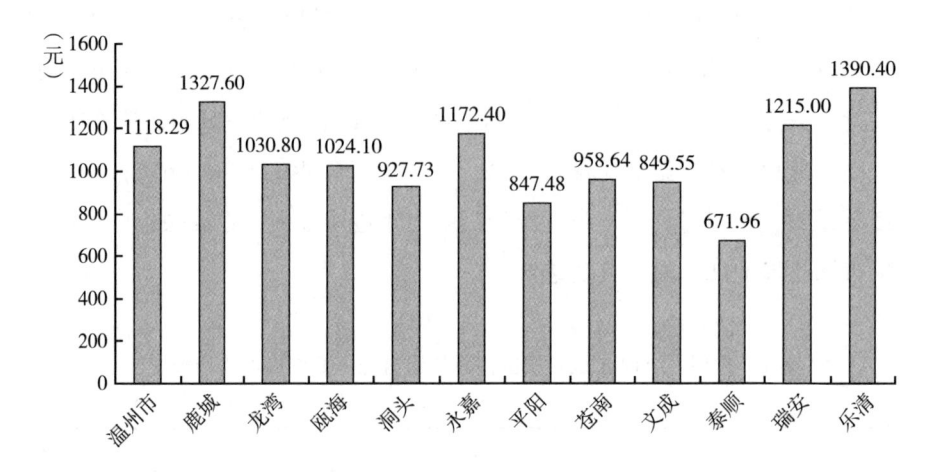

图3　2019年温州市国内游客人均花费情况

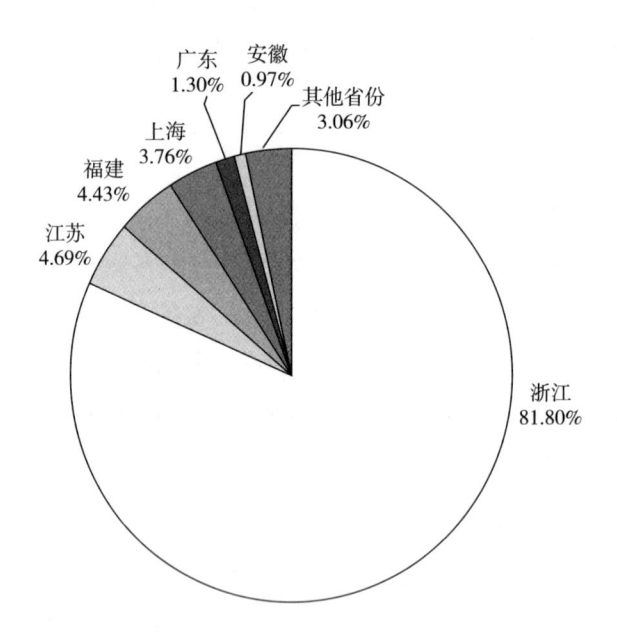

图4　2019年温州国内旅游主要客源省份客源比例

6. 全市乡村旅游持续火爆

2019年全市创成浙江省A级景区村136个、3A级景区村33个；浙江省A级景区村累计745个，其中3A级景区村134个，非遗文化、红色旅游、采摘体验等主题化A级景区村创建成为浙江样本。泰顺竹里（司前）畲乡跻身国家重点特色旅游村、省级乡村旅游产业集聚区。文成西坑畲族镇、平阳凤卧镇、泰顺龟湖镇、苍南霞关镇等6个创建成为浙江省4A级景区镇，泰顺县、文成县创建成为3A景区城。

2019年温州市乡村民宿（客栈）可接待游客床位数75174张，同比增长7.92%，拥有可接待游客餐位数24.90万个，同比增长17.75%。乡村旅游接待能力显著提高，经统计，2019年全市乡村旅游共接待游客5255.23万人次，同比增长27.36%；全市乡村旅游经营收入43.65亿元，同比增长42.38%，其中，乡村民宿（客栈）住宿收入8.35亿元，乡村旅游餐饮收入17.22亿元，乡村旅游景点门票收入3.42亿元，乡村旅游购物与电商收入14.66亿元（见表3）。

表3 2018~2019年温州市乡村旅游基本情况

指标名称	2019年	2018年	2019年同比增长(%)
乡村经营单位数(个)	5411	5402	0.17
可接待游客床位数(张)	75174	69655	7.92
可接待游客餐位数(个)	248991	211453	17.75
接待游客总人数(万人次)	5255.23	4126.33	27.36
其中:接待过夜游客人数(万人次)	559.82	411.09	36.18
乡村旅游经营总收入(万元)	436515.12	306575.92	42.38
其中:住宿(客栈)收入(万元)	83537.38	64461.44	29.59
餐饮收入(万元)	172192.08	124979.95	37.78
景点门票收入(万元)	34226.53	31309.19	9.32
乡村旅游购物与电商收入(万元)	146559.13	85825.34	70.76
旅游业从业人员(人)	33091	25585	29.34
床位出租率(%)	24.74	19.65	25.94
平均床位价格[元/(张·天)]	123.06	129.06	-4.65
过夜游客平均停留时间(天)	1.32	1.31	0.57

从各县（市、区）情况来看，乡村旅游接待量居前的县（市、区）分别为永嘉（1300.72万人次）、乐清（1033.81万人次）、苍南（861.12万人次）、文成（808.44万人次）和瑞安（414.68万人次）；乡村旅游经营收入

居前的县（市、区）分别为永嘉（9.17亿元）、文成（8.09亿元）、乐清（6.86亿元）、泰顺（4.89亿元）和苍南（4.63亿元）（见表4）。

表4 各县（市、区）2019年乡村旅游基本情况

地区	接待人数（万人次）	同比增长(%)	旅游收入（万元）	同比增长(%)
鹿城区	52.52	94.11	5178.96	65.91
龙湾区	37.92	14.80	3615.05	41.67
瓯海区	280.21	37.88	17685.80	23.19
洞头区	174.01	40.38	9573.62	38.69
永嘉县	1300.72	55.28	91666.37	61.28
平阳县	409.50	20.33	30092.42	68.98
苍南县	861.12	26.73	46327.12	36.13
文成县	808.44	40.86	80876.86	41.94
泰顺县	266.90	63.70	48920.14	66.75
瑞安市	414.68	64.79	35565.13	36.57
乐清市	1033.81	15.77	68599.61	17.05

（二）入境旅游市场稳步增长

1. 入境旅游市场稳中有升

2019年温州市接待入境游客58.4万人次，同比增长5.1%；旅游外汇收入31928.5万美元，同比增长9.3%。从县（市、区）情况来看，接待入境游客人数较多、旅游外汇收入较高的县（市、区）包括鹿城、瑞安、瓯海等地（见表5），三地两项指标占全市入境旅游市场的3/4左右。

从入境客源构成情况来看，外国入境过夜游客占71.71%，港、澳、台过夜游客所占比例分别为6.28%、1.44%和20.57%（见图5）。

在外国过夜游客中，排前10位的客源国依次为：韩国、美国、日本、印度、英国、意大利、泰国、法国、德国和新加坡（见图6）。

表5 2019年各县（市、区）入境旅游基本情况

地区	接待入境游客（万人次）	同比增长(%)	旅游外汇收入（万美元）	同比增长(%)
温州市	58.40	5.10	31928.50	9.30
鹿城区	19.08	3.2	9566.65	4.81
龙湾区	0.30	-16.60	204.10	-7.00
瓯海区	9.49	10.01	4932.06	-9.25
洞头区	0.13	36.64	74.98	36.15
永嘉县	0.78	67.66	368.84	49.56
平阳县	2.00	37.85	1049.91	35.43
苍南县	0.29	-41.74	154.61	-36.29
文成县	0.10	-89.82	17.35	-96.56
泰顺县	0.09	43.69	—	—
瑞安市	15.80	1.15	9198.94	9.44
乐清市	3.88	7.78	1971.99	3.48

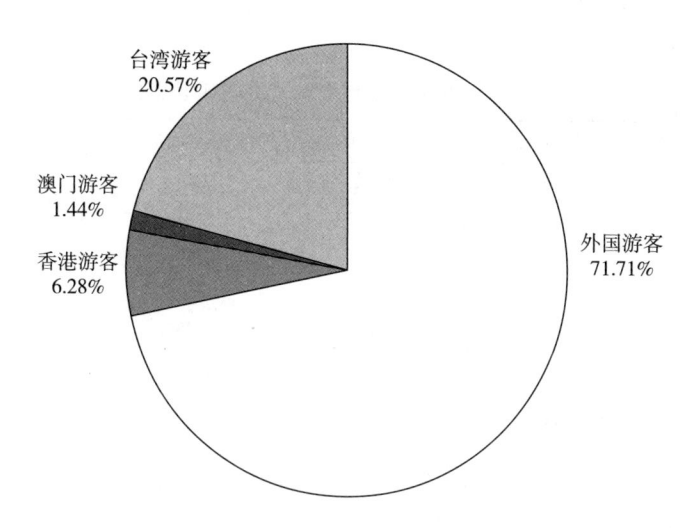

图5 2019年度温州入境过夜游客人数比例

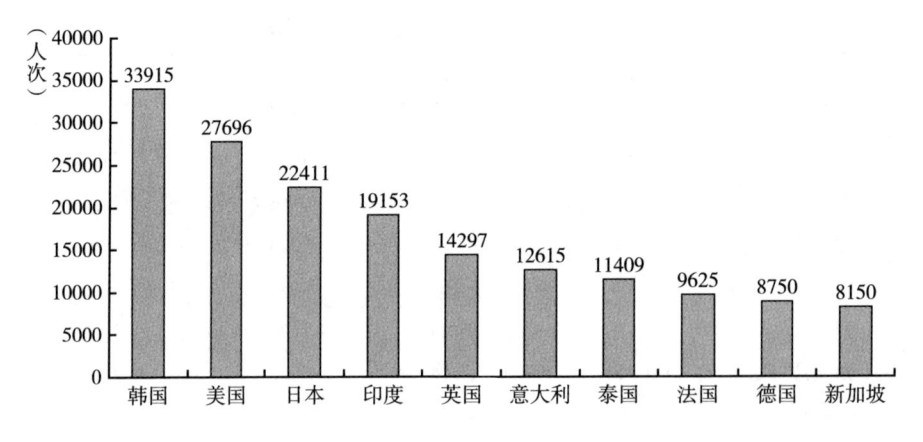

图6 2019年度温州入境旅游市场主要客源国前十名

2. 团队出境业务逐步回暖

2019年温州市旅行社组织的出境团队4628个,同比增长9.95%;团队出境旅游人数达10.22万人次,同比增长13.35%,其中出国游9.26万人次,同比增长13.64%(见表6)。

表6 2019年温州市出境旅游市场基本情况

指 标	团队数(个)	同比增长(%)	出境游客人次(人次)	同比增长(%)
出境游	4628	9.95	102174	13.35
其中:出国游	4172	10.84	92613	13.64
港澳游	203	5.73	5402	30.33
台湾游	235	11.90	3678	14.40
边境游	18	-58.14	481	-62.45

3. 亚洲国家仍是出境旅游首选

2019年温州市旅行社组织出境游目的地国家和地区中,出境游人数排在前列的分别是:日本(2.92万人次)、泰国(1.78万人次)、越南(1.14万人次)、韩国(0.81万人次)和印度尼西亚(0.66万人次)(见图7)。在欧美国家中,选择前往法国、意大利和瑞士的游客人较多,但总量都不是很大。

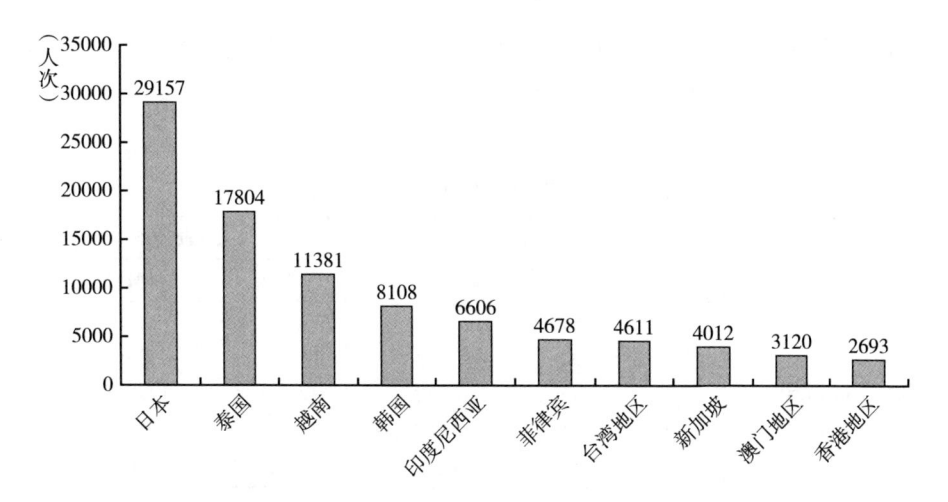

图7 2019年温州出境团队旅游主要目的地国家和地区

（三）旅游企业经营走出低谷趋势向好

2019年温州市共有旅游住宿接待单位8621家，客房数16.61万间，床位数31.89万张。全市纳入统计的饭店企业265家，累计接待游客人数为828.91万人次；累计营业收入36.54亿元，同比下降3.95%，平均客房出租率62.49%，同比下降0.7个百分点；平均房价300.67元/（间·天），同比上涨0.47%。受企业服务员用工成本上升、移风易俗政策对红白喜事酒宴规范等方面影响，饭店企业经营指标出现一定幅度的起伏，经营压力有所加大，全年基本保持平稳发展。

星级饭店方面，2019年度全市星级饭店营业总收入20.70亿元，同比下降2.33%；平均客房出租率57.39%，同比下降0.81个百分点；平均房价330.39元/（间·天），同比下降2.19%（见表7）。

从各县（市、区）纳入统计的饭店企业经营情况来看，2019年，饭店企业接待游客人数最多的县（市、区）是永嘉县（188.96万人次）、鹿城区（110.76万人次）和瑞安市（94.60万人次）；饭店企业营业收入最高的县（市、区）是鹿城（11.0亿元）、永嘉（6.54亿元）和瑞安（4.37亿元）。平均客房出租率最高的是乐清（69.28%），最低的是泰顺（43.5%）；

平均房价最高的是洞头［402.87元/（间·天）］，最低的是泰顺［213.49元/（间·天）］（见表8）。

表7　2019年度全市饭店企业经营情况

经营指标	饭店企业 数值	饭店企业 同比增长	星级饭店 数值	星级饭店 同比增长
接待人数（万人次）	828.91	1.27%	—	—
营业收入（万元）	365381.32	-3.95%	207016.41	-2.33%
客房出租率（%）	62.49	-0.70个百分点	57.39	-0.81个百分点
床位出租率（%）	62.95	-1.60个百分点	55.36	-3.72个百分点
平均房价［元/（间·天）］	300.67	0.47%	330.39	-2.19%

表8　2019年各县（市、区）饭店企业经营情况

县（市、区）	接待人数（万人次）	同比增长（%）	营业收入（亿元）	同比增长（%）	平均房价［元/（间·天）］	客房出租率（%）
鹿城区	110.76	12.54	11.00	-7.80	351.38	63.27
龙湾区	42.90	2.98	2.04	-1.23	266.43	62.57
瓯海区	24.90	-10.47	1.12	-19.07	233.49	53.36
洞头区	35.94	5.39	1.04	33.18	402.87	60.56
永嘉县	188.96	19.81	6.54	-1.02	260.22	60.35
平阳县	43.74	-13.84	1.71	-2.86	302.47	67.95
苍南县	70.65	-26.95	3.07	-12.56	321.15	67.33
文成县	74.79	32.55	1.53	36.22	224.63	58.11
泰顺县	23.26	45.61	0.61	117.35	213.49	43.50
瑞安市	94.60	-2.24	4.37	-4.03	318.26	65.31
乐清市	77.97	-34.83	3.23	-15.46	320.91	69.28

（四）A级旅游景区营业收入大幅增长

深化全域旅游创建，全域旅游示范区创建取得突破。洞头、永嘉、文成、泰顺被命名为浙江省全域旅游示范县，苍南矾山、泰顺竹里、永嘉岩头、龙湾瑶溪、洞头东屏、平阳青街、文成南田被命名为浙江省旅游风情小镇。刘伯温故里创建国家5A级旅游景区，泰顺廊桥—氡泉国家

级旅游度假区创建通过省级初评并通过国家初评，永嘉楠溪江5A级旅游景区创建通过省级景观价值评估，洞头半屏山省级海洋旅游度假区创建通过省级部门联审。年内温州创成3A级旅游景区9家，全市A级旅游景区总量达到78家。

2019年温州市纳入统计监测的3A级及以上旅游景区（含3A级景区村庄）共78家，全市A级景区2019年累计接待海内外游客5421.52万人次，同比增长15.84%；景区营业收入7.24亿元，同比增长48.11%，其中门票收入5.53亿元，同比增长31.7%（见表9）。景区营业收入的大幅增长，主要得益于近年来全域旅游的快速推进，一大批经过提升改造的新景区、新景点集中亮相，吸引了大量游客，成为景区经济新的增长点。

表9 2019年温州市3A级及以上旅游景区接待情况

指标名称	全年累计	同比增长（%）
接待总人数（万人次）	5421.52	15.84
其中：境外（含港澳台）人数（万人次）	61.29	-5.81
营业收入（万元）	72410.92	48.11
其中：门票收入（万元）	55309.03	31.70

2019年，温州市4A级及以上景区接待人数居前的依次为：楠溪江风景名胜区（1330.78万人次）、雁荡山风景名胜区（1018.06万人次）、南塘文化旅游区（346.95万人次）、南雁荡山景区（258.80万人次）、中雁荡山风景名胜区（238.52万人次）。门票收入居前的景区分别是：雁荡山风景名胜区（17071.31万元）、楠溪江风景名胜区（10470.29万元）、温州乐园（6765.50万元）、南雁荡山景区（3609.15万元）、百丈漈风景区（2149.21万元）（见表10）。

受江心屿等部分旅游景区提升改造工程施工，及第三季度台风天气影响，一些景区封闭性整改，致使景区游客接待人数和门票收入出现较大幅度下滑。

表10 2019年温州市4A级及以上旅游景区接待情况

序号	景区	接待人数(万人次)	同比增长(%)	门票收入(万元)	同比增长(%)
1	楠溪江风景名胜区	1330.78	41.02	10470.29	59.86
2	雁荡山风景名胜区	1018.06	14.12	17071.31	13.80
3	南塘文化旅游区	346.95	2.18	—	—
4	南雁荡山景区	258.80	-9.12	3609.15	1004.52
5	中雁荡山风景名胜区	238.52	7.57	117.30	-22.37
6	泰顺廊桥文化园	136.71	30.00	—	—
7	百丈漈风景区	109.48	3.99	2149.21	-2.59
8	寨寮溪风景名胜区	99.24	-18.59	400.70	9.00
9	泰顺氡泉景区	78.99	-6.38	—	—
10	温州乐园	62.07	15.32	6765.50	15.50
11	泽雅景区	56.80	4.46	250.61	-4.39
12	江心屿	56.65	-43.26	944.94	-38.50
13	玉苍山风景区	28.08	0.45	329.11	-1.46
14	*望海楼(洞头景区)	27.41	9.39	440.31	1037.15
	*仙叠岩(洞头景区)	23.50	-12.89	678.16	801.56
15	刘伯温故里景区	19.34	26.11	120.33	819.23
16	南麂列岛	18.57	132.97	1427.10	132.07
17	铜铃山森林公园	17.02	24.79	597.26	15.38
18	苍南碗窑景区	15.37	81.31	289.29	297.23
19	龙麒源景区	13.42	28.73	747.65	91.12
20	乌岩岭景区	2.74	-1.33	74.83	-5.17

注：*洞头4A级景区统计较为复杂，此处取望海楼和仙叠岩两个主要景点数据。

3. 旅行社业务指标"三升两降"

2019年，全市旅行社业务指标"三升两降"。全年累计外联入境游客1.22万人次，同比增长34.69%；接待入境游客1.43万人次，同比下降44.07%。累计接待国内游客124.76万人次，同比增长13.37%；组团国内游客146.38万人次，同比下降2.01%。组团出境游客10.22万人次，同比增长13.35%；组团出境以出国游为主，达9.26万人次（见表11）。

表11 2019年度温州市旅行社业务主要数据

单位：人次，%

业务类型	完成值	同比增长
外联入境游客	12200	34.69
接待入境游客	14327	-44.07
接待国内游客	1247642	13.37
组团国内游客	1463778	-2.01
组团出境游客	102174	13.35
其中：出国游	92613	13.64
港澳游	5402	30.33
台湾游	3678	14.40

（五）旅游投资持续高速增长

1. 旅游投资项目推进迅速

2019年温州市纳入统计的投资项目共371个，总投资额1889亿元。计划投资67.67亿元，实际完成208.7亿元。年内竣工项目44个，新开工建设项目111个，总投资299.54亿元。从各县（市、区）情况来看，在建项目总投资规模最大的是泰顺县、永嘉县和鹿城区，分别为387.76亿元、360.25亿元和160.00亿元；年内实际完成投资金额最高的是永嘉、平阳、泰顺，分别完成67.64亿元、27.89亿元和24.64亿元（见表12）。

2. 大项目数量和比例明显增加

2019年全市各地不断加大招商引资力度，通过落实责任谋项目、强化督查建项目、精心服务强项目，旅游投资项目的整体质量和水平不断提高，大项目的数量和比例明显增加。据统计，目前在建的旅游项目中，总投资上5亿元的项目有89个，上10亿元的项目有51个。重点推进166亿元的泰顺氡泉大峡谷、投资58亿元的楠溪江云上温泉旅游度假区等温商回归投资项目，填补了温州缺乏单体投资超50亿元重大旅游项目的空白。全市较大旅游投资项目分布情况见图8。

表12　2019年各县（市、区）旅游项目投资完成情况

单位：个，亿元

区域	项目数量	总投资	累计完成投资	本期计划投资	本期实际投资
鹿城区	10	160.00	91.59	1	8.54
龙湾区	6	35.05	19.09		18.69
瓯海区	30	106.69	70.29	8.21	5.79
洞头区	45	159.15	77.24	3.3	15.56
永嘉县	94	360.25	171.67		67.64
平阳县	35	124.66	47	25.93	27.89
苍南县	37	138.21	80.35	1.5	14.45
文成县	18	156.17	26.34	3.42	3.65
泰顺县	31	387.76	60.84	24.31	24.64
瑞安市	31	103.5	55.48		10.35
乐清市	34	157.56	133.47		11.5
合　计	371	1889	833.36	67.67	208.7

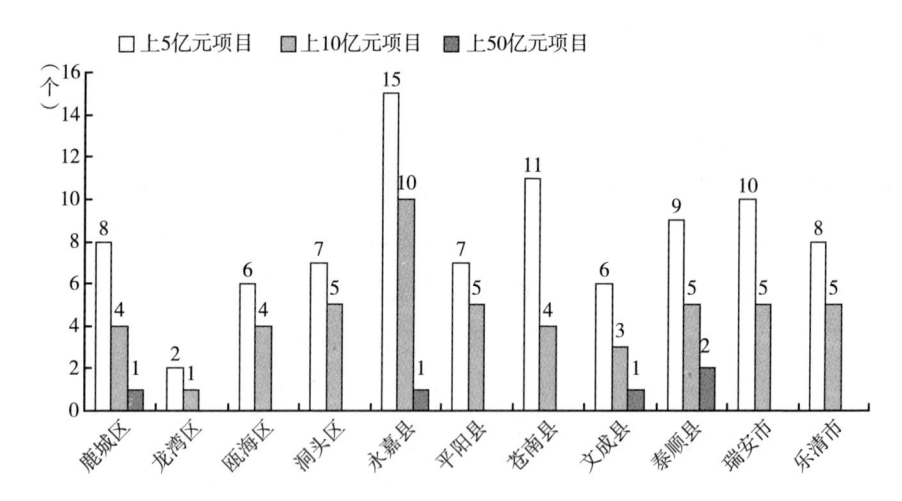

图8　2019年全市较大旅游投资项目分布情况

3. 传统业态投资占主要地位，新业态投资增长迅速

2019年全市旅游项目投资方面，文化旅游项目投资102.09亿元，医疗康养旅游项目投资23.58亿元，邮轮游艇、航空旅游等小众项目也开始进入启动阶段（见图9）。

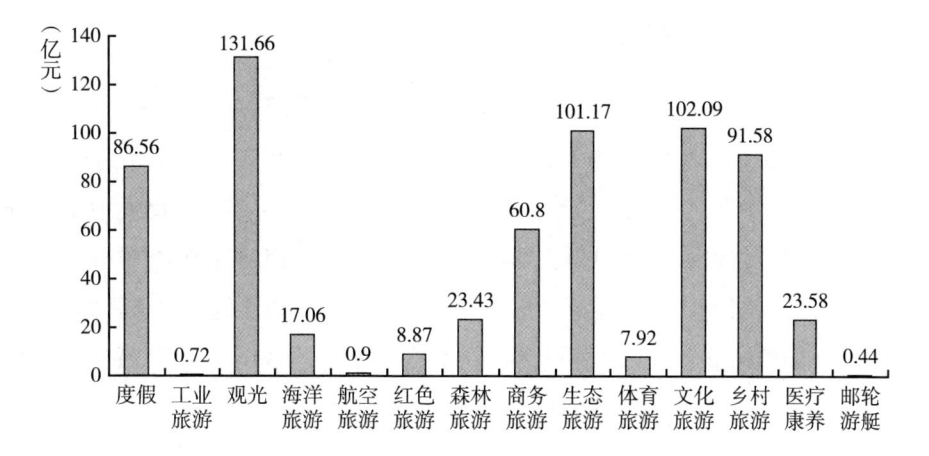

图9 2019年旅游投资业态情况对比

二 温州旅游经济发展存在的问题

虽然2019年温州旅游经济主要指标均创历史新高，但还存在不少问题。

（一）文旅融合尚需进一步加强

温州具有自主知识产权与较强市场影响力的文化企业少，文旅企业对整合文化和旅游资源的意识不强、能力不足。而旅游资源基本上属于普品，缺乏特品、珍品与极品，更多的是有说头、少看头、没花头、难回头，各地文化旅游资源的挖掘还远远不够，普遍存在将资源当产品、商品来推广叫卖现象，文旅投资项目偏少。

（二）入境旅游市场总量偏小

近年来，温州入境旅游市场保持了一定的增长。2019年温州市累计接待入境游客58.4万人次，同比增长5.1%，但入境旅游接待总量小、品质低、效益不高的局面仍未从根本上改观，与省内其他外向型旅游城市相比，还存在较大差距，距离打造国际化休闲度假旅游城市这一目标还很远。

（三）国内客源结构有待优化

主要是中远距离游客比例偏低，短途游、一日游游客比例较高，本省游客仍占绝对比重，2019年为81.8%，相比2006年的46%、2010年的63%、2016年的71.5%，本省游客比重在持续加大，而外省游客也主要集中于沪、苏、闽等周边省份，说明温州前几年旅游客源市场营销的促销重点还是本地与周边市场，因此，优化客源结构，提高中远距离客源比例，加强国内市场与入境市场的拓展，吸引更多的外省游客来温旅游，是今后需要特别关注的一项工作。

（四）A级旅游景区品质有待提升

部分A级景区存在经营管理粗放、设施设备缺乏维护、安全意识淡薄、旅游功能缺失等问题。2003年出台的《国家旅游区点质量等级评定与规范》国家标准早已不符合新形势下旅游业发展的需求，同时不同的专家在培训授课、检查暗访过程中对同样的问题给出不同的结论说明了原有的规范标准在一些文字表述方面存在一定的模糊性、主观性与随意性，当然也暴露出基层文旅部门尤其是一线旅游管理服务专业人才严重缺乏。

（五）旅游企业经营压力较大

2019年全年纳入统计的饭店企业营业收入、平均客房出租率等经营性指标都出现一定的下浮，中高端星级饭店营业收入中婚庆餐饮收入占85%以上，经营压力有所加大，反映出不少高星级酒店尚未适应完全竞争市场环境。旅行社业务一直不温不火，仍以传统经营方式为主，转型缓慢，无法适应市场变化的节奏，影响了企业经营效益。

三 2020年温州旅游经济发展预测分析

由于春节前后全国新型冠状病毒肺炎疫情的突然发生，作为支柱产业的旅游业受到严重冲击。新冠肺炎疫情对旅游业的发展带来的影响既是突如其来、不期而至的，也会是长期而深刻的。2020年，温州旅游经济工作重点将突出"救市场、促转型"双管齐下的措施，推动旅游经济快速复苏和高质量发展。

（一）旅游行业短期遭受重创，中长期向好趋势不改

新冠肺炎疫情对旅游行业的影响极大，旅游业整体受到严重波及，远超2003年SARS疫情的影响。新冠肺炎疫情防控期间，旅游产业面临空窗期，整个产业链都将承受巨大的亏损。全市的旅游客流全面阻断，旅游企业几乎全面停业。航班取消或者停飞，入境旅游严重受创。景区全部关闭，无法创造收入，旅游行业从业人员工资大幅缩减。同时，游客出游意愿锐减，主动取消了春节期间及节后的旅行计划。预计"五一"期间温州旅游市场初步迎来反弹，七八月份旅游市场开始基本恢复正常。但从中长期来看，旅游产业大发展大繁荣的良好趋势和局面不会改变，旅游业仍将成为疫情过后支持全市充分就业的富民产业和拉动经济增长的支柱产业。经过这次疫情的应对与防控，旅游经济发展将更趋理性，"没有安全就没有旅游"的理念将更有效、更深入地植入旅游经营业主的思想深处，安全应急与危机应对将更趋理性与常态化。

（二）旅游企业面临运营困难，政策支持力度需要加大

对于旅游企业，除了业务收入的亏损，现金流缺口也将是一大挑战。不少经营单位在前期可能会选择裁员或减薪，如果旅游市场持续低迷3个月以上，就意味着资金链断裂的风险，大多中小旅游企业将很难再维系经营，面临资金链断裂和破产。大量旅游企业将面临"复工不开工"的状态，业务停滞，员工闲置。各级政府与文旅部门要因势利导，积极制订促进旅游经济振兴计划，在人才培育、税收减免、费用减免、金融支持、社保支持、劳资支持、市场拓展、邮轮旅游、自驾（房车）旅游、文博交流、采摘体验、民宿客栈等方面出台针对旅游企业的专项扶持政策，帮助受疫情影响的旅游

企业渡过难关，鼓励与支持旅游经营单位人才的网络教育与在线培训，切实改变旅游业界人才行业认同感、归属感不强，全国旅游院校毕业生普遍不愿意选择旅游行业的困境，推动旅游业持续健康发展。

（三）全面进入5G时代，数字文旅迎来大发展

随着5G网络、4K/8K技术的普及，在旅游信息化、旅游+互联网、智慧旅游和旅游大数据基础上孕育的数字文旅将迎来巨大的发展机遇，并推动旅游新业态、新产品、新模式、新增长点的培育。旅途中文化消费存在的交通不畅、场馆开放时间不够、产品创新性弱且少、免费开放活动少等痛点，恰为旅游场景中的数字文旅提供了发展契机。要准确把握旅游市场发展趋势，加强文化业态的数字化，强化跨行业的融合创新，匹配形成解决游客消费痛点的产品。依托城市特色文化，创造具有鲜明区域特点的数字创意产品。通过提升城市图书馆、美术馆、文化馆及演艺娱乐、艺术品、文化会展的数字化来增加产品供给。通过将动漫游戏、数字音乐、网络文学、网络视频、在线演出等数字文创与旅行社、景区、酒店等现有旅游业态在功能、服务界面或流程上的结合，来创新交互体验应用。强化全市数字文旅、数字文创产品研发，打造数字博物馆与"AR移动博物馆"。

（四）丰富夜游产品供给，都市休闲夜游将成为新时尚

夜间旅游是一种新兴的文旅产业发展模式，精彩纷呈夜间旅游带给城市经济、社会、人文等多重价值。围绕温州国际休闲度假城市的打造，参与融入长三角文旅一体化，进一步发挥夜间旅游资源优势，丰富夜间旅游产品供给，推动夜游产业的集群化和空间的集聚化发展，打造若干引擎性的、标志性的，以及具有区域性影响力的夜间旅游经济拳头产品。运用光影技术、视觉技术等新技术来提升夜间旅游产品的视觉冲击和体验度，展现一个城市夜间的美；以文化艺术和城市空间为依托，将引进培育沉浸式永嘉昆剧、瑞安鼓词、现代歌舞剧等夜间文化艺术项目，尝试开展温州博物馆及有关县（市、区）博物馆夜间开放，鼓励发展深夜影院、深夜书店、音乐俱乐部、

驻场秀等瓯越特色夜间文化娱乐业态，积极开发瓯江夜游、灯光秀夜游等多元化都市夜游项目，并融入城市生活和文化体验场景，精心开发夜赏、夜游、夜宴、夜娱、夜购、夜宿等六大夜系列产品，融合科普教育、研学旅游、个性体验、多元消费等，实现夜间经济由业态单一、产品匮乏的1.0版向全方位、沉浸式消费体验的2.0版升级转型。

（五）围绕浙江"四大"建设，强化推进温州"十百千"工程

继续推进省级全域旅游示范县创建，争创国家级全域旅游示范县。推进3A级及以上景区城、省级旅游风情小镇（含特色小镇3A级及以上旅游景区、3A级及以上景区镇）、3A级景区村创建提升。强化瓯江山水诗路、红色旅游、海洋旅游与度假旅游发展等工作。推进全市文博"百工魅力进百乡"活动。出版发行"温州古代史"，启动"国家历史文化名城——温州""温州国宝图录"的编撰工作。结合5·18国际博物馆日主题，推送精品陈列展览，深化文物点阅工作，讲好文物和旅游的故事。配合推动长三角区域文物古迹联合保护与合作、长三角博物馆一体化等工作。推进都市区"两线三片"的文化提升。积极申创"东亚文化之都"，策划开展与日韩在文旅方面的合作交流。

社 会 篇

Society Reports

B.11 温州社会治安形势分析

黄建春[*]

摘 要： 2019年温州社会治安形势保持平稳态势，刑事和治安警情数与上年相比，呈现一降一升态势。"两抢"发案数下降明显，"两抢"案件接警数同比下降62.5%。网络诈骗类案件继续呈高发态势，受害群体呈现年轻化趋向，其中网络贷款诈骗发案量攀升至首位。网络金融违法犯罪案件已从相对密集爆发期转向后续稳妥处置期，由于该类案件波及人员多、金额大，处置周期往往比较长。此外，温州在社会治安领域还呈现治理形态不断创新、社会治安与大数据结合日益紧密等新发展态势。基于此，本报告提出进一步完善多元一体化治安治理体系和不断以科技夯实、提升

---

[*] 黄建春，中共温州市委党校政法与统战教研部主任，副教授。

治理能力的建议。

关键词： 治安形势 网络诈骗 治安治理大数据

一 温州社会治安形势

温州社会治安持续保持良好态势。2019 年温州治安案件受理 87851 起，同比上升 3.54%，刑事立案 47436 起，同比下降 10%，命案侦破率、"两抢"侦破率均达 100%，"两抢"零接警达 289 天。

（一）网络诈骗类案件继续呈高发态势

2019 年温州网络诈骗案件仍呈高发态势，防控形势依然严峻。案件类型上，网络贷款诈骗、兼职刷单刷信誉诈骗、网购虚拟物品诈骗、网购退款诈骗以及冒充熟人诈骗是最常见的五种网络诈骗类型，占总发案数的 75%，其中网络贷款诈骗占总案件数的 32%，超过长期占榜首的兼职刷单刷信誉诈骗居于首位，2019 年温州网络贷款诈骗案件发案 4000 余起，人均损失 1.63 万元。受害群体上，"80 后""90 后"已成为骗子最易攻破的群体，两者合计占 75%。这意味着受害人群已呈现年轻化趋势，"80 后""90 后"群体接触网络时间长、频率高，网上个人信息泄露概率大，给骗子留下可乘之机；另外，男性受害者占比高于女性，男、女性占比分别为 58% 和 42%，主要原因是男性更容易受到情感类、金融类诈骗，如网络交友诈骗、网络贷款诈骗、游戏币诈骗等。特别是网络贷款诈骗中，男性受害者占比高达 92%，这类诈骗的受害者多为对资金有需求的男性个体商户、无业人员、学生或自由职业者。此外，网络诈骗案件还呈现以下特点。

1. 诈骗发案有时间波动性

诈骗案件高发期往往在开学季、"双 11"等特定时间段。2019 年 9 月开学第一周，温州全市就接到 7 名大学生被骗的案件，被骗金额最高为

26100元，主要为网络贷款诈骗、网络兼职诈骗和游戏币诈骗。另外，在"双11"活动期间，电商会有各种优惠活动，骗子因势借机设计各种陷阱，如脱离平台的直接交易、红包中奖、冒充客服、快递损失等。

2. 诈骗"黑科技"升级换代

假冒公安、检察人员或者法官等诈骗案件，为了增加可信度，诈骗分子制作各种"通缉令"、证件以及App手机软件。而各种培训类诈骗案件则利用家长对孩子学习的重视心理，冒充子女谎称报名知名学校培训班，向家长索要培训费进行诈骗，2019年曾在短时间内就有6名家长共被骗20多万元，犯罪分子为达到诈骗目的专门制作名校培训通知书。

3. 情感类诈骗防范难度大

2019年温州破获一个100多人的大型传销式网络诈骗团伙。该团伙将自己包装成一个化妆品公司（实际上根本不存在），团伙成员开展传销式诈骗，即类似传销组织的"拉人头"模式，让业务员与被害人开展"网恋"从而诓骗其加入团伙，甚至有的业务员同时与七八个受害人"网恋"。此外，近几年高发的"杀猪盘"的骗局也是以情感为诱饵，通常利用很多人急于找对象的心理，以谈恋爱为目的接近。平日温柔攻势、嘘寒问暖，待取得信任后，骗子便提出早已设计好的博彩网站陷阱，等待对方上钩，通常一开始会让受害者赚点钱，然后诱骗受害者加大赌注，等到受害者有所醒悟，骗子早就关闭博彩网站，卷钱跑路。很多受害者在婚恋过程中在博彩网站投注，输钱了都不知道这是诈骗；部分受害者知道被对方骗了，但害怕自己参与了赌博，不敢报警。仅2019年上半年，温州就有60多起类似的婚恋投资诈骗案，涉案总金额超过450万元。

（二）新型犯罪"套路贷"成为扫黑除恶重点

2019年温州扫黑除恶行动仍在持续推进，涉黑类案件出现新业态、新领域的新型黑恶犯罪，"套路贷"便是其中的一种。所谓"套路贷"，并不是一个新的法律上的罪名，而是一类、一系列犯罪行为的统称，其本质是一系列以借贷为名、骗人钱财的违法犯罪活动。之所以称为新业态是因为其具有很强的欺骗性，一般以民间借贷为幌子，通过骗取受害人签订虚假合同虚增债务，伪造资金流水等虚假证据，并以审核费、管理费、服务费等名义收取高额费用，恶意制造违约迫使受害人继续借贷平账，不断垒高债务，最后通过滋扰、纠缠、非法拘禁、敲诈勒索等暴力或"软暴力"手段催讨债务，达到非法侵占受害人财物的目的。此类新型黑恶犯罪不仅侵害当事人的合法权益，同时也扰乱金融市场秩序，影响社会和谐稳定。2018年被依法打击的陈某某犯罪团伙就属于该类型犯罪，抓获犯罪嫌疑人62人，冻结涉案资金共计968万元。该团伙在温州瑞安市成立瑞安米房网络技术有限公司，以非法获取公民个人信息建立客户资源，利用借款人亟须借钱的心理，与借款人签订阴阳合同，放款设置"砍头息"、高额逾期费，蓄意垒高债务，并采取恶劣手段进行催收，不仅借款人遭受经济损失，而且其自身及身边亲友的正常生活均遭受严重影响。2019年，温州共打掉"套路贷"团伙154个，抓获犯罪嫌疑人1109名，破获案件3628起，扣押非法资产近4亿元。

（三）网络金融案件已从爆发期转向稳妥处置期

近年来，网络金融违法犯罪由于隐蔽性、欺骗性强且受害群体波及面广，给社会稳定带来不少压力。3年来，温州共查处非法集资案219起，其中网络金融领域非法集资案件20多起，涉案金额约95亿元，打击处理400多人。2019年温州网络金融领域案件处理的重心已逐渐转向稳妥有序的事后处置阶段，由于此类案件处置周期往往较长，从立案直到资产清退完毕一般都需要好几年，因此，投资人的积极主动配合和警方适时公布处置相关信息成为稳妥处置、确保社会平稳的关键因素。目前，两个影响面较大的案件正在平稳处置过程中。

1. "书画宝"非法集资案进入资金清退环节

"书画宝"平台从2017年6月停止运行，已有30多人被法院判刑，公司法定代表人史某因犯集资诈骗罪、非法吸收公众存款罪被判处有期徒刑17年。直至2019年11月11日清算处置办公室开始正式启动对"书画宝"非法集资案件集资参与人的第一次资金清退工作，其间已历时两年多。但由于书画作品数量多,处置难度大,要将所有涉案资产(包括书画作品、车辆、房产等)处置变现完毕之后才能进行最后的资金清退,后续工作仍需要一定的时间。

2.鄯善温商贷案被立案侦查

鄯善温商贷最先是设立于浙江省的P2P网贷平台,经营地点在温州市,由浙江温商贷互联网金融服务有限公司运营。2017年1月,转由鄯善温商贷互联网金融服务有限公司运营,并迁址至新疆吐鲁番市。2018年8月5日,鄯善温商贷发布展期公告,宣布从即日起正式进入展期阶段,并宣布了为期36个月的兑付方案。2019年4月24日鄯善温商贷因涉嫌非法吸收公众存款被温州警方立案侦查,对其公司法定代表人胡某等34名犯罪嫌疑人采取刑事强制措施,其中24人经检察机关批准被逮捕。截至2019年9月底,警方已发布了四期警情通报以及被处置资产的拍卖公告。有3.27万余名投资者在公布的预登记平台上进行预登记,并依法完成第一批易贬值资产的审前处置。目前案件仍在依法办理过程中。

二 温州社会治安发展态势

近年来,温州在社会治安治理方面呈现新的发展态势。

(一)基层治安治理不断创新

随着社会治理重心向基层下移以及"枫桥经验"的推广,温州在治安领域不断创新治理方式。

1.实施警务助理制度

2019年,温州基层派出所陆续举行警务助理聘任仪式,助力"枫桥式"派出所创建。创新推行警务助理活动是延伸警务触角、解决治安突出问题的一种手段,它不仅是发动社会力量参与平安建设的基层实践,而且是加强社会治安防控体系建设的重要推手。警务助理的共同特点是政治素质好、道德品质佳、群众威信高、熟悉本地情况,通过他们"人熟、地熟、情况熟"

的资源优势，助力零距离服务群众、多元化化解矛盾、全时段守护平安，构建起共建共治共享的社会治安治理格局。2019年，温州永嘉县针对649个村合并优化调整的复杂局面，将警务助理作为防范基层风险的重要抓手，创新施行"一村一警务助理"机制，发动常年生活在村居的威望高、人头熟、品德好、经验足的村民承担警务助理的工作，实现警务前移，激活社会基层治理的"末梢神经"。警务助理制度的推行，有效破解了温州警力有限的难题，同时也打通了服务群众的"最后一公里"。

2. 开发运行"乐巡"App平台

2018年以来，温州公安部门研发"乐巡"App，实现群防群治管理智能化、简便化。该App也被公安部评为"成效突出类移动应用"优秀成果，并作为全国示范样板移动应用推广。

一是群防群治增效明显。首先，"乐巡"App平台设有"我要巡逻""群防任务"等项目，志愿者可自主选择感兴趣或适合自己时间的项目。自温州南浦派出所辖区"乐巡"App上线以来，短短几个月时间，由志愿者组成的巡逻队伍就由1支发展到了5支。其次，综治单位、街道社区和民警可通过平台发布"社会求助""巡逻任务"等，志愿者可"抢单"领取并完成任务。2019年3月9日，温州七都派出所接到辖区住户报警，称自己位于华侨别墅区的家遭窃，两部手机和笔记本电脑等贵重物品被盗，价值约6000元。接警后，民警立即调取周边的视频监控，并锁定了一名嫌疑人，通过监控画面获取了嫌疑人清晰的体貌特征并在辖区的"乐巡"志愿者微信群以及"乐巡"平台发布，在发布消息后不到一个小时，由三名志愿者组成的巡逻小组在七都樟里村发现了一名体貌特征相似的可疑男子，志愿者在控制该男子的同时，通知了七都派出所。经审讯，该男子对盗窃的犯罪事实供认不讳。另外，"乐巡"App带有定位功能，可以对偏离巡逻线路、未达巡逻时长等情况产生预警，同时生成个人累计积分信息，作为"最美巡逻人"评选和群防群治考核的重要依据。

二是实现指挥调度精准化。在"乐巡"后台可以查看实时巡逻人数和具体分布情况，通过平台发布调度任务后，手机端将收到具体任务，并语音

导航至指定位置，协助处理突发事件或紧急救助。一旦遇到紧急情况，管理员可根据平台注册群防力量数量、类别和分布情况，实时精准调度附近警力和群防力量增援，实现先期处置、尽快控制。同时，"乐巡"志愿者通过平台随手拍照上传各类治安、交通等问题，通过基层治理四个平台分流至相关部门处置，提高了社会综合治理效率。

公安部门在"乐巡"基础上又推出了"公益创投"项目，它以"乐巡"为载体，发动广大机关、团体、企事业单位参与平安建设活动，有人出人、有力出力，以主人翁的姿态参与平安建设活动。志愿者通过巡逻累积积分币，可在指定商店换取礼品，实现"乐巡"参与群体积分兑物，吸引更多志愿者和商户加入平安"乐巡"，打造共建共治共享的群防群治大格局。

3. 开发运行"寄递哥"App

针对近年来迅猛发展的寄递行业，2018年温州推出了"寄递哥"App，在新兴领域中探索实践新的社会治理方式。在快递业务上推行该App，不仅可以提升快递业务的便捷性，同时也有效杜绝犯罪分子利用快递渠道进行的违法犯罪行为。通过"寄递哥"App寄送快递，市民的个人信息会直接通过"寄递哥"App扫描传输到警方的管理终端，信息不会在快递员手机中保存，同时，寄送的物品也通过拍照上传到"寄递哥"后台，由警方全程管理，极大降低了安全风险。2018年温州全市的快递业务量约9.15亿件，目前，已有100多家快递公司使用"寄递哥"App，依托公安大数据后台，人证不符、忘记带证等问题得以解决。这也意味着温州寄递业已全面进入"刷脸"时代。人脸识别，将这个人和证件进行比对，有效杜绝了一些违法犯罪分子持有他人的身份证件或者伪造身份证件进行违法犯罪。

（二）社会治安与大数据结合日益紧密

温州利用浙江互联网大省的优势，已实现了大数据、人工智能、云计算等各项新的技术在实践中广泛应用，实现了人在"网"中走，事在"网"中办。随着"网"中留痕的信息越来越多，社会治安与信息数据有效融合已成为发展之势。

1. "大数据+人民调解"

长期以来，矛盾纠纷不可控、难预见是人民调解工作的一大难题。但在大数据运用之后，人民调解数据管理平台不仅能精准地对矛盾纠纷地域、类别、时间、人员结构等进行多维度分析，更可设置异动指标实现动态监测、智能预警，为社会综治、维稳安保等分析决策提供科学依据。目前，温州已实现全市11个县级、185个乡镇级、5818个村级人民调解委员会和210个行业性专业性人民调解组织矛盾纠纷化解工作的网上全程记录管理。依靠大数据，人民调解工作真正意义上从"以调为主"向"以防为主"转变。另外，温州还通过人民调解管理平台实现了全市各乡镇（街道）人民调解委员会和四个海外视频调解室的无缝链接。通过远程指导，温州有效缓解欠发达地区人民调解资源不足问题。通过远程调解，温州利用电子身份认证、人脸识别、电子签章、调解文书同步传输等信息技术，为涉侨跨国纠纷提供了经济、便捷的解决途径。此外，温州借助人民调解管理平台实现了司法数据共享，帮助司法行政部门实时跟踪调解不成功案件后续去向，有效掌控不稳定因素。同时，法院、检察院、信访、仲裁等单位可通过数据共享，及时关注重大敏感案件，有效落实维稳安保措施。

2. "大数据+智慧小区"

在社会治安防控体系构成中，与老百姓最息息相关的是他们所居住的一个个住宅小区，住宅小区是构筑平安温州的基础。2017年开始推行的"智慧安防小区"建设，主要是通过应用物联网技术，实现人过留影、车过留牌、视频覆盖、入楼刷卡、访客登记。2019年温州开始"5G+智慧安防"试点，9月6日，温州滨瓯景园作为全省首个5G智慧安防小区落地建成，720°、24小时立体防控让该小区安防体系更加严密，同时小区安防的集成、管理平台也为公安、物业、街道（社区）等部门提供相应的业务支撑。

3. "大数据+反诈骗"

温州是全国范围较早建立反诈中心的城市，在实践中积累和创新了反制技术和战术战法，特别是通过数据模型发现犯罪、打击犯罪已经成为温州反诈中心的"金名片"。作为公安部打击电信网络诈骗犯罪八大研判中心的温

州，从2018年开始负责帮扶海南儋州、东方开展案件研判和打击工作；2018年10月以来针对温州地区多发的微信招嫖诈骗案件进行主题研判，串并涉及本地、省级及全国案件，明确嫌疑对象上百名，在逐级上报后，公安部将此案列为2019年部督案件，并于2019年2月15日成功告破。

三 温州社会治安对策建议

社会的稳定、群众的安心是近年温州社会治安的总体表现。随着国家治理体系和治理能力现代化的不断推进，温州社会治安防控治理创新与发展仍有潜力可挖。

（一）完善多元一体化治安治理体系

"强国家，弱社会"的现实使治安防控模式采取的是国家主导型模式，一方面强调社会多元主体参与社会治安防控治理，另一方面突出公安部门在整个治安防控治理中的主导地位，即一元主导多元参与的治安防控。

治安治理蕴含着多元主体参与、协同治理等内容，特别是多元参与可以避免单一组织存在的"治理失灵"的弊端。任何一个社会组织其能力和作用都是有限的，行政权力主体可能存在人员有限、效率低下的问题；社会主体又存在组织相对松散、规范运作能力较弱的问题。因此力量整合是治理完善的必由路径，特别是针对温州常住人口多、警力少这一客观实际。但这并不意味着多元参与就一定会呈现正向合力，在具体的协同治理上，必须有一整套的治理制度安排。一是以治安治理的公共性为基础凝聚主体的多元性。无论是公安部门、其他政府部门、市场主体、社会组织还是个人，都是社会的参与者、社会治安稳定的受益者，因此都是治安治理的主体。二是不同治理主体治安治理责任明晰化。具体到特定的各类主体，虽然其都肩负一定的社会安全和秩序的责任，但具体到治安责任的内容及边界又是模糊的，这种模糊性带来的是其作为治理主体的主动性受抑，更多的是依附于公安部门。这必然削弱他们的主体性，从而影响到治安治理"共建共治"的效果。

三是搭建横向治理协作机制。一般纵向是建立在已有行政组织框架下的治理，强调的是自上而下的命令服从，强调的是执行力。而特定区域的具体治安治理则更强调横向的协作机制，该机制包含着多元的主体和资源的互交、协作合作。该机制有助于让参与者形成主体意识，让合力的形成有稳定的组织及平台支撑，使非公安部门的各类治安治理参与者真正有效地嵌入治安治理体系中。

（二）以科技夯实、提升治理能力

顺应时代发展潮流，将科技有效融入治安防控体系，温州走出了一条具有地方特色的社会治理路径，夯实了"平安温州"基础。随着科技的不断发展，大数据、智能化成为治安治理的发展趋势。技术不仅仅以手段和工具的形态出现，更与治理能力的提升相伴随。

特别是在温州整体社会治安形势趋稳的背景下，社会治安防控体系的布局重心应从打击转向防范。在防范领域，通过运用科技，突出日常治安治理的隐性和柔性；突出事后控制向先发制人的治安处置模式转向是常态。在对治安要素管控要求更高、治安责任更大的新时代，温州社会治安治理领域已从科技发展中受益。如物联网治安管控的温州模式，通过对案中和案前的预防和管控，做到状态管理、定位管理、趋势管理，实现对重点行业、重点人员、重点部位、重点物品等治安基础要素的智能分析、在线管控，实现了更强的预警预防、预测能力。另外，遍布街头巷尾的视频监控探头不仅仅是看和记录的"眼睛"，更是能思考的"大脑"，以大数据分析助力治安防控、城市管理、维稳安保，更在基层治理方面发挥了积极的作用。通过对重点路面、社区（村）出入口、智慧安防小区等地视频联网预警应用，加强了对关键人、关键事的动态信息跟踪和分析，再结合网格员实地走访排查，有效采办网内信息，增强信息采集的有效性和及时性。温州鹿城区自打造智能化社会治安防控体系以来，全区街面扒窃案件同比下降73.5%，"两抢"案件和入室盗窃案件分别下降了63%、46.3%，群众的安全感满意度达到98.88%，安全指数明显上升。

从发展趋势上，科技更新的速度越来越快，一方面，治理要适应科技进步带来的社会治安状况的变化，另一方面，也应及时将不断更新变化的科技融入治安治理体系中。在大数据分析运用上，整合各类有效数据信息，打破各个有形无形的数据壁垒与界限，让数据信息资源流动起来，发挥最大效能。同时要注重将科技的优势与当前体制的优势结合起来，如发挥好新成立的大数据发展管理局的职能作用，助力温州社会治安治理呈现新景象。

B.12
2019年温州城乡居民收入与消费状况分析报告

徐俊 王梵 傅一特*

摘　要： 2019年温州市全体居民人均可支配收入平稳增长，全年实现同比增长9.7%。其中，城镇居民收入增长8.7%，农村居民收入增长9.9%，城乡居民收入相对差距进一步缩小。当前温州城乡居民收入增速在全省已处于中上游水平，但是人均收入仍相对靠后。受收入基数逐年抬高以及宏观经济下行等因素综合影响，收入继续保持较快增长压力较大。要实现更充分、更平衡的收入增长，建议拓宽增收渠道，提高居民收入水平；多措并举，释放居民消费潜力；突出服务消费，推动消费结构升级；激发农村消费潜力，推动城乡消费联动。

关键词： 居民收入　消费　提质增收

2019年，温州市紧紧围绕"奋战1161、奋进2019"年度工作主题主线，聚焦聚力"两区"建设，全面实施乡村振兴战略，"两带"建设有序推进，全力推动经济高质量发展。全年全市经济运行总体平稳、稳中有进，城乡居民收支实现稳步增长，城乡相对差距进一步缩小，但居民收入增长持续动力不足，收支结构分布有待优化，消费意愿趋于下降等问题，需要引起关注。

---

* 徐俊，国家统计局温州调查队党组成员、副队长；王梵，国家统计局温州调查队住户调查处副处长；傅一特，国家统计局温州调查队住户调查处一级主任科员。

一 居民收入与消费的基本情况

（一）增速稳步提升，全省位次前移明显

2019年，温州市全体居民人均可支配收入同比增长9.7%，较上年同期提高1个百分点，列全省第2位，位次较上年同期提升6位。按常住地分，城镇居民人均可支配收入增速为8.7%，较上年同期提高0.5个百分点，列全省第3位，位次较上年同期提升6位；农村居民人均可支配收入增速为9.9%，较上年同期提高0.7个百分点，位次列全省第2位（见表1），较上年同期提升4位，是自2013年城乡一体化以来的最好位次。

表1 2019年浙江省各设区市居民人均可支配收入增速

单位：%

地区	全体居民	城镇居民	农村居民
浙江省	8.9	8.3	9.4
杭州	9.0	8.0	9.2
宁波	8.7	7.9	8.9
温州	9.7	8.7	9.9
嘉兴	8.9	7.8	9.1
湖州	9.4	8.5	9.6
绍兴	9.0	8.3	9.1
金华	8.6	8.1	8.7
衢州	9.7	8.8	9.8
舟山	8.8	8.6	8.8
台州	9.1	8.3	9.4
丽水	9.9	9.1	10.1

（二）收入平稳增长，总量高于全省平均

2019年，温州市全体居民人均可支配收入51490元，居全省第6位，比全省平均水平高1591元。按常住地分，城镇居民人均可支配收入60957

元，居全省第6位，高出全省平均水平775元，比排名第七的台州高出606元；农村居民人均可支配收入30211元，居全省第8位，高出全省平均水平335元，比排名第9位的金华高出1700元（见表2）。

表2 2019年浙江省各设区市居民人均可支配收入

单位：元

地区	全体居民	城镇居民	农村居民
浙江省	49899	60182	29876
杭州	59261	66068	36255
宁波	56982	64886	36632
温州	51490	60957	30211
嘉兴	51615	61940	37413
湖州	48673	59028	34803
绍兴	53839	63935	36120
金华	48155	59348	28511
衢州	35412	46933	24426
舟山	53568	61479	36784
台州	47988	60351	30221
丽水	35450	46437	21931

（三）县域增收各有亮点

从分县情况来看，温州市各县（市、区）城乡居民收入均保持平稳增长，但区域差距有所显现。分城乡看，城镇居民收入总量最高的是鹿城区，人均收入达到68113元，高于全市平均7156元，增速最快的为泰顺县，增速达到9.4%，高于全市平均增速0.7个百分点；农村居民收入总量最高的是龙湾区，人均收入达到37642元，高于全市平均7431元；增速最快的为永嘉县，增速达到10.6%，高于全市平均增速0.7个百分点。

（四）城乡居民收入相对差距进一步缩小

2019年，温州市农村居民人均可支配收入增速比城镇居民快1.2个百

分点，增幅比上年及2019年前三季度分别扩大0.2个和0.6个百分点，城乡居民收入相对差距进一步缩小。城乡收入比从2018年的2.04缩小到2.02，缩小了0.02，下降程度为2015年以来最快。

（五）消费持续扩张，城乡支出比收窄

2019年温州市居民人均消费支出34107元，比上年增加2894元，同比增长9.3%，增速较上年提升0.3个百分点。按常住地分，城镇居民人均消费支出39804元，同比增长8.4%；农村居民人均消费支出21301元，同比增长8.9%，增速较上年提升1.2个百分点。农村居民人均消费支出增速快于城镇居民0.5个百分点，城乡消费支出比为1.87，较上年收窄0.01，城乡消费水平差距在缩小。

（六）支出水平居全省前列，增速位次与上年持平

从消费支出看，2019年温州市居民人均消费支出居全省11个设区市第2位，位次较上年前移1位。比居第一位的杭州市（40016元），少5909元，差距比上年缩小247元。从消费增速看，温州居民人均消费支出同比增速为9.3%，居全省11个设区市第5位（见图1），位次与上年持平。

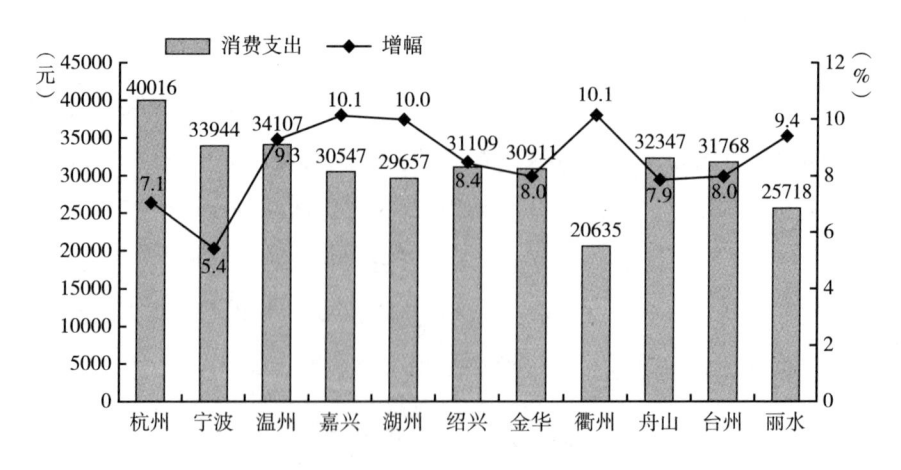

图1 2019年浙江省各设区市居民消费支出情况

二 居民收入与消费的结构特点

（一）四大项收入全面增长

从构成收入的四大来源看，各项收入呈现全面增长态势，其中转移净收入增幅领跑四大项收入（见表3）。

表3 2019年温州市居民收入结构情况

单位：元，%

指标	全体 绝对值	全体 增幅	城镇 绝对值	城镇 增幅	农村 绝对值	农村 增幅
可支配收入	51490	9.7	60957	8.7	30211	9.9
工资性收入	27063	9.6	31248	8.7	17656	9.7
经营净收入	9643	8.8	10682	8.1	7305	8.8
财产净收入	8125	8.8	11038	7.1	1577	8.3
转移净收入	6659	13.0	7988	11.6	3672	14.4

1. 工资性收入快速增长

2019年温州市居民人均工资性收入为27063元，同比增长9.6%，占人均可支配收入的52.6%，是居民增收的第一动力，其中城镇和农村居民工资性收入分别为31248元和17656元，同比增长8.7%和9.7%，对收入增长的贡献率分别为51.5%和57%。城乡居民工资性收入较快增长主要得益于以下几点。一是2019年以来，全市宏观经济稳中向好发展，全年全市生产总值同比增长8.2%，分别高于全国和全省2.1个和1.4个百分点，增速居全省第3位。经济面稳中趋好，支撑着城乡居民较高的就业率。截至2019年12月，城镇新增就业人数118605人，失业人员实现再就业14599人，困难人员实现再就业4516人，城镇登记失业率为1.8%。

二是随着"两个健康"发展先行区创建不断推进，企业营商环境进一步好转，尤其是吸纳城乡居民主要转移就业的规下工业企业和服务业经营状

况向好，有效吸纳城乡居民转移就业，带动城乡居民工资性收入不断提升。

三是部分政策性因素带来利好，如2019年5月制定出台《温州市人民政府关于做好全市新时期就业创业工作的实施意见》，加大稳岗支持力度，加强就业服务和青年就业见习，有效确保就业局势稳定。在良好经济形势和政策利好的带动下，全市居民实现较高就业率，城乡居民增收基础得到进一步夯实。

2. 经营净收入较快增长

全年全市居民人均经营净收入为9643元，占人均可支配收入的18.7%，同比增长8.8%。其中城镇居民和农村居民经营净收入分别为10682元和7305元，增长8.1%和8.8%，对收入增长的贡献率为16.5%和21.6%。城乡居民经营净收入较快增长主要得益于以下几点。一是"两个健康"先行区的创建。2019年以来，全市开展"三服务"、"两万"和"三助三红"等行动，推出新一轮减负降本政策共30条，预计为企业减负约215亿元；率全省之先组织实施"融资畅通工程"，出台"无还本续贷"等举措有效破解一批困扰企业生产经营的发展难题，有效促进实体经济发展。二是以发展生态经济、休闲旅游以及产旅融合为主要目标的温州西部生态休闲产业带以及乡村振兴示范带建设不断推进。2019年，建设西部生态休闲产业带项目261个和乡村振兴精品带3条，引导社会资本下乡190亿元，落实民宿产业类项目41个，投入资金4.62亿元，落实精品民宿培育点82家、民宿集聚村创建点14个，全年农家乐休闲旅游接待游客4486.15万人次，直接营业收入25.86亿元，同比分别增长15%、16%，激发了农民创业热情，切实增加了农民收入。营商环境和产业结构布局的不断优化，带动企业效益不断提高，城乡居民增收信心得到进一步提振。

3. 财产净收入平稳增长

全年全市居民人均财产净收入为8125元，占人均可支配收入的15.8%，同比增长8.8%，为城乡居民收入增长注入活力。城镇居民和农村居民人均财产净收入分别为11038元和1577元，增长7.1%和8.3%，对收入增长的贡献率为15%和4.4%。城乡居民财产净收入较快增长主要得益于以下几点。一是多元化的投资理财收益。随着理财观念的改变以及各类资本要素市场的完善与发展，城乡居民通过各种投资、理财等获得多元化的收益。二是农村宅基地三权分置改革试点。随着农村宅基地三权分置改革试点的深入，农村产权综合改革赋予农民更多财产权利。这激活了农村农房、土地等资产价值，带动农民财产性收入快速增加。2019年全市共完成农房盘活2781幢，盘活面积近60万平方米，带动农户就业8201人。三是农村金融制度改革。农民资产受托代管融资等走在全国前列，全年累计发放农民资产受托代管贷款1.22万户，余额达到50.66亿元，有效盘活了农村农民资产。

4.转移净收入增长领跑四大项收入

全年全市居民人均转移净收入为6659元，占人均可支配收入的12.9%，同比增长13.0%，增速领跑四大项收入，其中城镇居民和农村居民转移净收入分别为7988元和3672元，增长11.6%和14.4%。转移净收入在四大收入中增速最快主要得益于以下几点。一是近年来政府民生投入持续增加，城乡居民以及职工养老金、城乡居民最低生活保障标准全面提高。2019年全市公共财政用于民生支出861.1亿元，同比增长28.4%，民生支出占财政支出的比重达到79.4%，有效托底城乡居民收入增长。全市城乡居民社会养老保险基础养老金标准从2019年7月起由每人每月190元调整为每人每月215元，提高13.2%；城乡居民最低生活保障标准调整从2019年10月1日起执行，各地标准提高金额为67~140元，据测算，全市整体提高约18.2%。二是富有温州特色的250万在外温商的寄带回收入和赡养收入为转移净收入保持快速增长提供有力补充，2019年全体居民人均寄带回收入552元，同比增长23.8%。

（二）八大类支出呈现全面上涨态势

从八大类生活消费支出来看，呈现全面上涨态势，其中其他用品和服务、医疗保健两大类继续保持增长领跑状态（见表4）。

表4　2018~2019年温州市全体居民人均消费支出情况

单位：元，%

指标名称	2019年	2018年	2019年同比增长	2019年占比
人均消费支出	34107	31213	9.3	100.0
食品烟酒	10300	9672	6.5	30.2
衣着	2169	1973	9.9	6.4
居住	9264	8387	10.5	27.2
生活用品及服务	1825	1643	11.1	5.3
交通通信	3699	3666	0.9	10.8
教育文化娱乐	4387	3782	16.0	12.9
医疗保健	1674	1427	17.4	4.9
其他用品和服务	789	664	18.8	2.3

1. 食品烟酒支出比重逐年下降

全年温州市居民人均食品烟酒支出10300元，同比增长6.5%，低于总体消费支出增幅2.8个百分点。食品烟酒支出占消费支出的30.2%，比重较上年下降0.8个百分点，为近五年来最低，其中城镇居民人均食品烟酒支出占比下降0.8个百分点，农村占比下降0.3个百分点。随着生活水平提高，温州居民的消费观念逐步转变，曾经占据消费"大头"的食品烟酒支出比重明显下降，教育文化娱乐、医疗保健等服务性消费支出占比不断提升。

2. 其他用品和服务、医疗保健类支出增速保持领先

全年温州市居民人均其他用品和服务支出789元，同比增长18.8%，增速领跑八大项支出。温州市居民人均医疗保健支出1674元，同比增长17.4%，增幅居八大项支出第二位。随着生活条件不断改善，温州居民健康意识逐渐增强，健康素养水平明显提高。与此同时，近年来温州通过建立健全覆盖城乡居民的基本医疗卫生制度，健康服务体系趋于完善，为居民享受医疗健康服务提供便利。健康服务新业态基本形成，尤其是健康体检、健康咨询、疾病预防等康养保健服务迅速发展，满足人们对医疗健康的升级需求，使医疗保健支出较快增长。

3. 生活用品及服务、居住类支出增速较快

全年温州市居民人均生活用品及服务支出1825元，同比增长11.1%，增速较上年回落8.8个百分点。温州市居民人均居住支出9264元，同比增长10.5%，增速较上年回落8.6个百分点。二者合计占消费支出的32.5%，其中居住支出占比仅低于食品烟酒，充分反映了温州居民住房观念的转变，更加注重家居环境的改善，带动家具及室内装饰品、家用器具支出同比增长15.8%和11.8%。此外，社会经济快速发展，加上二孩政策和人口老龄化趋势，居民对家庭服务的需求不断扩大，推动家庭服务消费支出不断增长。2019年温州市居民人均家庭服务支出同比增长27.8%。

4. 交通通信支出增长仍有较大空间

全年温州市居民人均交通通信支出3699元，同比增长0.9%，受交通类消费增长由负转正影响，增速较上年提升12.8个百分点。2019年温州居民人均交通消费支出2519元，同比增长1.4%；通信类支出1180元，与上年基本持平。当前新能源汽车市场不断扩展，截至2019年12月，温州市新能源汽车保有量达2.39万辆，比上年增加1.37万辆，同比增长135.6%。汽车消费升级带来的消费支出还有比较大的增长空间。此外，通信技术快速发展以及近年来实行的提速降费政策大幅降低居民通信工具和服务费用支出。但5G时代来临，手机等通信工具成为消费升级的新型快消产品，将在一定程度上推动通信消费支出呈现增长态势。

5. 教育文化娱乐支出消费热度持续升温

全年温州市居民人均教育文化娱乐支出4387元，占消费支出的12.9%，同比增长16.0%，延续自2013年以来两位数增长速度的态势，消费潜力持续释放。其中，教育类支出2633元，同比增长14.7%；文化娱乐类支出1754元，同比增长18.0%。随着收入水平不断提升，人们对于物质的需求日益满足，开始转向追求更高层次的精神文化生活。居民加大对自身知识更新和子女教育费用的投入，加上近年来学前教育、校外培训以及网络知识付费课堂的兴起，使教育消费支出在教育文化娱乐消费中占有较大比重（60%）。

三 需要关注的问题

（一）居民收入持续增长压力犹存

随着温州市居民收入的基数逐年变大，持续较快增长压力加大。2019年温州市常住居民人均可支配收入已达51490元，每增长1个百分点需人均收入增加约510元。2019年全市居民收入同比名义增长9.7%，扣除物价因素，实际增速为7.3%，其中城乡居民收入实际增速分别为6.4%和7.5%，分别低于同期GDP增速1.8个和0.7个百分点。居民收入实际增长慢于GDP增长，这间接反映了居民收入增长速度偏缓。

（二）居民收入结构仍有待优化

从结构分布看，收入的四大来源结构仍有待优化。

一是工资性收入增长基础偏弱。2019年温州城乡居民人均工资性收入分别为31248元和17656元，分别低于全省平均水平2415元和824元。温州以中低端制造业为主的劳动密集型行业特征以及小微民营企业居多的产业构成使企业职工薪酬水平偏低，而工资性收入作为城乡居民增收的主要动力（城乡居民人均工资性收入占人均可支配收入的比重分别为51.3%和58.4%），其增长速度一旦趋缓，将直接对可支配收入的增长产生制约。

二是经营净收入增长空间仍有待拓宽。全年城乡居民经营净收入增幅分别为8.1%和8.8%，低于全省平均水平（9.6%、9.3%）1.5个和0.5个百分点。经营净收入增速偏慢，增长动力仍然有限，与温州民营经济发展之都的地位略显不符。

三是财产性收入拉动有限。温州市城乡居民财产净收入增幅分别为7.1%和8.3%，低于全省平均水平（8.1%、8.6%）1.0个和0.3个百分点。尤其是农村居民财产净收入所占比重偏低（仅占可支配收入的5.2%），对收入的拉动十分有限。

（三）居民收入较其他设区市仍有差距

从与省内其他设区市差距看，温州市全体居民人均收入居全省11个设区市第6位，比第1位的杭州市低7771元。按常住地分，城乡居民人均收入分别居全省第6和第8位，城镇居民收入比第1位的杭州市低5111元；农村居民收入比第1位的嘉兴市低7202元。城乡居民人均收入偏低，与省内杭州、宁波等地差距较大。从城乡差距看，2019年温州城乡收入比从2018年的2.04缩小至2.02，但仍处全省第9位。同时，城乡收入绝对差距从上年的28619元扩大至30746元，并呈现逐年扩大趋势，相比其他设区市，温州缩小城乡收入差距实现高质量发展的难度更大。

（四）居民消费意愿趋于下降

当前，在全社会消费结构升级的预期下，消费品供给没有相应同步调整，不同收入层次的消费者在寻求与需求相适应的商品时仍存在一定的困难，购买力难以有效释放。2019年全年全市居民消费倾向（人均消费支出占可支配收入的比重）为66.2%，较上年下降0.3个百分点，并且自2015年以来，温州市居民消费倾向总体呈下降趋势（见图2），居民可支配收入的稳步提升并未带动消费倾向的提高，消费信心略显不足。除上述消费供需存在不平衡因素影响外，2019年以来，以猪肉为主的食品类生活必需品价格上涨，也对消费产生一定的抑制作用。

（五）消费结构仍有待改善

近几年随着收入水平持续提升，温州城乡居民的消费能力大大增强，消费结构不断提质升级，消费层次逐渐从生存型转为发展型和享受型。但从最能体现消费结构变化的指标恩格尔系数来看，2019年温州为30.2%，居于全省前列，高出全省平均（27.9%）2.3个百分点。其中，按常住地分，温州城乡居民恩格尔系数分别为29.0%和35.4%，高出全省平均（27.1%、

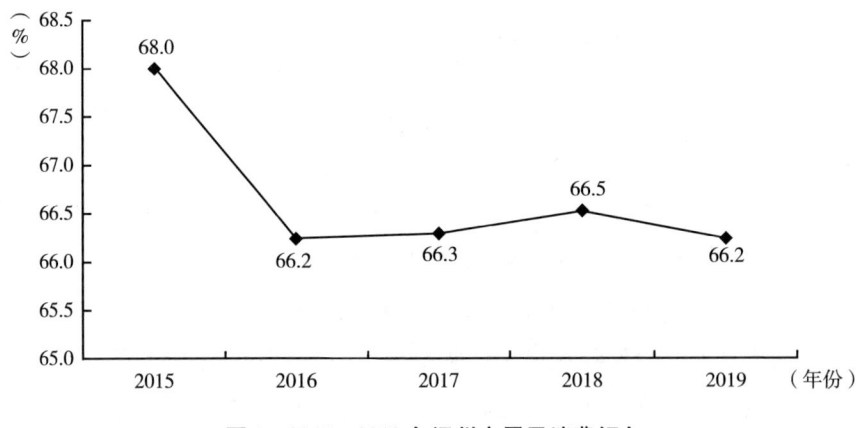

图2　2015~2019年温州市居民消费倾向

30.6%）1.9个和4.8个百分点，说明，在一定程度上，温州居民消费结构中以基本生存型为主的食品烟酒消费支出占比仍然偏高。

（六）城乡消费仍存明显差距

由于城乡发展不均衡，城乡消费市场规模和水平差距明显，呈现明显的二元状态，突出表现为农村和城市之间的消费差距扩大、结构比例失衡。一方面，由于农村居民收入水平偏低，增长缓慢，消费加速动力偏弱；另一方面，农村消费市场在产品供给、市场环境、流通基础设施等方面不足问题仍相对突出，一定程度上抑制了农村消费水平的提升和消费潜力的释放。从城乡居民消费水平对比情况看，2019年温州城乡消费水平相对差异为1.87，明显超出全省平均水平（1.76），为全省11个设区市最大。

四　对策与建议

（一）拓宽增收渠道，提高居民收入水平

一是兴产业，带动就业增收。加快产业转型升级，发展壮大新产业、新业态，进一步优化生产要素组合，提高利用效率，推进产业质量和效益的同

步发展。大力培育发展"四新"经济、高端服务业、都市工业、总部经济、"月光经济"和税收亿元楼等,着力培养新的产业增长点。

二是稳就业,夯实工资收入基础。健全劳动者自主择业、市场调节就业、政府促进就业相结合的机制,创造平等就业机会,提高就业质量;借助最低工资标准以及行业工资指导线等方式,逐步、分阶段引导和鼓励低收入行业劳动报酬的提高。

三是拓空间,盘活财产收入资源。规范资本市场,通过创新金融体系、强化投资理财渠道监管、规范交易方式、探索网络交易模式,让居民拥有更为多样的金融理财工具和产品。同时,持续深化农村产权等多领域综合改革,有效盘活农村农民资产,赋予农民更多财产权利。

(二)多措并举,释放居民消费潜力

一是着力改善消费环境。稳定市场价格,加大失信联合惩戒力度,建立重要产品追溯制度,完善消费后评价体系,健全消费者维权机制,确保消费环境能够发挥激发消费、激活消费、激励消费的作用。

二是着力提升消费质量。适应居民消费从注重"量"的满足转向追求"质"的提升,强化产品和服务标准体系建设,增加优质商品和服务供给,更好地满足高品质消费需求。

三是转变消费方式,让消费手段更加多元化,使消费手段赶上消费观念的变化,消费载体跟上消费群体的需求。

四是扩大基本保障覆盖范围,增强居民消费支出底气。加快各级各类社会保障制度整合,逐步形成多档次、可选择社保缴纳机制,深入实施基本公共服务提升工程,建立保障和改善民生的减负机制,通过提升社会保障水平,减少居民在住房、教育、医疗和养老等方面的支出压力,释放消费潜力。

(三)突出服务消费,推动消费结构升级

紧扣人民日益增长的美好生活需求,立足实际,顺应生活消费方式向发展型、现代型、服务型转变的趋势,通过提质增效进一步拓宽服务消费空

间，优化服务消费供给。

一要紧扣当前教育、育幼、养老、家政、医疗、文旅、信息等服务型消费增长点，增加服务品种，增强供给能力，大力提高服务品质。

二要进一步放宽服务消费领域的市场准入，加大吸引外资力度，持续引导社会力量进入旅游、文化、体育、健康、养老、教育培训、家政等居民需求旺盛的服务消费重点领域，支持社会力量参与提供更多更高品质的服务产品。

三要推动传统消费升级，增加服务元素。发挥温州作为时尚之都的优势，通过推进产品时尚化改造、提高创意设计水平、提升品牌附加值等方式助推产品迈向价值链中高端，更好地契合消费结构升级转型。

（四）激发农村消费潜力，推动城乡消费联动

一要紧抓中央到地方各级政府关于促进消费的各类引导性政策释放的红利，因地制宜实施"家电下乡2.0""汽车下乡2.0"，激发农村消费潜能。

二要加快农村地区基础设施建设，提高农村网络覆盖率，畅通农村对外交流渠道，为农村消费升级夯实"硬条件"。健全完善农村市场体系，积极引导、鼓励商贸业企业向农村延伸销售网点，建立分店、连锁店等，改变农村市场商业网点少、规模较小、品种单一的现状。

三要适时发展和完善农村消费信贷政策，完善农村金融信贷政策，为农民提供小额信贷，鼓励他们当期消费，进行多样化消费，全面激发农村居民消费潜力。

B.13
2019年温州就业形势及对策建议

杨美凤*

摘　要： 2019年温州市供需结构持续优化，动能转换步伐加快，民营企业生产较快增长，经济运行平稳、稳中有进。经济的企稳走高对就业局势的稳定起到了良好的促进作用。但温州市总量压力仍存，结构性矛盾日益突出，适龄劳动力人数减少，劳动参与率呈下滑趋势，产业转型与淘汰落后产能的阶段性挑战巨大，外部经济环境变化带来就业形势不确定性加大，2020年温州就业形势存在较大压力，需要予以高度重视。

关键词： 就业形势　劳动力　温州

一　2019年温州就业形势

就业是民生之本、财富之源。2019年温州首次将就业优先政策置于宏观政策层面，旨在强化各方面重视就业、支持就业的导向。综合观察温州城镇新增就业、失业率、企业用工、外来人口等各方面情况，2019年温州市就业工作目标完成，就业形势保持总体稳定。

（一）城镇新增就业发展态势良好，就业人员呈持续增加趋势

自2019年以来，随着温州市委市政府"两区"建设的不断深入，温州

---

* 杨美凤，中共温州市委党校文化与社会学教研部讲师。

市供需结构持续优化，动能转换步伐加快，民营企业生产较快增长，经济运行平稳、稳中有进。经济的企稳走高，对就业局势的稳定起到了良好的促进作用。报表数据显示，2019年全市新增城镇就业11.86万人，培训家政从业人员1.8万人，分别完成目标任务的128%、180%；从数据上看，温州市新增就业人数仍呈持续增长趋势。

（二）登记失业率保持平稳，处于较低水平

从失业状况看，2018年末城镇登记失业人数3.3万人，没有出现显著波动和规模性裁员；城镇登记失业率为1.8%，同比下降0.03个百分点，创历史新低。2019年失业人员实现再就业13596人，困难人员实现再就业4216人；失业保险参保人数132.3万人，相比2018年末增长6.64%；城镇登记失业率为1.81%（见图1）。

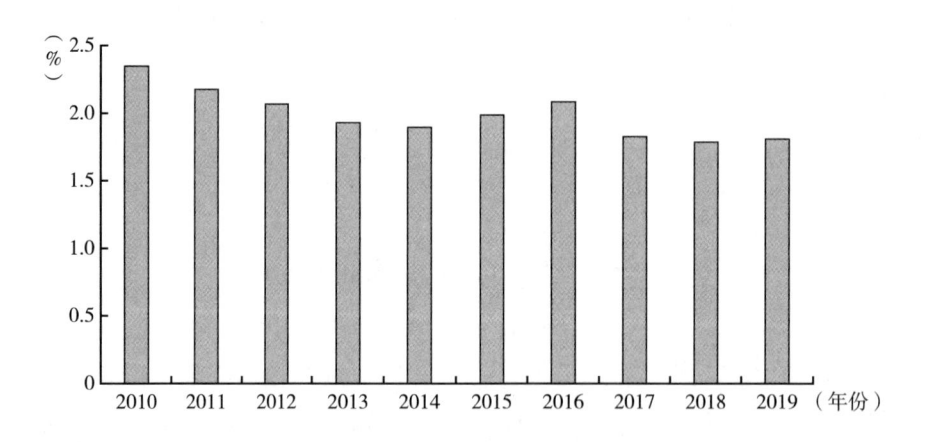

图1 2010~2019年温州失业率

（三）企业总体呈现持续缺工态势，但缺工在正常范围

从企业用工监测方面看，企业用工数量虽然有所减少，但变化幅度属于企业正常增减范围。此外，监测企业缺工总数占企业用工总数比例在1%以内。制造业依然是温州市吸纳就业的主要行业，企业用工需求仍以一线普工

为主,从岗位需求看,主要集中在制造业、住宿和餐饮业。其中普工缺工占缺工总数的 65.77%；技工缺工占缺工总数的 16.2%；管理、专业技术人员缺工占缺工总数的 13.37%。

(四)特殊群体就业良好,外来人口增幅放缓

报表数据显示,2019 年失业人员实现再就业 13596 人,困难人员实现再就业 4216 人。温州推进特殊群体就业,做好就业登记、职业指导、职业介绍等公共就业服务,开发公益性岗位,促进残疾人就业。做好就业困难人员的各类补贴发放工作,包括公益性岗位的岗位补贴和社保补贴、灵活就业人员社保补贴、企业招用生活困难的就业困难人员社保补贴、离岗人员生活困难补助等补贴项目,2019 年共发放各类就业困难人员社保补贴 1273.66 万元,惠及企业及个人 3124 户(人)。从外来人口数量看,全市外来人口数量还在持续增加,这也表明当前外来人口的就业数量还在增长,没有外来流动人口大规模返乡情况。同时,工作中也未发现企业用工需求急剧萎缩导致外来流动人口集中返乡情况。但外来人口流入速度放缓,侧面表明温州市用工需求有所放缓。[①]

(五)服务业吸纳就业能力不断增强,制造业就业呈现梯度转移

2019 年全市实现服务业增加值 3642.5 亿元,同比增长 10.1%,占 GDP 的 55.1%,比上年提高 1.1 个百分点,增速保持在较高水平。服务业的较快增长对推动就业做出重要贡献。其中,批发和零售业,交通运输、仓储和邮政业,住宿和餐饮业,金融业,房地产业增加值分别增长 8.2%、4.5%、4.7%、9.9% 和 7.7%,信息传输、软件和信息技术等其他营利性服务业增加值增长 12.1%。[②] 此外,温州制造业吸纳大批外来人员来温务工,调研发现,这些"新温州人"以年轻男性为主,主要来自贵州、四川、安徽、江

---

① 以上数据来源于温州市人力资源和社会保障局。
② 数据来源于温州市统计局。

西、湖北、湖南等省份，"新温州人"为温州本土制造业发展提供了所需的适龄劳动力以及创业群体。

二 温州就业形势面临的问题和挑战

就业是民生之本，2019年温州市就业形势保持稳定，然而，同时面临一些问题和挑战。深刻变化的外部环境，当前结构性、周期性问题叠加，经济运行稳中有变、变中有忧，对温州的就业形势产生影响。当前温州就业形势主要存在以下问题和挑战。

（一）总量压力仍存，结构性矛盾日益突出

从总量上看，温州市供需结构持续优化，动能转换步伐加快，劳动力供给总量压力相对缓解，但总量压力仍存。尽管劳动力市场供给持续减少减轻了就业压力，但是当前整个经济金融形势严峻，温州正处于传统产业转型升级过程中，经济结构调整和产业转型速度在不断加快，在去产能和智能化升级过程中对密集型产业产生的挤出效应越发明显。就业市场将进一步承压，虽然不大可能发生大规模失业，但是总量压力仍存。

从结构上看，就业结构性矛盾日益突出。就业结构性矛盾，表现在人力资源供给与岗位需求之间的不匹配。一是企业需求与劳动力供给的本土化、年龄结构之间的不匹配。温州市新增就业主要人群为外来人员，很多本地温州人外出创业，新增就业增加的同时失业人员再就业和困难人员就业下降也从侧面表明温州市对外来人员就业的依赖度非常高。而且在年龄结构上一些大龄失业人员希望就业，但是从企业角度来说更希望招聘青壮年劳动力。二是温州对高素质、高技能人才吸引力偏弱。温州市尽管民营经济发达、人才引进政策力度大，但缺乏区位优势，产业上劳动密集型产业、传统产业占比大，高新技术产业还在培育中，对人才的吸引力偏弱，对大学生、高技术人才吸引力还相对偏弱。如此一来，劳动力市场存在供给和岗位需求不匹配现象，容易出现"有岗无人"和"有人无岗"这样的结构性矛盾。根据浙江

省委人才办发布的 2019 年上半年《全省人才集聚情况分析报告》，上半年省内各设区市中高端人才均实现净流入，杭州、宁波稳居全国第一位、第二位，相对于杭州、宁波，温州市无论是在新引进顶尖人才数、新引进领军人才数，还是在新引进大学生数、硕士数、博士数均存在较大差距，具体如表 1、表 2 所示。

表 1　2019 年浙江省新引进顶尖人才数和新引进领军人才数

单位：人

指标	新引进顶尖人才数		新引进领军人才数	
	人数	其中全职引进	人数	其中全职引进
杭州市	29	2	25	14
宁波市	23	3	36	16
温州市	8	0	8	2
嘉兴市	24	1	44	21
湖州市	9	2	20	9
绍兴市	10	2	25	20
金华市	11	1	14	5
衢州市	11	0	1	1
舟山市	2	0	1	1
台州市	3	0	9	6
丽水市	1	0	2	0
总　计	131	11	185	95

资料来源：2019 年上半年《全省人才集聚情况分析报告》。

表 2　浙江省新引进大学生数、硕士数、博士数

单位：人，%

指标	新引进大学生数		其中			
			新引进硕士数		新引进博士数	
	人数	同比增幅	人数	同比增幅	人数	同比增幅
杭州市	125353	100.50	21560	141.80	638	126.20
宁波市	34598	14.05	3977	4.11	528	15.28
温州市	28928	15.51	923	59.40	178	513.78
嘉兴市	40734	72.50	2315	70.80	375	37.90

续表

指标	新引进大学生数		其中			
			新引进硕士数		新引进博士数	
	人数	同比增幅	人数	同比增幅	人数	同比增幅
湖州市	58029	128.97	936	101.70	312	212.00
绍兴市	43018	61.20	2203	56.50	385	46.40
金华市	29527	40.20	1356	25.60	177	23.80
衢州市	14835	75.70	203	5.73	26	85.70
舟山市	4558	2.80	111	70.80	38	137.50
台州市	9973	6.80	221	1.30	50	92.00
丽水市	3467	-52.31	166	48.00	19	5.00
总计	393020	52.02	33971	79.97	2726	58.49

资料来源：2019年上半年《全省人才集聚情况分析报告》。

（二）适龄劳动力人数减少，劳动参与率呈下滑趋势

根据国家统计局数据，由于生育率持续保持较低水平、老龄化速度加快，15~64岁劳动年龄人口的比重自2002年以来首次出现下降。同时，目前16~25岁农村户籍劳动力近一半已经入城，青壮年农村后续劳动力已面临紧缺，农村后续劳动力供给不足，"招工难"将长期存在甚至加剧。另外，随着受教育程度的提高、收入的增加、社会保障的不断完善等，温州市劳动参与率也呈现逐年下降的趋势。主要原因如下。

一是产业梯度转移影响，农民工选择就近就业。内地经济圈的迅速崛起，尤其是中西部的大开发、大建设，创造了一批就业岗位，消化和吸纳了一大批农村劳动力。东、中、西部地区农民工工资收入趋同，使东部地区吸引力减弱。加上与上年相比，2019年工资水平提高的幅度一般在5%~10%，涨幅不大。这样的收入水平，扣除高昂的房价或租金，只能维持劳动者的基本生活，农民工更倾向于选择就近就业。

二是新生代农民工自主就业增加了招工难度。与第一代农民工相比，新生代农民工受教育水平较高，自我发展意识较强，特别是由于"互联网+"的兴起，从事电商经济成为首选，无形中增加了劳动密集型企业招工难度。

三是温州生活成本高企导致外来务工人员减少,自"大拆大整"以来,由于可供出租房源大幅减少,温州外来务工和创业人员居住成本提升,而且自己子女可选择的教育资源匮乏,影响其在温州就业,许多适龄劳动力离开温州,多数返乡发展,少数流向沿海其他发达地区。

(三)应对产业转型与淘汰落后产能的阶段性挑战

在产业转型期间,传统产业逐渐被新型生产性和生活性的产业所替代。像温州市工业企业特别是劳动密集型企业纷纷引进机器替代原有劳动力,更有企业致力于改造、内部开发设备推行"机器换人",实现了缩减员工、减少占地、降低劳动力成本、提高产能、提升企业劳动生产率的目的。产业转型对就业的影响一般有两面性,既有"创造效应",又有"替代效应"。

从产业转型与淘汰落后产能对就业的创造效应来看,其将对就业市场发挥积极作用。产业转型过程将会催生一批新模式和新业态,互联网的飞速发展改变了人们的生活方式和工作方式,在带动经济增长的同时,也会降低找工作的信息搜寻成本,直接创造新的岗位需求,降低产品成本,刺激消费,增强生产和消费之间的联结性,会拓宽新的满足个性化需求的就业空间。就业的多元化、个性化和灵活性特征也会越来越明显。依托网络就业,开启共享经济模式。温州有许多此类灵活就业群体,而且在网络信息普及的环境下,女性对工作与家庭对立的观念得到了缓解,现在温州有很多女性做微商,通过淘宝、抖音等平台卖东西,这是一种新型的"隐蔽就业"现象,对女性服务业就业参与的促进作用很大。

然而从产业转型与淘汰落后产能对就业的替代效应来看,将面临产业转型和淘汰落后产能的阶段性挑战。在温州产业转型升级中,落后产能的淘汰不是一蹴而就的,需要较长时间消化,而新兴产业不可能在短时间内创造足够的工作岗位来吸纳过剩的劳动力,如果不能妥善解决好这方面人员的就业安置问题,将可能影响社会稳定。

（四）应对外部经济社会环境变化带来的就业形势不确定性

当前温州经济下行压力仍然很大，将导致就业市场进一步承压，尤其受到以下事件的影响，有很大的不确定性。

一是受中美贸易摩擦影响，温州市部分对美外贸依赖度较高的企业可能出现用工减少现象，部分企业减员（裁员）压力较大，并对当前和未来的就业形势产生影响。美国对我国出口商品不断加征关税，中美贸易摩擦逐步激化，致使温州市部分出口型企业因经营困难裁减人员，并波及上下游企业，导致失业人员增加，社会就业压力不断加大。这几年受中美经贸摩擦、国内部分产业转型升级以及企业拓展国际市场需求等多重因素影响，温州市一些企业出现向周边国家转移的苗头。这次疫情很可能进一步加速部分企业产能向越南、印度等国家转移，温州企业原有的优势市场面临流失和转移风险。

二是受新型冠状肺炎疫情影响，温州保持稳定就业可能会存在较大不确定性，企业经营将会面临很大的压力，复工复产会面临不小挑战，可能会导致失业人数增多。第一，可能会造成企业持续缺工，且范围不断扩大。各省市普遍对流动人口和外出打工返乡人员采取限制性措施，导致异地员工返程返岗困难多，造成部分工人回不来，回来后还要居家隔离，影响了复工复产的进度。第二，企业面临现金流不足困境。绝大多数企业认为疫情将会对其造成较大损失，由于收入减少、固定费用支出较大、还贷压力较大、企业订单流失、产业链配套不到位等，像制造业、建筑业、酒店餐饮业、旅游业等将会受到很大冲击，很有可能出现现金流不足难以支撑下去的困境。第三，温州应届生找工作将可能面临很大的压力。疫情发生后，一些企业受此影响可能会出现亏损乃至倒闭等问题，对于考公务员、考研失利的应届生，本属于应届生的招录岗位可能会大幅度减少，将会加大应届生群体的就业压力。

三 稳定温州市就业形势的政策建议

解决好就业问题是我们长期面临的一项重大战略任务，面对当前温州市就业存在的周期性和结构性等问题，2020年温州保持稳定就业方面存在较大压力，当前和今后需要继续坚持就业优先战略，防范失业风险，实现更高质量和更充分的就业。

（一）促进经济增长，不断扩大就业容量

增加就业的关键是经济增长。一是进一步优化营商环境，继续推进"最多跑一次"改革，转变政府工作作风，提升办事能力，营造良好的经济发展环境。发挥企业作为稳就业的主体作用，尤其是温州市的民营企业。二是推动"双创"迈向更高水平，发挥创业带动就业的倍增效应。加大创业载体建设和创业服务力度，为创业者提供良好的公共服务和创业氛围。三是落实就业创业政策，释放政策红利。全力继续落实《温州市人民政府关于做好全市新时期就业创业工作的实施意见》，该意见整合了13个相关文件，包含大学生来温就业、推动企业吸纳就业、支持创业创新、加强技能培训、优化公共服务和帮扶困难人员就业等六个方面18项政策，补贴力度居全省前列。通过落实就业创业政策，鼓励企业增加岗位、个人实现就业创业。

（二）引导产业转型，促进就业提升协同发展

一是坚持就业优先战略，进一步促进产业转型升级。尤其是加快建立与人力资源禀赋适配的产业体系，不断拓宽就业新空间，在产业转型升级中创造更多的就业机会。二是优化产业结构，找到保障就业和产业转型的均衡点。通过合理调整经济结构和产业布局，将推动服务业发展作为充分就业的有效方式，构建结构优化、技术先进、吸纳就业能力强的现代产业体系。三是抓住新一代技术革命和数字经济发展机遇，加快发展人工智能、"互联网+"等新产业和新业态，在产业转型升级中创造更多符合新生代劳动力需求的高质量就业岗位。

（三）加强人才引进和职业培训，缓解结构性就业矛盾

解决温州市人力资源结构性矛盾的根本出路，一是培养和造就更多实用

型、技术型和复合型人才，从而扩大人力资源的有效供给。二是鼓励和支持各类用人单位、各类教育培训机构和社会力量广泛开展职业技能培训，加快高技能人才的开发利用，优化劳动者成长成才环境，实现劳动者结构和产业结构相适应，增强劳动者在人力资源市场中的创业能力、择业能力和岗位工作能力。三是调整高校专业设置，更好地支持温州产业发展。引导和鼓励在温高校结合温州当前产业发展特点和需要，对其现有的专业设置进行优化升级，增加温州经济与在温高校专业设置匹配度。四是帮助"新温州人"落地生根，为"新温州人"打造一批落脚社区。强化就业人员的生活配套，比如对于"新温州人"，改善民工学校，开放民工教育。五是优化人才引进政策。温州深入拓展自身特色和需求，营造城市惜才爱才氛围。如为优秀的高校毕业生集中建设和运营一批人才驿站和青年公寓，开展共有产权住房试点和出台优惠的购买政策，以及让其享受与家庭配套的高品质的教育和医疗资源，吸引其来温州就业。

（四）密切关注外部环境变化动向，防范失业风险

一是扶持外贸型企业发展，帮助企业渡过难关，及时处置企业出现的用工问题。密切关注企业出口、生产动态，对企业就业情况及早做出预判，对可能出现影响用工的重大情况提前介入。二是鼓励和引导银行机构创设风险缓释工具，为企业发债融资提供支持。加大保险保障力度，包括企业财产保险、工程保险、货物运输保险等涉企险种。三是做好职业培训、职业介绍、就业指导等各项公共就业援助工作，对因中美贸易摩擦造成规模性失业的企业进行政策扶持，帮助企业妥善安置被裁减人员，帮助失业人员尽快实现转岗就业。四是全力做好惠企稳岗工作。做好协助办理不可抗力事实证明等工作，支持外贸企业通过商事调解、商事仲裁等方式维护自身权益，鼓励企业尽最大努力履行外贸订单，力争将损失降到最低，并且推进落实减税降费政策，畅通融资渠道，切实为企业减负担、增活力。积极落实失业保险稳岗补贴政策，降低社保基数和缴费比例，为企业提供创业担保，降低企业融资成本，稳定现有就业岗位。

（五）加大就业服务力度，畅通就业渠道

一是构建和谐劳动关系，创造良好的用工环境。温州是一个典型的劳务输入城市，在加快经济发展的同时，要更多地关注外来人员的素质提高、事业发展、社会保障等问题。努力打造"无欠薪温州"，积极构建和谐稳定的劳动关系，营造良好用工环境。二是明确舆论导向，营造正确的就业观。就温州市而言，"招工难"将倒逼企业转型升级，而转型升级所开发的新岗位在长期内将有利于就业的增加，有利于人口知识结构的改善，当前可能的就业减少会逐步在未来的转型升级后得到一定程度的弥补。因此，媒体和舆论不宜夸大和渲染"用工荒"的影响，着重引导企业推进转型升级、产业转移，引导农民工树立正确就业观，不要给农民工带来不正确的预期和不应有的误导，从而影响就业形势的稳定。三是畅通就业渠道，积极推进"最多跑一次"人才服务，组织各地人才市场推出多种类型招聘会，增加公益性招聘会场次和成效，开展网上招聘，举办网上人才交流大会，更好地为企业和求职者牵线搭桥，做好供需对接。尤其是要做好外来人员的引进工作，吸引外来人员来温就业，实施"走出去"引才工程，制订"订单式""菜单式"外出招才计划，畅通就业渠道。

参考文献

《2019年国务院政府工作报告》，https：//baike.so.com/doc/28625454-30085900.html。

李德滨、石方、高凌：《近代中国移民史要》，哈尔滨出版社，1994。

李建民：《人力资本通论》，上海三联书店，1999。

陆万军、张彬斌：《就业类型、社会福利与流动人口城市融入——来自微观数据的经验证据》，《经济学家》2018年第8期。

B.14
温州市村（社区）规模优化调整研究报告

缪来顺*

摘　要： 温州在短短3个月的时间内将全市5404个行政村撤并为3034个，打造了村规模优化调整的"温州样本"。在剖析村规模优化调整后存在问题的基础上，从村干部队伍建设、持续推进村集体资产融合、统筹谋划新村发展建设、创新新村治理模式等方面，提出写好村规模优化调整"后半篇文章"的对策建议。

关键词： 撤村并村　乡村振兴　村集体资产

村规模优化调整之前，温州市行政村数量多，规模小。截至2018年12月，温州市有5404个行政村，占浙江全省行政村总数1/5强，每个村的平均户籍人口仅为1200人，远低于全省村均户籍人口2000人。① 一些山区村户籍人口不到800人，再加上一些年轻劳动力进城经商、务工，常年不在家居住，常住人口不足500人，大量宅基地闲置，很多村呈空心化发展态势。行政村数量多、规模小的弊端主要表现为如下几点。一是摊薄公共资源。"麻雀虽小，五脏俱全"，每个行政村按要求都需配置村办公楼、文化礼堂、公共体育设施等，从而使有限的公共财政由于村数量多而被摊薄，难以提高村级公共基础设施配置水平。二是增加公共财政支出。县级财政每年按行政

---

* 缪来顺，中共温州市委党校科研处副处长、副教授。
① 数据源自温州市委组织部组织二处。下文数据若无特殊说明，都来自温州市委组织部组织二处。

村拨付办公运行经费，支付村干部的工资，因此行政村数量越多必然公共财政支出也越多。由于规模小的村事务很少，人浮于事的现象屡见不鲜。三是不利于乡村发展。规模小的村通常集体经济薄弱，能力强、政治素质高的村干部缺乏，因此实施乡村振兴战略，推动乡村发展既缺资金又缺人才。由此可见，对于温州来说，推进村规模优化调整势在必行。

然而在实践中，撤村并村并非易事。由于行政村有其自身特有的历史文化认同、村民归属感，特定的政治生态，特殊的社会互动方式，因此撤村并村是一项系统工程，不仅涉及村干部、村民的切身经济利益，而且关乎不同村民的文化认同与文化融合。撤村并村面临的难题主要包括当下现实问题与长远发展问题。当下现实问题如下。一是由于不同村的集体资产、负债各不相同，有的甚至相差很大，如何处置好不同村集体资产，使合并村的村民认可，这是撤村并村的大前提。二是撤村并村意味着两个或三个村的村干部并成一个村的村干部，因此如何安置撤并村的村干部成为一个不可逾越的难关。长远发展问题如下。一是村两委在规划建设发展合并村时，如何确保既要做到符合乡村发展的客观规律，如优先发展某区块或某项目，又要做到不"厚此薄彼"，平衡发展，从而赢得合并后村民的认同。二是不同村合并后，村民如何良性互动，如何通过民主协商，融合形成合并后新村的有效基层治理模式。

温州市从2019年3月11日召开村（社区）规模优化调整动员部署会到5月5日就完成全市3358个涉及调整行政村的规模优化调整方案表决。至2019年12月底，温州全市村规模优化调整较好地实现预定目标。一是行政村个数大幅度减少。全市5404个行政村撤并为3034个，撤并率达43.86%，并做到"零信访""零舆情""零突发事件"。二是村均面积大幅扩大。全市村均面积由调整前不足2平方公里扩大到调整后的3.4平方公里。三是村均人口大幅增加。村规模优化调整前，全市村均户籍人口不足1200人，到调整后，村均户籍人口约2000人，其中平原村约2200人，山区村约1600人。四是村集体资产、村年收入增加。2018年全市村集体资产均值为1518万元，村集体年收入均值为101万元；2019年全市村集体资产均值达2940

万元,增长93.7%,村集体年收入均值达251万元,增长148.5%①,村集体经济的规模效应初步显现。五是村干部队伍结构优化。村规模优化调整前后对村干部队伍结构进行对比发现,全市新村(社区)干部初中以下学历占比减少39.3%,35周岁以下占比提高28.4%,60周岁以上占比减少48.5%。全市村干部队伍学历低、年龄大的结构得到改善。

一 村规模优化调整的"温州样本"

温州市此轮村规模优化调整紧紧围绕着"撤并哪些村""如何平稳撤并""撤并后新村怎样发展"三大问题展开,按当前工作与未来发展两个阶段稳步推进。一是2019年3~6月完成撤村并村,在组织形态上实现融合,并按合并后新的村级组织开展日常工作。二是在2019年6月至2020年12月甚至更久,写好村规模优化调整"后半篇文章",在组织形态融合的基础上,逐步实现人心融合、治理融合、发展融合。

1. 科学设置撤并村的标准,明确纳入此轮村规模优化调整的行政村范围

《中共温州市委 温州市人民政府关于开展村(社区)规模优化调整工作的实施意见》(温委发〔2019〕25号)明确,将山区户籍人口600人以下、平原户籍人口1200人以下的行政村纳入此次撤村并村范围。各县(市、区)按照"地域相近、人文相通、血缘相亲、产业融合"的原则,根据当地各村的实际情况,因地制宜确定撤村并村具体方案。上述纳入撤并的行政村不少是"空心村"、集体资产薄弱村,撤并是符合客观发展规律的,有利于乡村振兴。同时,简单明了的撤村并村标准,便于基层干部实际操作,这为顺利推进村规模优化调整奠定了政策基础。

2. 合理安排使用撤并村干部,确保撤并前后报酬待遇不变

村两委是开展撤村并村工作的骨干力量,如果村两委干部抵触撤村并村工作,那么势必给撤村并村带来巨大阻力。况且撤村并村与村两委干部的切

---

① 数据源自温州市农村农业局。

身利益直接相关,因此如何减少村两委干部的阻力,调动他们的积极性尤为重要。此轮村规模优化调整对村干部的政策,一方面,坚持县级组织部门、乡镇(街道)对村干部任职资格的联审制度,严格把关,坚决杜绝"五不能""六不宜"人员与曾受过刑事处罚的对象进入村干部队伍。另一方面,各县(市、区)根据实际情况,对有任职资格并愿意继续留任的原村干部,原则上在撤并后的新村安排一定的职务,同时保障其享受原职务待遇至新一轮换届。这一优惠政策极大地削弱了村干部对撤并村的阻力,为顺利推进撤村并村工作提供了坚实的政策保障。为了解决撤村并村后"村少干部多"的矛盾,温州市根据实际需要,在部分撤销后的村设立工作站,作为一种过渡性安排,解决村干部分流安置。全市共分类安置村社主职干部6600多名,其他村两委干部1.9万名。

3. 因村制宜分类处置村集体资产,稳步推进村集体资产融合

村集体资产直接涉及村民根本利益,是撤村并村工作的焦点,也是最难解决的问题,更是各方矛盾集中的爆发点。因此妥善处理村集体资产,直接关系到此轮村规模优化调整能否成功。温州市要求各县(市、区)对涉及撤并村的资源型资产、经营性资产、非经营性资产进行清产核资,查清核实各类资产、现金、债权债务,村村做到账目清、家底明。在此基础上,综合考量合并两村或多村的资产总量、人均资产量、债权债务总量、人均债权债务量等因素,分三种方式处置合并村的集体资产。一是直接完全融合。对资产、负债、所有者权益相差不大的村,采取直接完全融合的方式,将合并的两个或多个村的集体资产直接合并为新村的集体资产。二是协商并社融合。对村与村之间集体资产差距较大的,由两村或多村协商并社融合,按不同比例享有村集体资产所有权、收益权。三是留社逐步融合。对集体资产悬殊的合并村,显然一时难以融合,因此温州市实事求是地根据客观现实,不搞"一刀切",允许采取留社逐步融合。即在设立新村(股份)经济合作社的同时,保留原村(股份)经济合作社,暂时保持原村集体资产不变,以时间换空间的方式,推进"双轨制"运行逐步并轨,保障撤村并村不给社会稳定带来负面影响。因村制宜分类处置村集体资产的方法解决了"富村"

"穷村"合并难以跨越的经济实力悬殊产生的鸿沟。

4. 建立奖惩机制，激发基层干部推进村规模优化调整的内生动力

为了充分调动基层干部推进村规模优化调整的积极性，激发其内生动力，温州市出台了一系列政策措施激励基层干部加快推进撤村并村工作。一是将村集体资产融合工作列入乡镇（街道）经济社会发展目标和党建责任制考核。一方面，市县财政设立专项奖补资金，对村集体资产融合工作先进的乡镇（街道）、行政村予以奖励。全市三级财政共安排4.2亿元专项资金用于奖励、补助村规模优化调整工作优秀单位。另一方面，对村集体资产融合考核在全县（市、区）排名靠后的乡镇（街道），由县（市、区）主要领导约谈该乡镇（街道）党政正职和分管领导，形成责任倒逼机制。二是在选人用人上强化对村规模优化调整先进村进行激励。在此轮村规模优化调整中表现优秀的村干部，在评优评先、推荐"两代表一委员"、招录乡镇公务员和事业编制人员中优先考虑。三是在涉村重大事项上，对村规模优化调整先进村予以优先考虑。在村庄规划、乡村振兴建设项目、美丽乡村建设项目、一事一议财政奖补、农民建房专项指标等方面给予先进村优先考虑。

5. 在组织形态融合的基础上，多措并举全力推进人心融合、治理融合、发展融合

如果说上述四个方面的做法主要是为了有力推进撤村并村工作，实现组织形态上的融合，那么如何在组织融合的基础上推进人心融合、治理融合、发展融合，是此轮村规模优化调整所需要续写的重要"后半篇文章"。为此，温州市委、市政府出台了《关于全面开展红色领航"融合发展"行动加快推进新村（社区）建设的实施意见》（温委办发〔2019〕42号），加快推进撤并后的新村融合发展。一是组织新村干部交叉走访，熟悉村民，了解社情民意，便于今后更好地为民服务。二是利用传统重大节日以新村为单位开展一些群众喜闻乐见的群体性活动，如"邻里节""红色星期天""农民运动会"等，增强新村群众之间的互动，增进彼此了解。三是根据新村的实际情况，统筹设置基层网格，合理分派网格员、党员，做到户户有网格员联系，户户有党员服务。四是按照新村编制发

展规划,以"一盘棋"的思维,统筹安排新村的发展建设项目,推进新村协调发展。

二 村规模优化调整存在的主要问题与薄弱环节

实践中发现,此轮村规模优化调整尚存村干部人员冗杂、村集体资产整合优势未显现、新村发展缺乏统筹谋划、新村治理模式跟不上新村发展需要等问题。

1. 村干部人员冗杂存在人浮于事的现象突出

正如上文所述,在推进撤村并村工作过程中,为了减少村干部的阻力,温州市采取了撤村并村后过渡时期的特殊政策,这为顺利推进村规模优化调整发挥了重要作用。过渡时期的特殊政策也存在一些不容忽视的问题。

一是部分村干部的工作积极性受挫。以两个村合并为一个村为例,合并前两个村包括村支部书记、村委会主任、村监会主任等6名主职干部,合并后只有3名主职干部,这意味着有3名主职干部由正职转为副职。调查发现,虽然政策上仍保留这些由正职转为副职的村干部的原有待遇,但是心理上的落差造成他们在实际工作中不主动、不积极,甚至不作为的现象。

二是村干部人员冗杂,存在推诿扯皮现象。并村后干部人数明显增多,但是干部人数的增加并没有相应地带来工作效率的提高,反而造成了所谓"边际效应递减"现象,村干部在承接工作任务时相互推诿、扯皮。

三是受小团体利益影响,村干部难以整合成有战斗力的队伍。合并前的行政村在长期发展中已经形成一定家族利益、村民利益,并逐步固化。合并后,一些村干部在基于小团体利益的狭隘思想影响下,服从合并后新村的整体利益意识不强,难以做到行动听指挥、坚决执行组织意图,进而影响了村干部队伍的凝聚力、组织力、战斗力。如少数村为了争夺村支部书记的职位,互不相让,最终导致村支部书记空缺,只能暂由社区书记兼任;一些村干部在村重大项目建设上依然认为"你村我村有别",缺乏新村发展的大局

观念。

2. 合并后新村集体资产发挥资源整合优势不明显

发展壮大村集体经济，尤其是薄弱村的集体经济，是此轮村规模优化调整的重要目标之一。然而现实中也发现，合并后新村的集体资产整合优势并未发挥出来。一方面，在第三类留社协商融合模式下，事实上合并前分属不同村的集体资产仍然属于不同的村集体经济合作社，显然不具备村集体资源整合的条件，难以带动集体经济薄弱村的发展。资源性资产、经营性资产仍然属于原村，新村干部由于缺乏可动用的资产，自然难以在发展新村集体经济、推进公共基础设施建设上有所作为。另一方面，直接融合和协商融合类的新村目前还只是做到形式上的村集体资产合并，村集体资产的特色优势、资产整合后的规模效应等尚未有效发挥。

3. 新村建设发展缺乏统筹谋划

村规模优化调整的最终目的是促进农村的发展，实现乡村振兴。然而调研发现，许多合并后新村主职干部对新村建设发展缺乏统筹谋划。从根本上讲，新村的建设发展主要包括两方面：一是发展壮大村集体经济，使村集体有经营性收益，村民有分红；二是更好地为村民提供优质的公共服务，使村民分享改革开放的成果。许多村主职干部对新村集体土地、林地、水域、自然风光等特色资源性资产和集体房屋、集体用地、基础设施等经营性资产缺乏调查研究，缺乏基于新村资源要素禀赋优势发展村集体经济的思路，他们大多数还是停留在合并前原村各自的发展思路上。同时，许多新村的办公楼、党群服务中心、文化礼堂、新村广场、文体活动设施等公共基础设施建设缺乏系统规划和项目建设的时间安排。由于新村建设发展缺乏总体规划的预期引导，本位主义思想使村干部、村民相互猜忌，担心建设项目不利于合并前的行政村发展，使新村建设发展项目举步维艰。

4. 新村的治理模式落后于合并村管理半径扩大后的新要求

合并后的新村无论是从人口规模还是从管辖的地域范围来看，几乎倍增于合并前的行政村，因此新村的管理半径扩大，村庄由原来的熟人社会转为陌生人或半熟人社会，村民之间以及村民与村干部之间不熟悉①，再加上合并前两村本位主义带来的矛盾与冲突，给基层社会治理带来新的挑战。其主要表现为：一是对村干部的素质提出更高的要求；二是对农村基层社会的治理方式方法、治理水平提出更高要求。如村集体资产规模扩大后要求投资经营的决策程序、经营管理制度、财务报销制度、收益分配办法等更加科学、规范、合理；对村重大项目建设的决策要求更加透明、民主、公平、公正。从基层的调研来看，合并后新村的治理模式总体上维持原有的治理模式或在原有模式上做些管理幅度、管理范围上的调整，如调整村网格设置，村干部走村入户调查了解社情民意等，缺乏从制度层面梳理如何更加有效进行基层社会治理。

三　写好村规模优化调整"后半篇文章"的对策建议

写好村规模优化调整"后半篇文章"应着重从村干部队伍建设、持续推进村集体资产融合、统筹谋划新村发展建设、创新新村治理模式等方面着手。

1. 未雨绸缪按照新村人口规模科学设置村干部岗位，并物色合适人选，为换届做好充分准备

村干部是此轮村规模优化调整后新村建设发展的带头人，是推进乡村振兴战略和实现农村基层治理现代化的重要力量。因此遴选出一支有凝聚力、战斗力的村干部队伍对新村的发展来说至关重要。

一是根据新村人口规模、管辖地域范围等因素，科学设置新村干部岗位职数。一方面避免村干部职数过多增加公共财政负担，另一方面防止因干部人员过多而产生的"边际效益递减"效应。

二是未雨绸缪做好村干部换届工作。在合并后新村开展的实际工作中，锻炼培养村干部，物色合适的村干部人选，尤其是村主职干部，甄别不作

---

① 王春光：《中国乡村治理结构的未来发展方向》，《人民论坛·学术前沿》2015年第3期。

为、不担当的村干部。

三是多给大学生村官、青年党员、有志于乡村工作的年轻人等压担子，着力培养村干部后备队伍，优化村干部队伍结构。

2. 持续跟进留社协商融合，在民主协商的基础上确定村集体资产产权分成比例，推进新村集体资产完全融合

留社协商融合模式尚未实现村集体资产的融合，在撤村并村后尤其需要重点关注此类新村。乡镇（街道）需持续跟进，推动新村集体资产真正融合，实现从"双社"运行到"单社"。在民主协商的基础上，根据原村人均拥有资产量确定两村在合并后新村集体资产股权占比，引导新村在换届前逐步实现村集体资产融合。

3. 整合新村现有资源，统筹谋划建设项目，推进新村融合发展

一是县级自然资源和规划部门、农村农业部门根据合并后新村地理位置、要素禀赋、产业基础等，做好新村发展规划，明确其产业发展方向、生活生产空间布局。新村发展规划要体现村落集聚的理念，合理布局农民生活生产空间，通过易地翻建调整新村建设用地位置，引导农民新建住房向中心村集中。

二是整合利用原村办公用房、党群服务中心、文化礼堂等，通过扩建、修建、改建等，将其改造成为新村办公场所、为民服务中心。县级财政加大对新村基础设施建设的支持力度，让村民体会到更好的公共设施、更优质的公共服务。

三是统筹利用新村的特色自然资源、集体用房等资产，谋划新村建设发展项目，通过投资入股、引进资本、招引企业、租赁物业等途径，发展壮大村集体经济。

4. 加大基层探索力度，创新新村治理模式，实现基层治理现代化

一是通过厘清需求清单、资源清单、项目清单等"三张清单"，做优做强农村公共服务，提高新村居民认可度、情感依赖度、活动参与度，加速人心融合。村干部应该加大基层走访摸底调查力度，用脚步丈量民意，抓住重点人群，如老年人、青少年、低收入群体等，调查摸底，了解居民的需求是

什么、痛点在哪里，等等。同时调查了解辖区内党员、热心公益人士、文体艺术特长者等，掌握新村人力资源等第一手材料。根据居民实际需求，结合新村的人力资源、基础设施、资金等资源禀赋，列出为民服务的项目清单，做到在发挥新村自身资源禀赋优势的基础上，实现供需无缝对接。

二是用科学规范的制度管人管事。建立健全村干部的分工责任制、工作考核制度、工作奖金补贴制度等，形成一套完善的分工明确、责任到人、奖罚分明的村干部管理制度。建立健全村级重大事项、重大建设项目、重大投资项目等民主科学决策制度，规范权力运行。建立村民参与村级公共事务决策、监督村权力运行制度。

三是培育农民参与新村治理的主动性。农民是新村建设发展的主体，乡村振兴需要培育村民在新村建设发展上的主导权、参与权、建议权、受益权、监督权等。

四是利用信息技术建设智慧农村。充分发挥信息技术和互联网蓬勃发展的优势，由市级相关部门牵头开发类似"智慧乡村"的App平台，整合农村农业部门、民政部门等涉农服务资源，实现"一个平台、全方位服务"，提升乡村治理现代化水平和服务能力。

文 化 篇

Culture Reports

B.15
2019年温州文化发展报告

陈中权*

摘　要： 2019年，温州市以打造"诗画山水·温润之州"城市品牌为目标，以创建国家公共文化服务体系示范区和国际化休闲旅游度假城市为抓手，在文旅融合、公共文化服务创新、历史文化街区改造提升、乡村文化振兴等方面取得了较好成效，出现了一些亮点，城乡文化品位得到明显提升。但存在着文化发展指数仍然偏低、乡村公共文化服务体系建设相对薄弱、文化产业创新能力不足、文化和旅游尚未形成合力等问题。2020年，应着力推动文化和旅游深度融合、全力冲刺国家公共文化服务体系示范区创建工作，努力建设瓯江山水诗路文化带。

---

* 陈中权，中共温州市委党校文化与社会学教研部主任、副教授。

关键词： 文化发展指数 文旅融合 公共文化服务 历史文化街区 瓯江山水诗路

2019年是新中国成立70周年，温州市委提出了"奋战1161，奋进2019"年度工作主题。温州文化发展以文旅机构改革为契机，以打造"诗画山水·温润之州"城市品牌为目标，以创建国家公共文化服务体系示范区和国际化休闲旅游度假城市为抓手，围绕社会主义核心价值体系、公共文化服务体系、文化遗产保护体系、文化产业发展体系建设等采取了系列措施，文化发展情况总体良好，城乡文化品位得到明显提升。

一 2019年温州文化发展基本情况

2019年，温州在公民素质提升、文旅融合、公共文化服务创新、历史文化街区改造、乡村文化振兴、对外文化交流等方面取得了较好成效，出现了一些亮点。

（一）城市文明程度和市民文明素质显著提升

2019年，温州坚持培育和践行社会主义核心价值观，创新精神文明建设方式方法，通过实施《温州市文明行为促进条例》、移风易俗改革、新时代文明实践中心建设试点等，继续推进"大爱城市、诚信社会、道德高地"建设。

1.《温州市文明行为促进条例》开始实施

2019年1月1日，《温州市文明行为促进条例》开始实施，规定对斑马线"低头族"给予警告或罚款10元的处罚。1月14日，温州开出全国首张罚单，处罚斑马线"低头族"，全网阅读量超3亿。全市全年共处罚斑马线"低头族"案例6519起，其中警告5883起、罚款636起，其中，16~35岁的年轻人是被处罚的主要群体，这种经验做法被《人民日报》、新华社、中

央电视台报道。另外，全年对骑电动车不佩戴安全头盔的进行教育的案例有5万多起，处罚2.3万起。

2. 继续推进移风易俗工作

温州市被列为全国移风易俗工作试点城市，2019年，全市共引导婚事新办、丧事简办9万多起，共查处移风易俗违规案例837起，问责535人，查处案例入选中组部组织选编的《贯彻落实习近平新时代中国特色社会主义思想在改革发展稳定中攻坚克难的生动案例》。

3. 开展新时代文明实践中心试点工作

2018年8月，平阳县被列入全国新时代文明实践中心第一批试点县。根据中央要求和本地实际，平阳县构建了"'3+1'志愿服务体系"，即新时代文明实践志愿者服务总队、服务大队、服务队和新时代文明实践志愿者监督团，发动全县2.1万名机关党员干部下沉一线，主动开展志愿服务，把新时代文明实践向基层延伸作为主攻点，着力破解基层阵地"运行难"、志愿者服务"下沉难"、乡风文明"提升难"等难题，形成了"红色代办""为老服务"等特色品牌，推进了文明城市建设、移风易俗改革等工作。平阳县新时代文明实践中心试点通过验收，同时，乐清、瑞安被列入第二批全国试点县（市、区），另有4个县（市、区）入选省试点。

4. 持续推进志愿服务常态化

全市有注册志愿者278万名，名列全国地级市第一，注册志愿服务组织7638家，城市志愿者服务指数名列全国第二，11个团体或个人被评为全省志愿服务先进典型，入选数居全省第一。温州医科大学附属眼视光医院获评全国学雷锋活动示范点，《温州晚报》郑雪君获评全国岗位学雷锋标兵。

5. 涌现一批道德典型

温州援川医生彭来恩先进事迹获中宣部时代楷模发布厅专门发布，"飞车侠"刘文忠、"利奇马"特大台风救援群体入选2019年度"最美浙江人·浙江骄傲"十大年度人物。2019年，全市有2人获"浙江省道德模范"，87人获得"温州市道德模范"，4人入选"中国好人"，21人登上"浙江好人榜"，136人被评为"温州好人"。截至2019年12月，全市共培育各级各类道德典型1800多人，其中9人获"全国道德模范"及提名奖、13人获"浙江省道德模范"、143人获"温州市道德模范"、41人入选"中国好人"、173人入选"浙江好人榜"、631人被评为"温州好人"，入选数居全省前列。温州道德馆全年参观团队达960个，参观人数突破10万人次。

（二）文化和旅游融合加快发展

2019年是温州市"文旅融合"元年。根据机构改革要求，市级层面，原文化广电新闻出版局和旅游局合并成立文化广电旅游局，其中新闻出版职能划归宣传部；县级层面则成立文化和广电旅游体育局。

市委、市政府高度重视发展旅游业，召开了高规格的全市旅游发展大会，出台了《关于打造温州国际化休闲度假旅游城市的意见》，明确提出要着力把旅游业培育成为温州战略性支柱产业和富民强市的"幸福产业"，重点聚焦"诗画山水""休闲乡村""时尚都市""活力海洋""文化温州"五张金名片，力图打响"诗画山水·温润之州"品牌。

文化和旅游融合发展成了新成立机构的主攻方向。按照"全地域覆盖、全资源整合、全领域互动、全社会参与"的全域旅游发展理念，温州把全市当作一个大景区来规划、建设、管理和营销，重点从县（市、区）、镇（街）、村居等三个层级同步推进景区化创建。洞头、永嘉、文成成为全省首批全域旅游示范区；洞头区和文成县铜铃山镇、泰顺县雅阳镇、苍南县霞关镇、永嘉县大箬岩镇等地入选全省首批4A级景区城（镇）试点培育单位；泰顺县泗溪镇、竹里乡和永嘉县岩头镇、苍南县矾山镇成为省级旅游风情小镇；浙江省有A级景区村庄823家，其中3A级景区村庄134家。泰顺竹里入选全国首批乡村旅游重点村。重大旅游产业项目实现新突破，投资166亿元的泰顺氡泉大峡谷、投资58亿元的楠溪江云上温泉旅游度假区等温商回归投资项目，填补了温州单体投资超50亿元重大旅游项目的空白。形成了"山水雁楠""红都绿野"两条跨县域的乡村振兴精品示范带，推动了乡村特色文化旅游发展。

（三）公共文化服务创新项目成全国典型

创建国家公共文化服务体系示范区是市委、市政府的一项重点工作。2019年，大力推进公共文化服务"十百千"工程建设，洞头区、15个重点乡镇和185个重点村公共文化建设提升工作完成并通过验收，推进"五个百分百"建设，全市所有县（市、区）通过浙江省基本公共文化服务标准化建设认定。全年新建成633家文化礼堂、20家城市书房、20家百姓书屋、10家文化驿站等民生实事项目，截至2019年12月，全市共有文化礼堂2515家、城市书房88家、百姓书屋61家、文化驿站70家，其中85%以上的城市书房、百姓书屋、文化驿站由企事业单位或街道社区提供场地、参与运行管理，初步形成了共建共享共赢的局面。

温州青灯石刻艺术博物馆、东瓯古家具博物馆等多家民间博物馆建成开放，社会力量参与公共文化设施建设较好地弥补了政府对公共文化的供给不足，并对保护、传承、挖掘地域文化发挥了积极作用。

乡村公共文化服务建设出现新气象。公共文化设施建设开始由单纯的数量扩张向数量扩张和质量提升并重转变，设施种类由单一向多样转变，并出现一些高品质设施，城乡之间的公共文化设施差距在缩小，比如，乐清市柳市镇文化中心，总占地23亩①，总建筑面积达35800余平方米，总投资2.36亿元；瑞安市曹村镇东岙村文化礼堂投资1000余万元，颇具现代气息；瑞安市陶山镇沙洲村除文化礼堂外，还建有慈善文化广场、家规家训文化馆、道德陈列馆等，并拟建飞云江变迁遗址馆、乡村记忆馆等。

自2018年4月列入第四批国家公共文化服务体系示范区创建城市以来，温州已完成示范区创建指标32项，完成率达94%，其中，25项达优秀标准，优秀率达73%，顺利通过文化和旅游部的中期验收。图书馆、文化馆总分馆建设和法人治理改革走在全国前列，"城市书房""文化驿站""乡村

---

① 1亩≈666.67平方米。

艺术团"被文化和旅游部列为全国创新典型，其实践经验在三次全国会议上得到交流、推广。

（四）文化遗产保护传承取得显著成效

为全面提升中心城区首位度，加快建设区域中心城市，市委、市政府将打造瓯江两岸沿线、塘河两岸沿线、历史文化街区、中央绿轴、三垟湿地即"两线三片"五大亮丽城市名片作为中心工作，以提升温州城市颜值和品位。根据温州市历史文化街区三年行动计划总体安排，在2018年对五马街和禅街进行改造提升的基础上，2019年温州又对与江心屿和五马街毗连的公园路片区进行改造提升。公园路片区是温州古城重要的文化中心和商业中心，东至环城东路，西至解放街，总长580米。温州投资约3.76亿元，通过挖掘公园路及中山公园的历史文化记忆来打造"公园路十景"和"中山公园十二景"，以修旧如旧、建新如旧的原则重建具有温州传统民居风格的特色历史街巷。江心屿素有"中国诗之岛""世界古航标"之称，围绕国际化休闲度假旅游目的地打造和瓯江山水诗路文化带建设，立足中国山水诗朝圣之地定位，重点对具有深厚历史文化底蕴的东园进行改造提升。

按照传承发展浙江优秀传统文化行动计划，2019年温州重点推进市区戏曲文化主题公园、永嘉瓯窑小镇、泰顺"百家宴"等项目，其中投入9700万元推进白鹿洲公园的戏曲文化建设和塘河核心段沿线的戏剧文化夜游演艺展示，意在打造戏曲文化主题公园，推进古典戏曲传承保护文化品牌建设。

致力于打造非遗保护工作样板地，推动13个非遗项目被社会力量"认养"，形成29个文旅融合非遗文化体验基地，平阳昆阳鸣山古村、苍南福德湾古村等一批非遗特色街（村）涌现，成为沉浸式旅游的创新样本。参加世界非遗传承人大会，向世界发出温州非遗声音。

全国第八批重点文物保护单位名单于2019年10月发布，永嘉县坦头窑遗址、乐清市雁荡山龙鼻洞摩崖题记、鹿城区英国驻温州领事馆旧址和苍南县矾山矾矿遗址名列其中。目前全市已有国家级文保单位33处、省级文保单位110处、市（县）级文保单位711处。平阳县顺溪镇名列第七批中国历史文化名镇。鹿城区藤桥镇屿儿山遗址入选2019年度浙江十大考古发现。

成立"温州学"文献中心，收藏古籍900余种、民国文献近千种、当代文献2万余种，试图打造一个了解温州、读懂温州的历史文库和研究温州、解读温州的社科基地。

（五）文艺活动丰富多彩

为庆祝新中国成立70周年，全市开展了一系列重大主题宣传活动、文艺活动和群众性主题教育活动，举办了"壮丽七十年 高歌颂中华"——温州市庆祝新中国成立70周年万人歌咏会和"壮丽70年 奋斗新时代"温州市庆祝新中国成立70周年图片展等。放映庆祝新中国成立70周年的红色公益电影11847场，放映场次居全省第一。

举办温州市第七届市民文化节系列活动，其间创作音乐作品40余首、原创舞蹈作品19个、戏剧小品类作品12个，开展各类主题活动900余场，近6万人参与表演，线上线下观众达440余万人次。第十四届浙江省戏剧节首次走出杭城入户温州，历时20天共提供300余场演出活动，线下参与量达60余万人次，网络参与量达2400余万人次。

举办2019"书香温州"全民阅读节、"百年守望，世纪书香"温州文化论坛暨"温州市图书馆建馆100周年庆典"等活动，发布《2018温州市全民阅读调查报告》，其间共开展全民阅读活动1264余场，17万余人次参与，助力打造"书香社会"。率全省之先实现实体书店乡镇（街道）全覆盖。深化"墨香温州"建设，累计培育135个"墨香校园""墨香单位""墨香村社""墨香家庭"。

电视连续剧《温州三家人》被列为国家广电总局重点扶持项目和"深扎"倾斜项目，累计获得专项扶持资金494万元。歌曲《最美在温州》、瓯剧《兰小草》、电视纪录片《廊桥筑梦》获评第十四届精神文明建设"五个一工程"奖。原创歌剧《五星红旗》入选2019年省舞台艺术创作重点题材扶持项目。央视纪录片《百年巨匠——苏步青》、电视剧《奋进的旋律》在温州开机并拍摄。反映温州公益慈善事业的电影《红日亭》在院线上映。

画家候传芳创作的长 40 米、高 0.6 米的钢笔画长卷《八百里瓯江图》在浙江省展览馆展出。曹凌云的《走读飞云江》入选浙江省作协 2019 年定点深入生活项目。蒋胜男的《燕云台》和善水的《书灵记》上榜 2018 年中国网络小说排行榜。9 件作品入选第 13 届全国美展,8 件作品入选第 27 届中国摄影艺术展览,13 件作品入选全国第十二届书法篆刻展览。

(六)文化产业呈现稳步发展态势

举办 2019 温州国际时尚文化产业博览会,超 33.05 万人次观展,成交额达 3.41 亿元,来自 23 个国家和地区的 500 余家企业及机构参展。13 家文化企业、300 余件展品亮相第十五届深圳文博会,17 家文化企业参加第二届长三角文博会。出现了一些新的文化创意园区,比如永嘉工艺美术文化创意产业园、永嘉县碧莲镇亨嘉文化创意园等。

全市 104 家城市影院共放映电影 132 万场,比上年同期增长 11%;观众达 1458 万人次,比上年同期增长 2%;票房收入 4.9 亿元,比上年同期增长 6%;全市农村电影完成放映场次 52503 场,放映总数居全省第一位。

"温州国家广告产业园区"获正式批复并设立,5 家园区获评省级文化产业园区,6 家街区获评省级文化创意街区,23 家企业入选省第四批 100 家成长型文化企业名单,入选数量均居全省前列。全市现有市级重点文化企业 144 家,市级成长型文化企业 105 家,省级成长型文化企业 23 家,省级重点文化企业 2 家,新三板文化企业 11 家。2018 年,全市实现文化产业增加值 342.84 亿元,占 GDP 的比重为 5.71%。

(七)对外文化交流进一步拓展

2019 年,温州积极主动融入长三角区域一体化发展国家战略,并成功被列为长三角区域一体化发展中心区城市。为有效提升温州文化和旅游业在长三角的知名度和市场占有率,温州积极承办第十四届浙江山水旅游节暨首届中国·文成达瓦孜(高空钢丝)国际邀请赛,举办温州文化旅游(上海)

全球推介会、"920 就爱你温州"2019 自驾旅游文化节、2019 年自由行创新发展大会、"看南戏·游温州"等主题营销活动 150 余场，外出开展专题文旅推介活动近 20 场，掀起温州文旅宣传热潮。

加强海外文化和旅游拓展交流，以全国第三名的佳绩入选 2020 年"东亚文化之都"候选城市，并在全国工作交流会上做经验交流；正式成为亚太城市旅游振兴机构（TPO）会员城市，在法国巴黎和意大利罗马、普拉托等地设立文旅交流中心，筹建中意文旅交流示范区，举办"施泰尔马克州邂逅温州"首映式、布拉格国际演出设计与空间四年展、文成国际瑜伽节暨中印瑜伽旅游峰会、柬中文化友好座谈会、泰国来温考察踩线等系列活动。举办伦敦、巴黎"遇上温州"系列写生展览活动，与中国美术学院、中央美术学院等共建国际山水写生基地，吸引了不少国内外艺术家、专业艺术院校师生来温州开展写生活动。

二 当前温州文化发展存在的问题

虽然温州文化领域建设取得了长远进步，但仍存在不少亟须解决的突出问题。

（一）文化发展指数仍然偏低

自 2012 年以来，中共浙江省委宣传部、浙江省统计局每年编制浙江省文化发展指数（CDI）评价报告，温州文化发展指数一直在全省排名靠后。2019 年 10 月，《2018 年度浙江省文化发展指数评价报告》正式发布。数据显示，以 2017 年浙江省文化发展指数为基准值 100 计算，2018 年全省文化发展指数为 109.54，比 2017 年增长 9.54%。温州市文化发展指数为 85.81，为全省最低；增幅为 9.03%，低于全省平均增幅，排全省第 6 名。值得关注的是，2018 年，温州在全省相对领先的指标仅有 2 项，分别是"每万人拥有注册志愿者"和"居民综合阅读率"，而在全省相对靠后的则有 13 项，其中"人均公共文化事业费""每百万人拥有文化品牌数""公众对文化生活的满意度"居全省末位，这些数据已多年来在全省排名靠后。预计2019年温州市文化发展指数排名依然全省靠后。虽然温州文化发展指数历年保持增长态势，但在全省偏低的问题长期得不到有效解决，应该引起高度重视。

（二）乡村公共文化服务体系建设相对薄弱

创建国家公共文化服务体系示范区是温州市委、市政府的一项重点工作，但受机构改革、市县两级领导层大幅调整，旅游成为新机构工作重中之重等的影响，上半年创建工作明显放慢了脚步。虽然顺利通过了文化和旅游部的中期验收，但创建工作尚存在不少薄弱环节，尤其是在广大乡村。2019年下半年，温州市文化和广电旅游局委托第三方专业机构针对全市公共文化场馆开展了设施暗访和群众满意度调查，通过对包括4处市级公共文化设施、22处县（市、区）级文化馆和图书馆、62处乡镇（街道）综合文化站、127处村（社区）文化礼堂/综合文化服务中心在内的215处场馆的调查，发现全市公共文化场馆存在着文化服务设施配置不达标、文化服务标识欠规范、文化氛围营造不足、不按时开放、群众知晓度低等诸多问题。

乡村振兴示范带建设是温州贯彻乡村振兴战略的重要举措。2018年，全市开展16条乡村振兴示范带建设，2019年全市开展30条乡村振兴示范带建设。乡村振兴示范带建设对公共文化设施建设有明确的要求，但由于乡村振兴示范带从审批到验收不到一年时间，示范带上的公共文化设施建设总体上比较粗糙。

2019年初，全市开展村居规模优化调整工作，将5404个行政村减少为3034个。此举解决了行政村规模小、数量多、布点散、实力弱，严重制约乡村经济社会发展的突出问题，但文化认同、公共文化空间建构等方面的问题开始凸显。

（三）文化遗产保护和利用任务艰巨

当前温州城市建设已整体上从"大拆大整"转为"大建大美""精建精美"，大规模拆除具有一定历史价值的老建筑的行为已经停止。随着乡村振

兴示范带建设的大规模推开，乡村所剩无几的古老建筑也越来越受到当地政府和百姓的爱惜，乡村振兴示范带沿线的古村落更是受到了开发商的青睐。温州现有146个古村落，很多都在招商引资，一批古村已被社会资本开发，一些古村落已被开发成价格昂贵的民宿，古村落原有的独特文化气息不复存在。一些古村落或因开发商实力不足，或因开发商与当地村民发生利益冲突，或因政策处理不到位，开始出现问题。

全市虽然建成了一批非遗体验基地，推动一些非遗项目被社会力量"认养"，涌现了一批非遗特色街（村），但对于大批濒危的非遗来说，生存困难问题依然没有得到根本性改变。以传统工艺美术产业为例，传统工艺美术是温州非遗的强项，全市现有120多个工艺美术品种，其中传承百年以上的有50个、50年以上的有30个，涌现了11位国家级工艺美术大师、70位省级工艺美术大师、172位市级工艺美术大师，各级大师人数之多在全国地级市中名列前茅；但坚守传统工艺手艺的普通艺人很多还在生存线上苦苦挣扎，工艺美术的产业队伍呈萎缩、递减趋势，缺少能够促进行业内部有效交流的行业组织机构，缺少高档次、高水平的工艺美术博物馆和工艺美术文化园区，常因扶持资金不足而无法组团参加国内一些重点展会，"百工之乡"品牌难以打响。

（四）文化产业创新能力不足

2011~2018年，全市文化产业增加值从116.01亿元提升至342.84亿元，年平均增速超16%，占GDP的比重从3.4%提升至5.71%，已迈入国民经济支柱产业行列。但文化产业的增长幅度在回落，文化产业竞争力对文化发展指数的贡献率在降低。据《2016年度浙江省文化发展指数评价报告》和《2018年度浙江省文化发展指数评价报告》，2016年，温州文化产业竞争力比2015年增长57.19%，对文化发展指数的贡献率达53.12%，文化服务贸易出口占服务贸易出口的比重居全省首位；但2018年，温州文化产业竞争力比2017年增长1.63%，对文化发展指数的贡献率达3.13%。温州与杭州、宁波等先进城市的差距甚远。2018年，杭州市文化创意产业实现增加值3347亿元，占GDP的比重为24.8%，宁波达到793.74亿元，同比增长10.8%，占GDP的比重为7.39%。杭州、宁波、金华三个市文化产业增加值占全省的60%左右，全省主板上市文化企业38家，挂牌新三板文化企业100余家，而温州没有主板上市文化企业，新三板文化企业仅11家。

文化产业创新能力不足是最大的问题。温州缺乏吸引文化创意人才的大平台，高水平文化创意人才在温州的事业发展受到限制，本地文化创意类学院虽设立相关专业培养了部分文化创意人才，但无法满足市场对文化创意人才的需求，文化创意复合型人才匮乏。文化产业结构有待完善。当前仍以传统的印刷业、工艺礼品、教玩具等为主，文化核心领域内容创作生产约占6.93%，创意设计服务约占5.97%。文化产业投资95%以上为民间资本，大企业很少。政府虽然发布了进一步鼓励和引导民间资本投资文化创意产业的相关政策和规划，但具体政策细节模棱两可，政策落实上还存在程序繁杂等问题。

（五）文化和旅游尚未形成合力

文化与旅游部门虽已合并，文化和旅游融合发展也已成为无可争议的大趋势。但是，机构合并相对容易，从理念到管理机制的转变到真正融合是一个漫长的过程。目前各县（市、区）都成立文化和广电旅游（体育）局，都成立旅游发展中心（事业编制），都有旅游投资集团，但三者之间的权限、责任和义务并不清晰，甚至出现了多头管理、各自为政的问题，机制不顺明显影响了文旅融合的进程和成效。

以瓯江山水诗路文化带建设为例，2018年6月，浙江省委、省政府提出，将大运河诗路、钱塘江诗路、浙东唐诗之路和瓯江山水诗路"四条诗路"文化带建设，作为打造全省大花园的标志性工程，并从2019年起每年安排5亿元，四年共计安排20亿元支持"四条诗路"涉及的县（市、区）、省级重点项目承担单位以及大花园典型示范县。山水诗路是一条文旅融合之路，但目前尚处于起步阶段，关于山水诗的历史发展脉络、诗人行迹路线、诗路文化遗存分布等缺乏系统性考证梳理和标志性成果，对山水诗路的研究

更是薄弱环节；各地在城市建设、全域旅游、美丽乡村建设等项目实施过程中植入了不少山水诗的元素，但缺少形式多样、层次丰富的载体和核心项目支撑，重点不突出，亮点不耀眼，特色不鲜明；各地围绕山水诗推出的活动也往往热闹有余而品位不足；甚至，一些临时拼凑起来的项目还对现有山水格局造成破坏。

2019年10月，市文化广电旅游局推出100条精品旅游线路，意在围绕山水诗意、海洋旅游、都市风情、乡村休闲、红色旅游等领域，串珠成线，打响"诗画山水·温润之州"品牌。然而，所谓100条精品旅游线路中的不少线路谈不上"精品"两字。

三 2020年温州文化建设对策建议

2020年是高水平全面建成小康社会和"十三五"规划的收官之年，而突如其来的新冠肺炎疫情对文化产业冲击极其巨大，文化领域的建设和发展任务十分艰巨。应认真对照文化发展中存在的突出问题，紧紧围绕提供优秀文化产品、优质旅游产品这一中心环节，以建设国家公共文化服务体系示范区、国际化休闲旅游度假城市、瓯江山水诗路文化带、乡村振兴示范带、"东亚文化之都"等为抓手，做好"十四五"时期文化和旅游规划编制工作，精心设计一批重大工程、重大项目、重大政策和重大举措，着力推动文化和旅游真融合、深融合，努力推动温州文化高质量发展。

（一）发挥优势补短板，确保成功创建国家公共文化服务体系示范区

2020年下半年，国家公共文化服务体系示范区创建将迎来文化和旅游部的验收，全市必须全力冲刺国家公共文化服务体系示范区创建工作，力争以优异成绩通过文化和旅游部验收。建议突出政府在公共服务供给中的主体地位，加大对公共文化服务体系的建设投入力度，尽可能打破"人均公共文化事业费"在全省极其落后的局面，加快形成政府主导、市场主体与社

会组织广泛参与、方式灵活、高效率的公共服务多元供给体系，推动文化体制机制改革，推进文化治理体系和治理能力现代化。更加充分地发挥社会力量参与公共文化服务供给的优势，同时完善社会力量兴办文化事业的体制机制，健全公建民营、民办公助等制度；按照"非禁即入"的原则，鼓励和引导社会力量进入法律法规未明确禁止准入的文化事业领域；健全政府购买服务机制和监管制度，逐步完善政府向社会力量购买服务的政策措施和实施办法。进一步强化城市书房、文化驿站、乡村艺术团等公共服务品牌，加快形成"城市15分钟文化圈""乡村30分钟文化圈"。以城市书房获批国家社会管理和公共服务标准化试点项目为契机，深化温州城市书房标准化建设，建立城市书房全国联盟机制，保持温州城市书房在全国的领先地位。推进文化馆总分馆制，将文化驿站打造成为温州另一张公共文化金名片。继续加强乡村艺术团建设，下功夫攻克乡村公共文化服务的薄弱环节。

（二）精心布局城乡公共文化空间，不断提升城乡文化生活品质

温州市委十二届八次全会提出，全面提升中心城区首位度，加快建设区域中心城市；市委十二届九次全会提出，把都市区建设作为发展的主体形态，高品质实施"大建大美"，全面增强城市竞争实力。城市之间的竞争，不仅是经济发展之间的较量，而且是文化领域的比拼。建议温州在构建"一主两副三轴四带"都市区空间布局时注重公共文化空间布局。公共文化空间是公众参与文化生活的场所和载体，不仅具有地理学上的空间意义，而且具有社会学意义上的公共精神和归属意识。随着"两线三片"建设、国家公共文化服务体系示范区创建、瓯江山水诗路文化带建设、乡村振兴示范带建设、西部生态休闲产业带建设、"东亚文化之都"建设、"不夜温州"建设、实施全域旅游"千村百镇十城景区化"工程等重要举措的不断深入，温州文化发展尤其是乡村文化发展迎来了难得的机遇，但这些举措有不少交叉重叠之处，非常需要通过顶层设计建构新型城乡文化空间，可在"十四五"规划中对新型文化空间建构予以明确，以便在全域推进、全线加速、

全景展示"大建大美""精建精美"中增强文化气息、提高文化品位，不断增强人民群众的幸福感和满意度。

（三）积极推动文旅融合，打响文旅融合品牌

文旅融合发展作为提升百姓生活品质的重要方式，是新业态、新产业、新模式孕育形成的重要载体。建议以文化为旅游铸魂，以旅游为文化添彩，充分发挥温州文化资源和旅游资源丰富的优势，重点抓好全域旅游示范区创建，在积极推进都市区"两线三片"整合提升板块、雁荡山—楠溪江旅游一体化板块、文成泰顺环飞云湖旅游度假板块、海上花园洞头与"贝藻王国"南麂岛海洋旅游板块等的景区化创建中，做好历史文化资源与产业融合、山水自然资源与产业融合的文章，认真谋划一批极具投资价值的文旅产业类重大项目，打造一批文旅融合示范基地；加强对古村落活态化保护，通过"诗与远方"来重新焕发古村生机；成立温州文旅产业投资集团和文旅产业基金，参与重点精品文旅项目投融资建设；打造温州文旅网红IP场景和新文旅IP产业链，促进温州文化与旅游商业深度融合；应对疫情影响，推出振兴文旅消费市场强有力的政策措施，激活文旅消费市场；坚持全市上下文旅营销"一盘棋"格局，全面整合各县（市、区）营销资源，集中打响"诗画山水·温润之州"主题品牌。

（四）做好山水诗文章，高质量建设瓯江山水诗路文化带

包括瓯江山水诗路在内的"四条诗路"是浙江省推进"文化浙江"建设的时代亮点和"大花园"建设的标志性工程，给温州带来了良好的发展机遇。建议利用温州是中国山水诗发祥地的先天性优势，借助浙江"大花园"建设的难得机遇，对瓯江山水诗路的核心区域、重要节点和薄弱环节进行深入研究，认真梳理出诗路文化的诗人行迹图、水系交通图、遗产风物图、名城名镇图、瓯越文脉图这"五幅地图"。以山水诗为灵魂，在区域文化鲜明、经济实力较强、人口空间聚集、辐射带动明显的地方，特别是雁荡山、楠溪江、江心屿、斗城、温瑞塘河、三垟湿地、大罗山等重要节点，建

设若干个标志性文化项目。通过文化项目形式将山水诗具象化在实景里,以文旅融合的手段将文化资源优势巧妙地转化为产业发展优势,高质量地打造一条串联秀美风光、令人魂牵梦绕、展示文化自信的诗路,使之成为"诗画浙江"最好的一张金名片,成为中国名副其实的第一条山水诗路和山水诗路最佳旅游目的地。

B.16
温州民俗体育发展现状研究

陈 秋*

摘 要: 民俗体育起源于历史上移民、人口流动、军事战争、信仰祭祀、农业生产劳作等。温州民俗体育具有山地民俗和水乡民俗的特质,主要有民间武术、民俗竞技、民俗游艺三种发展样态。近年来,温州民俗体育的文化价值和社会价值日益彰显,民俗体育社团蓬勃发展并参与到城乡社区公众体育项目建设中,民俗体育产业化并融入民俗旅游业发展中,现代社会(社区)治理附加功能凸显;但也面临着发展空间被挤占,未系统、全面开展挖掘、整理、开发,民俗体育的专业性未被正视等问题。因此,我们需要开展民俗体育资源普查和数据库建设,创温州民俗体育品牌;正视民俗体育的专业性,探索温州民俗体育竞技性和民俗性双轨发展机制;从政策上扶持鼓励更多民俗体育项目创新投入,并使之成为社会公共体育服务体系的重要组成部分。

关键词: 温州 民俗体育 公共体育服务体系 社会治理

民俗体育是人类早期在宗教祭祀、军事战争、劳动生产、娱神娱人等社会交往中的互动成果,是一定地域的社会群体在长期生产和生活中逐渐形成并世代相沿的小传统。独具地域特色的温州民俗体育生活和民俗体育文化是

---

* 陈秋,中共温州市委党校文化与社会学教研部副教授。

温州民俗的重要构成。随着我国非物质文化遗产保护发展理念和工作的深入推进，尤其是文旅融合新战略的实施，温州民俗的传承、保护与开发迎来了前所未有的契机。温州民俗体育的发展是和温州区域经济、文化发展相辅相成的，科学合理地开发民俗体育资源，必能促进温州社会、经济、文化的繁荣。

近年来，温州民俗类的体育产业、体育文化和体育社团等蓬勃发展，各类以"民俗体育"冠名的社区活动、运动会、交流会、发展论坛等迅猛开展，屡见于温州各大媒体报道，但是对其发展现状、具体数据的观察等却鲜有涉及。本研究在田野调查的基础上，梳理当前温州民俗体育的发展现状、总体的走势，分析近年来温州民俗体育发展中存在的不足和问题，并尝试提出建议和对策。

一 温州民俗体育的起源和发生

温州民俗体育孕育于瓯越先民的节庆、宗教祭祀、军事战争等活动中，并经世代传承、发展、变迁，与温州地域的民间习惯、风土人情密切关联。

1. 地域性山地民俗和水乡民俗孕育了温州民俗体育

民俗体育与民众的生产生活息息相关，很多民俗体育活动的形式直接表现为群众的生产和生活。一是山地民俗体育。如温州永嘉山地、洞头海岛山地的甘蔗种植面积大，城镇化前，这些地区有民众家庭从事甘蔗种植，收成劳作时，民众在田间娱乐开展"劈甘蔗"比赛，劈甘蔗赌输赢；小孩子用甘蔗渣做道具发明了"打野战"的民间嬉戏活动等。二是水乡民俗体育。温州地处吴越与八闽之间，丘陵、群山环绕，河道纵横，东濒东海，地理位置特殊，境内水系发达，水域面积广阔，造就了温州丰富的船舶文化，[①] 传统端午节日千帆竞渡、龙舟运动源远流长。水乡民俗体育还与温州的水域生

---

① 1960年10月，温州自来水厂扩建时在工地中发现了独木舟四艘，根据考古学家鉴定，这来自1000多年前的东晋时期。根据明万历《温州府志》载，"竞渡起自越王勾践。永嘉水乡用以祈赛"，温州龙舟运动在宋时已很流行。

产、生活方式分不开，除了龙舟竞渡，还有温州船拳①、划快船比赛等，都具有温州独特的水乡民俗体育特点。山地民俗体育和水乡民俗体育一般与我们的传统节日紧密结合，是民众休养生息的时间和空间的文化，也是现代人与大自然亲密接触、回归自然的最便捷的休闲方式，既生活化又娱乐化，深受温州各地区民众喜爱。

2. 温州民俗体育源于传统社会军事战争和祭祀活动

温州南拳、船拳都起源于军事战争，②后从军中传至民间，并沿袭久远。"浙江南拳出温州"，宋王朝南迁时，大批抗元的文人武士随之南移，带来了北方武术流派风采，促使瓯越武坛出现空前繁荣的局面。历史上温州"地狭多阻"，台风、干旱等自然灾害频繁，温州先民不得不敬畏自然，并试图通过各种宗教祭祀仪式活动与自然界的神灵交流，观察神迹，寻求神意，表达人类的无助和渺小，以及对不可逾越的神灵的敬拜；祈求风调雨顺、国泰民安的祭祀仪礼从此诞生。这些民间宗教和祭祀仪式经过发展和演变，一些日常化为民众生活，逐渐形成了一些独具地域特色的民俗体育活动。比如每年正月温州各地祈福祭祀仪式中的多种民俗体育游艺活动，各县市的划（舞）龙灯（拼字龙、滚龙、板凳龙、大龙等），洞头的划鱼灯和迎火鼎，乐清蒲岐镇的抬阁、踩高，等等。

3. 移民带来区域民俗互动，促进温州民俗体育繁荣

温州是一个移民之乡。历史上的数次人口大迁移都对温州社会产生了很大的影响。魏晋南北朝时期的"永嘉南渡"，以及唐、五代移民避乱中，北方到福建的移民大批迁往温州；宋以来台风、暴雨等自然灾害，使闽人相继迁温；明代抗倭，大批北方士兵戍守温州……移民、人口流动带来区域民俗

---

① 据当地传说，温州船拳起源于400多年前，倭寇入侵，温州渔民自创水上战法，也可以说是一种专门在船上突然发起凶狠攻势的南拳，用一支普通的竹竿施展武功。

② 温州民间流传着南拳起源的故事。福建有一座少林寺，为嵩山少林的分支，人称"南少林寺"，寺中僧人世人习武。康熙年间，西鲁国来犯，无人可敌，福建少林寺僧人请缨出征，大破西鲁国，班师凯旋。不久，有人进谗，清廷派兵围剿福建少林寺，将寺焚毁，寺中仅有五僧幸免于难。这五位僧人四处寻访英雄豪杰，创立了洪门（天地会），立誓"反清复明"。福建、广东、湖北一带的南拳都由这五位僧人传出，因此尊他们为南拳"五祖"。

文化的互动，南北民俗的交流与发展，温州民俗体育也更加多元化。如明代59个卫所[①]之一的乐清蒲岐古镇，民间流传的"打秋千"（不同于荡秋千）民俗体育，就是明末由卫所士兵从福建带入，蒲岐人将之改造成一种极罕见的大型民间体育。千秋架高20多米，中间宽8米，中间装备巨大圆形转环，转环设四个转轴，每轴6米长；"打千秋"时间限定于元宵节的前后三天；参加"打秋千"的一般是百里挑一的骁勇、聪明的少年……此外，还有被列为国家级非物质文化遗产的龙湾宁村汤和民俗文化节上的"踩高跷"运动，也是宁村卫所时期的移民文化和当地文化碰撞产生的民俗体育游艺活动。

4. 温州民俗体育是农耕文明生产劳作的社会记忆

温州民俗体育与温州民俗相伴相生，有些具有强身健体、娱乐功能，也有些项目有表演和观赏的价值，但其都是农业社会时期温州民众的生产劳作、生活的智慧结晶。如雁荡山的"灵岩飞渡"表演，就源于当地农民上山采草药的民俗生活。雁荡山悬崖峭壁上生长着很多名贵中草药，据说当地农民为采草药谋生，往往身系绳索攀缘峭壁，采集药材，练就了"飞崖走壁"的绝技。1916年，乐清大荆人蒋叔南看到来雁荡山的游客越来越多，突发奇想雇用了几位当地农民进行飞渡表演。现在"灵岩飞渡"成了雁荡山的一大传统特色旅游项目。此外，泰顺的吊十三楼，也来源于农业社会时期旱灾来临时民众的求雨、祈福及禳灾仪式的记忆；文成、平阳的翻九楼[②]源于浙南地区的求雨，期盼不背农时，秋天丰收；瓯海周岙正月十三的挑灯巡游活动，寄托了农业社会民众五谷丰登、国泰民安的美好祝愿；苍南畲乡三月三的赶舞场、火把舞、竹竿舞等，都是当地民众春日祈福、祭祀祖宗和神灵等的社会记忆。

---

① 明代抗倭，大批士兵戍守温州。明朝时期，温州沿海一带是常遭倭寇侵扰的地区之一。明代开国勋将汤和为永固海防之计，亲自规划、督导，在浙东、浙西沿海修筑卫所59座，并募兵6万守之，史称"海上长城"。
② 吊十三楼是市级非遗，翻九楼是浙江省级非遗。

二 温州民俗体育传承与发展现状

温州民俗体育源远流长，种类繁多、内容丰富，其传承与发展都具有浓郁的温州地域特色；我们可以从历史发展样态与发展现状来观察分析。

1. 温州民俗体育三种传承样态

从起源和表现形式观察，可以发现温州民俗体育存在民间武术、民俗竞技、民俗游艺三种发展样态。

温州民间武术文化的渊源可以追溯到秦汉之际，全面兴盛于南宋。温州地区历代共出了武进士439名、武科鼎甲29名，仅南宋一代，武进士就有305名，武状元14名，占全国1/3。[①] 据明代万历年间温州学者姜准的《岐海琐谈》记载，"永嘉手搏之法，传自李克明，别号文皋，原籍临海，或云乐清产也"。[②] 温州传统拳法及器械在全国武术近200个流派中独树一帜，如"手搏拳"是温州本土拳法的一种，是集竞技性和艺术观赏性于一体的民间武术，并且其在传承与发展过程中逐渐融入民众生产生活，发展为当地喜闻乐见的民俗体育形式。

民俗竞技指的是在民间举行的、具有民俗性质的、各种形式的比力气、比技巧和比技艺的民俗体育活动。[③] 如上文提到的各种龙灯竞技（鳌江划大龙等）、平阳的十五巧板等，还有著名的龙舟竞渡。温州的龙舟竞渡已有2000余年的历史，明万历年《温州府志》记载，"竞渡起自越王勾践，永嘉水乡用以祈赛"。这些民间竞技活动，在和谐邻里关系、促进村落之间的交流中起到了不可替代的作用，但是也出现了村之间因为民俗竞技项目争斗而

[①] 《中国武术的温州传奇》，《温州日报》2013年12月11日。
[②] 另外2012年整理出版的《南拳在温州》记载，温州南拳，是吸收南北少林的优秀拳法与套路，结合本地域实际用法创造出的独具地域特色的搏击拳术。温州南拳流传至今，发展了三个流派：刚柔、虎鹤、伍龟。三大流派又细分为多个拳种门系，如七宝童拳法、飞熊拳法、白鹤拳法、功仇拳法、刚柔拳法、五支拳法、牛角拳法、擒柔拳法等；另外，南拳器械门系有丈二棒、齐眉棍等。
[③] 郭伴溪：《中国民间游戏与竞技》，三联出版社，1996，第11页。

产生纠纷的现象。

民俗游艺是以展现民俗技艺为目的的游戏活动，不同于民俗竞技的竞技性，娱乐性是其主要特点。永嘉的踏八卦、瑞安藤牌舞、平阳十五巧板、苍南蒲城"拔五更"等都是温州各地特色的民间游艺活动。

2. 温州民俗体育发展现状

（1）民俗体育的文化价值和社会价值日益彰显

民俗体育源于民俗活动娱乐，有调节社会心态、愉悦身心、减轻人们工作和生活压力、缓解焦虑的作用。随着经济、社会的发展，尤其是国内外非物质文化遗产保护开展热潮，一些民俗体育项目也作为非物质文化遗产的一部分，被开发、利用和保护。当前文旅融合理念推进，民俗体育产品被不断开发成为地方旅游经济发展的重要内容。20世纪七八十年代，温州划龙舟械斗、乱摊派等恶习盛行，进入21世纪以来，尤其是2002年以后，通过政府的引导和管理、加强安全措施等，划龙舟械斗逐渐消失，温州龙舟朝着民俗竞技体育方向发展，并发展成为民间健康体育活动。温州民俗体育活动无论是龙舟竞技还是温州民间武术等，其中所蕴藏的许多积极向上的集体精神、伦理价值和民间社会的运行规则，都是温州地方社会有序运行的民间智慧，是化解社会矛盾的补充方式。温州在2012年被国家体育总局评为"中国龙舟名城"。近年来，温州已连续承办多次中华龙舟大赛，并且是2022年亚运会龙舟比赛的举办城市，这些都为温州社会、经济和文化发展注入新的活力。

（2）民俗体育社团蓬勃发展并参与到城乡社区公众体育建设中

温州作为民营经济的发源地，民间各个领域的发展都有独特的优势。2017年，全国唯一的"社会力量办体育"改革试点设在温州市，温州体育产业创新发展，在助推全民健身事业中具有举足轻重的地位。截至2019年底，温州市依法登记和备案的体育社团组织发展到1996个，其中市级83个，注册会员达到10万余人；[①] 民俗体育类市级社团约有25个，被民众所熟悉的民俗体育社团有温州市武术协会、温州市钓鱼协会、温州市信鸽协会、

---

① 温州市体育局提供数据。

温州市温州南拳协会、温州市龙舟协会、温州市风筝协会、温州市空竹运动协会、温州市海钓协会、温州市悟肢拳协会、温州市太极拳运动协会、温州市八卦掌协会、温州市摔跤运动协会、温州市民俗体育运动协会、温州学校武术联合会、温州市木兰拳协会、温州市泰拳协会、温州市瑜伽协会，等等。

可以发现，温州民俗体育社团涉及的民俗体育种类多样，大部分是孕育于本土文化的民俗体育项目，也有域外流传、风靡世界的民俗体育项目，如泰拳和瑜伽。武术健身类的民俗协会数量最多，这也和当前民众追求健康、环保的美好生活有关，也是当前国家推进治理体系和治理能力现代化大背景下社会治理改革的综合体现。这些民俗体育社团在引导温州社区民众参与体育活动增强体质方面起到了举足轻重的作用。并且大部分民俗体育社团都参与了社区体育项目建设，根据温州市体育局资料，2019年共有13家民俗体育社团开展网络民众喜闻乐见的民俗体育项目，[①] 表1为2019年温州市民俗体育社团"社团进社区"活动概况。

表1 2019年温州市民俗体育社团"社团进社区"活动概况

序号	社团	结对社区	体育特色项目
1	温州市象棋协会	仰义街道仰新社区	象棋知识普及与教学
2	温州市空竹运动协会	松台街道锦花社区	空竹教学
3	温州市轮滑运动协会	滨江街道宏源社区	青少年轮滑普及与教学
4	温州市风筝协会	景山街道景山社区	风筝制作与放飞体验
5	温州市跆拳道协会	南郊街道东龙社区	跆拳道普及与教学
6	温州市游泳协会	蒲鞋市街道蒲鞋市社区	游泳安全知识和技术指导
7	温州市武术协会	南浦街道南塘社区	太极拳培训
8	温州市信鸽协会	蒲鞋市街道横河南社区	信鸽知识普及
9	温州市冬泳协会	松台街道茶花社区	科学游泳及急救讲座
10	温州市龙舟协会	南汇街道桥儿头社区	龙舟普及与体验
11	温州市瑜伽协会	滨江街道绿园社区	健身瑜伽进社区
12	温州市太极拳运动协会	双屿街道瓯浦垟社区	太极拳教学
13	温州市柔道协会	江滨街道安澜社区	柔道运动普及

---

① 2019年温州市共有46家体育社团进社区，帮助社区组织开展体育技能和科学健身知识培训、趣味体育比赛活动等，共举行各类赛事活动701次，比2018年增加了15%。

（3）民俗体育产业化并融入地方旅游业发展

《国务院关于加快发展体育产业促进体育消费的若干意见》明确提出，将全民健身上升为国家战略，把体育产业作为绿色产业、朝阳产业培育扶持，要求促进全民健身与竞技体育、体育产业协调发展。"全民建身"理念推进了温州民俗体育产业化发展。目前温州民俗体育产业化发展主要沿着健身性民俗体育、娱乐性民俗体育、竞技性民俗体育和表演性民俗体育进行。[1] 如雁荡山"灵岩飞渡"表演、洞头开渔节开发千帆竞渡等民俗体育项目，都是当地民俗旅游业进行旅游产品开发的重要资源。民俗体育旅游是一种全新的旅游形式，是体验经济时代民众发展自我、释放自我的需要，也能在一定程度上振兴温州地方民俗文化，推动国家"全民健身"理念，更能促进温州产业模式转型升级、推进绿色发展理念，也是温州文旅融合理念推进的重要抓手。

到2019年为止，温州已初步形成"雁楠飞"[2] 国家级体育户外赛事运动休闲带。其中雁荡山"灵岩飞渡"这一体育项目是"雁楠飞"体育旅游线路上的重要景点，也因为有民俗体育等元素的加入，雁荡山旅游风景区已成功创建为国家级体育旅游精品景区和浙江省十佳运动休闲地。2018年、2019年成功举办两届中国黄金海岸休闲垂钓大赛（温州北麂）暨瑞安"海岛旅游文化节"海钓邀请赛，"瑞安北麂海钓运动休闲胜地"初步形成，全国各地的80名海钓精英在北麂列岛参加海钓民俗体育赛事。此外，还开发了苍南民族特色运动，打造"畲乡民族特色运动聚集区"等，温州民俗体育旅游产业空前发展。

（4）乡村民俗体育在变迁中传承并发展了新模式

温州农村城镇化进程不断加快，新型城镇化理念、乡村振兴战略虽在近年来崛起，但是"新乡土中国"社会近30年的传统城镇化在很大程度

---

[1] 刘万武、姚重军：《体育民俗之探讨》，《西北民族学院学报》（哲学社会科学版）1999年第3期。

[2] 建设乐清雁荡山、永嘉楠溪江、泰顺和文成飞云湖，打造"雁楠飞"国家级体育旅游精品路线，是依托生态打造精品。

上消解了民俗体育发展的土壤，国家"送体育下乡"一定程度上也挤占了乡村民俗体育的传承空间，[①]并促使其在变迁中传承发展出新的民俗体育文化形式。温州乡村民俗体育也不例外。2004年"体育三下乡"以来，温州乡村广泛开展现代体育项目建设，力图解决村落体育资源匮乏和活动数量较少等问题，并取得了一定效果。每个村或者几个村建一所文化礼堂、一片门球场、一个灯光篮球场等。实现西方现代化体育设施覆盖所有行政村，蔓延至乡村地域的登山健身步道、游泳池、足球场、百姓健身房、全民健身活动中心[②]等，这些举措都促使乡村民俗体育朝着一个全新的轨道发展，正如当前温州市各乡村民众热衷于篮球运动。迄今为止，温州市已经举办九届千村百镇万场篮球联赛，大部分乡镇都组建了自己的篮球队，并有自己的社区体育指导员等。可以说，当前温州乡村篮球等现代性体育项目日益融入民众的休闲和运动生活，并和中国广场舞一样与地方民俗体育相融合，发展出温州乡村民俗体育的新模式，慢慢沉淀为温州乡村群众体育的一部分。

（5）民俗体育的现代社会（社区）治理附加功能凸显

民俗的社会调节和控制功能也决定了民俗体育社会治理功能必然彰显。尤其在乡村社会治理中，民俗体育往往和节庆、婚俗礼仪、庙会、会市等民众公共集体生活相伴相生，在现实生活情境中具有沟通人际关系，增强社会凝聚力，提高人们道德水平，缓解矛盾，营造安定、祥和氛围，维护社会和谐与稳定的正向功能。当前温州民俗体育社团参与社区体育发展，结合社区的实际情况，为结对社区量身打造居民愿意参与的群众体育运动项目，既有广受中老年民众喜爱的空竹、龙舟等项目，又有深受青年、青少年青睐的跆拳道、轮滑、风筝等动感项目，还有象棋、围棋等老少咸宜的大众项目。民

[①] 黄聪：《村落民俗体育文化传承问题的社会根源及解决对策》，《北京体育大学学报》2018年第12期。
[②] 2019年新建30条登山健身步道、12个游泳池、10个足球场、10家百姓健身房、32个社区多功能运动场、6个中心村全民健身广场（公园）、100个小康体育村升级工程、2个省级全民健身活动中心。

俗体育社团参与组织社区体育发展活动慢慢成当前社会治理的一个重要举措。如温州武术协会聚集社会各方面的力量共同出资500万元创办了全国首家地市级武术专题博物馆，全面展示温州地区千百年来武术文化的发展与传承轨迹，每年暑假温州武术博物馆举办公益武术夏令营活动，为各社区居民提供武术习练机会，在使之感受传统武术魅力，积极传播武术文化的同时大力弘扬武术精神，增强社会（社区）凝聚力，等等。

三 温州民俗体育发展中存在的问题

温州民俗体育在变迁中传承与发展，创造出富有温州地域性的独特的民俗体育文化模式，具有温州民俗和温州体育的独特魅力，但是我们不能否认其仍存在的一些问题。

1. 城镇化进程一定程度上制约了温州民俗体育的传承与发展空间

和所有传统民俗文化的传承与发展境遇一样，随着城镇化的开展，传统民俗日益变迁，或者与现代社会融合发展成新模式，或者走向消亡。温州许多民俗体育活动也是如此，这是城镇化发展、民众对美好生活追求的必然结果。如永嘉田间娱乐的"手劈甘蔗""手劈木材"等民俗体育，必然会随着机械作业的推广走向消亡。城市范围扩大，传统村落正在消失，原来用于村民年节聚会、民俗表演、集体游艺的民俗场所，在征地建设、土地流转过程中日益消失。民俗空间被挤占导致民俗体育项目的传承日益困难；即使一些进入非遗保护项目的民俗体育也需要足够的场地保障才能开展。此外，2008年北京奥运会更加强化了"国家体育"的概念，民俗体育作为群众体育的一部分，在国家体育面前显然是弱势的；加之近年来"体育下乡"中，送到乡村的现代流行体育和国家体育项目，在很大程度上冲击了乡村传统民俗体育原有的发展轨道。很多时候民俗体育活动只是一些乡村节庆民俗基层部门举办文化惠民活动的工作而已，民众不大关心和参与，如乐清蒲岐的"抬阁"等，本地基层民众参与度不高，温州市域内许多民众对此的知晓度更是不高。

2."非遗保护"尚不能全面甄别、挖掘、保护地方民俗体育资源

根据我国非物质文化遗产法的规定,传统体育和游艺属于非物质文化遗产。① 而"传统体育和游艺"和"民俗体育"两个概念并不完全等同,"传统体育"与"现代体育"对应,其发展模式可能是官方的,也可能是非官方的,如温州的划龙舟是传统体育,但端午节村落龙舟竞渡就是非官方行为,亚运会的龙舟比赛是竞技性的官方体育。而"民俗体育"是以非官方和民间性为主要特点的体育模式,这就必然导致许多民俗体育资源是以自由状态散落民间的。如果不去系统地鉴别、盘点、挖掘、整理等,很多民俗体育项目会像非遗资源一样随着传承人的离去而人亡技尽,有些会随着时代变迁被现代体育取代而消融,更有些会在当前文旅融合新理念的推动下被混搭进各种竞技运动形式,被开发利用、整合进现代旅游资源中去。

所以从非遗保护门类出发的温州民俗体育资源保护,是不能穷尽温州民俗体育资源的所有门类的。笔者也访问过温州非遗办的相关领导,发现温州非遗名录下的民俗体育种类非常有限,因为非遗办的民俗体育类名录的申报筛选都有固定的流程,最后留下的市级、省级的民俗体育非遗就少之又少,但是这掩盖不了温州民俗体育丰富多元的事实。

3.民俗体育社团专业性待提高,参与社会(社区)群众体育建设路径不够完善

一些注册为温州民俗类的体育社团,在开展民俗体育文化交流中,内容比较杂糅,有些时候会随意糅进国学诵读、书法等项目。民俗类的体育社团和温州普通体育社团相比,民俗体育社团更弱势,社团成员因对民俗和体育的热爱走到一起,来自各行各业,且是兼职人员,在实际工作开展中缺乏专业体育管理知识或者民俗知识。温州社会力量办体育做了很多工作如体育品牌建设、体育文化建设等都是有口皆碑的,但是在民俗体育品牌的开发中尚

---

① 《中华人民共和国非物质文化遗产法》保护的内容有:(一)传统口头文学以及作为其载体的语言;(二)传统美术、书法、音乐、舞蹈、戏剧、曲艺和杂技;(三)传统技艺、医药和历法;(四)传统礼仪、节庆等民俗;(五)传统体育和游艺;(六)其他非物质文化遗产。

需更多路径思考。另外,民俗体育多是一个地区的民众喜闻乐见的体育项目,民俗体育社团"在地化""在社区"有序组织民众参加、开展体育项目,其每一次的运营都是一次社区民众生活文化共同体的建设和重塑过程。但是目前很多民俗体育社团进行的更多的是温州市域外甚至国外的文化交流活动,诚然,这样的外出交流活动宣扬了温州丰富多彩的民俗体育文化和传统文化,这些交流活动理应是温州民俗体育社团社会工作的一部分;但是我们民众更需要这些社团能够走进本土社区,向温州人(尤其是温州年轻人)宣传地域性的民俗体育文化,组织本地居民参加温州各县市特色的民俗体育活动,尤其是走进乡村镇一级居民社区,引导民众自觉发现、发掘本地区的民俗体育项目,并且享用它、传承它,为讲好温州传统文化故事添砖加瓦。

四 保护传承并合理开发温州民俗体育资源的建议

"深入挖掘中华优秀传统文化蕴含的思想观念、人文精神、道德规范,结合时代要求继承创新,让中华文化展现出永久魅力和时代风采;"富有生命力的民俗体育项目是优秀传统文化的重要载体,在优秀传统文化传承与发展中发挥着独特而重要的作用;其传承、发展直接彰显了温州文化和传统的繁荣、群众健康素养、精神价值追求和群众道德风尚。新时代,温州发挥区域民俗传统体育资源优势,在推进乡村振兴战略和健康中国建设中,具有不可替代的重要作用。

1. 开展民俗体育资源普查和数据库建设,创温州民俗体育品牌

近年来,在非遗保护、乡村振兴、文旅融合大背景下,一些民俗体育项目得到地方政府重视并重新启动,但开展的项目毕竟有限。在"互联网+"话语体系下,信息化和数字化建设是各行各业亟须面对的一个问题,各种民俗活动和民俗组织的传承与发展机制的变革都是亟须面对的问题。

民俗体育社团和地方政府可以借鉴非遗普查保护的经验,开展全面系统的温州民俗体育数字资源库的建设。梳理温州各地区具体民俗体育内容条

目，整理各乡镇、社区具体民俗体育名录，在这个基础上获得温州民俗体育资源总览，并作为进一步进行民俗体育文化品牌开发和建设的资源库，为推进民俗体育社团专业化发展提供重要的智力支撑。

全面系统的民俗体育资源排查和整理，可以由民俗社团或者地方职能部门单位牵头。引导民众开展各种民俗体育项目联赛，建立各类民俗体育俱乐部，让传统的民俗体育突破地域性村落资源的限制。政府在鼓励社会力量办竞技体育的同时，也需要鼓励社会力量参与到民俗体育的繁荣工作中，民俗体育在发挥民间组织活力中有重要作用。通过加强民俗体育组织文化建设，寻求以身体活动为表现形式的民俗体育品牌建设，积极申办有温州地域特色的民俗体育赛事和活动，打造全国知名的温州民俗体育产品等。

2. 正视民俗体育的专业性，探索温州民俗体育竞技性和民俗性双轨发展机制

目前，对温州民俗体育的专业性引导、专业性理性思考，明显滞后于社会上百花齐放的民俗体育活动的开展，这也是当前许多民俗体育团队运作项目杂糅的重要原因。民俗体育和所有民俗资源一样需要有一个系统的挖掘、整合、创新、提升的发展逻辑。所以，我们亟须正视民俗体育文化的拥有者、开展民俗体育的地方团体、各类民俗体育社团的专业性和专业成长问题；如各类协会可以在民俗体育发源的特殊民俗时空开论坛、设立研究课题等，这将为温州民俗体育更好地传承与发展开辟新的道路。目前温州龙舟协会在这一方面做得比较好，但是对温州民俗体育整体的专业性研究与思考投入不多，使龙舟运动逐渐向竞技化靠拢，并加入官方举办的体育赛，所以民众抱怨现在的龙舟运动已经不是小时候的划龙舟了。但是竞技应该是体育运动的本质属性。民俗体育也不例外，但其相较于竞技体育更侧重民间娱乐性。所以温州民俗体育传承与发展需要探索竞技性和民俗性双轨发展机制。

要实现温州民俗体育的竞技性和民俗性双轨发展，需要建设一支温州民俗体育专业性队伍，将民俗体育项目开发融入社区公共体育的服务供给过程中，引导社区体育指导员开展带有竞技性的民俗体育项目，开发有效的甚至高端的民俗体育产品。历史上许多竞技体育项目往往都是由民俗体育发展而

来，因为追求卓越、超越自我是体育精神的本质，民俗体育竞技化的发展道路是由其体育的演进规律所决定的，但是民俗体育还需要民俗化。温州龙舟竞渡、舞龙等影响较大的民俗体育，在竞技性方面与全国各地差别不大，但是温州龙舟的特色在于民俗仪式性，需要投入民俗专业的研究和挖掘，借助地方文化精英在民俗体育文化传承方面的作用，探索其作为一种文旅融合在活动仪式、活动内容方面与其他省份同类项目的特色，创新当前民俗体育传承与发展机制。

3. 将民俗体育项目纳入公共体育服务体系

借力"社会力量办体育"的政策环境，积极探索温州"民俗体育"融入社会（社区）公共体育服务体系之路。多方调动社会民俗和体育资源如温州民俗协会、高校体育专业人士，包括各类民俗体育社团会长、发起人、会员等，培育温州民俗体育人才的成长环境，广泛吸收社会各领域成员加盟到民俗体育社团中来，提升民俗体育的社会资本存有量，多渠道向群众宣传、普及民俗体育专业性的理念。

政策扶持、鼓励民俗体育的传承人、拥有者、能人，开发一些小型的容易开展的民众喜闻乐见的民俗体育项目，并带着社区民众一起"玩"起来。特别要鼓励基层尤其是乡镇（街道）和社区体育社会组织的民俗体育项目开发，加大经费投入，形成长效机制，并及时将其输入社区公共体育服务体系中。如周岙正月十三挑灯节、乐清蒲岐镇的"抬阁"民俗、苍南蒲城"拔五更"等都是大型民俗体育活动。可以投入资金让民俗体育社团、体育能人等改革、创新这些大型的民俗体育活动，也可以发展带有类似民俗体育规则的小型项目，提供给民众以娱乐并作为强身健体的地方性项目。比如温州市少儿图书馆每年元宵节，将温州的舞龙活动改革成"小滚龙"项目，供孩子们娱乐，温州会展中心的春节民俗会展，也都会提供一些改造过的迷你版的舞龙灯项目供民众体会、娱乐……这些都很好，但是目前都还是从民俗角度出发的关于文化传承的努力，只在特殊民俗时空（年节）才提供给民众享用，且未常规化、社区化，未发展为公共体育服务体系的重要组成部分。

B.17
温州市旅游市场主体研究报告

谢中榜*

摘　要： 2019年，在政策利好、消费升级和资本追加等多重因素作用下，温州旅游市场面临着前所未有的发展契机。基于这样的背景，温州旅游市场主体的数量增长稳中有变，国有投资型旅游企业发展势头良好，市场主体间的社会组织日趋成熟，新型旅游企业和创业平台开始萌芽发展。除了依靠产业内生演进，这还与近年来温州经济社会发展理念转变、产业政策调整、公共服务创新等因素有关，它们共同优化了温州旅游市场主体的成长路径。但是，温州旅游市场主体的发展仍未走出政策哺育期，市场在资源配置中的决定性作用不明显，旅游企业的核心竞争力不强，制度性制约依然存在，市场化改革不彻底问题还没有解决。因此，政府应加强对旅游市场主体的专项研究，对现有旅游政策进行系统梳理，继续推进旅游管理体制改革，健全旅游资源要素流动机制，强化本土化旅游人才培育。

关键词： 旅游市场主体　旅游资源　温州

温州旅游资源十分丰富，旅游业发展起步早，且政府历来重视旅游产业发展，温州是东部沿海发展较快的旅游城市之一。然而，温州旅游市场主体

---

* 谢中榜，中共温州市委党校文化与社会学教研部讲师。

的成长并非一帆风顺，目前仍正面临"成长的烦恼"。查阅温州现有旅游发展规划、政策文件可以发现，还没有任何一个正式文本把旅游市场主体作为独立部分进行关注，这是一个亟待研究的问题。本报告旨在通过深入的调研分析，探讨温州旅游市场主体相关的基础性问题，进而为温州旅游发展政策和公共服务提供依据和参考。

一 旅游市场主体的基本情况

本报告的旅游市场主体指狭义的市场主体，即以营利为目的从事旅游相关产品与服务生产、经营活动的市场竞争主体，既包括旅游企业，也包括从事旅游相关行业的个体经营户。综合考量所有制性质、组织形式、经营范围、市场区位等多方面因素，我们对近五年温州旅游市场主体的基本状况及其内生演变进行描述与分析。

（一）旅游市场主体的数量稳步增长

一方面，各类旅游企业数量稳步增长。参照《国家旅游及相关产业统计分类（2018）》，对涉及旅游住宿、游览、综合服务等业务的旅游企业进行了统计，数据如下：截至2019年底，温州全市3A级及以上景区有69家，其中5A级景区1家，4A级景区19家；全市共有旅行社331家，其中5星级旅行社4家，4星级旅行社23家；全市共有旅游住宿接待单位8621家，包含星级酒店66家，其中5星级酒店6家，4星级酒店18家；全市有持特种行业许可证的民宿774家（截至2018年1月），其中浙江省民宿等级评定的白金宿3家、金宿3家。纵向比较可以发现，旅游相关企业的总数量有明显增长。以2013年为例，温州市只有A级景区35家，旅行社217家，星级酒店104家。另一方面，非企业性质的旅游市场经营主体数量大幅增长。例如，2019年温州建成了353个景区村，其中3A级53个，全市景区村总数达800余个。这也带动了农家乐、民宿、农产品销售等旅游相关行业的发展，个体经营户数量快速增长，形成了农民增收的增长极。此外，在旅游市

场主体总数量稳定增长的过程中，也出现了细分行业内部的结构性变化。例如，温州的酒店行业自2013年以来经营业绩下滑，已有不少酒店退出温州市场，星级酒店数量锐减。而民宿作为一种新型旅游住宿服务被大量复制推广，短期内数量猛增，大大冲击了传统住宿行业的格局。一些规模很小的家庭旅馆也纷纷改头换面，打起了民宿的旗号。据民宿协会业内人士估计，未持特种行业许可证的民宿至少3000家，2019年在建和投入运营的民宿不下400家。

（二）投资主导型国有旅游企业发展势头良好

从发展历程来看，温州民营资本进入旅游领域较早，而国有或集体性质旅游企业在温州的发展一直较为缓慢，不如前者那么活跃。但近几年来，随着消费结构加速升级，温州政府越来越清晰地意识到旅游产业的重要性。同时，温州也亟须寻找到新的经济增长点，进一步优化现有产业结构。因此，温州市开始有意识地引导投资主导型国有旅游企业发展，并通过市场化改革在短期内形成规模效应，各县（市、区）纷纷成立了国有独资性质的旅游投资集团或旅游发展有限公司。洞头区（时为洞头县）成立旅游发展有限公司的时间最早，可追溯到2011年，紧随其后的是永嘉县（2012年）。2014年，乐清市依托雁荡山旅游资源成立了旅游发展集团有限公司。2015年，平阳、苍南两县成立了旅游投资集团。到2018年，温州市域内其余大部分县（市、区）都组建了旅游发展公司或集团。旅游投资集团的业务主要涉及以下几方面：旅游项目开发与经营管理、旅游基础设施建设、旅游配套工程建设等，以及旅游事业项目的投资、融资、建设和营运任务。温州国有旅游企业通过改革实现了后来居上，充分发挥了体制和资源优势，形成了与民营旅游企业共同发展的良性局面。2019年，温州共建设90个重大旅游项目（10亿元以上21个），其中华东大峡谷（160亿元）和楠溪云上温泉（58亿元）项目顺利落地，实现了50亿元重大旅游项目零的突破。

（三）旅游市场主体间的社会组织日趋成熟

温州是国内行业组织发展较早的城市之一，早在1995年，就有17家旅行社共同发起了行业协会的筹建。从行业细分来看，温州目前已有酒店行业协会、民宿行业协会、饭店与餐饮行业协会、农家乐行业协会等10余个与旅游相关的社会组织。温州旅游行业社会组织的发展较为成熟，主要体现在如下几个方面。一是行业组织会员覆盖面广，大部分旅游行业的会员覆盖率在60%~70%，并且成立三年内入会的企业比例不断提高。二是行业组织的制度建设趋向规范，章程、会员制、年会制较为健全；普遍建立了决策机制，重要事务都由理事会或全体会议决策；行业协会的财务状况普遍可持续，年度支出在20万~50万元。三是行业抱团的作用较为突出。以温州旅行社行业协会为例，到目前已发展204家会员单位，总年营业收入近30亿元左右。其中，规上旅行社企业数量始终稳定在20家左右，市场份额占据40%左右。旅行社行业协会通过资本协作、资源整合、项目共享等方式，在"上海世博会""世界互联网大会"等重大节庆活动中脱颖而出，创造了"包下整列动车出游"等新模式，在与国内外大型旅行社竞争中显示出群体协作优势。此外，2017年9月，温州成立了旅游联合会，推动休闲农业、时尚产业、餐饮住宿、现代商贸、健康休闲、养生度假等产业与旅游融合，促进了吃、住、行、游、购、娱等硬设施和智慧旅游等软服务配套协同，这标志着温州"大旅游"概念的行业联合组织正式形成。

（四）新型旅游企业和创业平台快速成长

随着国内旅游品质提升和新兴业态快速发展，电子商务、网络营销等商业模式创新加快，也带动了一批新型旅游企业的萌芽和快速发展。一方面，温州的旅游新媒体企业发展迅猛，"吃喝玩乐IN温州""温州家乡美""温州美食""温州深夜食堂""生活看温州""温州古道"等一大批新媒体平台涌现。这些新媒体平台大多由本土小微互联网企业开发，以个性化旅游信息咨询、旅游创意内容传播为主要业务，范围涉及旅游的吃、住、玩一条龙。这些旅游新媒体企业扎根于旅游产业链的上游,靠挖掘本土旅游IP积累用户流量。目前它们已具备相对成熟的商业模式,可生成多种附加值。例如,旅游美食探店的新媒体平台会根据商家特色卖点提炼独立IP,通过粉丝福利形成线上的推广互动,促进B端和C端用户更好结合。另一方面,温州还出现了一批文化创意型旅游企业,例如永嘉楠溪书院和洞头东海贝雕有限公司。永嘉楠溪书院坐落于石桅岩景区,它既是以书画艺术为核心IP的高品质旅游民宿,又集私人博物馆、小型展会、艺术家工作室、艺术家写生基地等功能于一体。楠溪书院涉及的业务范围为艺术展览与艺术品经营;院校写生教学、艺术家写生基地;农副产品、艺术衍生品开发等。按照传统的定义和分类,很难界定楠溪书院属于哪一个旅游细分领域,但它的出现绝非特例,永嘉县已有多个类似的开发项目,形成了一种独特的旅游产品新类型。而东海贝雕有限公司是一家以非遗技艺产业化开发为主业的创意型企业,吸纳了一大批非遗传承人和工艺师,目前已经拥有160余项专利,其产品螺钿漆器远销日本、欧美。近几年,该企业适应了旅游发展的大环境,积极拓展民间技艺展示和非遗旅游产品开发等业态,走出了一条旅游周边产品研发和销售的新路子。

二 旅游市场主体发展的原因分析

政府是旅游市场的间接性主体,本身并不直接参与具体的市场运作,更多是承担旅游公共服务职能,但对于市场主体的成长具有很强的导向作用。近年来,许多地方政府把培育市场主体作为推进旅游业发展的重要目标,通过项目、平台、公共服务促进旅游企业健康发展,推动了区域性旅游市场的繁荣。课题组梳理了近五年来温州市针对旅游市场的相关决策、政策文献、项目和公共服务的新变化,旨在厘清温州旅游市场主体快速成长的原因。

首先,主动转变理念,将旅游产业融入经济社会发展大格局。发展旅游业是近年来温州响应国家大政方针的重要举措,是产业结构调整的重要方向之一,也是温州经济社会转型的重要路径。党的十八大以来,温州市委、市政府拟定了西部生态休闲产业带建设的决策部署，编制完成《温州市西部生态休闲旅游发展规划》及三年行动实施方案，以及《温州市休闲旅游新兴产业发展规划》。党的十九大以来，温州又提出要举全市之力建设"国际化休闲度假旅游城市"，努力把旅游业培育成温州的战略性支柱产业、富民强市的"幸福产业"，明确了"打造千亿级增加值旅游产业集群，强化旅游在国民经济发展中的主导地位"的产业定位。基于理念的转变，温州市委、市政府在涉及旅游的发展事务上做了关键性决策，营造了旅游市场主体健康可持续成长的宏观环境，影响了温州的旅游市场发展走向。一方面，温州依托大的发展平台，为推进旅游发展寻找有效抓手。近两年内，温州把旅游市场主体的培育嵌入生态建设、乡村振兴、扶贫攻坚等平台中，先后启动了"乡村振兴示范带""瓯江山水诗路文化带"等项目，突出了文旅融合、乡村旅游、全域旅游等发展重点。另一方面，温州把做大做强国有旅游企业作为一个重要方向，以此带动整个旅游市场的资源整合。这些旅游投资集团通过政府担保向各大银行进行融资贷款，承担起旅游交通、旅游景区、旅游项目开发等重要任务，逐渐成为政府推动旅游产业振兴的重要抓手，对地方经济发展和社会改革作用的影响越来越显著。

其次，调整产业政策，优化了温州旅游市场主体成长的路径。温州市委、市政府通过几年的政策搭建，为旅游产业发展奠定了良好的基础，为旅游企业成长增添了最重要的外力。一是通过加大旅游优惠力度刺激旅游消费增长。温州市政府联合各地景区、酒店、民宿、农家乐，在中国旅游日、中秋等重要时间点，向市民和游客推出系列旅游惠民活动。例如，温州推出了"旅游惠民一卡通"，只需200元温州市民和新温州人就可以全年特惠游遍温州景点。此外，温州还向国内外商会发放旅游一卡通，邀请在外温商回乡免费畅游温州。二是强化旅游投资政策，支持重点旅游企业和旅游项目。近几年，温州市旅游领域的招商引资快速升温，温德姆酒店集团·华美达酒店、复星集团、杰鹏游艇集团、环球嘉年华集团、浙旅集团等知名企业都已在温投资。三是通过项目治理，促进旅游企业的整体发展。例如，温州以乡村振兴示范带、省级农业与旅游示范乡镇（点）、休闲旅游示范村、非遗文

化旅游景区、工业旅游示范基地等项目为载体，促进三次产业深度融合，引导企业构建特色化、多元化、系列化、主题化的旅游产品体系，许多成长性、代表性的旅游企业由此浮现。例如，乐清市政府充分利用"国家铁皮石斛生物产业基地""中国铁皮石斛之乡"等金名片，以及雁荡、芙蓉、智仁、仙溪、湖雾的优质旅游资源，引导"聚优品""石斛谷""铁枫堂"等一批企业向旅游业拓展，形成了独具特色的吃、住、游、购旅游产业链。

最后，提供优质公共服务，激活旅游市场主体成长动力。一是强化旅游基础设施建设和信息化服务，为旅游市场主体成长提供优质硬件。2018年，温州市启动了乡村振兴"六千六万"行动，吸引160亿元社会资本，重点投资西部休闲产业带旅游品质工程和农业发展建设工程。其中新建"四好农村路"200公里，改建提升500公里，实现"两路"两侧、"四边区域"青山白化整治率95%以上。温州政府还着眼于智慧旅游服务，加快了文旅大数据、信息化平台建设。目前，温州旅游微信公众号具备"微游温州""虚拟游温州""办事服务"三大子系统，实现了"一机在手，游遍温州"。此外，温州市4A级及以上景区基本实现WiFi覆盖、智能购票、导游导览、信息发布等智能化服务功能。二是打造区域性旅游公用品牌，为旅游市场主体多元化发展提供广阔出路。2017年，苍南县就推出了温州首个旅游产业链的公用品牌"苍农一品"，整合了本土特色的美食、伴手礼，大大扩大了品牌效应和销售网络，目前已荣登2019年中国区域农业品牌（县市级）影响力排行榜第一名。其他各县（市、区）的旅游产品区域公用品牌已陆续推出，温州市级区域公用品牌"瓯越鲜风"也在2019年末正式启用。三是通过旅游会展、节庆活动，提升温州旅游品牌的知名度和美誉度，助推企业"走出去、引进来"。目前，温州市政府已在上海、邯郸等地建立了旅游传播驿站，聘请了一批旅游传播官来拓展推广渠道。温州还与吉林省吉林市、四川省阿坝州、上海市嘉定区、青海省格尔木等城市签署了旅游对口合作方案，帮助本土企业拓展国内旅游市场。此外，温州市政府还成功举办了"温州休闲旅游博览会""楠溪江的东海音乐节""第七届中国雁荡山夫妻节"等各类旅游节庆活动。

三 制约发展的问题仍然突出

在政策利好、消费升级和资本追加的多重因素作用下，温州旅游市场主体发展面临着前所未有的契机，新项目遍地开花，新领域不断拓展。2019年，温州全市共接待游客1.37亿人次，总收入达1550亿元，同比分别增长15.2%、16.2%。国庆黄金周，温州共接待游客347.87万人次，同比增长10.71%；实现旅游总收入39.55亿元，同比增长11.57%。但是，繁荣的表象下依然存在一些不利于市场主体健康成长的问题，必须要正视并妥善解决。

首先，温州旅游业发展仍未走出政策哺育期，市场在资源配置中的决定性作用不明显。一是横向产业政策对旅游规划、项目建设起了决定性作用，同时导致同类项目一拥而上，同质化竞争日益严重。企业之所以会跟着横向产业政策走，很大程度上因为政策优惠和项目补贴的刺激。近五年，温州与旅游相关的治理项目有"五水共治""美丽乡村""生态村庄""乡村振兴示范带""田园综合体""特色小镇"等，古村落开发、民宿、田园花海等项目都在温州轮番登台。而一些地方政府为了快出政绩，在初始阶段对许多项目把关不严，最终难以避免地出现重复建设和同质化竞争。一旦陷入过度发展，政府往往又会采取限制性产业政策，很多企业盲目寻找新的投资领域，极易造成资源浪费。二是政府偏好于扶持大项目、大企业，往往容易忽视对中小企业的培育。除了旅游交通等基础设施，近几年温州的大型旅游建设项目占据了投资的半壁江山。例如，苍南县马站镇的乡村振兴示范带建设就包含了"半山半岛""田园综合体""大渔寮沙滩"等10余项工程，2019年计划投资3.92亿元。其中，"半山半岛"旅游建设项目用地面积为272.8亩，总建筑面积为109137平方米，总投资约15亿元。这样的项目能够带动整个马站镇的经济社会发展，政策和公共服务的倾斜也在情理之中，但其余旅游企业能获得的资源和服务相应就减少了。此外，我们在调研中发现，一些中小旅游企业抱怨地方政府在资源配给、项目开发中

"不能一碗水端平",一味地希望将有实力的大企业引入本地。有些善于自我包装、善于公关的旅游企业,往往抓住这种机会,想方设法得到大项目,然后转手承包给第三方赚差价,这种"捞一笔就走"的现象偶有发生。

其次,温州旅游发展过度依赖于资源开发,旅游企业自身的核心竞争力并不突出。一是有些中小民营企业先入为主圈地、抢资源,导致零散经营的负面效应突出。2010年以来,永嘉、文成、洞头等地旅游项目开发持续升温,其中许多被民营旅游企业甚至个人承包经营。由于自身实力相对较弱,这些企业或个人只能进行小规模的项目开发,因此整体上呈现零散经营。例如,某县某流域的多处景区早已被不同村集体承包给中小旅游开发公司或私人,有些合同长达十年以上。后来政府与省内知名旅游投资集团合作,将整个流域打包开发。但是,旅游投资集团与民营企业、村民之间产生产权纠纷,影响了旅游项目开发的整体推进。这样的现象并不孤立,地方政府依旧热衷于"短平快"的项目,"遍地开花"的发展思路仍然很受欢迎。二是国有旅游企业投资战线太长,负债率普遍较高。国有旅游企业具有无可比拟的资源优势,是引领区域旅游发展的重要力量,对抑制国有资产流失有重要作用。但是,目前温州各个县(市、区)的旅游投资集团(公司)成立时间都不长,理念、管理、营销等方面的经验依然欠缺,还不具备较强的竞争力。此外,旅游投资集团必须无条件服务地区经济社会发展的全局,兼顾旅游发展的社会效益和经济效益,决策上并没有完全的独立性。许多地方政府要求旅游投资集团"大干快上",通过融资贷款启动了过多项目,将旅游发展战线拉得太长,超过了自身的负荷。例如,南部某县的旅游投资集团负责人抱怨,政府把非旅游交通的道路建设任务强压给他们,忽略了企业的盈利和发展问题,这让企业背负了沉重的债务压力。三是一些非旅游民营企业跨领域投资,打擦边球的现象逐渐增多。由于正处于旅游投资的风口,以追逐利润为主的资本大量进入旅游领域,不少投资者本身对旅游并不了解。虽然跨领域投资可带来积极作用,如创新发展的视野、更充裕的社会资本、更多的复合型人才等,但也会带来诸多负面效应。有一些企业涉足温州的古村落保护、旅游度假村开发，实际却并未将心思真正放在旅游上，项目烂尾、资金链断裂等问题已经浮现。

最后，制约旅游业发展的体制障碍较为明显，市场化改革不彻底的问题仍未解决。温州按照国家的改革部署，推进旅游管理体制改革和旅游业市场化改革。但是，许多历史遗留问题并没有得到妥善解决，并且改革过程中还产生了新矛盾和新问题。一是风景区管委会及其管理体制不顺畅，无法很好地适应市场化需求。例如，雁荡山景区虽然已经解决了景区管委会与乐清市之间的管理权限矛盾，但是依然面临诸多问题：雁荡山景区管委会下属的雁荡山旅游投资发展公司未能完全实现市场化发展，行政管理的痕迹依然明显，企业发展创新的动力不足。这导致景区发展跟不上市场需求，服务业态不够丰富，旅游功能单一，深度游、体验游、主题游等主流模式尚未成形，景区吸引力不断下降；此外，景区配套跟不上，餐饮供应能力有限，周边只有2家较大的餐饮店，体量最大的宾馆雁荡山庄客容量不超过200人，政府重点引导的民宿知晓度也不高，旅游提质面临重重困难。二是国有旅游企业背负沉重历史包袱，难以承担改革成本。例如，在雁荡山风景区的改制过程中，有400余名职工下岗，仅社保、养老支出就是沉重的负担。虽然景区管委会清楚地认识到，雁荡山发展不能仅仅依靠门票经济，也尝试推行过短暂的免费游览以吸引消费者，并且的确在短期内游客人数大增，但最终还是迫于各种压力不得不终止，因为目前只能依靠门票收入缓解历史遗留问题。无独有偶，苍南县矾山镇在工业遗址旅游开发项目中取得一定成效，但最终也因为沉重的历史负担裹足不前，无法取得实质性突破。三是机构合并带来了新问题，旅游业多头管理问题难以化解。文旅融合已成为当前的发展大趋势，机构改革也已初步完成，但理念和管理机制的转变仍面临诸多困难，新矛盾、新问题还在不断浮现。目前，温州市及各县（市、区）都成立了新的文化和旅游部门，一些县（市、区）还成立旅游发展中心（事业编制）。但是，在旅游发展的实际过程中，这些部门之间的权限、责任和义务并不十分清晰，已经出现了多头管理、"各自为政"的问题，甚至违背了机构改革的初衷，亟待进一步理顺。

四 促进旅游市场主体健康成长的若干建议

首先，加强旅游市场主体的专项研究，为优化旅游发展的顶层设计奠定基础。由文化旅游部门牵头，依托现有政府智库机构，吸纳国内外旅游领域的温籍专家和创意人才，并发挥温州旅游联合会的组织作用，分业态、分类型、分重点推进对温州旅游市场主体的专项研究，同时做好国内其他地区的案例、经验及比较研究，为政府顶层设计、制定专项规划提供理论依据和实践参考。

其次，对现有旅游政策进行系统梳理，为旅游市场主体发展提供更有效的激励。按照温州市"五不"产业政策，取消已经不适应当前需要的旅游发展政策条款，并根据新形势、新需要提升政策的可操作性和兑现率。将旅游政策纳入政府大数据管理中心的产业政策奖励兑现与查重系统，逐步实现产业政策奖励兑现网上申报办理，实行政策网上公布、符合条件主动推送、企业网上直接申报、部门网上核查办理，推进旅游领域的"最多跑一次"改革，全面化解涉旅政策多、不知晓、兑现难、多头跑等疑难问题。

再次，继续推进旅游管理的体制改革，为国有旅游企业做大做强创造有利环境。进一步理顺文旅局、旅游发展中心和旅游投资公司的权责关系，建立政企分开的管理体制，减少行政行为对国有旅游企业市场行为的干预。引导国有旅游投资集团建立面向市场的现代企业制度，进一步完善企业法人治理结构，推进重要岗位职业经理人制和年薪制。将国有旅游企业员工收入与发展业绩直接挂钩，适度加大对国有旅游企业员工的激励，调动员工干事创业的热情和创新创意的积极性。

最后，健全旅游资源要素流动机制，为民营旅游企业健康成长提供制度保障。建立健全旅游资源库和旅游项目库机制，统筹协调优质旅游资源和项目开发，通过公平公正招标或竞争磋商引入最优质的投资、建设主体。对优质旅游项目进行奖励，树立旅游资源高效开发利用的典型。凡涉及重大旅游资产的项目，严格采取专家评议制度和社会风险评估机制，建立规范的约束监督机制，杜绝资质挂靠和层层转包。涉及乡村振兴、扶贫攻坚等领域的旅游工程建设的，鼓励以"折股量化"形式进行开发，全面盘活农村闲置旅游资源，助推乡村旅游企业和集体经济发展。

此外，还要加强本土化旅游人才培育，为旅游企业提供多层次的智力支持。重点扶持在温高校、职业学校开设旅游管理、文化创意、生态农业、新媒体等专业。进一步推动旅游领域的校企合作，鼓励学校和企业搭建相关专业的实习、实践基地。鼓励高校开展旅游项目、文化创意、电子商务的创业活动，继续推动全市性的"金牌导游"等赛事活动。加大对旅游创新性人才的创业扶持力度，在浙南科技城、经开区开辟旅游创意创客空间，针对高校应届毕业生创业者提供办公场地租金减免、人才公寓等服务。

生态篇

Ecology Reports

B.18
2019年温州市生态环境保护进展报告

唐庆蝉　薛　设　叶舒帆＊

摘　要： 2019年，通过大力推进治水、治气、治土、治废等，温州市生态环境质量取得持续改善、基础设施建设明显加快、污染防治攻坚战取得了显著成果。2020年，温州市生态环境保护工作应继续在生态环境保护顶层设计、生态环境基础设施建设、现代生态环境治理体系、服务经济社会发展等方面做好工作，切实提高生态环境水平，为温州经济社会高质量发展提供优质的生态环境保障。

＊ 唐庆蝉，浙江中蓝环境科技有限公司科研中心主任，高级工程师；薛设，浙江中蓝环境科技有限公司科研中心副主任，高级工程师；叶舒帆，浙江中蓝环境科技有限公司副总经理，高级工程师。

关键词： 生态环境保护　污染防治　温州市

2019年，温州市生态环境保护工作通过深入贯彻落实习近平生态文明思想和全国生态环境保护大会精神，以机构改革为契机，以改善生态环境质量为核心，以补齐短板为突破口，围绕重点工作目标，推动污染防治攻坚战取得了关键进展，实现了区域生态环境质量持续改善。

一　2019年温州市生态环境保护成效

2019年，温州市生态环境质量持续改善，污染防治攻坚战取得显著成果，区域绿色发展动力不断增强，生态环境突出问题得以有序解决，生态环境基础设施建设加快推进，现代环境治理体系日益完善，生态文明理念得到进一步传播。

（一）三大水系水质首次全优，空气质量优良率居全省第二，生态环境质量持续改善

三大水系、平原河网、省控断面、市控断面水质持续好转；国控断面、县级饮用水水源水质保持稳定。三大水系（瓯江干流、飞云江干流、鳌江干流）水质首次全优，全市平原河网水体氨氮、高锰酸盐平均浓度均较上年同期下降，全市76个市控以上站位断面达到功能要求，占比上升为78.9%，同比提高6.5个百分点。纳入考核的省控站位Ⅲ类以上水体占比达87.5%，同比提高12.5个百分点，达到历史最好状态。国家水十条断面100%达到考核要求，全市县级以上饮用水水质连续5年以上保持100%达标。大气环境质量方面，全市PM2.5平均浓度为每立方米25微克，同比下降，空气优良率为98.1%，同比提高0.2个百分点。市区PM2.5平均浓度为每立方米28微克，达到空气质量达标城市标准，空气优良率为97%，位居全省第二。综合指数居全国地级市前20。声环境质量方面，市区区域环境噪声平均值为54.8分贝，处于二级（较好），市区交通噪声平均值为67.9分贝，处于一级（好）。

（二）大力推进"污水零直排区"建设，加大生态环境基础设施建设，污染防治攻坚战取得显著成果

温州市投入资金15.03亿元，已建设"污水零直排区"工业园区3个、生活小区100个、镇街42个，全部完成"污水零直排区"建设年度任务。治气方面，完成VOCs污染治理企业190家，完成"散、乱、污"企业清理整顿2441家，完成臭气异味治理项目24个，超额完成年度整治计划。推动落实扬尘防治措施，567个工地完成PM10、PM2.5扬尘监测器安装，1370个工地配备喷淋系统，1439个工地配备雾炮。治土方面，推进土壤污染风险管控基础性工作，完成2252家企业基础信息调查工作。治废方面，不断提升企业的危废规范化管理水平，完成216家企业规范提升任务，15家大宗固废产生企业问题整改，建成乐清市瑞集环保科技有限公司、永嘉县方盛环保科技有限公司两家固废处置单位。推进生态环境基础设施建设，开工建设环境基础设施16个，建成7个。

（三）推进生态环境突出问题有序解决，现代环境治理体系日益完善，区域绿色发展动力不断增强

围绕第一轮中央环保督察整改未完成任务、省级生态环保督察整改任务、长江经济带及其他现场抽查发现的突出生态环境问题等三大类10张问题清单，全年完成中央环保督察组反馈的问题整改5个和交办信访件514件，省级生态环保督察组反馈交办的问题13个和省督信访件271件，长江经济带交办生态环保问题16个，有序地推进突出生态环境问题的解决，有效地排查化解重大环境风险。结合第二次全国污染源普查，深入摸清底数，将普查数据应用于工业企业环保行政许可规范管理改革、重污染行业整治、区域环境承载力研究、非道路移动源调查、环境风险源管控等方面，绘制全市污染地图和污染防治攻坚作战图。针对量大面广的"四无"企业，实施小微企业分类环评审批改革，全市开展环评编制的企业有1.9万家，其中9千余家企业已取得环评备案手续。持续推进"空间、总量、项目、许可"

一体化管理，编制"三线一单"管控方案，重点深化"规划环评与区域环评"改革，探索排污许可系统和执法平台数据共享。推进中介机构规范化管理改革，建立温州市生态环境技术服务信息化平台，已有146家中介机构通过平台公开其基本信息和1700多个项目服务过程动态信息。提质扩面推进"环保管家服务"，全市12个县（市、区）和1个功能区的13个重点园区共计2634家企业已签约"环保管家"。升级打造小微危废环保管家云平台，帮助1300家企业签订危废处置合同，完成危废转运量400多吨，切实推进了零散危废收集难、处置难和监管难问题的解决。通过抓好源头整治，倒逼经济转型，大力推进重污染行业整治，深入开展制鞋等七大行业新一轮的整治提升工作，13506家企业完成整治，其中4975家企业完成规范提升，建设配套污染物处理设施，配套污染物处理设施建设率由整治前的13%提升到目前的93%，大幅度减少污染排放；8325家企业（作坊）关停淘汰，"散、乱、污"局面得到有效扭转；推动建设环保小微园区13个，建成印刷小微园3个，已入驻生产企业206家。全市绿色发展指数为80.4，全省排第3位，实现三年连续提升，区域绿色发展动力不断增强。

（四）生态环境保护机制不断完善，生态文明创建不断深化，生态文明理念得到进一步传播

结合机构改革，全面谋划制定了《温州市高标准打好污染防治攻坚战高质量推进生态文明示范创建行动的实施意见》，同步配套启动了蓝天、碧水、净土、清废、重污染行业整治、生态文明体制改革六大攻坚工作方案，制定三张任务清单，形成"1+6+3"框架体系，明确了未来五年全市生态文明建设与生态环境工作的任务书、路线图和时间表。全面推进生态文明示范区建设，泰顺县获得国家生态文明建设示范县称号，永嘉县获得省级生态文明建设示范县称号。继续加强生态文明理念传播，全方位公开环境信息，深层次开放环境设施，多元化组织公众参与，组建生态环境公益讲师团，组织全市53家具备条件的单位向社会公众开放环境监测设施、污水处理设施、垃圾处理设施和危废集中处置设施，打造了8家公众生态实践基地。

二 温州市生态环境保护面临的主要问题

近年来，温州市生态环境保护工作得到不断加强，但仍面临着生态环境质量改善难度加大、生态环境基础设施建设滞后、小微企业配套环境治理设施运行成效不足、生态环境保护机制不完善等问题。

（一）近岸海域水质不容乐观，平原河网水质持续提升困难，生态环境质量改善难度加大

近年来，区域内水环境质量、空气环境质量、声环境质量均得到了显著改善，但近岸海域和平原河网水质问题依旧十分突出，生态环境质量持续改善的难度不断加大。近岸海域入海污染物排入量大，陆源污染影响明显，无机氮、活性磷酸盐等超标问题和赤潮等生态问题突出。平原河网小微水体水质超标普遍，水质反弹压力大。

（二）污水收集处置设施配套不足，固废处置设施建设滞后，生态环境基础设施制约突出

生态环境基础设施建设滞后，已成为区域生态环境质量改善和突出生态环境问题解决的制约因素，以污水收集处置设施和固废处理设施最为突出。城镇污水处理设施配套管网问题突出，重建设、轻管理，污水管网建成后未能得到有效的运维管理，造成污水管网错位、破损、淤积、溢漏及河水倒灌等功能性问题，严重影响了污水管网的收集效果。同时，雨污分流改造缓慢，三级入户管网建设明显滞后，严重影响污水的截污纳管，增大了城镇污水处理厂和污水管网的运行负荷。受配套管网覆盖不完全、常态化运维管理机制不健全和运行维护资金难以保障影响，农村生活污水处理设施正常运行率低，环境效益低下。危险废物、一般工业固体废物、生活垃圾、建筑垃圾等固体废物利用处置设施建设滞后，环境风险问题突出，影响区域经济社会健康发展。

（三）小微企业环保意识薄弱，治理设施运行成效较低，难以达到规范化管理要求

区域内产业档次总体较低，小微企业占据绝大多数，大量小微企业主环保意识薄弱，环保规范化管理亟待加强。受工业企业布局规划不足的影响，区域内工业企业遍地开花，环境基础设施配套落后，企业污染治理水平不高。受企业主环保意识薄弱、环境监管难到位的影响，现有环境治理设施运行成效不高，难以达到环保管理规范化要求。

（四）生态环境管理机制仍不完善

机构改革后，生态环境部门通过职能整合，进一步充实污染防治、生态保护、核与辐射安全三大职能领域，基本实现了生态环境的统一监督。但在机构改革中，受部分职责边界不清晰、环保部门垂直管理改革未完成、生态环境监管能力建设滞后、基层生态环保管理薄弱的影响，生态环境部门改革后的生态环境管理机制仍待理顺。同时，围绕生态环境部门的"监管"职责，需要对生态环境制度制定、监测评估、监督执法和督察问责四大职能进一步进行落实、强化。

三 2020年温州市生态环境保护建议

2020年，是高水平全面建成小康社会和"十三五"规划收官之年，也是污染防治攻坚战的决胜之年，还是全面迈上生态环境治理现代化新征程、高水平推进新时代美丽温州建设的关键之年。温州市生态环境工作将在新职责、新使命、新机遇下，进一步开创温州生态环境新局面，为高质量发展新辉煌提供优质的生态环境保障。

（一）结合部门新职责，进一步完善顶层设计，高标准打好污染防治攻坚战

机构改革后，生态环境部门把原来分散的污染防治和生态保护职责统一

起来，实现了打通"地上和底下、岸上和水里、陆地和海洋、城市和农村、一氧化碳和二氧化碳"的新职责特点，对全市生态文明建设与生态环境保护顶层设计提出了新的要求，为近岸海域和平原河网的水环境质量等突出问题的解决提供了契机。新的一年，建议通过高水平制定美丽温州建设工作纲要，谋深"十四五"规划，绘好温州市污染及防治地图，进一步明确全市生态文明建设与生态环境保护工作的任务书、路线图和时间表，高标准打好污染防治攻坚战。

（二）加快推进生态环境基础设施建设，全面提升生态环境质量，继续化解区域突出生态环境问题

推进生态环境基础设施提升三年行动计划，全面铺开生态环境基础设施提升行动，开展计划项目进展信息调度，实施月报制度和联络员例会制度，加大重点任务预警分析，确保按期完成永嘉垃圾焚烧发电厂改造提升工程、乐清飞灰填埋场等一批环保基础设施建设，高质量建设一批生态环境基础设施。持续深化蓝天行动，全面完成打赢蓝天保卫战收官任务，确保大气环境质量稳定达标。强势推进碧水行动，重点推进"污水零直排区"建设，力争到2020年底，鹿城、洞头、文成、泰顺和瓯江口集聚区全面建成"污水零直排区"，其他地区60%以上乡镇（街道）完成建设任务。针对水环境不达标站位，组织实施断面水质提升"一站一策"方案，重点改善蒲岐、东水厂断面水质。全面加强入海污染源整治，开展入海污染源专项排查，初步构建入海排污口分布"一张图"，通过谋划项目资金推进入海污染源整治。稳步推进净土行动，如期完成重点行业企业用地土壤调查任务，强化污染地块管理，落实农用地污染风险管控，组织实施一批污染地块修复工程。全力实施清废行动，重点强化固废闭环式管理，进一步提升危废管理规范化水平，提高固废监管效率和信息化水平。切实抓好治源行动，重点完成七类重污染行业整治任务，巩固提升整治成效，对11个重点园区开展大气环境综合治理。

（三）积极构建现代生态环境治理体系，全面提升生态环境工作水平，形成生态环境保护合力

结合陆海统筹、地下水监管、生物多样性保护等工作，进一步优化生态环境监测网点布局，加强生态环境监测能力建设，健全科学的生态环境监测体系。深化执法机构改革，加强执法队伍建设，形成全市执法"一盘棋"的格局，推进执法规范化建设。以中介机构"放管服"为切入，搭建市场协同体系，深化环保中介机构改革，推进"环保管家"提质扩面，扩展服务咨询平台，扩充服务咨询团队。以教育基地与志愿者组织为纽带，强化社会力量参与体系，打造"温小保"融媒体平台，做好生态环境设施开放工作，进一步加大对生态环保社会组织和志愿者的引导和支持力度。切实提升战略谋划能力和资源整合能力，坚持问题导向摸清底数，通过明确任务、谋划项目、争取资金，全面提升系统治理、科学治理能力。切实提升协同督导能力，立足共赢，谋好工作载体，借势借力推进重点问题攻坚。以中央环保督察为契机，夯实工作责任体系，进一步压实政府、企业和公众的责任，构建政府为主导、企业为主体、社会组织和公众共同参与的环境保护责任体系，形成生态环境保护工作合力。

（四）推进小微企业规范化管理，优化生态环境服务助力经济发展，加快促进区域绿色发展

以"污普"成果运用为起点，落实排污许可制度，完成工业企业环保许可规范化改革工作，实现环评率达90%以上，为工业企业"环保身份合法化"提供保障。严格落实行政执法公示、执法全过程记录、重大执法决定法制审核制度，推进执法规范化建设。不断优化企业服务，对新产业、新业态积极探索包容审慎监督执法。进一步强化总量控制，推进污染减排，探索总量调配、跨区域总量流转、二级市场总量交易，助力区域经济社会发展。全面完成"三线一单"，深化规划环评和区域环评，不断优化绿色发展空间格局。

B.19
温州市工业污染状况分析报告

薛设 唐庆蝉 潘霞*

摘　要： 随着工业生产技术的发展、环境污染整治的不断深化以及环境监管的不断强化，温州市工业企业污染物产污水平及排污水平均发生变化。本报告通过对比第一次全国污染源普查结果和第二次全国污染源普查结果，分析工业污染的变化特征，提出针对工业污染防治工作的建议。

关键词： 工业污染　全国污染源普查　工业污染防治

　　工业污染是指在工业生产过程中产生的对环境有害的物质被排入环境中继而对环境造成不良影响，是工业生产过程不可避免的。为掌握环境质量、环境污染治理及排放情况，1995年2月原国家环保总局制定出台了《环境统计管理暂行办法》，2006年4月原国家环保总局根据《中华人民共和国环境保护法》、《中华人民共和国统计法》及其实施细则的有关规定制定出台了《环境统计管理办法》，将环境统计管理作为一项制度明确下来，加强环境统计管理。该办法中规定了环境统计内容与环境统计类型。其中环境统计内容包括环境质量、环境污染及其防治、生态保护、核与辐射安全、环境管理及其他有关环境保护事项；环境统计类型包括普查和专项调查、定期调查和不定期调查，定期调查主要为统计年报、半年报、季

---

* 薛设，浙江中蓝环境科技有限公司科研中心副主任，高级工程师；唐庆蝉，浙江中蓝环境科技有限公司科研中心主任，高级工程师；潘霞，浙江中蓝环境科技有限公司科研中心工程师。

报和月报等。

当前随着工业生产技术的发展、环境污染整治的不断深化以及环境监管的不断强化，工业企业污染物产污水平及排污水平均发生变化。全国污染源普查工作作为全面掌握我国环境状况的重要手段，十年开展一次。第一次全国污染源普查数据统计年份为2007年，开展普查时间为2008年；第二次全国污染源普查数据统计年份为2017年，开展普查时间为2018年。以下通过对比两次全国污染源普查结果，分析温州市工业污染的变化特征，提出针对工业污染防治工作的建议。

一 温州市工业污染变化情况

根据温州市第二次全国污染源普查结果统计，2017年温州市纳入污染源普查范围的工业企业数量约6.2万家，其中大型企业32家，中型企业940家，小型企业9813家，微型企业51130家，微型企业占比达到82.6%。与温州市第一次全国污染源普查结果相比，纳入污染源普查范围的工业企业总数增加了约2万家，其中大型企业数量增加了21家，中型企业数量增加了391家。工业污染物按照环境要素通常可分为工业废水及废水污染物、工业废气及废气污染物、一般工业固废和危险废物、工业噪声等，其中废水污染物化学需氧量、氨氮和废气污染物二氧化硫、氮氧化物是国家重点污染物减排指标，大气污染物中挥发性有机物是"十三五"期间新增的污染物控制指标，颗粒物对环境的影响比较大，故本报告重点分析这六项指标的变化。

（一）工业企业废水及污染物排放量大幅下降

工业废水是工业生产排放的污水，有工艺过程和清洗过程产生的废水之分。根据温州市第二次全国污染源普查结果统计，2017年全市有排放工业废水的工业企业5513家，废水排放口数量为4166个，工业废水主要污染物化学需氧量（COD）和氨氮的排放量分别为0.31万吨和0.026万吨（以上污染物排放量未考虑集中式污水处理设施的削减量）；工业废水主要污染物

化学需氧量（COD）排放量排名前三的地区分别为瑞安市（0.1万吨）、平阳县（0.044万吨）和永嘉县（0.043万吨），氨氮排放量排名前三的地区分别为平阳县（0.0097万吨）、永嘉县（0.0047万吨）和瑞安市（0.0034万吨）。根据温州市第一次全国污染源普查结果，2007年全市工业废水主要污染物化学需氧量、氨氮的排放量分别为6.03万吨、0.39万吨（以上污染物排放量未考虑集中式污水处理设施的削减量）；工业废水主要污染物化学需氧量（COD）排放量排名前三的地区分别为龙湾区（0.66万吨）、平阳县（0.61万吨）和鹿城区（0.52万吨），氨氮排放量排名前三的地区分别为鹿城区（0.20万吨）、平阳县（0.08万吨）和龙湾区（0.018万吨）。与温州市第一次全国污染源普查结果相比，工业废水主要污染物化学需氧量（COD）、氨氮的排放量分别减少了5.72万吨、0.36万吨（以上污染物排放量未考虑集中式污水处理设施的削减量），下降幅度较大，市区的涉水企业数量下降最多，废水污染物削减率较高。

（二）工业企业废气及污染物排放量均有所下降

工业废气主要包括工业供热锅炉烟气、工业炉窑废气、工业粉尘、工艺过程的颗粒物、工业有机废气。根据温州市第二次全国污染源普查结果，2017年全市有排放工业废气的工业企业34222家，燃煤/燃气工业锅炉保有量为1580台，废气排放口1506个，工业废气主要污染物二氧化硫、氮氧化物、颗粒物和挥发性有机物排放量分别为0.72万吨、0.94万吨、2.25万吨和8.58万吨。工业废气污染物二氧化硫排放量排名前三的地区分别为瑞安市（0.167万吨）、乐清市（0.15万吨）和苍南县（0.14万吨）；氮氧化物排放量排名前三的地区分别为乐清市（0.28万吨）、苍南县（0.19万吨）和瑞安市（0.14万吨）；颗粒物排放量排名前三的地区分别为瑞安市（0.70万吨）、龙湾区（0.31万吨）和永嘉县（0.27万吨）；挥发性有机物排放量排名前三的地区分别为苍南县（3.52万吨）、平阳县（0.92万吨）和鹿城区（0.82万吨）。根据温州市第一次全国污染源普查结果，2007年全市工业废气主要污染物二氧化硫、氮氧化物和颗粒物的排放量分别为4.56万吨、2.59万吨和3.48万吨。工业废气污染物二氧化硫排放量排名前三的地区分别为乐清市（1.76万吨）、龙湾区（1.17万吨）和鹿城区（0.37万吨）；氮氧化物排放量排名前三的地区分别为乐清市（1.64万吨）、鹿城区（0.48万吨）和苍南县（0.13万吨）；颗粒物排放量排名前三的地区分别为龙湾区（1.25万吨）、乐清市（1.0万吨）和瑞安市（0.31万吨）。与2007年相比，全市工业废气主要污染物二氧化硫、氮氧化物和颗粒物的排放量分别下降了3.84万吨、1.65万吨和1.23万吨。挥发性有机物指标属于"十三五"时期环保新增的污染物控制指标，第一次全国污染源普查未调查该指标数据。从污染物排放量来看，全市工业废气污染物中挥发性有机物产生量和排放量均比较大，削减率不高。

二　温州市工业污染物行业分布变化

按照2017年国民经济行业分类（GB/T 4754-2017）标准，温州市工业涉及污染物产生的有34个行业类别，其中企业总产值排名前九位的行业分别为电气机械和器材制造业，皮革、毛皮、羽毛及其制品和制鞋业，通用设备制造业，橡胶和塑料制品业，金属制品业，汽车制造业，印刷和记录媒介复制业，专用设备制造业以及化学原料和化学制品制造业。从区域分布来看，电气机械和器材制造业主要分布在乐清、瑞安等地，皮革、毛皮、羽毛及其制品和制鞋业主要分布在鹿城、瓯海等地，印刷和记录媒介复制业主要分布在苍南、平阳等地，排名前十位的其他行业在全市各县（市、区）均有分布。

（一）工业源废水主要污染物排放行业分布特征

1. 农副食品加工业化学需氧量排放量居首

温州市废水主要污染物化学需氧量排放主要来自农副食品加工业，金属制品业，纺织业，化学原料和化学制品制造业，造纸和纸制品业，皮革、毛皮、羽毛及其制品和制鞋业，酒、饮料和精制茶制造业，橡胶和塑料制品业，水的生产和供应业，以及食品制造业。排放量位于前三的行业分别为农副食

品加工业、金属制品业和纺织业，这三个行业的化学需氧量排放量占全市工业污染源化学需氧量排放总量的48.9%。从污染物削减率来看，化学原料和化学制品制造业，皮革、毛皮、羽毛及其制品和制鞋业，以及造纸和纸制品业的化学需氧量削减率较高，均达97%以上；排放量前三的行业中农副食品加工业和金属制品业的化学需氧量削减率偏低，仅在90%左右。温州市2017年工业污染源化学需氧量排放量位居前十的行业产排情况如表1所示。

表1　温州市2017年工业污染源化学需氧量排放量前十行业产排情况

单位：万吨，%

序号	行业类别	产生量	排放量	排放量占比	污染物削减率
1	农副食品加工业	0.7608	0.0718	23.16	90.6
2	金属制品业	0.4765	0.0472	15.23	90.1
3	纺织业	0.8412	0.0324	10.45	96.1
4	化学原料和化学制品制造业	2.6576	0.0274	8.84	99.0
5	造纸和纸制品业	0.7982	0.0221	7.13	97.2
6	皮革、毛皮、羽毛及其制品和制鞋业	0.9055	0.0176	5.68	98.1
7	酒、饮料和精制茶制造业	0.3167	0.0166	5.35	94.8
8	橡胶和塑料制品业	0.3087	0.0155	5.00	95.0
9	水的生产和供应业	0.0151	0.0127	4.10	15.9
10	食品制造业	0.3275	0.0114	3.68	96.5

资料来源：温州市第二次全国污染源普查汇总核算结果，工业企业调查数据统计基准年为2017年，余同。

2. 化学原料和化学制品制造业氨氮排放量居首

温州市废水主要污染物氨氮排放主要来自化学原料和化学制品制造业，金属制品业，造纸和纸制品业，酒、饮料和精制茶制造业，农副食品加工业，橡胶和塑料制品业，纺织业，计算机、通信和其他电子设备制造业，皮革、毛皮、羽毛及其制品和制鞋业，以及电气机械和器材制造业，其中排放量位于前三的行业分别为化学原料和化学制品制造业、金属制品业和造纸和纸制品业。这三个行业的氨氮排放量占全市工业污染源氨氮排放总量的59.6%。从污染物削减率来看，皮革、毛皮、羽毛及其制品和制鞋业，造纸和纸制品业，以及计算机、通信和其他电子设备制造业的氨氮削减率较高，均达95%以上；排放量前三的行业中化学原料和化学制品制造业、金属制品业的氨氮削减率偏低，不足90%。温州市2017年工业污染源氨氮排放量位居前十的行业产排情况如表2所示。

表2 温州市2017年工业污染源氨氮排放量位居前十的行业产排情况

单位：万吨，%

序号	行业类别	产生量	排放量	排放量占比	污染物削减率
1	化学原料和化学制品制造业	0.0550	0.0069	26.54	87.5
2	金属制品业	0.0165	0.0047	18.08	71.5
3	造纸和纸制品业	0.1745	0.0042	16.15	97.6
4	酒、饮料和精制茶制造业	0.0102	0.0029	11.15	71.6
5	农副食品加工业	0.0195	0.0021	8.08	89.2
6	橡胶和塑料制品业	0.0084	0.0016	6.15	81.0
7	纺织业	0.0080	0.0009	3.46	88.8
8	计算机、通信和其他电子设备制造业	0.0138	0.0006	2.31	95.7
9	皮革、毛皮、羽毛及其制品和制鞋业	0.0482	0.0005	1.92	99.0
10	电气机械和器材制造业	0.0045	0.0004	1.54	91.1

（二）工业源废气主要污染物排放行业分布特征

1. 电力、热力生产和供应业二氧化硫排放量居首

温州市废气主要污染物二氧化硫排放主要来自电力、热力生产和供应业，橡胶和塑料制品业，造纸和纸制品业，非金属矿物制品业，化学原料和化学制品制造业，纺织业，皮革、毛皮、羽毛及其制品和制鞋业，纺织服装、服饰业，印刷和记录媒介复制业，以及农副食品加工业，其中排放量位于前三的行业分别为电力、热力生产和供应业，橡胶和塑料制品业，以及造纸和纸制品业。这三个行业的二氧化硫排放量占全市工业污染源二氧化硫排放总量的67.0%。从污染物削减率来看，除电力、热力生产和供应业以外，其他行业的二氧化硫削减率普遍偏低。温州市2017年工业污染源二氧化硫排放量位居前十的行业产排情况如表3所示。

表3 温州市2017年工业污染源二氧化硫排放量位居前十的行业产排情况

单位：吨，%

序号	行业类别	产生量	排放量	排放量占比	污染物削减率
1	电力、热力生产和供应业	154722.72	3179.38	44.2	97.9
2	橡胶和塑料制品业	2807.01	1091.18	15.2	61.1
3	造纸和纸制品业	1435.03	551.43	7.7	61.6
4	非金属矿物制品业	718.80	467.53	6.5	35.0
5	化学原料和化学制品制造业	1405.32	445.53	6.2	68.3
6	纺织业	826.24	392.21	5.4	52.5
7	皮革、毛皮、羽毛及其制品和制鞋业	332.41	192.44	2.7	42.1
8	纺织服装、服饰业	345.68	183.43	2.5	46.9
9	印刷和记录媒介复制业	266.13	149.04	2.1	44.0
10	农副食品加工业	173.13	108.81	1.5	37.1

2.电力、热力生产和供应业氮氧化物排放量居首

温州市废气主要污染物氮氧化物排放主要来自电力、热力生产和供应业，橡胶和塑料制品业，化学原料和化学制品制造业，非金属矿物制品业，造纸和纸制品业，化学纤维制造业，纺织业，皮革、毛皮、羽毛及其制品和制鞋业，纺织服装、服饰业，以及黑色金属冶炼和压延加工业，其中排放量位于前三的行业分别为电力、热力生产和供应业，橡胶和塑料制品业，以及化学原料和化学制品制造业。这三个行业的氮氧化物排放量占全市工业污染源氮氧化物排放总量的76.0%。从污染物削减率来看，除电力、热力生产和供应业实施脱硝工程外，其他行业的氮氧化物均未采取任何有效的控制和减排措施。温州市2017年工业污染源氮氧化物排放量位居前十的行业产排情况如表4所示。

表4 温州市2017年工业污染源氮氧化物排放量位居前十的行业产排情况

单位：吨，%

序号	行业类别	产生量	排放量	排放量占比	污染物削减率
1	电力、热力生产和供应业	28655.25	6004.91	63.9	79.0
2	橡胶和塑料制品业	704.98	704.98	7.5	0.0
3	化学原料和化学制品制造业	466.73	463.66	4.9	0.7
4	非金属矿物制品业	418.78	389.17	4.1	7.1

续表

序号	行业类别	产生量	排放量	排放量占比	污染物削减率
5	造纸和纸制品业	364.65	364.65	3.9	0.0
6	化学纤维制造业	256.32	256.32	2.7	0.0
7	纺织业	198.90	195.14	2.1	1.9
8	皮革、毛皮、羽毛及其制品和制鞋业	135.59	135.59	1.4	0.0
9	纺织服装、服饰业	99.70	99.70	1.1	0.0
10	黑色金属冶炼和压延加工业	96.35	96.35	1.0	0.0

3. 皮革、毛皮、羽毛及其制品和制鞋业颗粒物排放量居首

温州市废气主要污染物颗粒物排放主要来自皮革、毛皮、羽毛及其制品和制鞋业，非金属矿物制品业，通用设备制造业，金属制品业，橡胶和塑料制品业，电力、热力生产和供应业，汽车制造业，化学原料和化学制品制造业，家具制造业，以及有色金属冶炼和压延加工业，其中排放量位于前三的行业分别为皮革、毛皮、羽毛及其制品和制鞋业，非金属矿物制品业，以及通用设备制造业。这三个行业的颗粒物排放量占全市工业污染源颗粒物排放总量的54.4%。从污染物削减率来看，电力、热力生产和供应业，非金属矿物制品业，以及化学原料和化学制品制造业的颗粒物削减率均在85%以上，其中电力、热力生产和供应业的颗粒物削减率达到了99.9%。温州市2017年工业污染源颗粒物排放量位居前十的行业产排情况如表5所示。

表5 温州市2017年工业污染源颗粒物排放量前十的行业产排情况

单位：吨，%

序号	行业类别	产生量	排放量	排放量占比	污染物削减率
1	皮革、毛皮、羽毛及其制品和制鞋业	17813.67	5875.72	26.1	67.0
2	非金属矿物制品业	66522.89	3767.45	16.7	94.3
3	通用设备制造业	4154.16	2570.26	11.4	38.1
4	金属制品业	3552.87	1690.52	7.5	52.4
5	橡胶和塑料制品业	7415.70	1606.49	7.1	78.3
6	电力、热力生产和供应业	1974681.87	1195.93	5.3	99.9
7	汽车制造业	2391.95	905.12	4.0	62.2
8	化学原料和化学制品制造业	5535.05	743.03	3.3	86.6
9	家具制造业	850.14	658.87	2.9	22.5
10	有色金属冶炼和压延加工业	1776.03	448.44	2.0	74.8

4. 印刷和记录媒介复制业挥发性有机物排放居首

温州市废气主要污染物挥发性有机物排放主要来自印刷和记录媒介复制业，皮革、毛皮、羽毛及其制品和制鞋业，橡胶和塑料制品业，化学原料和化学制品制造业，造纸和纸制品业，电气机械和器材制造业，家具制造业，金属制品业，通用设备制造业，以及文教、工美、体育和娱乐用品制造业，其中排放量位于前三的行业分别为印刷和记录媒介复制业，皮革、毛皮、羽毛及其制品和制鞋业，以及橡胶和塑料制品业，这三个行业的挥发性有机物排放量占全市工业污染源挥发性有机物排放总量的88.7%。从挥发性有机物的削减率来看，挥发性有机物排放量较大的行业削减率均偏低，印刷和记录媒介复制业挥发性有机物削减率仅为10.1%，皮革、毛皮、羽毛及其制品和制鞋业的挥发性有机物削减率仅为3.7%，基本上处于直排状态。挥发性有机物削减率相对较高的行业为化学原料和化学制品制造业（33.4%），但削减率仍不足50%。温州市2017年工业污染源挥发性有机物排放量位居前十的行业产排情况如表6所示。

表6 温州市2017年工业污染源挥发性有机物排放量前十的行业产排情况

单位：吨，%

序号	行业类别	产生量	排放量	排放量占比	污染物削减率
1	印刷和记录媒介复制业	45620.88	41011.11	47.8	10.1
2	皮革、毛皮、羽毛及其制品和制鞋业	25423.61	24473.66	28.5	3.7
3	橡胶和塑料制品业	11353.72	10605.99	12.4	6.6
4	化学原料和化学制品制造业	3335.69	2221.04	2.6	33.4
5	造纸和纸制品业	1768.84	1228.03	1.4	30.6
6	电气机械和器材制造业	1232.25	1196.34	1.4	2.9
7	家具制造业	1089.91	1073.29	1.3	1.5
8	金属制品业	936.49	904.26	1.1	3.4
9	通用设备制造业	659.97	654.05	0.8	0.9
10	文教、工美、体育和娱乐用品制造业	461.69	459.71	0.5	0.4

三 温州市工业污染下降成因分析

（一）环保基础设施的不断完善

第一次全国污染源普查时，温州市虽然已建成 1 个国家级工业园区和 12 个省级工业园区，但是园区内的污水集中处理设施、集中供热设施等环境基础设施尚未完全建成，且受地质条件影响，成立时间较久的工业园区内污水管网破损、错接、漏接现象较为普遍。工业企业集聚生产初具规模，大部分工业企业在园区外生产，呈低、小、散分布的状态。工业企业废水处理设施安装率和运行效率不高，雨污混流现象较为普遍。自 2008 年起，温州市先后实施了《温州市"811"环境保护新三年行动实施方案（2008~2011）》《温州市环境保护"十二五"规划》《温州市生态环境保护"十三五"规划》等工业污染治理行动方案及规划，工业功能区布局得到进一步优化，环境基础设施得到大幅改善，为工业污染防治工作提供了较为坚实的基础。

（二）行业整治的深入推进

自 2011 年起，温州市制定并实施了《温州市"十二五"期间重污染高耗能行业深化整治促进提升实施方案》《温州市合成革行业整治提升方案》，对电镀、印染、造纸、制革、化工、合成革六大高污染高耗能行业，金属表面处理、线路板、移膜革、皮革后处理、蚀刻、卤制品、铸造等七大重点行业开展了整治提升工作。通过关停淘汰、入园集聚、原地整治提升等方式，采取以新代老，总量削减替代，发展低污染、低能耗的替代工艺和清洁生产工艺等措施从源头控制工业污染物的增量；开展入园整合提升、淘汰落后产能等，实行污染物"减量置换"；实施整治企业原地提升，强化企业污染治理设施建设与运维等管理措施，实现污染物减排。自 2013 年起，温州市制定《温州市大气复合污染防治实施方案》《温州市燃煤锅炉综合治理方案》《温州市控制重点行业挥发性有机物（VOCs）排放实施方案》，对二氧化硫、氮氧化物、颗粒物以及挥发性有机物等大气污染物开展治理，并不断深化。2018年温州市出台了《温州市七类行业整治提升行动方案（2018~2020年）》，按照集聚入园、规范提升、关停淘汰的实施原则，对工业涂装、包装印刷、制鞋、有色金属、农副食品、废塑料、苍南气流纺等七类行业进行重点整治。

从2007年和2017年的工业污染物变化结果可知，行业整治对污染物排放量的削减成效较为明显。当前温州市鹿城、瓯海、龙湾、乐清、永嘉、瑞安、平阳、苍南等地均已建成电镀园区，实现电镀生产集中入园，彻底改变了电镀企业无序生产的局面；水头制革产业实现了产业升级，由最初的生皮制革升级为采用蓝湿皮制造皮革，极大地减少了废水及废水污染物的产生；龙湾合成革企业生产线削减70%以上，关停削减落后产能，将腾出的环境空间让给中高端产品。

（三）环保法律法规的不断健全

2015年新环保法颁布实施以及2016年开始的中央环保督察巡视，在推动地方党委、政府落实保护生态环境的主体责任的同时，亦有效地减少了企业的环境违法行为，降低了污染物的排放量。新环保法中新增的"按日计罚"的制度（即对持续性的环境违法行为进行按日、连续的罚款）使企业违法成本大大增加，企业在安装污染治理设施和设施运维管理方面的自觉性有所增强，有力地倒逼违法企业纠正污染行为；规定了行政拘留的处罚措施，对违法者动用最严厉的行政处罚手段，对情节严重的环境违法行为适用行政拘留；对有弄虚作假行为的环境监测机构以及环境监测设备和防治污染设施维护、运营机构，规定其承担连带责任。这都极大地震慑了环境违法者，工业企业从被动守法变成主动守法，环保意识大大提升。

四 新形势下温州市工业污染防治建议

温州市工业污染防治取得了较大的成效，工业污染物化学需氧量、氨氮、二氧化硫和氮氧化物等的减排成效显著,但是工业企业"低、小、散"分布的局面尚未完全改变,四种主要污染物减排力度还有待加大,另外挥发性有机污染物控制、工业废物及危废管理等问题已经成为新的工业污染防治重点。为进一步减少工业污染物排放,促进经济发展与环境保护相协调,需要加强以下三方面的工作。

(一)深化工业污染整治

在工业废水污染防治方面,强化对现有工业园区(特别是电镀园区和印染园区)的环境基础设施的提标改造及运维工作,确保达标排放;优先开展工业集聚区的"污水零直排区"创建工作,进一步建设集聚区污水配套管网,实现雨污分流,提高工业污水收集与集中处理能力;强化对非重点涉水企业的污染治理与监管,通过规范整治、整合提升等措施,提高非重点涉水企业的工业污水处理效率;绘制环境污染源地图,利用环境大数据平台强化对企业废水排放口的监管。

在工业废气污染防治方面,加快推进重点行业小微园建设,积极推进园区集中供热工作和清洁能源替代工作;进一步巩固10蒸吨/小时及以下燃煤锅炉淘汰成果,防止"死灰复燃";全面淘汰10蒸吨/小时以上、35蒸吨/小时以下的燃煤锅炉;进一步提高氮氧化物的去除效率,开展针对35蒸吨/小时及以上高污染燃料锅炉的节能和超低排放改造工作;燃气锅炉基本完成低氮改造;对全市建成区内生物质锅炉实施超低排放改造。重点加大制鞋、工业涂装、包装印刷、有色金属、农副食品、废塑料、气流纺等行业的"散、乱、污"整治工作,强化企业环保型产品源头替代,减少含挥发性有机物的原辅料使用;深化制鞋、工业涂装、包装印刷等行业的挥发性有机物整治提升工作,对挥发性有机物排放速率2kg/h以上的工业企业,必须采取有效的废气收集措施,并安装挥发性有机物高效处理设施,确保挥发性有机物去除效率达80%以上。

在工业固体废物污染防治方面,积极推进大宗固废综合利用项目建设,提高工业大宗固废的资源化利用率;进一步规范危险废物的收集、转运与贮

存，指导涉及危废产生的企业设置危废贮存场所，引导企业使用小微危废云处理平台，进一步提升小微企业的危废规范化处理处置量；开展工业危废处置情况专项排摸工作，分析危废产生情况与实际处理情况，查找当前危废处理存在的问题，强化危废的全过程监管。

（二）强化工业企业监管

根据温州市第二次全国污染源普查结果，温州市当前工业企业的环保行政审批率较低，大部分企业无排污许可证，不利于环境污染物排放统计与监管工作。应积极落实《温州市工业企业环保行政许可规范管理改革方案》，全面梳理全市在产工业企业生态环境行政许可手续完备情况，通过清理整顿提高工业企业生态环境行政许可执行率和历史遗留问题清理整顿执行率至70%以上；到2020年底完成覆盖所有固定污染源的排污许可证核发工作。强化对产污企业的事中监管和事后监管，市各级生态环境部门对简化管理类、承诺整改类和过渡类企业，要加强日常监督检查，加密区域环境质量和企业排放监测工作。如发现企业排放超标，应从快从严立案查处，停产整顿，确保环境质量改善，保障群众生产生活环境权益。全面实施水环境监测、大气复合污染立体监测网络建设、智慧环保建设等工作，强化对工业企业末端治理设施的监管，确保企业末端治理设施正常运行，实现污染物处理达标排放。

（三）提升工业企业污染治理水平

鼓励企业研发适用于温州本地工业行业污染治理技术或终端处理设备，积极探索建立"互联网+"资源循环利用模式、"环保管家"、产业联盟综合运营等新兴服务模式，着力提升本地工业企业污染治理效率。加大对本市环保产业发展的扶持力度，着力发展节能环保装备制造、环境污染治理、生态保护与修复、资源循环利用、环境质量检测、环境服务咨询等环保产业，促进工业污染防治从末端治理向全过程控制转变，使其能更好地助力美丽温州建设。

B.20
温州市生态环保基础设施现状及提升对策研究

林海转 黄兆惠 程璐璐 麻素挺*

摘　要： 通过调研，本报告在全面掌握了当前温州市污水及固废治理领域生态环保基础设施建设现状的基础上，归纳了生态环保基础设施长期滞后存在的四个问题，从统筹规划建设、着力补齐短板、强化质量监管、加强智慧管理等四个方面提出高质量地推进全市生态环保基础设施提升与建设的对策与建议。

关键词： 生态环保基础设施　污水治理设施　生活垃圾处置设施　工业固废处置设施

建设、完善生态环保基础设施，是打好污染防治攻坚战，推动生态文明建设迈上新台阶，促进高质量发展的重要保障。近年来，温州市以"美丽中国的温州样本"创建为目标，全面加强生态环境保护和污染治理工作，大力推进生态环保基础设施建设，取得了显著成效，全社会合力推进环境保护的格局基本形成，生态环境质量明显改善。但总体上温州市生态环保基础设施短板问题突出，生态环境治理需求与环保基础设施现实保障明显不平衡，被中央环保督察组列为温州市16个重大环境问题之一，严重制约着区

---

* 林海转，博士，温州市环境保护设计科学研究院高级工程师；黄兆惠，温州市生态环境局；程璐璐，温州市环境保护设计科学研究院工程师；麻素挺，温州市环境保护设计科学研究院院长、高级工程师、注册环保工程师、环评工程师。

域生态环境质量的持续改善,亟待加快建设和提升完善。为切实提升生态环保基础设施建设与运维管理水平,最大化发挥基础设施对生态环境质量的改善作用,本报告在调研分析温州市污水及固废治理领域①生态环保基础设施建设现状、缺口及长期滞后存在的问题等的基础上,探讨高质量地推进全市生态环保基础设施提升与建设的对策与建议。

一 治理设施建设现状

温州市生态环保基础设施长期滞后于社会经济发展水平。近年来,围绕高标准打好污染防治攻坚战工作要求,温州市加大推进生态环保基础设施建设力度,污水处理及固废处置领域基础设施不断完善,治理能力明显提升。

(一)污水治理设施建设运行良好

截至2018年底,温州市已累计建成污水处理厂47座,合计处理能力约180万吨/日,其中市区14座,合计处理能力约100万吨/日,可较好地满足市区污水处理需求;市区以外县(市)33座,合计处理能力约80万吨/日,其中仅瑞安市、文成县基本满足处置需求,其他区域均存在较大缺口。2018年全市年污水实际处理量达51916.02万吨,其中生活污水处理量占88.29%,工业污水处理量占11.71%,平均运行负荷率约80%,污水处理厂运行性能总体良好,出水基本可达到《城镇污水处理厂污染物排放标准》(GB 18918-2002)中一级A或浙江省清洁排放标准。

(二)生活垃圾处置设施建设运行不足

截至2018年12月,温州市累计建成生活垃圾焚烧处理设施8座,焚烧处理能力达9285吨/日,洞头区、文成县、泰顺县三地尚属空白;在用生活垃圾填埋场4座,主要分布在泰顺县、文成县、乐清市和苍南县,设计填埋能力为

---

① 由于废气、土壤治理设施目前以分散式为主,本报告生态环保基础设施主要指污水收集治理及固废处置集中式设施。

555 吨/日。2018 年全市合计处理生活垃圾 367.60 万吨（其中焚烧处理 344.10 万吨，填埋处理 23.50 万吨）。初步建成生活垃圾分类投放、分类收运、分类处置体系，其中鹿城区及瑞安市分别建有餐厨垃圾处理设施 1 座，设计处理能力为 350 吨/日，合计处理能力为 10190 吨/日，实际年处理量为 9.27 万吨。

（三）工业固废处置设施建设运行较好

2018 年温州市有一般工业固废处置重点企业 4 家，主要分布在经开区、瑞安市和乐清市等地，建成污泥处理能力 25.2 万吨/年、皮革边角料等可燃固废处理能力 40.8 万吨/年（主要为宏泽热电股份有限公司、温州天泽大有环保能源有限公司等），脱硫石膏处理能力 30 万吨/年，粉煤灰处理能力 110 万吨/年（主要为浙江天达环保股份有限公司乐清分公司）。全市粉煤灰、脱硫石膏等大宗工业固废总体综合利用率已达 98% 以上。

2018 年全市共有温州市综合材料生态处置中心、温州人立环能科技有限公司、瑞安市浙江华峰合成树脂有限公司等危险废物处置单位 16 家，合计处理能力为 20.095 万吨/年，其中表面处理废物处置能力为 1.12 万吨/年（2019 年已提升至 16.12 万吨/年），废酸处理能力为 10 万吨/年，其他综合类处理能力为 8.08 万吨/年，医疗废物处理能力 0.895 万吨/年；实际危废处置量为 8.10 万吨。危废处置方式包括焚烧、高温蒸煮、综合利用等方式。

二 存在的问题分析

（一）建设需求不清

由于历史欠账、监管不到位等问题，一些地方对辖区内生态环保基础设施建设现状、污染产生情况底数了解不清。如污水收集处理方面，对全市污水管网建设情况、雨污分流情况、管网分布情况、破损渗漏情况底数说不清、道不明，各地污水实际排放量、收集率了解不清。固体废物方面，对工业边角料产生量情况、可再生资源利用及去向情况、生活垃圾成分组成情况

等了解仍然不清。由于底数了解不清，对今后污染产生量及对应的治理设施配套需求亦不明确，缺乏科学预测和总体规划，造成环保设施缺口持续增大，环境治理难度加大，巩固前期治理成果的压力倍增。

（二）处理能力不平衡与不足共存

一是污水处理能力区域性缺口较大。2018年温州市区污水收集处理能力可较好地满足市区污水处理需求；县（市）中仅瑞安市、文成县基本满足处置需求，其他地区污水处理能力普遍不足，2018年缺口仍有20余万吨/日，今后随着人口的增长及城镇化进程的加快，缺口还将进一步扩大。同时部分排水管网存在雨污分流不彻底、管网破损渗漏严重、运行管理力度不足等问题，导致部分城镇污水处理厂还存在运行负荷率低、污水进水浓度偏低等问题，河水倒灌问题亟须得到有效控制。农村污水处理设施建设基础普遍较为薄弱，且存在运行性能不稳定等问题。

二是生活垃圾处置能力不平衡。除市区、瑞安市和苍南县可满足需求之外，乐清市、永嘉县、平阳县等地区生活垃圾处理能力仍存在约1000吨/日的缺口，部分地区超负荷运行严重，需依托市级垃圾应急联保处理机制运往异地处置，存在较大环境隐患。文成县、泰顺县暂无垃圾焚烧厂，生活垃圾仍以填埋方式处理，填埋产生的二次污染防治压力较大。生活垃圾分类投放、分类收运、分类处置体系不健全，仅市区和瑞安市建有餐厨垃圾处置设施，其他地区尚未建立专门的餐厨垃圾处置设施。

三是一般工业固废处置利用能力不足。一般工业固废虽然资源化利用率总体较高，但市内企业数量少、规模小，固废回收利用技术研发投入不足、总体水平偏低，产品附加值低，部分本地企业仍依托市外或省外企业资质。环氧树脂、硅粉等部分非可燃、难以回收利用类固废尚无消纳途径。目前还有大量历史存量污泥待处置。各县（市）中乐清市、苍南县、平阳县污泥处置能力总缺口约200吨/日，污水处理厂的污泥主要采取外运或临时处置方式处置，及时性、规范化难以保证。随着全市污水处理厂的新扩建及提标改造、污水收集管网通沟清淤等工作的推进，污水处理厂污泥及通沟污泥产生量大幅增加，污泥处置能力缺口将进一步加大。

四是危险废物收集处置设施滞后。表面处理废物、生活垃圾焚烧飞灰等危险废物产生基数规模较大，但市内相应危废配套处置设施建设相对滞后。其中表面处理废物约10万吨/年的缺口2019年刚刚补齐，运行稳定性、无害化水平还有待检验；生活垃圾焚烧飞灰处置方面，2018年瑞安市、乐清市、永嘉县等飞灰填埋场已超负荷运行，仍有部分飞灰需采取贮存方式处理，存在区域性填埋能力缺口。对其他危废如实验室危废、废弃甲类化学品、医疗废物、废弃汽车催化剂等的安全贮存、处置、利用能力仍然不足。同时由于小微危废的产生存在点多面广、量小分散、类别多样、成分复杂的特点，安全贮存、转运、处置等各环节环境风险和安全隐患较为突出，小微危废收集监管压力大。

（三）建设质量不佳

一是建设质量较差。在治水方面，全市污水管网及设施完好率不一，污水收集管网建设质量总体较差：管网破损渗漏严重，雨污分流不彻底，新建截流井溢水问题普遍，部分泵站建设工艺落后、设备老化、自动化程度低等问题长期得不到解决，厂网升级等工作仍滞后于治水总体进展和阶段性要求，反复建、重复建问题突出。固废处置方面，生活垃圾填埋场污染防治措施不到位，2017~2019年中央环保督察期间，全市在用4个填埋场渗滤液无法达标排放，已封2个生活垃圾填埋场无防渗、渗滤液处理设施，渗滤液下渗直排，导致后期整改压力大。

二是建设标准偏低。环境部门在基础设施建设初期介入不深，环保应用标准（如排放标准等）在论证阶段不充分，造成部分环保基础设施建设初定标准不严；相关课题研究开展不充分，标准应用方面前瞻性不足，未预留足够的空间，最终导致已建成的基础设施难以满足环境治理需求，如污水处理设施建设标准偏低等问题，后期改造成本太高或难度较大。

三是技术研发不足。特别是涉及固废协同处置、资源再生利用、污水处理厂尾水利用、软土地基管廊建设等的先进工艺、先进技术研究应用不足，

技术保障滞后,基础设施建设水平不高,大部分基础设施建设水平仍停留在初期阶段。

(四)运管效率偏低

一是运管机制有待完善。部门管理与监管监督权界限不清。如管网建设、运维、监督方面,涉及住建、综合执法、生态环境、排水企业、属地政府等多个部门、单位,导致管网建设衔接不到位,监管存在空缺和推诿问题,部分污水管网实际处于无监管、无维护状态。工业边角料、废轮胎等低价废弃物的收运、利用、应急处置、管理机制不健全,执行过程存在缺位现象,废弃物去向缺乏有效追踪,再生资源类行业技术标准缺乏。

二是监管考核标准不明确。针对目前引进的第三方检测机构跟踪复测机制,尚未出台相关监管办法,现有基础设施管理体制尚未配套建成系统性建设标准、管理和运维规范以及对应考核标准,导致运管执行效率不高。

三是运管水平有待提高。目前,温州市全面实施的基础设施建设运管智慧平台尚未建成应用,监管手段单一。在线监测、监控、预警设备建设和应用等专题研究尚未启动。国内外先进管理经验引进机制不完善,总体运管水平低,效率偏低。

四是区域协调共治缺乏。地方保护主义客观存在,导致地方在各自开展单一环境要素污染防治规划过程中弱化了基础设施建设的共建共享,未从全局考虑规模设计的科学性及选点布局的合理性,间接导致地区间发展不平衡、区域间应急联保机制建设滞后。

三 对策与建议

(一)摸清需求底数,统筹规划建设

一是全面摸排底数。各地要形成周期性、常态化环保基础设施建设摸底排查机制,重点加强污水收集管网建设情况摸排,系统全面地对辖区内

所有排污单位、区块情况进行地毯式排查，了解管网分布与长度、错接混接渗漏情况、污水走向浓度等情况，绘制温州市区污水排放系统地图，动态掌握污水管网建设运维状态及存在的问题，为全市加快推进"污水零直排区"建设及管网运行维护提供有效支撑。加强对生活垃圾组成成分、工业固废产生及处置去向、现有治理设施运营情况等的调研，明确固废处置现状及需求。

二是加强统筹规划。结合温州市社会经济发展实际情况，科学预测发展趋势及建设需求。结合国家、省级政策要求，加强前瞻性、全局性、系统性环保基础设施建设规划研究，并形成常态化稳定机制。做好全局性规划布局，科学确定设施建设布点及服务覆盖范围，因地制宜推进生态环保基础设施建设，并做好环保基础设施建设规划与城市总体规划相衔接。按照协同互助、共建共享的原则，开展跨县（市、区）合作，建立完善应急联保机制，形成治理合力。

（二）加大建设力度，着力补齐短板

结合规划任务，全面实施《温州市生态环保基础设施提升三年行动计划》，针对全市环保基础设施建设缺口，制定重点项目清单，高质量完成一批生态环保基础设施建设项目，较好地满足全市生态环境治理需求。

一是加强污水收集管网及污水处理设施的提升改造。重点推进治水领域"污水零直排区"创建，实施污水收集管网新建、改造和提升，基本解决城区排水管网破损、杂物淤积和雨污混接、错接等问题。大力推进城镇污水处理设施新扩建和提标改造，到2021年新增或扩容污水处理能力25万吨以上。进一步完善农村生活污水处理设施，规范处理设施建设及运维，提高运行效率。逐步推行重污染行业工业废水、含有毒有害物质废水与生活污水分类分离处置，加快推进电镀、石化等重污染行业集聚区工业废水处理设施建设或提标改造。

二是加强生活垃圾处置设施建设及改造提升。加快推进生活垃圾处理设施建设，至2021年新增生活垃圾处理能力2800吨/日以上，加快实现生活

垃圾零填埋。完善餐厨垃圾收集处理设施体系，实现县级以上城市餐厨垃圾处理设施全覆盖，餐厨垃圾统一收集、统一转运、统一处置。

三是加快推进工业固废综合利用处置项目建设。推进工业污泥、市政污泥处置设施建设，提高污泥无害化处置能力。积极启动通沟污泥处置项目建设研究，探索大宗固废、污泥协同处置及综合利用，提升本地化资源利用水平。加快推进各县（市、区）生活垃圾填埋场建设及提升改造，医疗废物收集处置体系建设和工业危废处置能力建设。强化推进危险废物焚烧处置能力、废包装桶处置能力建设。

（三）强化质量监管，促进提质增效

一是强化全过程监管。按照相关法律法规和强制性标准的要求，严格履行基本建设程序，严格落实施工质量终身负责制，把质量管理贯穿于"项目设计、建材采购、工程施工、监理监督、竣工验收、运行维护"等工程建设的全过程。

二是强化建设技术规范。广泛应用精确测控、无损探测、物联网监测和隐患事故预警等先进技术；积极推广新工艺、新材料和新设备，推广应用管道、检查井预制构件产品，提高预制装配化率。开展国内外前沿技术应用可行性研究，如相关科研院所开展软土地基管网建设维护技术，综合管廊等技术的研究、创新及推广和应用，结合软土地基与刚性管网技术研究应用，降低污水管网的破损和渗漏率。

三是强化建设标准。加大力度对已建环保基础设施进行提标改造，切实保障生态环境治理需求。加大科研投入及高端人才引进力度，支持企业技术集成和技术创新，探索总结适合本地区的工艺技术路线，进一步提升技术水平、智能化水平。开展温州市基础设施建设前瞻性标准及应用专项研究，最终实现环保基础设施初期建设标准优于环保治理或管控标准。

（四）加强智慧管理，实现高效运管

一是持续完善管理机制，推进统筹管理。建议充分发挥市、区两级管理优势。强化部门职责，明确监管权限，并实行属地政府责任制。鉴于环保基础设施运行管理专业性强、任务重、难度大，建议借鉴杭州、宁波甚至国外先进经验，进一步建立完善的联动机制，充分发挥各部门和运维单位优势。出台第三方机构监督管理办法，探究环保基础设施"部门联席会议机制"。进一步完善配套管理体制管理标准与规范，强化督查考核，强化责任追究机制。

二是加强智能化设备应用，实现智慧管控。积极引进先进平台与技术应用，如开展"智慧排水"探索实践，通过对泵站物联网设备的改造和新增，实现污水泵站、雨水泵站及污水处理厂相关排水管网的智慧管控；加强建设与应用在线监测、监控、预警设备，智能化垃圾集成分类收集及管控系统等。结合美丽水乡云平台、智慧环保等平台，持续完善温州市管网基础数据平台，提高设施运行故障诊断能力。

B.21
温州市省级以上自然保护区治理研究报告[*]

程璐璐 胡佳佳 林海转 孙肖泗[**]

摘　要： 近年来，温州市各省级以上自然保护区通过不断探索科学管护模式，变革管理思路，以"精准保护""专项攻坚"等合力助推有效监管，可持续发展成效显著。本文在总结各省级以上自然保护区治理现状，分析探讨保护区管理体系及社区发展等现存问题的基础上，围绕生态环境监管体制改革总体思路，以问题为导向，从推进管理体制变革、加强管理能力提升、强化科研能力建设及深化社区"绿色发展"模式四方面提出保护区科学管护的对策及建议。

关键词： 省级以上自然保护区　科学管护　绿色发展

一　省级以上自然保护区基本情况

自1975年以来，温州市已建成国家级自然保护区2个（乌岩岭国家级自然保护区、南麂列岛国家级海洋自然保护区），省级自然保护区1个（承

---

[*] 本报告省级以上自然保护区包括省级、国家级。
[**] 程璐璐，温州市环境保护设计科学研究院工程师；胡佳佳，温州市生态环境局生态处工程师；林海转，博士，温州市环境保护设计科学研究院高级工程师；孙肖泗，博士，温州市环境保护设计科学研究院高级工程师。

天氡泉省级自然保护区），占浙江省级以上自然保护区总数的12%，初步形成类型较为齐全、功能完善的自然保护区体系。

其中乌岩岭国家级自然保护区（简称乌岩岭保护区）位于泰顺县西北部，目前已逐步建成以中亚热带森林生态系统及黄腹角雉、猕猴等珍稀动植物为重点保护对象，集资源保护、科研监测、宣传教育和可持续利用等功能于一体的综合性自然保护区。南麂列岛国家级海洋自然保护区（简称南麂保护区）位于平阳县东南部海域，是国内首批五个国家级海洋自然保护区之一，也是最早加入联合国教科文组织世界生物圈保护区网络的海岛类型自然保护区，同时南麂列岛为全国唯一的国家级野生水仙保护地，现阶段已形成以海洋贝藻类、海洋性鸟类和野生水仙花及其生态环境为重点保护对象的国家级海洋自然保护区，被誉为"贝藻王国"和"海上基因库"。泰顺县承天氡泉省级自然保护区（简称氡泉保护区）位于浙南沿海山地，目前已建成以含氡、硅、氟复合型热矿泉为重点保护对象，同时兼顾周边独特的自然地貌和丰富自然资源的省级自然保护区（见表1）。

表1　温州市省级以上自然保护区类型及分布

单位：公顷

序号	保护区名称	所在地区	保护区类型	面积	重点保护对象
1	南麂列岛国家级海洋自然保护区	平阳县	海洋与海岸	20106	海洋贝藻类、海洋性鸟类、野生水仙花及其生态环境
2	乌岩岭国家级自然保护区	泰顺县	森林生态	18861	中亚热带森林生态系统及黄腹角雉、猕猴等珍稀动植物
3	承天氡泉省级自然保护区		地质遗迹	1897	含氡、硅、氟复合型热矿泉

资料来源：各保护区管理局（处）提供。

二　省级以上自然保护区治理现状

近年来，乌岩岭、南麂和氡泉保护区始终以"自然生态保护"为核心

宗旨开展工作,管理机制体制基本建成,执法监管力度不断加大,科研支撑能力逐步强化,可持续发展成效初显。

(一)以"绿色发展"为引领,探索科学发展新模式

生物多样性保护成效显著。科研成果显示,近年来乌岩岭黄腹角雉栖息地环境不断优化,野外种群数量由400余只发展到500余只。南麂列岛核心区贝藻类与20世纪90年代初相比,生物量和栖息密度有所增加,且发现了黑叶马尾藻、头状马尾藻、浙江褐茸藻等世界新种,35种中国藻类新记录种,海洋性鸟类的种群和数量保持稳定,野生水仙花从20世纪80年代末的10余亩增加到30余亩。氡泉保护区地热资源储量基本稳定,生态环境状况总体良好。

生态经济展现新面貌。近年来,各保护区始终坚持"保护为主,适度开发,开发服从保护"原则,可持续发展格局基本形成。审慎开发生态旅游,严控保护区项目建设,当前乌岩岭保护区已被成功打造成"以生态环境教育为核心的生态旅游精品区";南麂保护区按照"生态、高端、极致"的思路,严控上岛人数,将岛上历史建筑改建成一批高端宾馆、民宿,创成国家4A级景区。氡泉保护区对接廊桥—九峰旅游风景区,"氡泉特色小镇"创建特色初显。积极引导社区转产转业,适度发展生态农业。目前乌岩岭保护区和氡泉茶叶生态产业基地、绿色养蜂基地和菌类林下生态栽培基地基本建成,并初步形成"特色农产品"品牌效应。南麂保护区鼓励生态养殖,发展渔家文化,捞鱼船保有量从180艘降至40艘,岛内常住人口减少一半以上;生态养殖大黄鱼登上G20峰会首脑餐桌,同时首创的"南麂基金岛",被评为"温州金改十大最具价值案例"之一。

(二)以"有效监管"为重点,严格推进执法监管

部门联合管理机制基本建成。当前,省级以上自然保护区社区管理工作主要由建制镇负责,县旅游发展投资公司及风景名胜区管理部门负责保护区生态旅游发展,而保护区资源监管工作由管理局(处)牵头,逐步形成三方定期协商会议制度。总体上,各保护区以生态管护为前提,较好地实现了

民生发展和旅游开发和谐发展。

网络监管实时化，联合执法常态化，群防群护全民化基本实现。统计数据显示，乌岩岭保护区近5年查处违法案件35起，南麂保护区2018年执行检查近200余次，查处违法案件近5起，保护区内非法捕捞、垂钓、采掘、盗伐林木、偷挖树桩、违法采药等海洋和森林资源破坏现象明显得到遏制。率先探索实施群防群护工作机制，南麂保护区发挥岛民"自我护岛、自我管理"积极性，组建海上义务监察管理队伍，配合海监支队加强陆海巡查执法。氡泉保护区实行"协议保护"监管模式，发动社区群众形成保护区定期巡护制度。通过有力监管，保护区生物多样性得到极大提升。

（三）以"精准保护"为途径，牢固确立科研支撑

科学助推"生态管护"效应初显。依托院士专家工作站、博士后科研工作站等战略平台，乌岩岭保护区围绕"黄腹角雉生物多样性""森林生态系统"等重点领域开展研究，助力保护区建成"中国濒危雉类研究基地"及"动植物资源本底数据库"，为保护区开展"种质资源"保护打下了坚实基础。南麂保护区在"蓝色碳汇"、岛屿陆地生态系统、海藻场、底栖藻类等领域取得丰硕成果，通过定期分析保护区潮间带、海鸟及海洋环境监测数据，全面掌握了南麂海洋生态状况，为保护区科学管护提供了重要依据。氡泉保护区联合浙江大学等高校、院所，在氡泉热矿泉水质监测和地热资源储量等领域取得突破性进展，成功探明承天温泉（泉群）可开采量，为管理决策提供了重要数据支撑。

（四）以"专项攻坚"为抓手，扎实推进生态保护

以"环保督政、绿盾行动"专项行动为推动保护区工作的重要契机，以解决历史遗留问题和环保问题整改为重点，发动保护管理局（处）、市县级有关单位通力合作，有效推动问题整改。2017~2018年中央环保督察期间，有效解决了乌岩岭保护区黄连山废弃矿堆，南麂柳成山庄、环岛公路、马祖岙核心区养殖场，氡泉望泉楼大酒店等多个历史遗留问题，完成问题点位整改22个，整改率达100%，保护区原有生态环境得到恢复。目前南麂马祖岙、大

沙岙核心区原有海洋优势种（如紫菜）恢复明显。氡泉泉眼周边景观生态修复工程基本完成。同时，以"大拆大整、大建大美"战略部署为指引，南麂保护区基本建成覆盖全岛的污水处理系统，乌岩岭保护区围绕"四边三化"开展全域环境整治，景区生活垃圾集中处置基本完成规范化建设。

三 存在的问题与短板

当前市域省级以上自然保护区保护与发展的矛盾客观存在，管理机构职能交叉、综合管理能力偏弱、社区发展滞后等问题仍有待解决。

（一）管理机构责任不清

当前各省级以上自然保护区实行业务与行政分离管理体制，但保护区实际管理部门为地方政府，保护区管理机构与政府一旦发生职能摩擦，极易造成保护区职能偏离，管理机构不得不放弃管护原则并承担监管不力的后果。管理机构与景区管理部门职能交叉。目前南麂和氡泉保护区均分别与南麂列岛省级风景名胜区、氡泉—九峰省级风景名胜区存在管护空间重叠，保护区规划执行难以统一，管护效率大打折扣。同时旅游投资公司原则上作为保护区旅游业务经营主体，实际全程参与保护区建设和管控，旅游项目建设主体、投资主体、委托主体及受益主体责任不清，盲目建设和过度开发的现象时有发生。同时，市县级生态环境部门对省级以上自然保护区的监管效应并不突出，在宏观决策、监督检查和政策指导方面难有作为。因此，在保护区管理机构、地方政府及生态环境部门等协同管理大背景下，如何统一并高效发挥管理部门职能是保护区管理机制体制变革的重要课题。

社区参与式管理模式尚未形成。受保护区社区建设不完善、社区居民生态环境保护意识不足等因素限制，当前乌岩岭保护区尚未建成社区共管机制。南麂和氡泉保护区创新群防群治机制，但尚未配套长效保障机制，且现阶段社区参与共治的形式和领域有限。短期内市域省级以上自然保护区建成相对完善的社区共管机制难度较大。

（二）综合管理能力偏弱

专业型管理人员不足。随着国家生态环境保护力度的加大，对自然保护区的建设与管理要求越来越高，现有省级以上自然保护区管理人员专业知识匮乏，已逐渐难以适应保护区工作要求，干部职工队伍科学文化水平和业务素质普遍有待提高。

管护资金存在缺口。目前乌岩岭、南麂、氡泉保护区内部人员及机构运转资金基本能够满足现状，但由于资金保障未形成长效稳定机制，管护资金缺口仍客观存在，对保护区信息化管理平台建设的投入有限，制约了科学管理水平的提高。

环保基础设施建设存在短板。目前乌岩岭保护区内仅双坑口保护站建成污水池、蓄水池、供水排水管道、环卫等环保设施；部分行政村建设污水处理池，但配套管网极不完善、截污纳管率低；偏远自然村生活污水简单预处理后直排周边河道。南麂保护区内现有生活污水处理设施暂达不到一级处理标准；竹屿与大檑山岛受岛内自然环境限制，生活污水处理难度较大。生活垃圾处置方面，乌岩岭保护区仅10个村配备生活垃圾箱（桶），保护站垃圾中转中心尚未建成。南麂保护区生活垃圾在较长历史时段内采用就地焚烧或填埋的处置方式解决，现已建成垃圾资源化处理中心，但岛内垃圾仍未实现外运。地表水、大气、土壤、噪声及辐射环境监测方面，乌岩岭和氡泉保护区地表水监测站位目前仅有1个，无大气监测站位，南麂保护区近海和内陆、水文水质监测也未形成独立运行体系。各保护区生态环境预警体系尚未建成，监管效率受限。

（三）科研支撑能力不足

当前市域各省级以上自然保护区普遍存在科研组织机构不完善、科研档案管理制度不健全、科研动态监测工程实施进展缓慢、科研成果共享机制缺乏等问题，制约了保护区科研工作开展的长效性和稳定性。同时因专业人才及设备储备不足，保护区内常规性科研监测过于依赖国内科研单位，现阶段氡泉保护区地热资源监测主要依赖合作单位，长远来看，不利于保护区自身资源管护的系统性和高效性。

研究领域仍需进一步拓宽。当前乌岩岭保护区生态效益、森林康养等评估工作尚未开展，针对生物资源极小种群及保护区的价值评估有待推进；森林生态系统科研监测体系有待完善，基础课题研究提升空间较大。南麂保护区底栖藻类生物多样性研究有待深入。氡泉保护区地下水及热矿资源理论研究不深入，热矿资源数据库尚未建成，目前氡泉保护区基础科研导向性不明，受限于资金缺口，对外合作交流范围较窄。

（四）各种矛盾和冲突日益增多

社区基础设施建设较为滞后。目前乌岩岭保护区12个自然村中仅6个建有文化站，5个有综合商店，所有自然村均无托儿所；居民"外出难，看病难、读书难"问题客观存在。南麂保护区近年来水电供应不足，岛内居民仍需自行发电补充日常使用；且受海岛自然条件限制，自来水供应工程建设难度较大，岛内日常用水仍主要为井水及岛内地表水，水电资源短缺间接造成海岛陆域植被的破坏，保护区"人地矛盾"激化。

"土地纠纷"客观存在。保护区划定初期并未考虑土地权属问题，"土地纠纷"因此成为保护区管理部门、属地政府和社区居民之间的主要矛盾之一。近年来，尤以乌岩岭保护区最为突出，社区居民违规开采村集体土地青石矿、扩大旧有宅基地规模、私自毁林开荒等，直接造成地表植被破坏等生态环境问题。为缓解保护区土地权属矛盾，乌岩岭保护区实行生态公益林中集体林国家租赁政策，但租赁价仅为35.2元/（年·亩），远低于林农的实际产出，加之现有补偿机制不完善，原有矛盾和冲突日益加重。

四 对策与建议

当前我国生态环境保护管理体制、自然资源管理体制、自然资源监管体制正处在重大变革时期，党的十九大报告基本明确了实行生态环境监管体制改革的总体思路，而《建立国家公园体制总体方案》等纲领性文件的出台，标志着国家公园体制改革作为自然资源体制改革的突破口，也成为温州市省级以上自然保护区管护模式升级转型的有利契机。

（一）持续推进管理体制变革

稳步推进保护地体系变革，各省级以上自然保护区要整合现有相关管理机构及职能，实现集中、统一、高效的生态保护规划，统一用途管制、统一整治修复。同时加快落实保护区自然资源产权制度改革，明确保护区内集体土地及建设用地权力，海域使用权、水域养殖权或渔业权之间的权力衔接，及林权体系建设等一系列问题。处理好政府、集体、社会和个人四类主体之间的关系，逐步减少集体土地面积，提高全民所有自然资源资产比例，或采取土地置换、协议保护等方式实现集体土地统一用途管制。

进一步健全保护区自然资源监管机制。强化市、县级生态环境主管部门对核心区、缓冲区内采矿、探矿、房地产、水（风）电开发、开垦、挖沙采石、开发建设等开展问题巡查并督促整改，强化保护区生态考核机制。建立健全社区参与共治管理模式。以"利益共享，协调发展机制"为总体目标，循序渐进打好社区发展攻坚战。要进一步落实空间用途管制，厘清保护区与相关空间区划联系，推进管控措施协调统一，实行"正面准入"和"负面禁止"协同管控。

进一步强化制度保障。建成"1+N"制度体系，实施"一"本总规，配套"N"个管理办法（机制），明确保护区科研工作、功能分区、基础设施建设、社区协调、生态保护补偿、项目投资、生态旅游、国内外合作交流、访客管理、自然资源调查评估、巡护管理、生物多样性监测等相关标准规范和技术规程，严格遵守"科学完整、有机统一"原则，实现各项保护管理工作齐头并进。强化执法制度保障，并形成联防共治监督机制常态化、制度化。

（二）提升管理能力

全面提升管理水平。科学配置保护区管理人员，提高干部职工的业务素

质，发挥保护区管理主力军排头兵作用。加大保护区管护资金投入，并建立长效保障机制。加快保护区地理云管控平台建设，提高保护区信息化管理水平。完善保护区环保基础设施建设，全面提升保护区生态环境治理能力。深入推进污水收集及处置能力提升，加速实现保护区生活污水治理自然村覆盖率100%；强化乌岩岭保护区自然村垃圾分类收集，建成保护站垃圾中转站。南麂保护区要持续推进岛内生活垃圾外运，形成"减量化处理＋集中转运＋统一焚烧处理"的岛内垃圾处理模式。强化环境监测及预警能力建设，建立健全保护区地表水、大气、土壤、噪声及辐射环境监测网络，逐步建成自动化环境监测体系。

（三）强化科研能力

建立健全保护区科研工作长效保障机制，进一步完善科研组织机构，强化科研档案管理等制度建设。进一步拓宽研究领域，重点推进种质资源专项课题研究，完善乌岩岭保护区极小种群保护价值评估及南麂保护区底栖藻类生物多样性研究；进一步明晰氡泉保护区科研主导方向，加大科研资金投入。强化保护区自身科研能力建设，培养科研骨干队伍，搭建自主自然资源监测平台，实现保护区内常规性科研监测。进一步强化国内外交流与合作，完成综合性、专题性基础课题研究，实现保护区科研成果的资源共享。

（四）深化社区"绿色发展"模式

推进社区基础设施建设。强化乌岩岭保护区社区道路、电力、饮水、教育、医疗等重点项目建设，着力改善社区居民外出难、读书难、看病难等问题。推进南麂保护区岛内供水供电工程升级改造，完善岛内供电系统，适度开展清洁能源生产，实施风能、太阳能发电示范工程，同时完善岛内供水系统，完成岛内自来水厂及相关管网配套设施建设。推进氡泉保护区供水、供电及通信工程建设。夯实现有生态农业发展模式，持续深化乌岩岭保护区"林下生态经济发展模式"，完善绿色养蜂基地和菌类生态栽培基地建设；加大南麂保护区"生态养殖"产业扶持，精准发展高效海洋养殖业。持续发挥氡泉保护区"茶叶""雅阳猪"农产品品牌效应。进一步规范发展生态旅游。实行特许经营制度，严格区分生态旅游目的地经营权和管理权，明确保护区生态旅游开发的非营利性经营机制的导向性；完善生态旅游景区环保、住宿、餐饮等基础设施建设，逐步建成以社区为主的参与式建设与管理模式。

专题篇

Special Reports

B.22
领导干部对温州2019年经济社会发展评价和2020年趋势判断

陈忠谊*

摘　要： 问卷调查显示，接近2/3的领导干部对温州2019年经济社会发展状况感到满意，满意度较上年明显提升。"人才缺乏"连续五年成为影响经济发展的最突出问题，基础人才政策覆盖不足是人才政策主要短板，同时"教育资源分配不公"成为年度社会发展的最突出问题。在政府主要工作中，"最多跑一次"改革和"生态环境治理"工作成效显著，而"人才引进培养"和"缩小城乡校际办学差距"工作则进展缓慢。超七成领导干部对温州2020年经济社会发展充满信心。

---

* 陈忠谊，中共温州市委党校讲师。

领导干部对温州2019年经济社会发展评价和2020年趋势判断

关键词： 温州领导干部　经济发展　社会发展

为了解领导干部对2019年温州经济与社会发展现状、问题及趋势的看法，2019年10~11月，课题组对在温州市党校系统参加培训的部分领导干部开展了问卷调查。本次调查采用电子问卷形式，共有803名领导干部填写问卷，其中乡科级领导干部651人，县（处）级领导干部152人，具体样本特征详见附录。需要说明的是，本报告对2020年温州经济社会发展情况的预测和判断是基于2019年1月前完成的问卷调查，并未考虑2020年初突发新冠肺炎疫情的影响。

一　2019年温州经济社会发展总体评价

领导干部对2019年温州经济社会发展评价较高，与上年相比，经济发展和社会发展满意度均明显提高，同时，58.03%的领导干部认为温州经济自经历2011年金融风波后处在"已经进入开始复苏阶段"。

（一）2019年经济发展总体满意度同比提高36.82个百分点

问卷结果显示，66.63%的领导干部对2019年温州经济发展评价为"好"与"比较好"，较2018年提升36.82个百分点，提高幅度明显。其中，认为"好"和"比较好"的比例分别为24.91%和41.72%，其余选项占比如表1所示。从职级上看，与上年不同，县处级干部看法比较乐观，选择"好"与"比较好"的比例分别为26.97%和50.66%，较乡科级干部分别高出2.55个和11.03个百分点。从单位类型看，领导干部满意度呈现"两头高、中间低"的现象，但差距不显著，市级、县级、乡镇三级党政机关选择"好"与"比较好"的比例依次为68.75%、65.7%和70.01%。

（二）2019年社会发展总体满意度同比提高28.35个百分点

问卷结果表明，66.25%的领导干部对2019年温州社会发展评价为

"好"与"比较好",满意度较上年提高28.35个百分点,增长幅度较大,主要是因为持"一般"中性评价的人数占比快速下降,较上年减少23.64个百分点,其余选项占比如表1所示。从职级上看,县处级干部评价高于乡科级干部,认为"好"与"比较好"的比例分别为73.03%和64.67%,分别高出上年13.58个和8.36个百分点。分单位类型看,市级、县级、乡镇三级党政机关满意度依次降低,持"好"与"比较好"评价的比例分别为68.75%、66.42%和63.75%。

表1 2019年经济社会发展总体评价统计

单位:%

项目	好	比较好	一般	比较差	差
经济发展总体评价	24.91	41.72	29.39	3.49	0.5
社会发展总体评价	15.07	51.18	31.76	1.74	0.25

(三)领导干部对"2011年金融风波"后温州经济社会发展所处阶段的判断趋同

在803个受访领导干部中,对于温州自经历"2011年金融风波"后经济社会发展所处阶段的判断,与上年相比,观点趋向集中。2018年的观点主要分布在"已经进入开始复苏阶段"(46.01%)和"见底后的萧条阶段"(36.62%)两个方面,而2019年则主要集中在"已经进入开始复苏阶段",占比58.03%,其余选项支持比例均不超过20%,依次为"见底后的萧条阶段"(18.06%)、"全面复苏阶段"(11.58%)、"危机尚未见底"(9.59%)和"危机刚刚见底"(2.74%)。

二 温州经济社会发展存在的问题及制约因素

"人才缺乏"和"教育资源分配不公"分别成为年度经济、社会发展的首要突出问题，而"产业平台要素集聚能力不强"成为制约当前温州经济发展的主要因素，"城区缺乏特色优势产业"则成为温州中心城区首位度偏低的首要原因。

（一）"人才缺乏"连续五年居温州经济发展突出问题首位，基础人才精准施策不足

问卷结果表明，"人才缺乏"、"企业用地紧张"、"战略性新兴产业发展落后"、"企业外迁"和"工业投资不足"列2019年度温州经济发展突出问题前五位。与上年相比，"人才缺乏"仍是制约温州经济发展的首要瓶颈，"企业用地紧张"加剧，前进两个位次位居次席，"企业外迁"由第六位上升至第四位，"企业自主创新能力不强"由第三位跌至第六位，其余问题位次基本不变（见表2）。为破解城市发展人才瓶颈，2018年温州出台人才"40条"新政，突出比较优势，强化高层次人才招引，但对专本科等基础人才精准施策不足，难以满足"量大面广"中小企业的人才需求。企业供地不足、地价偏高一直以来是温州企业发展的重要制约因素，2019年前三季度全市出让工业用地规模在全省排倒数第三，部分县（市、区）几无大宗工业用地可用，前期围填海土地有效利用成为温州亟待解决的问题。

表2　2019年度温州经济发展突出问题排序统计

排名	选项	平均综合得分	排名	选项	平均综合得分
1	人才缺乏	10.17	8	招商引资项目质量不高	1.76
2	企业用地紧张	5.55	9	营商环境有待优化	1.74
3	战略性新兴产业发展落后	4.63	10	产业平台竞争力不强	1.49
4	企业外迁	3.49	11	企业资金紧张	1.2
5	工业投资不足	3.34	12	生产性服务业发展缓慢	0.37
6	企业自主创新能力不强	2.67	13	企业污染排放日趋严重	0.09
7	资金外流	2.49	14	其他	0.01

注：平均综合得分反映选项的综合排名情况，得分越高表示综合排序越靠前，其计算方法为：平均综合得分＝（Σ频数×权值）/本题填写人次，其中权值由选项排列的位置决定，由于报告全都采用三项进行排序，因此第一个位置的权值为3，第二个位置权值为2，第三个位置权值为1，下同。

（二）"教育资源分配不公"成为年度社会发展最突出问题

问卷调查显示，"教育资源分配不公""房价房租高企""城乡居民增收乏力""物价上涨过快""交通拥堵加剧"成为2019年度温州社会发展排名前五的突出问题（见表3）。与2018年相比，在领导干部关注的年度社会发展前五大突出问题中，"交通拥堵加剧"取代"小微企业安置难"进入前五，其余四个问题与上年相同，"房价房租高涨"和"物价上涨过快"排名均前移一位，分别排在第二位和第四位，"城乡居民增收乏力"降至第三位。同时，宏观经济面临较大下行压力背景下，"稳就业难度加大"也获得领导干部较多关注。"社区矛盾纠纷呈上升趋势"引起领导干部的重视，在803名领导干部中，14.32%的干部把该问题列入社会突出问题前三位，首次进入问卷就以1.5分的综合得分排名第九。

表3 2019年度温州社会发展突出问题排序统计

排名	选项	平均综合得分	排名	选项	平均综合得分
1	教育资源分配不公	5.25	7	贫富差距加大	2.69
2	房价房租高企	4.84	8	看病难、看病贵	2.11
3	城乡居民增收乏力	3.93	9	社区矛盾纠纷呈上升趋势	1.5
4	物价上涨过快	3.63	10	食品安全问题	1.44
5	交通拥堵加剧	3.62	11	环境污染加重	0.55
6	稳就业难度加大	3.4	12	其他	0.05

（三）"产业平台要素集聚能力不强"成为制约温州经济发展的主要因素

关于制约温州经济发展的主要因素，问卷共设置了13个选项，调查结果显示，"产业平台要素集聚能力不强""全社会研发（R&D）投入不足""人口外流"综合排序位居前三，三个选项的平均综合得分分别为4.99分、4.48分和4.48分。"体制机制创新不够"和"城市开放度不高"分别以4.33分和4.29分的平均综合得分排名第4和第5位。"产业平台要素集聚能力不强""全社会研发（R&D）投入不足"连续两年居前两位，大多数领导干部认为，优质的平台才能快速实现资源要素在空间上的集聚，而目前温州三大龙头产业平台建设仍是短板弱项，平台集聚要素的能力还不强。与上年相比，"人口外流"由第5位上升至第3位。2016~2019年温州常住人口连续4年机械负增长，已经引起领导干部的警惕，同时也反映出现行的人才落户政策效果并不显著。

（四）"城区缺乏特色优势产业"成为温州中心城区首位度偏低的主要原因

关于"您认为温州中心城区首位度偏低的原因"的提问，在7个选项里，"城区缺乏特色优势产业"、"城市基础设施配套不足"和"公共服务质量不高"分别以5分、4.43分和3.72分位列综合排序前三。其中，"城区缺乏特色优势产业"的第一选择人数为356人，占比为44.33%。特色优势产业是孕育产业集群和培育龙头企业的基础，也是吸纳人口和引进人才的重要载体，唯有通过培育壮大特色优势产业，完善城市基础配套设施，提高公共服务质量，才能有效提升中心城区首位度。

三 2019年温州政府主要工作评价

就年度政府工作成效而言，受访领导干部认为"'最多跑一次'改革"和"生态环境治理"这两项工作成效明显，而"人才引进培养"和"缩小城乡校际办学差距"这两项工作则进展相对缓慢。营商环境持续优化有力助推温州"两个健康"先行区创建工作。

（一）"'最多跑一次'改革"被认为是2019年政府经济发展最有成效的工作

从领导干部对2019年政府经济发展比较富有成效工作的选择来看（见表4），在18项受调查的政府工作中，"'最多跑一次'改革""交通基础设施建设""特色小镇建设""招商引资工作""传统产业改造升级"等五项工作平均综合得分排名前五,"'最多跑一次'改革"和"交通基础设施建设"的平均综合得分均接近第三名的两倍,连续两年居前两位,可见,领导干部对这两项工作的成效是非常认可的。一般企业投资项目审批"最多90天"实现率达100%,据有关部门统计,三季度"'最多跑一次'改革"企业满意度达98.4%。交通基础设施建设硕果累累,甬台温复线灵昆至苍南段、文瑞高速、文泰高速泰顺先行段建成通车,实现温州"县县通高速"目标;BRT5号线、6号线开通运行,BRT基本成网。

表4 2019年政府经济发展工作评价排序

单位:分,%

排名	调查选项	平均综合得分	第一选择比重	与2018年相比排序变化
1	"最多跑一次"改革	8.83	13.08	—
2	交通基础设施建设	8.69	18.18	—
3	特色小镇建设	4.63	9.84	↑3
4	招商引资工作	3.96	15.82	↑7
5	传统产业改造升级	3.61	7.6	↑1
6	区域发展协作(长三角一体化)	3.37	9.22	↑5
7	数字经济培育	2.69	6.23	↑2
8	扩大有效投资	2.65	3.86	—
9	培育壮大新兴产业	2.37	4.86	↑3
10	小微园建设提升	2.27	1.99	↓3
11	三大龙头产业平台建设(瓯江口新区、浙南产业集聚区、浙南科技城)	2.07	2.86	↓3
12	金融综合改革	1.58	2.37	↑1
13	企业创新主体培育	1.00	0.87	—
14	企业上市工作	0.95	1.87	↑1
15	现代服务业发展	0.82	0.12	—
16	现代农业发展	0.79	0.87	—
17	人才引进培养	0.62	0.37	↓3
18	其他	0.10	0	

与2018年相比，2019年受调查工作选项发生变化，新增4个选项的同时删除3个原有选项，其中新增的分别是"扩大有效投资"、"企业创新主体培育"、"现代服务业发展"和"现代农业发展"；删除的分别是"'两线三片'开发建设"、"'低散乱'企业整治"和"外贸出口"。从工作成效排序变化看，"招商引资工作"进步最大，前进七位，排在第四；其次是"区域发展协作"工作前移五位，排在第六。同时，"小微园建设提升"、"三大龙头产业平台建设"和"人才引进培养"三项工作则出现位次后移，均下降三位。而"金融综合改革"、"人才引进培养"和"企业上市工作"连续两年排位靠后，应引起有关部门的高度重视。

（二）"生态环境治理"被认为是2019年政府社会发展最富有成效的工作

根据领导干部对2019年社会发展比较富有成效工作的调查结果（见表5），"生态环境治理"被认为是2019年最富有成效的工作，平均综合得分为8.55分，309名领导干部将第一选择投给了"生态环境治理"，占全部受访人数的38.48%。"平安温州建设"排名第二，平均综合得分为7.77分，13.33%的领导干部将该项工作排在第一位。从实际情况看，2019年市区PM2.5浓度为28ug/m³，提前两年步入空气质量达标城市行列；三大水系水质首次全优，治水成效明显；全年空气优良率达97%，位居全省第二，生态环境质量显著提升。平安温州建设迈上新台阶，村社规模优化调整撤并率达43.6%，连续三年"较大"以上安全生产事故"零发生"，扫黑除恶专项斗争取得阶段性胜利。因此，这两项工作获得广大领导干部认可也在情理之中。

"村容村貌改善""安置房及配套设施建设""公共文化服务建设""群众体育设施建设"列第3~6位，其中"安置房及配套设施建设"工作进步明显，较上年前进6位。同时，对"缩小城乡校际办学差距"工作，领导干部的认可度较低，应继续加大对农村义务教育薄弱学校的基础设施和技术装备投入，并着力加强优秀师资队伍建设。

表5 2019年政府社会发展工作评价排序

单位：分，%

排名	调查选项	平均综合得分	第一选择比重	与2018年相比排序变化
1	生态环境治理	8.55	38.48	—
2	平安温州建设	7.77	13.33	—
3	村容村貌改善	7.25	20.92	—
4	安置房及配套设施建设	3.08	4.36	↑6
5	公共文化服务建设	2.71	2.49	↑1
6	群众体育设施建设	2.37	3.74	↑1
7	城市交通拥堵治理	2.01	1.37	↑1
8	居家养老服务能力提升	1.6	2.12	—
9	公办学前教育补短板	1.51	1.87	↑4
10	城乡居民增收	1.27	3.74	↑7
11	社会组织发展	1.25	0.87	↑1
12	保障就业	1.14	5.98	↑4
13	基层医疗机构标准化建设	1.03	0.62	—
14	缩小城乡校际办学差距	0.41	0.12	↑4
15	其他	0.03	0	—

（三）"营商环境持续优化"被认为是温州"两个健康"先行区创建最有成效的工作

领导干部对温州"两个健康"先行区创建的各项工作成效评价的问卷结果显示，"营商环境持续优化"被认为是最具成效的工作，平均综合得分为7.72分，在803位受访干部中，34.37%的干部将该项工作成效排在所有创建工作首位；第三方研究机构数据也显示，2018年温州在全国297个城市中营商环境排名第26位，同时，2019年温州小微企业环境满意度居全省第一。"政企沟通平台搭建"排名第二，平均综合得分为5.22分。温州率全国之先开设"亲清政商学堂"，推行党政干部和企业家"同上一个班，亲清共成长"党校主体班培训，同时搭建民营企业维权服务平台，增进政企"面对面"沟通互动，极大地提升了民营企业家的获得感。"引导在外温商回归"工作排名第三，2018年签约25个温商总部回归，新增回归税收8亿多元，2019年上半年又回归总部项目39个，新增回归税收18.6亿元，预计全年新增将超过30亿元，温商回归取得经济效益和社会效益双丰收。

"企业降本减负"工作排名第四，2019年在上年减负政策"42条"的基础上又出台新一轮降本减负"30条"政策，预计全年为企业减负达215亿元。"民营企业融资支持"排名第五，推广"无还本续贷"、共有厂房按份额抵押融资等创新举措，大力度缓解中小企业融资难。与此同时，"科技创新服务体系建设"、"企业家队伍培育壮大"、"行业协会商会优化升级"，以及"企业发展空间保障"等工作平均综合得分均在2分以下，这几项创建工作成效不够明显，应在下阶段的工作中予以强化。

四 2020年温州经济社会发展的趋势判断

领导干部对2020年温州经济发展前景持谨慎乐观态度，而对社会发展前景预期良好。"加快培育发展新兴产业""推进传统产业改造升级""强化政府服务意识"应成为下一年度政府经济发展工作的重点，"宜居城市建设""完善社会保障体系""公共服务有效供给"被认为是下一年度政府社会发展工作的重点。

（一）70.11%的领导干部对温州2020年经济发展前景持谨慎乐观态度

在关于2020年温州经济发展前景的调查中，经济增速在"7.1%~7.5%"、"7.6%~8.0%"、"8.1%~8.5%"和"8.6%~9.0%"等区间的占比分别为36.11%、23.91%、7.6%和2.49%，而认为经济增速将下滑至"7.0%及以下"的领导干部占比为29.89%。总体而言，70.11%的领导干部认为2020年经济增速将维持在7.0%以上，与上年相比提高27.16个百分点，这明显受到了2019年前三季度经济增速分别高出全国和全省平均增速2.0个和1.6个百分点的鼓舞，无疑对提振领导干部对经济发展的信心具有重要意义。但同时，仍有接近90%的领导干部预测2020年经济增速低于2019年

前三季度8.2%的增速,可见领导干部对经济发展前景持谨慎乐观态度。

在经济增速区间的预期上,不同群体领导干部的感受并不相同,县处级干部对经济发展的乐观程度高于乡科级干部,这与上年相同,两者占比差距由2018年的5个百分点扩大到2019年的6.84个百分点。

(二)73.73%的领导干部对温州2020年社会发展充满信心

在领导干部对"您认为2020年温州社会发展的前景如何?"的回答中,选择"好"与"比较好"的领导干部分别有158名和434名,分别占总被调查人数的19.68%和54.05%。另有24.41%的领导干部认为2020年温州社会发展前景"一般",分别有1.62%和0.25%的领导干部认为"比较差"和"差"。与上年相比,持"好"与"比较好"乐观预期的领导干部占比提高了25.25个百分点。分群体看,县处级领导干部对2020年温州社会发展前景较为乐观,认为"好"与"比较好"的占比较乡科级领导干部高出7.26个百分点。

(三)"推进传统产业改造升级""加快培育发展新兴产业""破解工业企业用地难"被认为是政府推进经济转型发展的工作重点

对"您认为温州经济转型发展,政府应将工作重点放在哪些方面"这一排序题的调查结果显示,"推进传统产业改造升级"以6.57分综合排名第1,有300名领导干部选择该项排序第一,首选占比37.36%。"加快培育发展新兴产业"排在政府工作重点第二位,领导干部首选占比为17.81%。"破解工业企业用地难"被认为是制约温州经济发展的第三位的因素,首选占比14.94%,综合排序较2018年上升5个位次。

(四)"宜居城市建设""完善社会保障体系""公共服务有效供给"被认为是政府推进社会转型发展的工作重点

对于"您认为温州社会转型发展,政府应将工作重点放在哪些方面"这一问题的排序,问卷结果显示,"宜居城市建设"、"完善社会保障体系"和"公共服务有效供给"仍是最受领导干部期待的2020年社会发展领域政府工作重点前三位。"宜居城市建设"平均综合得分为8.76分，远高于第二名的"完善社会保障体系"（5.32分），位列工作重点首位，该项工作连续两年排名第一，显示了领导干部对温州宜居城市这一城市最大资源与优势的清晰认识，以及打造最具幸福感宜居城市的战略定力。"大力推进城乡统筹""生态环境改善""完善基层治理"排名第4~6位。与上年问卷调查结果相比，除个别选项位次发生变化外，选项综合排序与上年基本相同。

五 改善温州经济社会发展环境的对策建议

基于前文领导干部对2019年经济社会发展状况和政府工作成效的评价、对2020年经济社会发展趋势的预测以及对2020年政府工作重点的建议，报告从以下四个方面提出改善温州经济社会发展环境的对策建议。

（一）持续优化人才政策，补齐人才政策"最后一公里"短板

问卷结果显示，领导干部认为"优化人才创新创业环境"、"推动人才政策真正落地"和"制定符合本地特点需求的政策"是优化温州市人才环境的主要途径，分别获得50.19%、41.84%和39.23%的领导干部的认同，这也从侧面反映出当前温州的人才政策"接地气"不足的问题，对中小民营企业所需的技能、管理等基础应用人才的支持不够。因此，要积极更新人才工作理念，坚持高端人才、基础人才和技能人才并重，实现人才红利政策惠及大专、本科等基础和技能人才，在租房购房、子女教育、创新创业、企业补贴、机构奖励等方面释放政策红利，不断吸引人才落户，扭转常住人口连续多年机械负增长局面。

（二）发挥两个自身优势，全面融入长三角一体化发展国家战略

全面融入长三角一体化发展国家战略，是新时代温州实现高质量发

展的必由之路。问卷结果表明，在长三角一体化发展国家战略中，温州必须发挥自身两个方面的独特优势。一是发挥"民营经济活力"的优势，平均综合得分为7.23分，在全部11个选项中位居榜首，领导干部认为民营经济是温州的最大优势，只有更好地引领和支持民营企业全面融入长三角，全面借助上海的创新要素和高端资源，才能有效激发民营经济活力。二是发挥"温州人创新精神"的优势，该项获得61.15%领导干部的支持，平均综合得分为6.12分，排名第二位。应充分利用温州人网络优势，将温州人的创新精神与长三角的创新要素精准对接，服务温州经济转型发展。

（三）系统谋划平台生态圈，打破企业发展的要素瓶颈制约

实践证明，经济新旧动能转换的快与慢，一定程度上取决于地区高端要素资源集聚的速度与体量，而产业平台则是集聚高端要素资源的主阵地与主战场，因此，要从产业发展"生态圈"视角出发系统谋划平台生态圈，进而提升平台集聚高端要素资源的能力。一是做强做优温州制造业平台，尤其是浙南产业集聚区、瓯江口新区两大龙头产业平台，按照产城融合理念，完善产业链配套和公共服务配套，系统提升平台品质。二是大力发展高端服务业平台，引导服务业集聚发展，形成合力优势。三是着力发展科创平台，形成浙南科技城和环大罗山科创走廊以及在温大院名校同频共振的生动局面。四是着重破解工业用地瓶颈制约，推进中央环保督察和海洋督察整改落实工作，积极向上争取围填海差异化政策支持，加快9万亩围填海土地利用，重点保障重大产业项目落地。

（四）提升中心城区首位度，建设最具幸福感宜居城市

问卷结果显示，领导干部认为提升中心城区首位度应首先提升城区公共服务首位度，该选项获得327名领导干部的支持，占比为40.72%，其次是提升经济首位度，占比为19.8%，其余为产业首位度（15.44%）、人口首

位度（12.08%）和科技首位度（11.96%）。因此，要提升中心城区教育、医疗、养老、文化等公共服务品质，完善生活配套设施和市政配套设施建设，不断增强城市综合服务功能和城市安全运行能力。重点解决城区东西和南北方向交通主干道交通拥堵问题，提高居民出行便利性。坚持围绕气候宜居城市，系统打造具有鲜明温州特色的城市生态景观，提升城市生态品质，建设最具幸福感宜居城市。

附录　样本特征

（一）总体

本次调查研究对象为温州全市党校系统在校学习的乡科级、县（处）级领导干部。本次问卷发放采用电子问卷形式，共发放调查文件803份，回收803份，有效问卷803份。问卷样本数较上年增加377份。

（二）年龄

在803个有效样本中，"30岁以下"的7人，占0.87%；"30~39岁"的99人，占12.33%；"40~49岁"的430人，占53.55%；"50岁及以上"的267人，占33.25%。

（三）性别

在803个有效样本中，有男性655人，占81.57%；女性148人，占18.43%。

（四）现任职级

在803个有效样本中，县（处）级领导干部152人，占18.93%；乡科级领导干部651人，占81.07%。

（五）单位类型

在803个有效样本中，所在单位属于市级党政机关的112人，占13.95%；县级党政机关的411人，占51.18%；乡镇党政机关的160人，占19.93%；事业单位的76人，占9.46%；国企的34人，占4.23%；其他的10人，占1.25%。

B.23
2019年温州市规模以上工业企业经营形势分析报告

张建东　谢伯寿　张瑞玹[*]

摘　要： 本报告通过对重点县（市、区）、重点行业和重点企业进行实地调研，认为2019年温州工业经济呈现总体平稳的发展态势，企业发展质效双升、产业结构明显优化、工业项目加快推进、助企服务全面升级，但中美贸易摩擦、要素供给不足、企业实力不强等问题仍然较为突出。本报告对2019年全市工业企业生产经营的基本情况、主要问题进行了分析，并提出应从产业培育、项目招引、创新改造、渠道拓展、平台提升、要素供给、制度改革、助企服务八个方面入手，促进工业经济高质量发展。

关键词： 温州　工业企业　高质量发展

2019年温州市工业运行保持"总体平稳、稳中有进"的发展态势，产业结构趋优向好，新旧动能加快转换。但是，中美贸易摩擦仍在持续，市场需求依旧低迷，工业经济回升的基础还不稳固，一些突出问题不容忽视。为及时了解、发现当前全市工业企业生产经营中的新问题、新趋势，准确把握现阶段经济运行态势，课题组深入全市有关县（市、区）开展调研，与行

---

[*] 张建东，温州市经济和信息化局党委委员、总工程师；谢伯寿、张瑞玹，温州市经济和信息化局经济运行处一级主任科员。

业协会、重点工业企业进行座谈交流，客观分析当前全市工业企业生产经营的基本情况，寻找困扰企业发展的主要矛盾和问题，提出优化营商环境、推动工业经济高质量发展的对策建议。

一 温州市工业企业生产经营的基本情况

（一）发展态势总体平稳

2019年温州市规模以上（简称"规上"）工业企业增加值增速为7.6%，总体呈现"前高后稳"运行态势，一季度受增值税税率调整等因素影响，增速达9.9%，二季度增速回落至8.0%，三、四季度增速稳定在7.6%左右（见图1）。

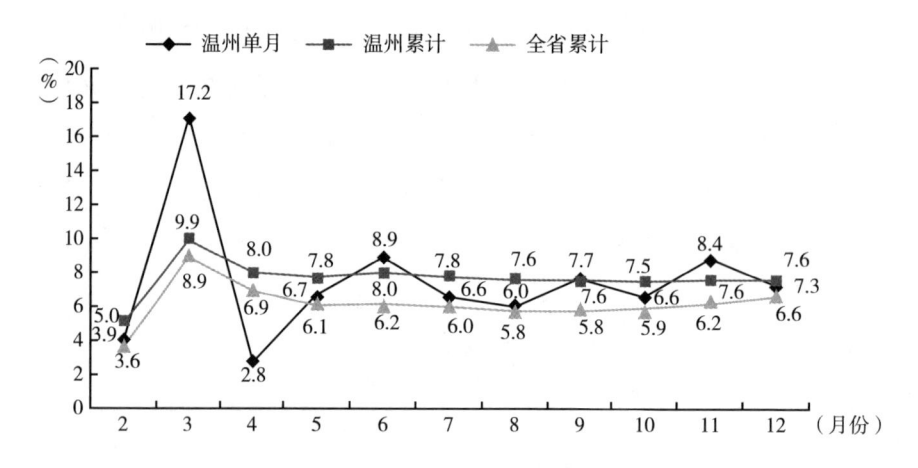

图1 2019年规上工业企业增加值增速情况

从浙江省情况看，2019年全省规上工业企业增加值增速为6.6%，较2018年回落0.7个百分点。温州市规上工业企业增加值增速较全省高1个百分点，居全省第5位，快于杭州、宁波、嘉兴、金华、台州、衢州等地。全市规上工业企业增加值总量达1109.3亿元，居全省第6位，与前一位台州市的差距缩小至35.8亿元，与后一位湖州市的领先幅度扩大到220.6亿元（见表1）。

从县（市、区）情况看，瓯海、鹿城、龙湾、洞头和乐清规上工业企业增加值增速均高于全市平均累计增速，特别是洞头区增长幅度较大。乐清市规上工业企业增加值保持平稳较快增长，总量稳居全市首位；瑞安市受汽摩配和化工行业下滑影响，规上工业持续低位运行；瓯江口得益于威马汽车的投产，规上工业保持高速增长（见表2）。

表1 2019年浙江省各地市规上工业企业增加值情况

单位：亿元，%

项目	全省	杭州	宁波	温州	嘉兴	湖州	绍兴	金华	衢州	舟山	台州	丽水
总量	16156	3530.8	3991.5	1109.3	2080.9	888.7	1400.4	854.9	411.5	293.7	1145.1	289.6
增速	6.6	5.1(10)	6.4(8)	7.6(5)	6.8(6)	8.4(3)	8.4(3)	6.6(7)	6.4(8)	43.2(1)	1.3(11)	11.9(2)

注：括号内为增速排名。

表2 2019年温州各地规上工业企业增加值情况

单位：亿元，%

项目	全市	鹿城	龙湾	瓯海	洞头	乐清	瑞安	永嘉	文成	平阳	泰顺	苍南	经开区	瓯江口
总量	1109.3	57.0	77.4	126.7	9.9	296.5	179.6	71.0	3.7	78.8	2.8	73.4	100.6	7.8
单月增速	7.3	6.6	10.3	10.6	-40.0	10.7	1.1	12.9	12.0	13.9	20.8	-9.2	11.1	-23.5
累计增速	7.6	8.9	8.2	8.4	39.6	7.9	4.0	8.8	15.4	8.5	10.7	3.1	7.4	180

从行业情况看，2019年全市33个工业行业全部实现正增长。通用设备制造业增长较快，全年增长12.7%，主要是由于近几年国内外项目增多和企业竞争力增强。电气行业运行态势良好，全年增长9.1%，目前行业正由低压电气向中高压和新能源领域拓展。汽车制造业低位企稳，全年汽车制造业规上企业增加值同比增长3.4%。制鞋业低位运行，中美贸易摩擦对制鞋业影响较大，9月当月温州制鞋业对美出口达5.22亿元人民币，同比下降28.01%，成为近年来首次出现下降的月份；全年制鞋业规上企业增加值增长1.5%。服装行业稳中有忧，虽然全市目前服装服饰业仍保持8.5%的增

长，但很大部分得益于少数龙头企业的拉动，行业风险依然不少：一是部分外贸订单向东南亚流失；二是部分成长型品牌企业迁至杭州、深圳、上海等地发展。化学纤维业开始缓慢回升，2019年以来由于氨纶价格下降，化学纤维业出现下滑，但目前氨纶价格开始止跌企稳，全年化学纤维业规上企业增加值增速为4.5%。

从企业情况看，民营规上工业企业增加值增长7.7%，高于全市规上工业企业增加值增速0.1个百分点；103家领军型工业企业增加值增长7.6%，同全市规上工业企业增加值增速持平；108家高成长型规上工业企业增加值增长13%，高于全市规上工业企业增加值增速5.4个百分点；101家产值超5亿元企业总产值同比增长5.2%，其中正增长63家。

（二）企业发展质效双升

企业培育成效明显。全市现有工业企业7.9万家，其中规上企业5336家，较2018年同期增加436家。2019年，本土世界500强企业破零，省级隐形冠军、"专精特新"培育企业数均居全省第一位。新增国家"专精特新""小巨人"2家、单项冠军企业1家、省级"雄鹰行动"培育企业6家，新增"小升规"企业1030家。创新活力被有效激发。2019年全市规上工业企业研发费用占营业收入比重为2.69%，居全省第一位；新产品产值增长29.1%，增速居全省第二位。新增12个省级工业设计中心，数量居全省第一位，正泰电器被认定为国家级工业设计中心，新增12家省级企业技术中心，1家省级工业设计研究院（全省6家）；新增国内首台套1个、省内省台套10个。高质量举办2019"市长杯"中国（温州）工业设计大赛，共征集作品5160件，同比增长70%。发展质效显著提升。深化"亩均论英雄"改革，整治低效企业2351家，亩均增加值、亩均税收分别达到172.4万元和34.0万元，分别较全省平均水平高50.4万元和3.5万元，分别居全省第二、三位，连续五年被评为"腾笼换鸟"先进市。人均效益增长较快，规上工业企业全员劳动生产率同比增长13.4%，增速居全省第二位。

（三）产业结构明显优化

传统产业改造提升加快。实施"传统制造业重塑计划"，电气、泵阀、服装、鞋、汽摩配、塑料制品等6个行业被列入省级传统制造业改造提升试点，数量居全省第一位，传统制造业改造提升水平指数为105.3，居全省第二位。开展千企智能化改造行动，实施智能化技改项目574个，新增省级数字化车间/智能工厂13个、工业机器人1974台、上云企业13970家，全市技改投资同比增长15.5%，高于全省平均水平9.2个百分点，增速居全省第四位。新兴产业稳步崛起。大力培育数字经济、智能装备、生命健康、新能源智能网联汽车、新材料等五大战略性新兴产业，成功举办国际工业与能源物联网创新发展大会、第十四届中国（温州）机械装备展览会、温州市智能制造现场推进会。2019年，全市规上数字经济核心产业制造业增加值同比增长9.0%，高于规上工业企业增加值1.4个百分点；高新技术产业、装备制造业、战略性新兴产业增加值分别增长7.7%、8.8%和6.8%，占规上工业企业增加值的比重分别达到56.8%、50.3%和18.5%。

（四）工业项目加快推进

小微企业园建设速度加快。全市新开工小微企业园21个，新竣工小微企业园21个，新入园企业1438家。小微企业园亩均税收达18.21万元，亩均产值达408.8万元，均居全省第一位。鹿城、永嘉、瓯海被列入2020年浙江省小微企业园建设提升重点县（市、区）。招大引强态势良好。全市新招引落地亿元以上制造业项目121个，总投资21亿元的浙江新日电动车有限公司电动车项目、总投资20.9亿元的浙江特博汽车电器有限公司汽车智能风扇项目等6个超20亿元的项目成功落地。项目建设步伐加快。大力推进1550个工业项目建设，新开工超亿元项目51个，总投资超10亿元的丰树温州汽车零配件先进制造产业基地项目、合兴集团有限公司年产5亿套智能电器精密部件智能化工厂项目、江心年产30万吨调味品生产基地项目等一批项目开工建设。全市工业投资增速为11%，高于全省平均水平1个百分点，居全省第五位。

二 工业经济运行中存在的问题

(一)企业利润增长放缓

2019年温州市规上工业企业利润同比增长3.8%,增速居全省第7位,较全省增速低1.6个百分点(见图2)。全市规上工业企业中有450家出现亏损,占所有规上企业的8.4%,占比在全省最低。

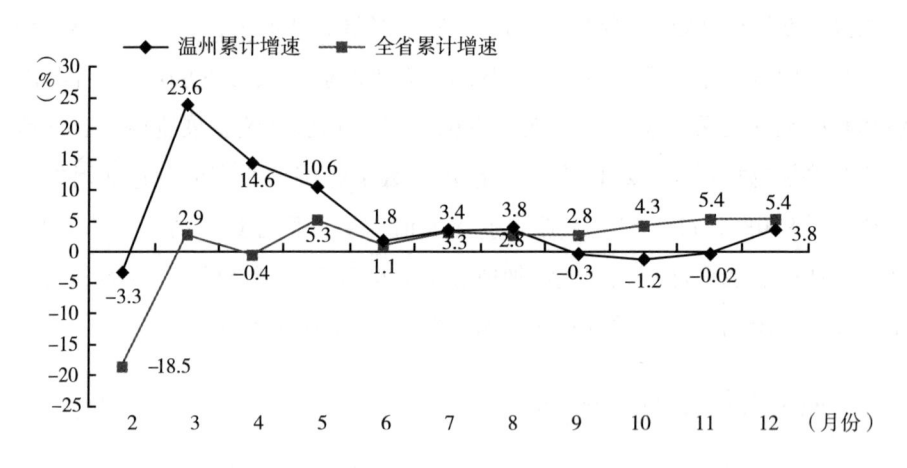

图2 2019年规上工业企业利润增速情况

(二)工业出口逐步回落

2019年温州市规上工业企业出口交货值增长3.30%,排名居全省第四位,较上半年增速回落4.5个百分点。从6月开始,规上工业企业出口交货值增速呈现下行趋势(见图3)。

(三)匹配性指标相对低迷

工业用电增长不快。2019年温州市工业用电同比增长2.9%,较全省高0.8个百分点,用电增速与产值增速仍相差4.9个百分点,而全省相差3个

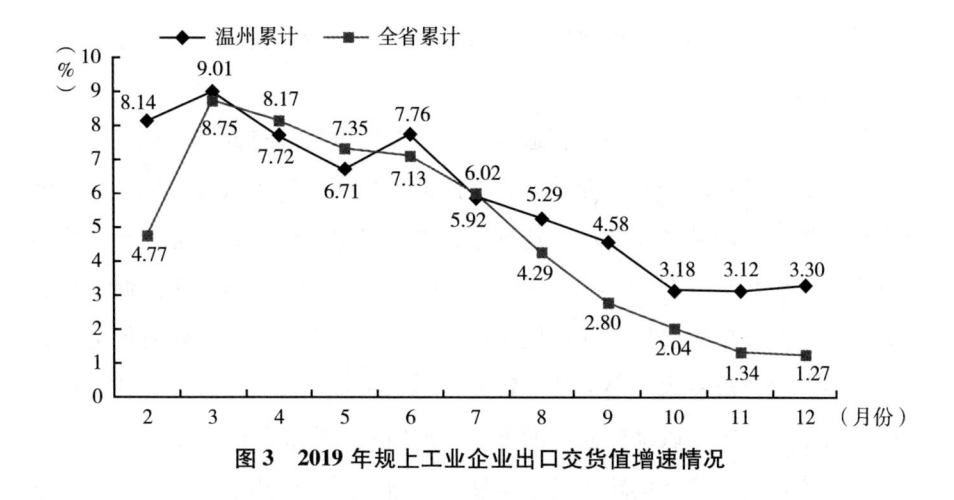

图3 2019年规上工业企业出口交货值增速情况

百分点左右。全市制造业累计净增报装容量56.89万千瓦。产销率低位运行，2019年全市规上工业企业产销率达95.77%，居全省倒数第二位。

三 工业经济运行趋势和影响因素分析

2020年突如其来的新冠肺炎疫情对温州市的工业经济造成了极大的影响，经济下行压力空前。

（一）积极因素

1. 政策红利持续释放

国家层面，党的十八大以来，以习近平同志为核心的党中央坚定不移推动制造业高质量发展，努力建设制造强国，出台了一系列扶持政策。省级层面，浙江把制造业作为富民强省之本，坚持先进制造业基地建设"一张蓝图绘到底"，具备了建设制造强省的坚实基础，并加强统筹规划和前瞻部署，谋划制定《浙江制造强省建设规划纲要》，为浙江制造业高质量发展提供了遵循。市级层面，温州出台"两个健康"先行区80条新政、新一轮企业降本减负政策30条等，2019年已为企业减负223亿元。特别是在疫情期间，国家和省市层面相继出台了很多扶持政策，对企业降低生产经营成本、

减轻负担、扩大再生产、推进智能化改造等具有积极作用。

2. 区域交流愈加密切

从全球视角来看，疫情必将造成全球产业链重构，将面临产业链国产化替代、产业链转移减缓和产业链全球化向区域化转变三个机遇。同时，当前全球治理体系和国际秩序变革加速推进，新一轮科技革命和产业变革同我国经济优化升级交会融合，"一带一路"建设深入推进，我国发展仍处于并将长期处于重要战略机遇期。从区域视角来看，长三角区域一体化发展上升为国家战略，超大规模内需潜力加速释放，而温州接轨长三角，成为长三角南大门区域中心城市、联动海西区的重要节点城市，也就意味着接轨机遇、接轨创新、接轨国际化、接轨高质量发展。温州分别与杭州数字经济、上海嘉定汽车产业、长三角时尚产业进行战略合作。从地方视角来看，温州正以交通建设为基础和先导，加快建成全国性综合交通枢纽。在航空方面，加快温州机场交通枢纽综合体项目建设，积极融入长三角世界级机场群协同发展；在铁路方面，杭温高铁、温武吉铁路等快速推进，这都为温州跨区域共建共享提供了坚实基础。

3. 营商环境不断优化

自2018年8月获中央统战部和全国工商联批复同意创建"两个健康"先行区以来，温州精准谋划施策，着力先行先试，勇于率先突破，出台了"两个健康"先行区80条新政和146项责任清单，"三清单一承诺"等制度在全国、全省推广。同时，温州大力推进"万名干部进万企"行动，制定实施《温州市优化营商环境办法》，深入推进"最多跑一次"等改革，温州企业家信心指数已连续8个季度处于"较为景气"区间，温州营商环境位居全国前列。根据统计，温州营商环境在全国297个城市中排第26位，小微企业环境满意度居全省第一位。

（二）不利因素

1. 新冠肺炎疫情影响巨大

当前新冠肺炎疫情已成为全球大流行病，世界卫生组织将新冠肺炎疫情全球风险级别上调为最高级（"非常高"），全球各国都采取或宣布了封城、关闭店铺、禁止入境、进入紧急状态等，对温州市工业企业造成了巨大影响。全市工业企业面临"国外订单取消、国内消费不振、新增订单不足、企业库存增加、经营成本上升"等困难和问题。

2. 要素供给不足问题突出

温州工业用地保障不足，2012年至2018年工业供地占总供地量的14.7%，远低于30%的目标。用地不足直接导致好项目、大项目偏少，全市列入"百项万亿"重大制造业项目库的项目有22个，仅占全省的5.6%。土地资源短缺导致温州地价上涨，制造企业投资成本大幅增高，工业用地平均价格远高于周边地区，不少企业外迁。企业融资成本高、用能成本高、用工成本高和融资难、招工难、引才难等"三高三难"问题依然存在。

四 促进工业企业平稳较快发展的对策建议

针对当前的严峻形势，温州市要以新时代"两个健康"先行区和国家自主创新示范区建设为主载体，聚焦聚力高质量、竞争力、现代化，打好拓市场、强动能、稳增长"组合拳"，改造提升传统产业，培育壮大新兴产业，做大做强制造业这个基本盘。

（一）抓产业培育，把动能做新

改造提升传统产业，落实传统制造业重塑计划，实施产业精准培育行动、产业链基础再造行动等"八大行动"，推进鹿城鞋业等6个省级传统制造业分行业试点建设，加快打造世界级智能电气产业集群、千亿级时尚智造产业集群等五大先进产业集群。深化与上海嘉定汽车产业、长三角时尚产业的战略合作，谋划建设温州G104时尚走廊。培育壮大新兴产业，大力实施数字经济"一号工程"，深化与杭州数字经济的全面战略合作，聚焦物联网、区块链、大数据、卫星导航等重点细分领域，建立完善数字

经济产业"两图两库"(即产业链地图和招商地图,重点项目库和重点企业库),打造温州(杭州)数字经济产业创新中心,加大项目建设和企业培育力度。

(二)抓项目招引,把增量做大

以"5+5"产业为重点,谋划引进一批"补链、强链、延链"项目,建立工业项目招引、供地、开工、续建、竣工"五张清单"。用好本地企业资源,上马一批本地企业裂变式优质项目。用好在外温商资源,引进一批制造业回归、总部回归项目。用好上海嘉定等合作城市和中交通信信息中心等合作单位的资源,引进一批产业转移、溢出、合作项目。发挥国家制造业转型升级基金、国家集成电路产业投资基金及省市产业基金的作用,通过参与基金组建,解决项目的投融资问题,并获取全国"大好高"项目信息,助推各地加大企业培育和项目招引力度。

(三)抓创新改造,把存量做优

实施千企智能化改造计划,创建无人车间、互联网工业设计、大规模个性化定制、智能制造等省级和国家级示范项目,通过现场会等形式向全市推广。大力引进培育系统集成商、软件开发商、装备供应商,设立全市智能制造咨询服务中心、智能制造评价诊断中心,制定推广智能制造服务规范和评价指南,帮助企业进行智能制造诊断和评价。推进制造业创新中心、创新服务综合体、企业技术中心等建设。大力发展工业设计,继续办好"市长杯"工业设计大赛,打造时尚智造设计中心和工业设计小镇,培育工业设计人才和设计中心,大力推进设计成果产业化。

(四)抓渠道拓展,把市场做活

全面帮助企业拓展海外和国内市场。海外市场方面,加快搭建数字外贸平台,加大对企业入驻跨境电商平台的支持力度;深化"温州制造全球战疫"行动,加快医疗防疫物资出口。国内市场方面,充分利用各地温州商会优势,引导在外温商拓展温州产品销售网络。充分发挥国内大型电商平台作用,组织开展"百网万品"拓市场行动,创新营销模式,加大对温州优质产品的推销力度。

(五)抓平台提升,把基础做实

以"3+12"产业平台和"百园万企"小微园为重点,不断提升平台产业层次、投资强度、空间承载力和功能配套。引导各地明确平台产业定位,产业平台原则上是"一区一业",最多布局2~3个主业。平台新增用地亩均投资强度原则上不能低于350万元。加大老工业园区旧厂房改造力度,完善配套设施,改善企业生产经营条件,规范厂房出租管理,加强闲置厂房供需对接,确保每年改造提升旧厂房100万平方米以上。

(六)抓要素供给,把后劲做足

强化土地保障,加大增量土地供应和存量土地挖潜力度,研究制定全市工业保护线管理办法,确保30%新增土地用于工业的要求落实到位,为工业发展提供充分的土地保障。强化人才保障,加大"双元制"职业教育推广力度,鼓励全市高等院校和职业学校围绕"5+5"产业发展,加强人才供需对接,优化专业设置,着力培养实用型技能人才。强化金融保障,制定鼓励金融机构提升制造业长期贷款和信用贷款比重的政策,建立财政存贷款激励机制。

(七)抓制度改革,把动力做强

创新政策体系,以"两个健康"先行区41条意见和80条新政为龙头,细化完善各项助企强工政策,更加注重本土企业和招商引资企业的政策平衡性。制定新一轮降本减负政策,进一步降低企业在外贸、物流、融资、用人方面的成本压力。深化"亩均论英雄"改革,落实用能、用水、用地、排污、融资、奖评等的差别化政策,让资源要素向新兴产业、优质企业和重大项目倾斜。大力推广民营企业"内创业"模式,鼓励企业利用内外部资源进行创业,或外部创客利用企业资源进行创业。

（八）抓助企服务，把环境做优

深化"万名干部进万企"行动，继续高标准推进，确保"机构不撤、人员不减、力度不松"。完善企业问题常态化解决机制，用好"帮企云"企业问题在线化解平台，实现企业问题在线收集、交办、化解。积极探索共性问题化解机制，梳理一批典型案例和共性问题，推动政府部门工作机制完善和制度创新。打造公共服务平台，加强中小企业公共服务体系建设，建好"一团两平台"，即温州民营经济咨询团、企业综合服务平台和工业大数据平台，为企业提供信息交流、技术服务、政策咨询等方面的一体化、全方位服务。

B.24
温州金融业高质量发展研究报告

章炜 刘逍 胡仁智*

摘 要： 温州积极深化金融综合改革，推动金融服务实体经济和金融业发展，取得阶段性成效，但仍存在资本市场发展较为滞后、金融业增加值波动幅度大、民营实体经济贷款比重下降等问题。与先进城市金融业发展相比，温州在资本市场发展、货币化率与杠杆率、金融业增加值占GDP的比重等方面存在较大差距。据此应从全面深化多层次金融服务体系建设、全面加快多层次资本市场发展、全面提高金融服务产业平台的水平、全面提升金融业对外开放水平等方面推进温州金融业高质量发展。

关键词： 高质量发展 金融综合改革 金融业 温州

一 温州金融业发展现况

自2012年国务院常务会议决定设立温州金融综合改革（简称"金改"）试验区以来，温州金改紧盯"两多两难"问题，在经济发展的大环境下谋篇布局，整合资源，激活要素，推动各项金改项目创新发展，成为区域金融改革的探路者和实践者，为温州实现风险突围和经济企稳回升输送动力，有效促进经济金融持续互动健康发展。尤其是近年来，温州根据国际国内形势的深刻变化和金

---

* 章炜，温州市人民政府副秘书长（兼），温州市金融办党组书记；刘逍，温州市金融办金融发展处处长；胡仁智，温州市金融办。

融核心任务的调整，以及民营企业发展面临的困难和问题，积极深化金融改革，以金融服务民营企业为导向，将改革重心从风险处置逐步转移到金融支持服务实体经济长效机制的建立上来。经过近八年的金融改革和发展，温州地方金融组织体系进一步健全完善、金融业融资规模逐步提升、企业上市进程不断加快、地方金融风险防范能力显著增强。但同时，温州仍存在资本市场总体发展较为滞后、金融业增加值波动幅度大、民营实体经济贷款比例下降等问题。

（一）基本情况

1. 金融机构和组织数量

截至2019年末，温州共有银行业金融机构50家、保险公司59家、证券公司分公司5家、证券营业部75家、财务公司1家、农村保险互助社1家、农村资金互助社1家，另有地方金融组织小额贷款公司44家、融资性担保公司24家、融资租赁公司8家等，形成了银政保齐全、多种类型机构共同发展的局面。

2. 存贷款规模

2016~2019年，温州人民币存款规模分别为10213亿元、10875亿元、11737亿元、13156亿元，分别为当年GDP总量的2.00、1.99、1.95、1.99倍；人民币贷款规模分别为8011亿元、8604亿元、9971亿元、11530亿元，分别为当年GDP总量的1.57、1.58、1.66、1.75倍，贷款与GDP的比例连续四年提升。

3. 金融业增加值

2016~2019年，温州金融业增加值分别为333亿元、342亿元、377亿元、433亿元，占GDP的比重分别为6.5%、6.3%、6.3%、6.6%。2019年金融业增加值同比增长9.9%，同比提高3.8个百分点，2019年金融业增加值同比增速和占GDP的比重均出现回升。

4. 市场资本化率

截至2019年末，温州新增5家境外上市公司，新增上市公司数居全省第3位；共有境内外上市公司32家，其中境内上市公司20家，数量居全省第8位。同期台州境内有上市公司50家、绍兴有58家、宁波有75家。温州市场资本化率（股票市值/GDP）为29.3%，同期台州为81.3%、绍兴为90.7%、宁波为60.5%，全省为75.6%、全国为64.9%。温州的上市公司在运用再融资、发债、并购重组等资本市场工具方面能力不足。

5. 保费收入

2016~2019年，温州分别实现保费收入204亿元、242亿元、265亿元、294亿元，保费收入保持稳步增长，保险深度（保费收入/GDP）分别为3.99%、4.44%、4.42%、4.45%，保险深度与全国平均水平相当。

6. 银行不良贷款

截至2019年末，温州不良贷款余额为109.4亿元，不良贷款率为0.94%，分别比年初减少20.5亿元、下降0.35个百分点。温州近八年累计处置不良贷款近2200亿元，银行不良贷款额、不良贷款率连续六年实现"双降"，不良贷款率从最高峰的4.69%降至全省平均水平左右。

（二）温州金融业发展呈现的特点和问题

1. 金融业增加值波动幅度大

温州金融业增加值波动幅度异常大，从历年名义GDP与金融业增加值数据看，温州金融业更容易受宏观经济环境与商业周期影响。如2012~2014年，金融业增加值同比增长-15.98%、-10.05%和-8.74%，而同期名义GDP增长率分别为7.71%、9.64%和6.92%。2015年、2016年金融业快速复苏，增加值同比增长39.89%和26.64%，显著高于名义GDP增速（7.32%、10.47%）（见图1）。一方面，反映了金融业内在的顺周期特征，另一方面，也反映了温州金融业内在的强大弹性与韧性特征。

2. 资本市场发展较为滞后

温州金融市场仍旧以商业银行信贷市场为主，资本市场发展较为滞后，与省内其他城市相比，温州处于较为落后的位置。在上市公司数量上，台州、绍兴已是温州的2倍以上，宁波是3倍以上（见图2）。温州资本市场发展缓慢制约了温州产业竞争力和城市竞争力的提升。

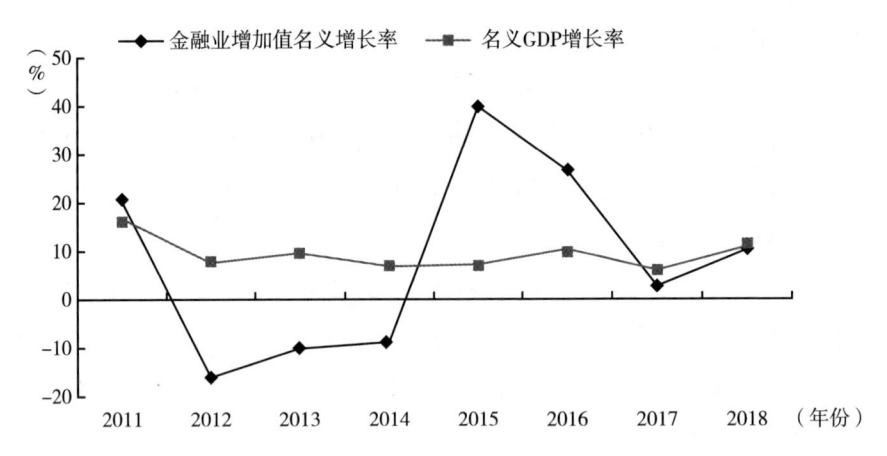

图1 2011~2018年温州金融业增加值名义增长率与名义GDP增长率比较

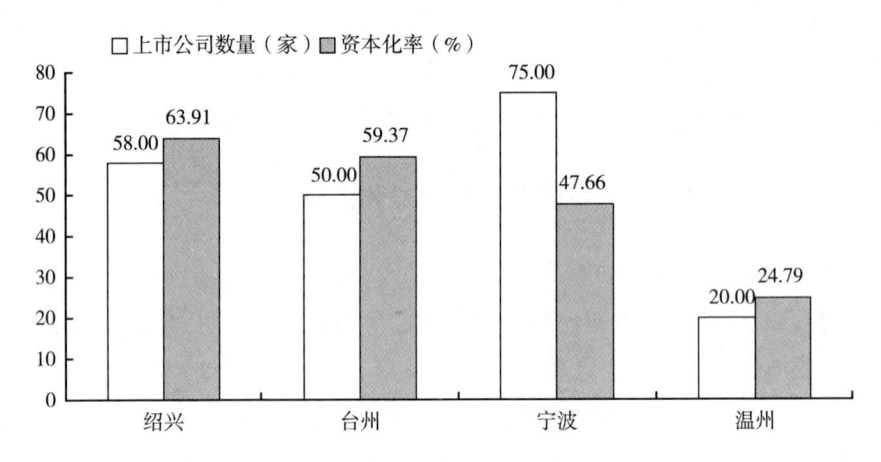

图2 温州、绍兴、台州、宁波资本市场发展比较

3.民营实体经济贷款比例下降

课题组以制造业、批发和零售业、住宿和餐饮业、信息传输计算机服务和软件业、居民服务和其他服务业贷款总量来衡量信贷投向民营实体经济的水平。统计数据表明，温州市民营实体经济贷款比例，2012年以前总体呈现上升趋势，保持在40%以上，但2013年以来呈下滑态势，2016~2018年民营实体经济贷款比例分别为25.78%、22.57%、19.39%（见图3）。

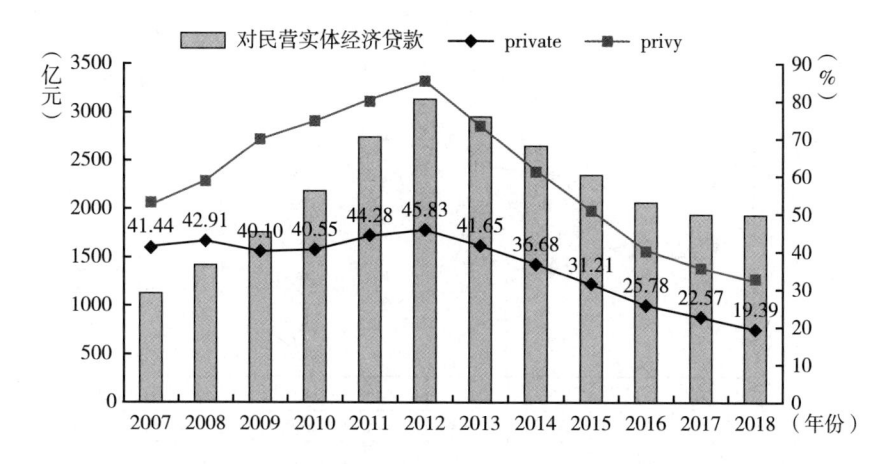

图 3 2007~2018 年温州 private 与 privy

注：private = 对民营实体经济贷款/总贷款；privy = 对民营实体经济贷款/GDP。

二 温州金融业发展与其他城市的比较分析

为了展示温州金融业在浙江省的发展地位，课题组选择杭州、宁波两地作为比较对象；为了对标高水平发展城市，课题组选择厦门和上海作为比较对象。

1. 金融业增加值

2018 年，温州金融业增加值占 GDP 的比重为 6.28%，显著低于上海（17.69%）、厦门（10.94%）、杭州（8.86%）。上海、厦门金融业增加值占 GDP 的比重自 2010 年开始呈提升趋势，体现了金融业的良性发展态势。而杭州、宁波、温州三市金融业增加值占 GDP 的比重则呈现下滑趋势，反映了浙江区域金融近十年来深受经济周期、不良贷款高企的影响（见图 4）。

2. 货币化率与杠杆率

2018 年，温州的货币化率（存款/GDP）为 1.95。其他四个城市中，上海、杭州货币化率较高，2018 年分别为 3.71、2.87（见图 5），这与上海国际金融中心以及杭州区域金融中心地位相符。厦门货币化率 2015 年后有较大提升，高于温州 0.2 左右。2016 年后宁波货币化率低于温州 0.2 左右。

301

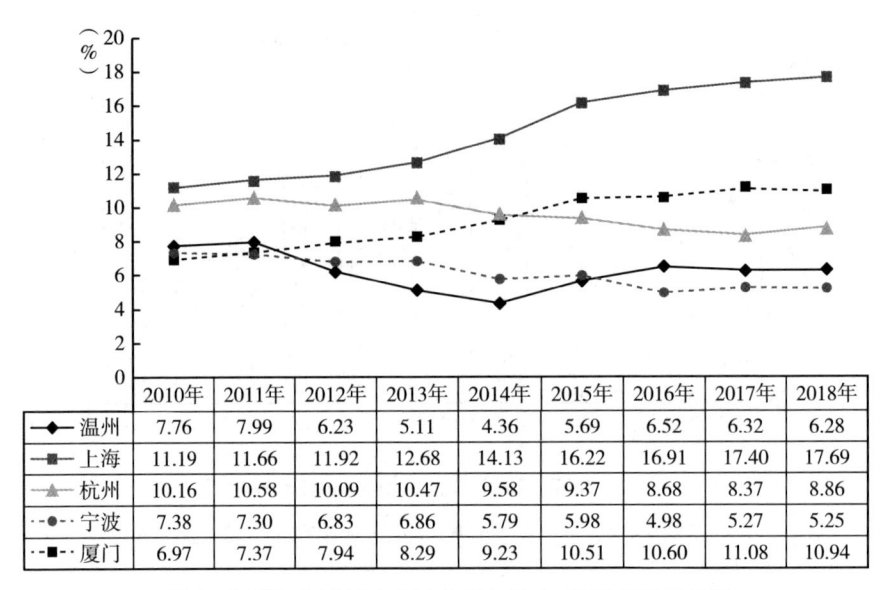

	2010年	2011年	2012年	2013年	2014年	2015年	2016年	2017年	2018年
温州	7.76	7.99	6.23	5.11	4.36	5.69	6.52	6.32	6.28
上海	11.19	11.66	11.92	12.68	14.13	16.22	16.91	17.40	17.69
杭州	10.16	10.58	10.09	10.47	9.58	9.37	8.68	8.37	8.86
宁波	7.38	7.30	6.83	6.86	5.79	5.98	4.98	5.27	5.25
厦门	6.97	7.37	7.94	8.29	9.23	10.51	10.60	11.08	10.94

图 4　温州与先进城市金融业增加值占 GDP 的比重比较

注：2018 年金融业增加值占 GDP 的比重，浙江省为 7.00%，全国为 7.68%。
资料来源：各市统计年鉴、浙江统计年鉴。

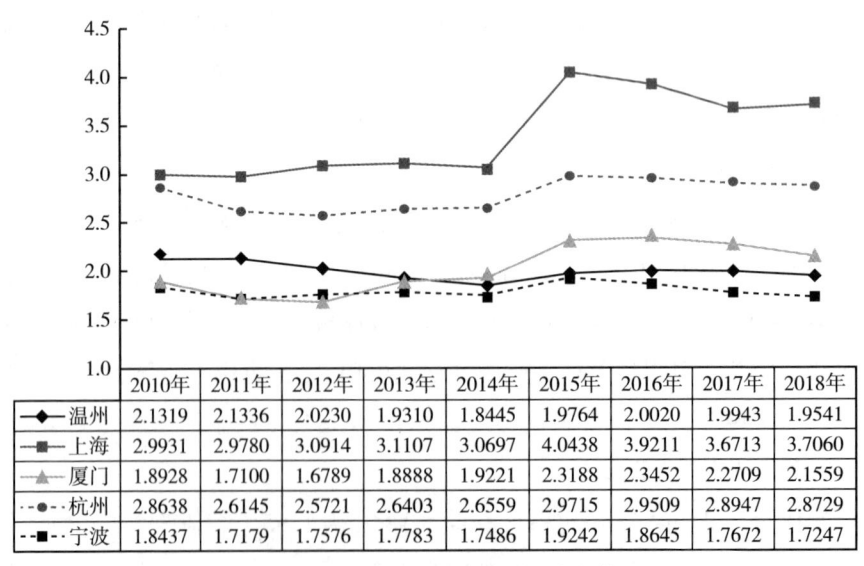

	2010年	2011年	2012年	2013年	2014年	2015年	2016年	2017年	2018年
温州	2.1319	2.1336	2.0230	1.9310	1.8445	1.9764	2.0020	1.9943	1.9541
上海	2.9931	2.9780	3.0914	3.1107	3.0697	4.0438	3.9211	3.6713	3.7060
厦门	1.8928	1.7100	1.6789	1.8888	1.9221	2.3188	2.3452	2.2709	2.1559
杭州	2.8638	2.6145	2.5721	2.6403	2.6559	2.9715	2.9509	2.8947	2.8729
宁波	1.8437	1.7179	1.7576	1.7783	1.7486	1.9242	1.8645	1.7672	1.7247

图 5　温州与先进城市货币化率比较

注：2018 年货币化率，浙江省为 2.02，全国为 1.97。
资料来源：各市统计年鉴、浙江统计年鉴。

与上述四个城市相比，温州杠杆率（贷款/GDP）最低。2012年后不断下降，2017年又开始抬升，至2018年为1.66；而2018年上海、杭州、厦门、宁波的杠杆率分别为2.24、2.66、2.02、1.80（见图6）。这反映了温州信贷有效需求不足或者投放不足，金融业处于去杠杆的过程中。

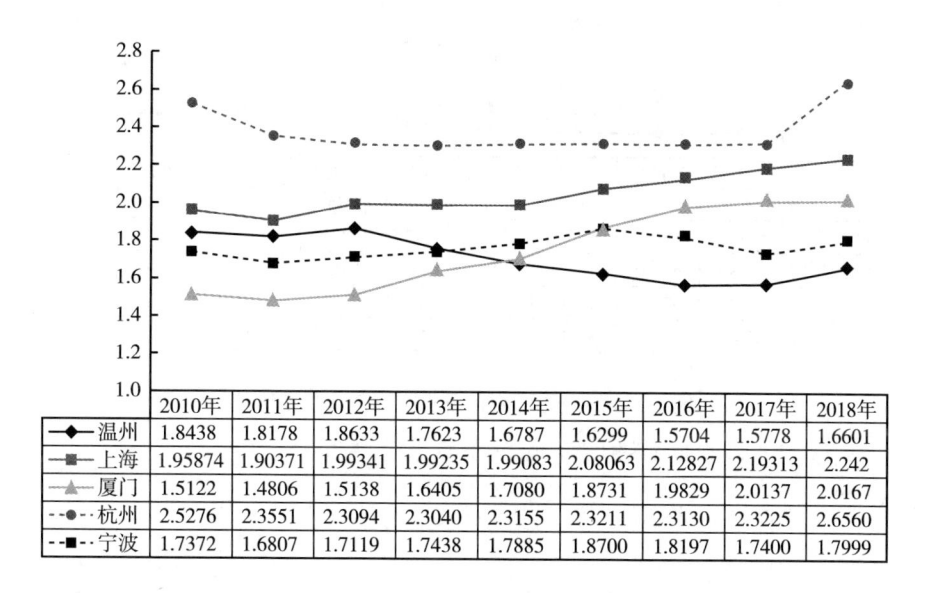

	2010年	2011年	2012年	2013年	2014年	2015年	2016年	2017年	2018年
温州	1.8438	1.8178	1.8633	1.7623	1.6787	1.6299	1.5704	1.5778	1.6601
上海	1.95874	1.90371	1.99341	1.99235	1.99083	2.08063	2.12827	2.19313	2.242
厦门	1.5122	1.4806	1.5138	1.6405	1.7080	1.8731	1.9829	2.0137	2.0167
杭州	2.5276	2.3551	2.3094	2.3040	2.3155	2.3211	2.3130	2.3225	2.6560
宁波	1.7372	1.6807	1.7119	1.7438	1.7885	1.8700	1.8197	1.7400	1.7999

图6 温州与先进城市杠杆率比较

注：2018年杠杆率，浙江省为1.85，全国为1.51。
资料来源：各市统计年鉴、浙江统计年鉴。

3. 证券市场资本化率

在证券市场资本化率指标上，温州金融发展显著落后于其他四个城市。2015年后上海、杭州证券市场资本化率均超过或接近100%，尤其是杭州自2010年的69.42%上升至2018年的97.23%。2018年，厦门、宁波证券市场资本化率分别为57.86%、47.95%，温州仅为24.79%（见图7）。

4. 保险深度

在保险业发展方面，温州与其他城市相比，差异不大。2018年，温州保险深度为4.42%，上海为4.30%、杭州为4.91%、厦门为4.39%、宁波为2.98%（见图8）。

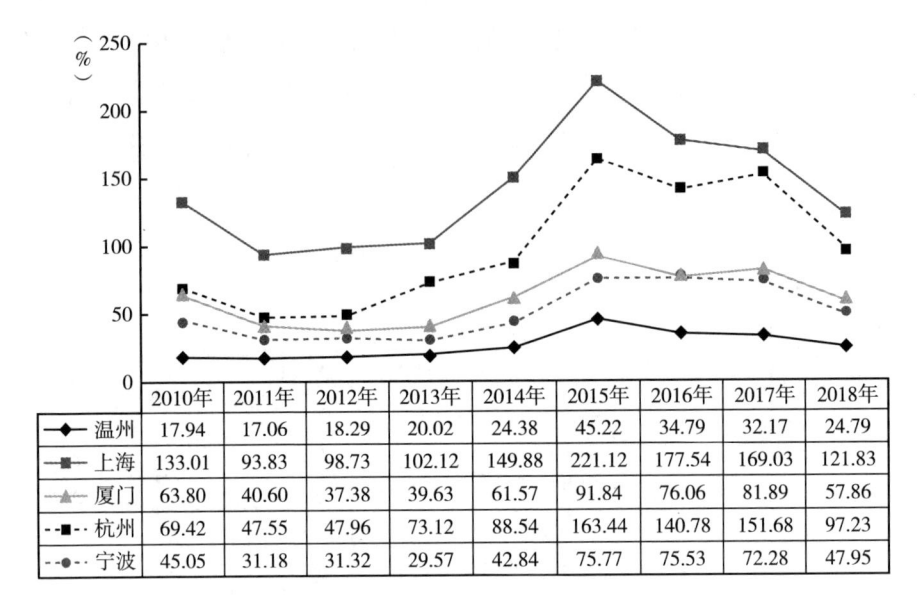

	2010年	2011年	2012年	2013年	2014年	2015年	2016年	2017年	2018年
温州	17.94	17.06	18.29	20.02	24.38	45.22	34.79	32.17	24.79
上海	133.01	93.83	98.73	102.12	149.88	221.12	177.54	169.03	121.83
厦门	63.80	40.60	37.38	39.63	61.57	91.84	76.06	81.89	57.86
杭州	69.42	47.55	47.96	73.12	88.54	163.44	140.78	151.68	97.23
宁波	45.05	31.18	31.32	29.57	42.84	75.77	75.53	72.28	47.95

图7 温州与先进城市证券市场资本化率比较

注：2018年证券市场资本化率，浙江省为58.61%，全国为48.17%。

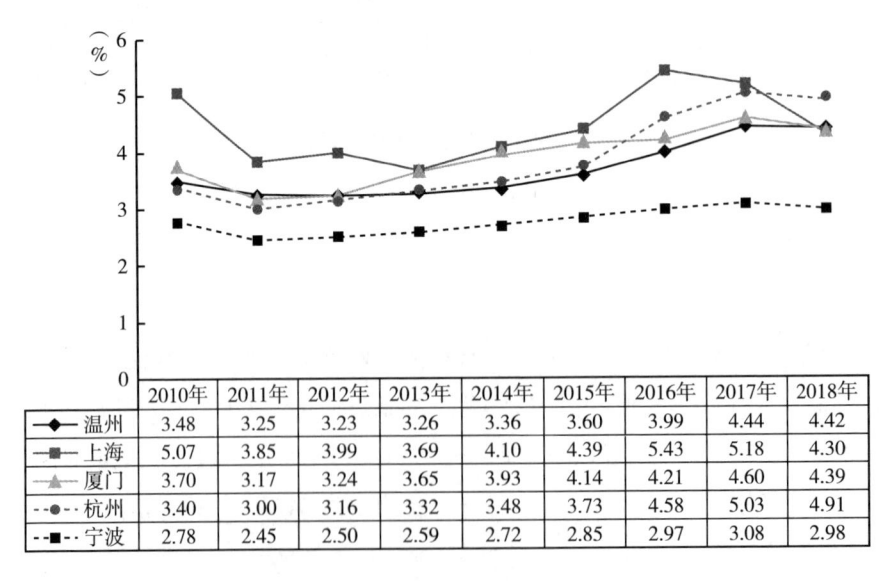

	2010年	2011年	2012年	2013年	2014年	2015年	2016年	2017年	2018年
温州	3.48	3.25	3.23	3.26	3.36	3.60	3.99	4.44	4.42
上海	5.07	3.85	3.99	3.69	4.10	4.39	5.43	5.18	4.30
厦门	3.70	3.17	3.24	3.65	3.93	4.14	4.21	4.60	4.39
杭州	3.40	3.00	3.16	3.32	3.48	3.73	4.58	5.03	4.91
宁波	2.78	2.45	2.50	2.59	2.72	2.85	2.97	3.08	2.98

图8 温州与先进城市保险深度比较

注：2018年保险深度，浙江省为4.05%，全国为4.22%。
资料来源：各市统计年鉴、浙江统计年鉴。

三 制约温州金融业高质量发展的影响因素

（一）金融业发展环境上，宏观经济下行压力大、温州制造业景气度不高

1. 国内经济下行，国内外不确定性因素增多

2020年国内经济运行下行压力加大，世界经济运行不确定性因素增多。尽管近年温州GDP增速保持在8%以上，但是温州属于典型的外向型经济，国内外整体宏观经济环境的不利形势会对温州经济发展的可持续性产生不利影响。

2. 温州制造业景气度不高，金融业发展缺乏良好的基础

2009年至今，温州工业增长率大约保持在7%以下水平，工业增加值占GDP的比重自2009年的46.5%下降至2018年的31.99%。温州制造业的下滑，导致温州金融业发展缺乏良好的客户基础，也决定了温州企业在国内资本市场竞争中不具备显著优势。

（二）金融业发展格局上，市场结构不平衡、金融机构竞争力不强

1. 资本市场发展滞后，支持实体经济的成效不足

温州金融市场仍以商业银行信贷市场为主，资本市场发展滞后，与杭州、厦门等先进城市相比，处于较为落后的位置。

2. 多层次银行体系建设仍不完善，资金配置效率不高

温州金融市场主体以银行业金融机构为主要组成部分，但温州多层次银行体系建设存在梯度功能发挥不完备、金融机构经营能力和管理水平不高等问题。十二家全国股份制商业银行在支持温州实体经济发展方面存在不足，其市场份额仅为14.37%；地方法人商业银行在内控管理、产品创新、支持实体经济力度等方面与其他地区先进商业银行存在一定差距。

（三）金融业发展生态上，信用环境建设、民间金融发展存在不利约束

1. 温州信用环境仍有待改善

至今温州信贷风波的影响仍未消除，金融机构风险偏好下移。温州信用环境也影响了温州企业在社会的声誉，进而影响到温州企业在资本市场的融资能力。

2. 民间资本过于活跃、资本投机性强

温州是全国民间资本最为活跃的城市。一定规模的民间资本是正规金融的重要补充，可以缓解中小企业融资难、融资贵的问题。但民间资本活动过度虚热，容易产生非法集资、诈骗以及投机性金融活动，甚至引发区域局部金融风险。

（四）金融业发展制度上，金融监管与金融创新有待进一步加强

1. 金融监管未形成有效合力

地方政府与金融监管部门在地方金融组织监管和风险防范等方面的沟通协调及信息共享机制等仍有待完善和提升。

2. 金融创新的空间越来越小

当前我国金融市场发育完整，国内金融一体化程度越来越高，金融业呈现"由国家顶层设计、形成全国一盘棋"的局面，温州依靠金融体制的创新谋求先发优势的空间越来越小。

四 温州金融业高质量发展的对策建设

当前，温州步入金融业高质量发展的关键时期，应充分发挥温州民间资本多、民营经济活跃、改革创新意识较好、经济金融内在韧性强等优势，克服不足、补齐短板，强化金融在区域经济高质量发展中的战略性地位、引领性作用。

（一）全面深化多层次金融服务体系建设

一是构建科学合理的多层次银行体系。选择综合经营管理水平较高的股份制银行，在业务开展、网点建设等方面给予扶持，壮大、提升若干家股份制银行的业务规模和服务能力，充分发挥股份制银行的优势。同时，大力发展壮大地方法人银行，借鉴优秀法人银行经验，对地方法人银行在发展战略、经营方向、风险文化与内控管理等方面进行深化改革和完善。

二是提升温州证券业的作用。利用多方面资源，集中力量引进或设立一家拥有全牌照的券商，为温州资本市场发展提供动能。同时，进一步鼓励规范类和创新类证券公司在温州新设分支机构，引进在国内外有重要影响的基金公司。

三是推动温州保险业深度发展。结合温州区域经济特点，大力发展出口信用保险、科技保险、贷款保证保险等融资保证类保险产品，推动保险资金运用于温州城市发展建设。同时，大力推动保险业为农业、医疗、养老等领域服务，提升温州民生保障水平。

四是健全温州融资担保体系。推动市县政府性融资担保机构一体化发展，提升市级政策性融资担保机构带动发展和服务全市的能力，引导民营融资担保公司规范发展，深化银担合作和再担保风险分担，加快提升对民营和小微企业、"三农"的融资担保服务总量和覆盖面。同时，依法加强融资担保债权保护，健全风险管理体系，守住不发生行业风险的底线。

（二）全面加快多层次资本市场发展

一是确立产业长期发展路线。效仿宁波等市，对本土企业、人才、资本等产业发展基础进行深入调研，分析确立未来十年乃至二十年温州产业发展路线与产业政策。

二是实施企业"前中后"全生命周期资本市场扶持服务。首先，通过搭建企业服务平台等方式，鼓励企业进行股份制改造、引入战略投资者，引导温州传统企业转变思想文化观念，主动积极融入资本市场。其次，支持科技企业利用科创板做强做大，推动行业头部企业与隐形冠军企业积极上市，发挥"领头羊"效应。最后，发挥上市公司再融资功能优势。引导、支持温州有条件的本土企业利用产业资本与金融资本，通过收购、兼并等形式走向全国。

三是大力发展风险投资与私募股权投资基金。整合温州各类金融小镇、基金小镇、基金岛等平台功能，发挥温州金融集聚区、华商财富管理中心、金融特色小镇和基金岛的要素集聚作用，出台更加优惠灵活的政策，推动市场化股权投资机构发展，鼓励社会资本发起设立创业投资、股权投资，引导私募股权基金深度参与温州产业发展和企业成长。

四是积极引进外地、外资中介服务机构。温州本土金融专业人才相对匮乏，资本市场专业服务经验、能力与温州资本市场高质量发展要求存在差距。要积极鼓励外地、外资中介机构的区域业务总部尤其是投行业务总部以及经营网点落地温州，形成各类证券服务中介机构集聚的局面，通过机构集聚、汇聚人才、资本与技术。

（三）全面提高金融服务产业平台的水平

一是增强金融服务重大战略的能力。紧紧围绕温州深化"两区"建设、区域中心城市建设、"大干交通"、跨境电商综合试验区建设等中心工作，发挥金融的杠杆和保障作用，确保重大战略的顺利推进。

二是提高金融服务转型升级水平。创新政银企多方联动机制，加大对技改、智能化改造的信贷支持力度，尤其是将传统制造业企业技改投资、先进制造业集群发展等融资需求作为投放重点，积极参与实施"百企上市"、"隐形冠军"培育计划、小微企业成长计划，促进企业转型升级。

三是增强金融助力新动能培育效力。围绕温州重大项目、重大平台、重大产业、重大改革、重大政策、重点要素等"六重"清单，撬动更多资本投向重大项目、重大平台、重大产业，加强对国企改革、乡村振兴、"大建大美"等的资金保障，支持"5+5"产业体系建设，加快"三新"经济培育，助推产业结构战略性调整。

(四)全面提升金融业对外开放水平

一是深度融入长三角一体化国家战略。温州市需要在规划设计、基础设施、产业发展、科技创新、公共服务、市场环境等领域对标长三角区域内先进城市,为金融业高质量发展提供坚实的基础。

二是打造金融总部集聚地。整合温州现有银行、证券、保险等金融资源,进一步扩充、提升当前温州金融集聚区的金融机构数量和质量。紧抓国家金融开放的历史机遇,积极吸引外资金融机构落地温州。力争把温州打造成为浙南闽北赣东区域金融中心,通过建设金融中心城市集聚各类金融高质量发展要素。

三是提高温州市利用外资的质量与水平。鼓励外商尤其是跨国公司来温州投资,带动跨国金融服务发展。通过金融港湾、世界温州人家园、华商财富管理中心等平台建设,汇聚海外温商资本,积极利用好温商资源,服务温州经济。

(五)全面防范区域系统性金融风险

一是推进民间金融体系规范发展。充分发挥温州民间资本优势,推动民间资本参与温州金融业、证券业与保险业的发展,有效疏导民间资本通过正规金融机构为地方中小企业和家庭居民提供融资服务。同时,根据实际情况设立科技创新基金、项目融资基金、风险投资基金、互助基金、专业化培训基金以及帮扶改造基金等,深入引导民间资本投资和服务民营经济。

二是管控好政府债务规模,提升债务利用效率。一方面,加强对地方政府债务管理,严格管控融资平台的新增融资与投资行为。另一方面,提升债务资金的利用效率与收益,控制无效投资、重复投资,提升项目投资的自偿能力。

三是建立"重点企业"名单,防范企业债务风险。结合行业发展情况,对重点企业的销售收入、债务规模实行动态监测。在风险发生前,政府提前预警,在法律与政策边界内主动帮扶。对非"重点企业"名单内的企业,

尽量以市场的力量、法律的手段进行处置出清。

四是规范互联网金融及民间非法融资行为。严厉打击以互联网创新、财富管理等名义从事的非法集资、诈骗行为，切实保障老百姓财富安全，保持经济、社会与金融稳定。

五是控制好过热区域房地产价格，平抑投机性需求。在当前"房住不炒""落实地方政府主体责任"的要求下，着力稳定房价预期，加强房地产调控，保持房地产市场平稳、健康发展。

（六）全面加强金融生态环境与人才支撑

一是优化温州金融营商环境。深化"融资畅通工程"实施，着力推进企业"首贷"、无还本续贷业务，提升融资效率，稳步降低融资成本，有效缓解民营企业融资难、融资贵问题。完善金融机构激励机制，切实提升小微贷款风险容忍度，严格执行信用审查审批尽职免责制。

二是加强温州信用城市建设。构建完善的信用信息共享机制，进一步强化温州"金融大脑"平台的统计分析、风险识别与预警能力，深化"温州指数"的推广与应用，为金融支持经济高质量发展提供强大信息服务。加强消费者权益保护和宣传教育，鼓励消费者用法律手段维护自身权益，提升金融机构对金融消费者权益的保护意识。严厉打击逃废债与失信行为，塑造良好信用文化。

三是吸引和留住金融人才。研究当前在温金融机构与智库平台的金融人力资源状况，有效评估温州金融人才的人力资源优势与劣势，解决在温金融人才最为关注的发展环境问题，并有针对性实施改进措施。对标先进城市并结合温州实际，制定出台金融人才激励办法，加大金融人才引进和培养力度，留住优秀的金融人才。

B.25 温州民营企业对外开放研究报告（2019~2020）

张洪胜　潘利泽*

摘　要： 2019年1~12月温州民营企业进出口贸易同比保持增长，全市实际利用外资迅速增长，合同外资同比下滑。受新冠肺炎疫情影响，预计2020年温州市进出口贸易将面临严峻挑战，其中以高附加值产品为主的出口可能会萎缩，同时实际利用外资也会受到影响，导致合同外资增长受到压力。随着"一带一路"的深入推进，温州民营企业对外贸易的增长动力逐渐增大，但疫情可能导致外商投资出现下滑，尤其是境外投资受到较大挑战，温州民营企业对外开放格局暂时大幅回调。最后结合温州市的实际情况，本文提出了融入长三角一体化、深度对接"一带一路"、借助数字经济发展等推进温州民营企业对外开放的政策建议。

关键词： 民营企业　对外开放　竞争中性

---

* 张洪胜，浙江大学经济学院教师，兼任浙江省国际经济贸易学会理事，研究方向为国际经济与贸易、数字经济与数字贸易；潘利泽，浙江大学经济学院硕士研究生，研究方向为金融开放、数字经济与数字金融。

一 温州民营企业对外开放基本情况

（一）温州民营企业基本构成

民营企业在温州企业中的数量占比达99.5%，对GDP的贡献超过80%，并贡献90%的税收、92%的工业增加值、95%的外贸出口、93%的就业。

根据温州市统计局数据，2019年全市累计实现进出口总额1902.2亿元，同比增长26.3%，增速比上年提升12.7个百分点，其中进口总额216.9亿元，同比增长6.0%，出口总额1685.3亿元，同比增长29.4%。

（二）温州民营企业对外开放情况

如图1所示，温州市民营企业出口总额从2009年的81.22亿美元上升到2019年的226.84亿美元，年均增长率达10.8%。虽然在中间一些年份有所下降，但总体处于增长趋势，更重要的是，民营企业出口总额占温州市总出口额的比重稳步上升，从2009年的74.3%上升为2019年的93.5%，增长19.2个百分点。

图1 温州民营企业出口情况

注：占比为温州市民营企业出口总额占温州市总出口额的比重。
资料来源：温州统计年鉴。

从出口商品结构来看，相较以往低端和单调的产品结构，温州市出口商品结构有一定程度的优化。如表1所示，2019年温州市民营企业主要出口商品中鞋类，服装及衣着附件，纺织纱线、织物及制品占总出口的比重分别居第二、第四和第五位，占总出口的比重分别为18.5%、7.0%和5.4%，同比增长9.1%、12.5%和28.5%，增速保持稳定，传统劳动密集型产品在温州市民营企业出口商品中占据重要地位。机电产品、高新技术产品等高附加值产品在温州市民营企业出口商品中的作用不断凸显，极大地推动了温州外贸及经济的增长，其中机电产品出口占总出口的46.8%，同比增长31.1%，增幅较大，机电产品中金属制品、机械设备、电器及电子产品增长较为迅速，同比增长90.0%、27.4%和22.0%；而高新技术产品出口占总出口的3.2%，同比增长39.8%，虽然比重较低，但增长迅速，说明温州传统产业结构调整的速度不断加快，高附加值产业如高新技术产业增长迅速，对出口产品的要求不断提升。

表1 2019年温州市民营企业主要出口商品

单位：亿元，%

产品名称	金额	占总出口的比重	同比增长
机电产品	788.0	46.8	31.1
金属制品	118.7	7.0	90.0
机械设备	227.6	13.5	27.4
电器及电子产品	218.7	13.0	22.0
运输工具	64.7	3.8	8.1
仪器仪表	111.8	6.6	11.1
鞋类	312.0	18.5	9.1
通断保护电路装置及零件	117.8	7.0	11.5
服装及衣着附件	117.6	7.0	12.5
纺织纱线、织物及制品	91.4	5.4	28.5
眼镜及其零件	78.7	4.7	8.5
箱包及类似容器	65.6	3.9	37.9
汽车零配件	60.7	3.6	6.2
高新技术产品	53.4	3.2	39.8
塑料制品	51.4	3.0	152.9

资料来源：温州海关。

从进口商品结构来看，2019年温州市民营企业进口商品以原材料为主。如表2所示，2019年温州钛合金进口金额为64.9亿元，占总进口的比重最大，为29.9%，同比增长163.0%，农产品与纺织纱线、织物及制品的进口增长速度较快，分别增长31.3%和20.9%。钛合金、钢材、初级形状的塑料、农产品四类商品进口合计占同期总进口的50%以上；2019年全市钛合金、钢材、初级形状的塑料、原木、液化气五类原材料商品进口合计123.8亿元，占同期进口总值的57.1%。可见，温州市民营企业进口产品结构单一，缺乏对高新技术产品的进口。

表2　2019年温州市民营企业主要进口商品金额

单位：亿元，%

产品名称	金额	占总进口的比重	同比增长
钛合金	64.9	29.9	163.0
钢材	20.0	9.2	-22.8
初级形状的塑料	15.3	7.1	-7.1
农产品	13.9	6.4	31.3
原木	12.5	5.8	-10.6
液化气	11.1	5.1	-36.4
机电产品	10.5	4.8	0.7
机械设备	6.9	3.2	14.3
合成橡胶	5.8	2.7	3.7
钢坯及粗锻件	4.9	2.3	-84.0
纺织纱线、织物及制品	4.7	2.2	20.9

资料来源：温州海关。

从温州市民营企业主要进口市场来看，如表3所示，2019年温州市前八大进口市场分别为APEC成员国、共建"一带一路"国家、东盟、印度尼西亚、非洲、金砖四国、南非和欧盟。其中对APEC成员国进口额达122.1亿元，同比增长30.8%，占同期温州市进口总额的56.3%；对共建"一带一路"国家进口额达94.0亿元，同比下降8.6%；自东盟和印度尼西亚的进口额也均负增长，分别进口77.6亿元和55.6亿元，分别同比下降

3.1%和7.3%；对非洲、金砖四国、南非市场的进口额增长较为迅速，分别进口52.0亿元、39.1亿元和30.2亿元，同比增长67.4%、80.5%和82.5%。

从出口市场来看，2019年全年温州市民营企业对APEC成员国出口额达787.1亿元，同比增长30.8%，占同期温州市出口总额的46.7%；对共建"一带一路"国家出口额达721.3亿元，同比增长52.0%；对欧盟出口额达394.8亿元，同比增长10.5%；对东盟、中东、金砖四国出口额增长较为迅速，出口额分别为255.9亿元、161.2亿元和235.9亿元，分别同比增长121.8%、72.1%和24.5%。总体而言，几乎对于所有市场，2019年温州市民营企业的出口总额都呈上升态势。

表3 2019年温州市民营企业主要进出口市场及进出口额

单位：亿元

进口市场	进口额	出口市场	出口额
APEC成员国	122.1	APEC成员国	787.1
共建"一带一路"国家和地区	94.0	共建"一带一路"国家和地区	721.3
东盟	77.6	欧盟	394.8
印度尼西亚	55.6	东盟	255.9
非洲	52.0	金砖四国	235.9
金砖四国	39.1	美国	227.3
南非	30.2	中东	161.2
欧盟	19.8	拉丁美洲	154.2

注：表格中出口市场的国家范围存在重叠情况。
资料来源：温州海关。

从贸易方式来看，温州市民营企业2019年进出口以一般贸易为主。如表4所示，2019年温州一般贸易的进出口总额为1577.8亿元，同比增长8.7%，占温州市进出口总额的82.9%，其中进口总额202.0亿元，出口总额1375.7亿元；其他贸易进出口总额273.3亿元，占温州市进出口总额的14.4%，其中市场采购进出口总额272.9亿元，市场采购贸易方式试点成为温州市对外出口的新方式；保税物流以及加工贸易中的进料加工、来料加工的进出口总额分

别为5.6亿元、39.5亿元和6.0亿元,占温州市进出口总额的比重极低,同时三者进口总额均存在明显下降,降幅分别为19.4%、19.2%和13.2%,可见温州对外贸易的方式主要为一般贸易,市场采购的重要性也开始不断凸显。从贸易中介形式来看,传统贸易占比很大,但跨境电子商务在温州市对外贸易中的作用也不断凸显。据温州市商务局透露,2019年上半年,温州跨境网络销售额达到33.6亿元,同比增长36.5%,增速高出全省平均增速0.7个百分点。跨境电商正成为温州市推动外贸转型和消费升级的新引擎。

表4 2019年温州市民营企业不同贸易方式进出口

单位:亿元

贸易方式	进出口总额	进口总额	出口总额
一般贸易	1577.8	202.0	1375.7
其他贸易	273.3	0.3	273.1
市场采购	272.9	0	272.9
加工贸易	45.5	9.6	35.9
进料加工	39.5	7.9	31.6
来料加工	6.0	1.7	4.3
保税物流	5.6	4.9	0.7

注:本表所列为温州地区企业进出口的主要贸易方式,未包括全部贸易方式。
资料来源:温州海关。

从境外投资来看,温州市海外投资建厂进程加速。据温州市商务局透露,2019年前5个月,温州市新批境外投资企业13家,基本都为民营企业,增资项目3个,投资额同比增长3倍,温州市境外园区数量居全省首位。其中,温州市在共建"一带一路"国家和地区投资项目8个,投资额达1.73亿美元,投资增长迅速,并有进一步扩大的趋势。根据温州市国民经济和社会发展统计公报所述,温州市已在共建"一带一路"国家和地区建成3个国家级境外经贸合作区、2个省级境外经贸合作区,主要涉及纺织、制鞋、机械、建材、五金、电子、不锈钢等行业。全市境外投资中方投资总额达7.5亿美元,新批境外投资项目38个,其中共建"一带一路"国家和地区投资6.9亿美元,占全部境外投资的92.2%。

（三）温州对外开放在省内排名情况

如表5所示，2019年温州进出口总额为1902.2亿元，从绝对数值来看，温州市在全省的排名为第六位，与第一位的宁波市相比差距较大，相差7268.0亿元，相较最后一位高出1607.3亿元。但从增速来看，温州民营企业进出口同比增长26.3%，增幅在全省位列第一，其中进口增长6.0%，出口增长29.4%，可见温州民营企业的对外出口保持加速增长。

表5　2019年温州进出口总额省内排名

单位：亿元，%

排名	地区	进出口总额	同比增长
1	宁波市	9170.3	7.0
2	杭州市	5596.8	6.7
3	金华市	4218.5	11.9
4	嘉兴市	2832.1	0.4
5	绍兴市	2459.0	9.8
6	温州市	1902.2	26.3
7	台州市	1700.1	-2.1
8	舟山市	1371.1	20.7
9	湖州市	940.2	6.3
10	衢州市	346.6	-0.8
11	丽水市	294.9	19.4

资料来源：杭州海关。

从合同利用外资情况来看，温州的对外开放程度不容乐观。如表6所示，2019年全年温州合同利用外资为10.33亿美元，在全省排名第十位，其中温州龙湾区对合同利用外资做出了主要贡献，而同期杭州市合同利用外资为137.28亿美元，位居第一，温州合同利用外资仅为杭州的7.5%，且仅比最后一位高出7.64亿美元。从增幅上看，2019年浙江省11个地级市中有4个合同利用外资同比下滑，温州位列其中，合同利用外资同比下滑13.4%。无论从绝对数值还是增速上看，温州的合同利用外资现状较为落后。

表6　2019年温州合同利用外资省内排名

单位：万美元，%

排名	地区	合同利用外资	同比增长
1	杭州	1372799	-12.3
2	宁波	889186	21.0
3	嘉兴	725905	13.7
4	湖州	483193	42.1
5	金华	408896	236.8
6	绍兴	251161	18.0
7	舟山	224042	-48.0
8	台州	149126	195.1
9	衢州	119404	259.7
10	温州	103326	-13.4
11	丽水	26955	-53.9

资料来源：嘉兴市商务局（省口径）。

如表7所示，根据嘉兴市商务局发布的数据，2019年全年温州实际利用外资7.58亿美元，在全省排名第六位，处于中游水平，温州实际利用外资为杭州的10.9%，相比最后一位高出6.8亿美元，温州实际利用外资的绝对数值较低，但增速较大。2019年温州实际利用外资同比上涨45.0%，涨幅在全省位列第三。综合合同利用外资与实际利用外资来看，2019年温州的外资合同执行率高达73.40%（实际利用外资/合同利用外资），而杭州则为50.5%，温州的外资合同执行率位居全省第一位，可见温州利用外资的效率较高。

表7　2019年温州实际利用外资省内排名

单位：万美元，%

排名	地区	实际利用外资	同比增长
1	杭州	694057	1.7
2	嘉兴	412541	31.4
3	宁波	311909	-27.8
4	湖州	189881	49.3

续表

排名	地区	实际利用外资	同比增长
5	绍兴	152543	12.9
6	温州	75842	45.0
7	台州	65118	125.4
8	舟山	50094	20.0
9	金华	26267	-17.5
10	丽水	12079	13.0
11	衢州	7779	4.7

资料来源：嘉兴市商务局（省口径）。

（四）温州民营企业月度贸易状况分析

如图2所示，浙江省民营企业进出口总值在2019年2月迅速下降，由1月的2190.56亿元下降到1102.99亿元，环比下降49.6%；随后开始缓慢回升，于7月达到峰值2228.40亿元，但从8月开始又有所回落，直到11月开始有所回升。值得注意的是，进出口总值的变化较大程度上由出口总值的变化决定，这主要是出口总值在进出口总值中占比较大的缘故。浙江省民营企业的出口总值由1月的1843.04亿元下降到2月的862.10亿元，环比下

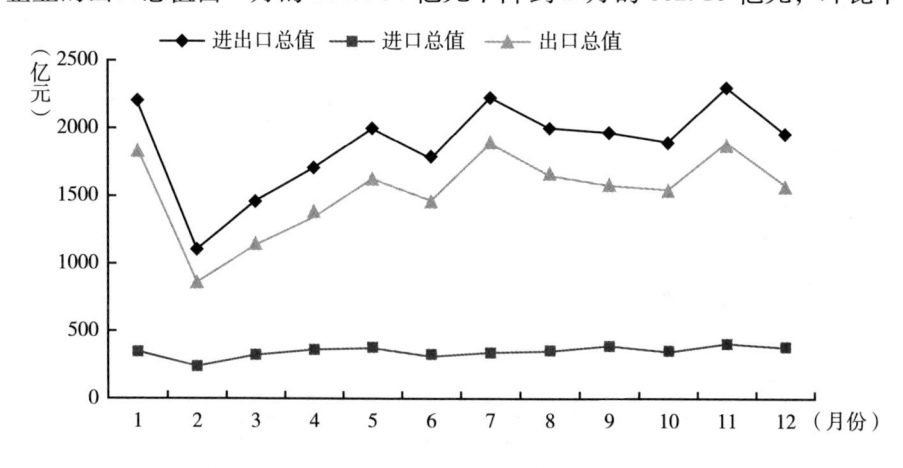

图2 2019年浙江省民营企业进出口情况月度变化

资料来源：杭州海关。

降53.22%，随后开始缓慢回升，同进出口总值一样7月达到峰值，8月开始回落，到了11月有所回升。浙江省民营企业进口总值的变化较为平稳，由2019年1月的347.52亿元增长到12月的381.74亿元，波动幅度极小，且其绝对数值较低，对进出口总值的影响较小。

如图3所示，相比之下，温州民营企业进出口走势与浙江省民营企业进出口情况相似。其进出口总值在2019年2月迅速下降，由1月的159.09亿元下降到81.08亿元，环比下降49.0%；随后开始缓慢回升，于7月达到峰值206.41亿元，但从8月开始又有所回落，直到10月才开始缓慢回升。其进出口总值的变化也较大程度上由出口总值的变化决定，温州民营企业的出口总值由1月的145.38亿元下降到2月的66.96亿元，环比下降53.9%，随后开始缓慢回升并于8月开始回落，并从10月开始又缓慢回升，12月温州民营企业进出口总值为166.32亿元，其中进口19.24亿元，出口147.08亿元。值得注意的是，温州民营企业出口总值占进出口总值的比重相比整个浙江省较高，2019年1~12月，温州这一比例达到89.8%，而浙江省则为81.5%，说明温州民营企业在对外开放中更倾向于扩大出口。温州民营企业进口总值的变化也较为平稳，由2019年1月的16.76亿元增长到12月的19.24亿元。

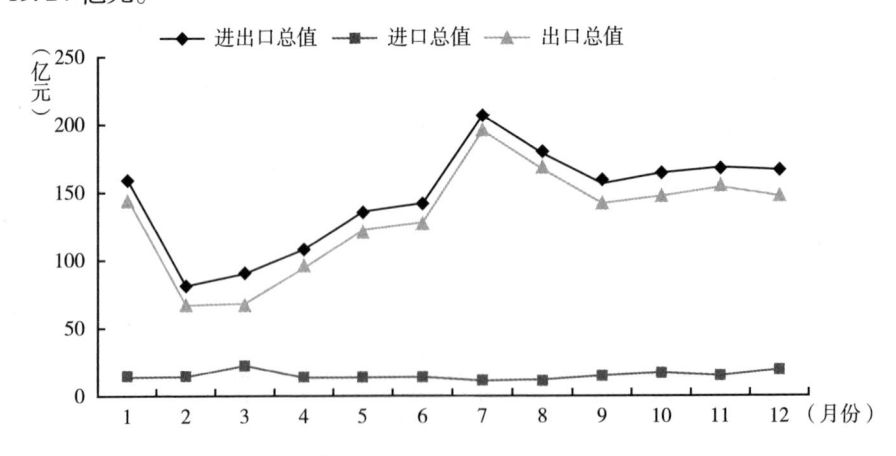

图3 2019年温州民营企业进出口情况月度变化

资料来源：温州海关。

二 温州民营企业对外开放存在的问题

由以上数据分析可见，民营企业在温州对外开放中的重要性有所凸显，温州对外开放的程度不断扩大，但总体格局依然较小，与浙江省内部各地级市依然存在很大的差距。具体而言，温州民营企业对外开放存在以下几个方面的问题。

（一）缺乏对内对外的合作交流机制

温州民营企业的"排外"性质影响其对外开放的格局。由于温州市的"市情"与"民情"，温州民营企业对内开放程度较弱。虽然市内企业贸易较为频繁，但缺乏与重点区域的战略对口协作，亟待与重点内陆城市建立科技、产业、生态等方面的全方位合作体系；温州民营企业对外开放的维度更为狭窄，缺乏与境外地区或国家的企业互动、经济互融与信息互通，这使温州在对外开放的进程中始终处于被动的位置。

（二）进出口产品结构较为单一，缺乏高附加值产品

由于缺乏对内对外的合作与交流机制，温州民营企业在产品创新上面临难题。从温州民营企业进口和出口的商品结构可以看出，温州民营企业进出口商品是较为单一的，进口商品以原材料为主，出口商品以低端制造业产品为主，缺乏高新技术产品的进口与出口，出口产品竞争力较弱；同时，由于缺乏技术人才的引进，产品的创新性可能进一步下降，市场势力的丧失使企业更难以引进技术型人才，从而陷入恶性循环，企业脱实向虚的趋势显著，这是温州民营企业实行开放、对外竞争的短板。

（三）基础设施薄弱

温州市缺乏促进民营企业对外开放的基础设施。温州市的交通运输网络基本上已经完善，机场、铁路公路、海港等老基建基本成形，但还需要不断

优化，以打造全国综合性的交通运输网络。而新基建，温州是极度缺乏的。在5G、城际高速、新能源汽车等领域，相比其他省市温州处于后位，且先行的动机较弱；同时，对于大数据、人工智能与工业互联网等依托数字技术的新基建，温州市的建设力度较小，发展缓慢，对外贸易的新基建建设力度也很小。在以科技端为中心的新基建背景下，这使温州市的经济增长预期变化甚微，温州民营企业的增长潜力被低估，温州民营企业对外开放的难度进一步加大。

（四）民营企业受歧视严重，经营风险较高

温州作为民营经济的发祥地，汇聚的民营企业众多，民营企业面临的竞争环境与政策环境对于整个温州市的经济发展与对外开放具有重要意义。当前温州民营企业相比国有企业，不仅在竞争环境中面临较大的不公，在政策上也没有得到适当程度的倾斜。从市场竞争看，民营企业由于规模较小，其市场势力往往处于国有企业之下，对于电力、电信、铁路等重点行业或领域，涉足的可能性极低；同时在国有企业的软预算约束与民营企业的高风险性质的交互作用下，民营企业所遭遇的融资歧视非常严重，融资困难，非法集资问题依旧层出不穷。从政策环境看，国有企业相比民营企业通常具有较大的政策倾斜力度，比如税收优惠、定向补贴等。以上种种使温州民营企业始终面临不公平的竞争环境，在这种抑制作用下，民营企业往往缺乏对外开放的动力。

（五）疫情冲击下外贸面临巨大的下行压力

2020年初以来，新冠肺炎疫情全球大流行，给世界经济带来严峻考验，叠加中美贸易摩擦的负面影响，给中国经济带来的不确定性正在持续增强。在此背景下温州民营企业对外贸易面临多方面的挑战。

首先，当前国内疫情得到缓解，全市外贸供给端的压力下降，但国外疫情日益严重，这一方面将大幅增加全市外贸需求端的压力，从而导致国际订单减少，另一方面随着国外厂商的停工，国际原材料供应可能面临短缺，从

而阻碍民营企业出口贸易的正常进行；其次，疫情全球大流行引发的金融市场动荡和全球恐慌性心理蔓延可能会加大国外企业资金链断裂的风险，从而大幅增加民营企业出口贸易回款难度；最后，随着各国升级疫情防控措施以及国际物流企业的劳动力短缺加剧，国际货物的运输与配送将受到负面影响，民营企业可能面临较大的国际物流运行压力。总体而言，疫情冲击给民营企业对外开放带来的挑战是艰巨的。

三 温州民营企业对外开放的对策建议

（一）深度融入长三角区域一体化，打造双向开放新格局

2018年11月，习近平总书记宣布，长三角区域一体化上升为国家战略，其主要任务在于推进区域发展新格局、加强协同创新产业体系的建设、推进协同开放等，为进一步推进中国区域经济发展的大格局，深度融入并推进长三角区域一体化的发展尤其重要。

温州若想实现民营企业的对外开放，必须积极融入长三角区域一体化，主动对标对接长三角的先进城市，比如上海作为长三角的龙头，其所拥有的人才、科研、公共服务资源远超其他地区，对接上海，承接产业合作，获得溢出效应。这就要求温州在一体化的进程中不断扩大对区域内其他城市的开放程度，吸收其他区域丰富而优质的物质及文化资源，推高自身产品的质量和技术含量，营造独特的产品竞争优势，实现民营企业的高速发展和变革。

除此之外，还要推进温州对国际市场的开放。通过改善营商环境、推动政府数字化转型、扩大公共服务供给等多领域全方位改革，增强温州对于外国投资者、进出口商等的吸引力，扩大外资流入，引入外国先进产品和技术，推进本国产品出口，最终提高温州对国际市场的开放程度。对于温州来说，提升开放度和融入长三角是相辅相成的，不仅要在融入长三角中提升开放度，而且要坚持在提升开放度中深度融入长三角，学习上海，加快创建中国（温州）自由贸易发展试验区，积极参加中国国际进口博览会，扩大进

口博览会对温州的溢出效应。同时，加速推进温州进口商品贸易港的正式开放，积极申报跨境电商综合试验区，争取综合保税区早日获批。另外，强化与港澳台地区的经贸合作与交流，建设海峡两岸（温州）民营经济创新发展示范区，实现民营企业对内对外的双重开放。

（二）积极参与"一带一路"建设，优化国际市场新布局

"一带一路"倡议由国家主席习近平于2013年提出，依靠中国与各国的双多边机制，借助已有的区域合作平台，积极发展中国与他国的经济合作关系，打造经济互融的利益共同体。面对新时代的新形势、新任务，推进温州市深度对接、融入"一带一路"，打造连接"一带一路"和长三角经济带的重要节点，对于推进温州经济高质高速发展，促进浙江省与他国经济互惠共荣具有重要的战略意义。

为实现深入对接，温州市应该围绕本土经济社会发展需求，重点拓展和深化与共建"一带一路"国家和地区的交流合作，推进以温州境外工业园区为代表的境外投资建设，将"温州元素"融入各个国外市场，展现温州产品、文化、服务、品牌的魅力。随着国外市场的开拓，温州的国内及海外市场将趋向多元化，这就要求温州在利用自身资源优势的基础上，吸收国外市场提供的多元化科技、人才、文化等资源，不断创新，以优化单一的出口商品结构。同时，温州应优化海外经贸合作的基础设施建设，如在共建"一带一路"国家和地区布局温州海外码头，为温州的进出口提供专属的优质服务和安全保障，促进民营企业对外开放。另外，举行共建"一带一路"各国（地区）与温州民营企业的对接交流活动，为温州企业"走出去"和其他国家合作提供服务，并最终实现温州市场的多元化，为民营企业的发展提供不竭的动力源泉。

（三）借助数字经济发展契机，拓展贸易新业态新模式

党的十九大报告突出强调，"拓展对外贸易，培育贸易新模式新业态，推进贸易强国建设"。贸易新模式新业态是促进供给侧结构性改革、推进

外贸发展的全新动能。近年来，中国对外贸易的新业态新模式发展迅速，初步形成了新兴产业集群和贸易渠道，为促进民营企业对外开放发挥了积极作用。

数字经济正在重塑全球经济，温州应该学习杭州的先进经验，顺应数字经济的东风，拓展包含跨境电商平台等在内的新模式，催生数字技术融入各行各业新业态，推动市内各行业高质量、高效率发展，从而提升其相对于其他省市的贸易竞争优势，深入推进"一带一路"合作、长三角区域一体化，最终不断开拓国内以及国际市场。具体而言，温州市应加速推进跨境电商体系发展，借鉴杭州等跨进电子商务产业聚集地的经验及优势，积极申报中国跨境电子商务综合试验区，建立以"六体系两平台"为核心的政策体系，促进温州线上线下综合服务平台对接，推进物流与信息的高度同步，凸显数字经济所带来的激励效应。同时，温州应积极探索符合自身发展的其他新业态新模式，鼓励建设覆盖重要国别、重点市场的智能管理海外仓库、码头，并建立服务民营企业海外经营的数字金融体系，推动民营企业进一步对外开放。

（四）加速推进竞争中性原则，尽快消除所有制歧视

民营企业的健康发展受制于较多的因素，提供公平发展环境是支持民营企业发展的根本之策。温州民营企业处于全国民营企业最前沿，温州如何对待民营企业对全国具有示范意义。温州市政府应该积极探索竞争中性原则的实现路径。

竞争中性原则，不仅关系民营企业与国有企业的竞争，也关系各个民营企业之间的竞争。贯彻落实竞争中性原则不应只局限于民营企业内部，应拓展到所有不同性质的企业。温州在执行竞争中性原则的过程中，要致力于保持中性、公平竞争两大层面，这也是改善温州营商环境，促进民营经济发展的重要内容。

落实竞争中性，要求温州政府对各种所有制企业保持中性和中立态度，同时应加紧制定合理的竞争中性评估指标体系，如从税收、监管、债务与补

贴约束、政府采购等方面进行评估，保证温州在真正意义上贯彻"竞争中性"的原则。

公平竞争，就是要消除市场竞争中的各种不公平现象。只有在公平的竞争环境之中，民营企业的蓬勃发展才会成为可能。当前温州市政府应该梳理和检查对民营企业的各类歧视问题和限制措施，特别是融资方面，对于民营企业的发展尤为重要。因此政府需要积极改革，加大向民营企业的政策倾斜力度，在市场准入、审批许可、经营运行、税收优惠等方面符合制度规范的情况下给予一定放松，打造民营企业与国有企业的公平竞争环境。

（五）推动树立和弘扬契约精神，严格遵守企业国际规范

纵观民营企业的发展历史，温州乃至中国的民营企业的平均生命周期都比较短，绝大部分企业还没有盈利就面临倒闭的困境。这部分是由于民营企业普遍缺乏契约精神、服务意识较差，特别是漠视国际规范，较多地关注当前利益，而忽略了长远利益，因此民营企业面临的风险更大。

在民营企业的国际化和对外开放过程中，民营企业往往必须与国外企业或国际组织达成某一契约，并依赖契约精神贯彻实施。无论是企业间相互合作还是民众和企业的协定，都是社会中不可违背的契约。依赖契约精神，经济活动才可以有序、公平地进行，一旦契约被肆意打破，长期内民营企业的经济体系就会崩塌，民营经济的市场将会迅速萎缩甚至消失殆尽。因此温州民营企业在对外开放的过程中应该重视遵守契约精神，发扬诚实守信的优良品质，树立温州品牌并促进契约精神融入品牌构建过程。

同时，温州民营企业在对外开放的过程中应严格遵守国际规范，这对于企业长期成长和发展至关重要，特别是对于走向国际的民营企业而言，是否遵守国际规范关系着企业能否适应国际规则。在国际市场体系中，国际规范深刻影响企业行为。温州民营企业，应该更加积极地参与国际社会的各种交流活动，积极争取参与国际商贸规则研讨与制定的机会，尊重国际惯例、遵

守国际规范，以国际普遍认可和接受的方式表达自身的合理诉求，为民营企业在国际市场的竞争奠定良好的环境基础。

（六）多措并举维稳外贸市场，确保外贸企业健康发展

疫情冲击下稳外贸是稳就业的关键举措。当务之急，是尽快出台一揽子稳外贸的政策举措，为外贸企业纾困解难。

具体而言，第一，政府应促进外贸企业稳市场、稳订单。政府可以鼓励有条件的外贸民营企业开拓新业务；鼓励龙头企业开拓新兴市场，如受疫情影响，需求无法得到满足的新兴市场；同时还应推动外贸企业进行数字化转型，充分发挥跨境电商平台在降低成本、提高效率方面的作用，鼓励外贸企业利用外贸新业态新模式，深入开展数字贸易。第二，全面推动外贸企业复工复产。这要求政府首先严控输入性风险，并推动全产业链复工复产；其次，鼓励企业打通国外原材料和零部件供给渠道；最后，借助数字化手段稳定生产，鼓励企业通过远程办公恢复生产。第三，加大外贸企业金融扶持力度。首先，政府可以推出针对外贸企业的厂房租金减免优惠政策，全力保障外贸企业物资生产的资金需求；同时，可以开辟绿色通道，为有需求的外贸企业开通信用证服务，保障外贸订单履约能力；其次，设立外贸企业专项贷款，支持符合条件的外贸企业扩大防控物资和基本生活物资的生产与贸易；最后，提前足量落实出口退税、出口信用保险等优惠政策。第四，灵活安排国际班列，稳定国际物流。这要求政府首先适当抽调国际班列，全力保障防疫物资的运输与配送；其次寻找和开发稳健的第三方物流供应商，为外贸企业正常运输保驾护航；最后，搭建海外仓和国外物流服务体系，缓解国际物流压力。

总体而言，疫情全球大流行对民企外贸的影响可能存在明显时滞，更大的负面影响尚未充分显现，温州市政府应该树立底线思维，未雨绸缪，全面分析全球疫情发展大势及其可能对民营企业外贸带来的最坏影响，提前做好战略预判和应对预案。

B.26
温州小微园区运营管理现状及对策建议

林 巍[*]

摘 要： 调查发现，温州小微园区在实际运营过程中，暴露出缺乏标准化管理、产业集聚难形成、企业创新服务支撑不足等突出问题，严重阻碍了小微园区的健康发展。基于此，必须进一步细化小微园区后期运营管理的各项规定和标准，采取有效措施提升园区的运营管理水平，推动小微园区高质量发展。

关键词： 小微园区 集聚效应 运营管理 温州

一 温州小微园发展概况

温州小微园区（或称小微园、小微企业园）建设在浙江省起步最早，2013年至2019年温州已启动了两轮小微园建设三年计划。目前温州共规划建设小微工业园142个，总占地面积约2.9万亩，已完工并投入运营的小微园有82个，现入驻企业3000多家，2018年累计产值385亿元。已正式投入运营的小微园基本覆盖了温州的主要传统产业，其产业定位的分布情况如图1所示。

调查发现，温州大量小微园的投入使用在很大程度上有效缓解了小微企业的发展空间问题，有力推动了温州民营经济的高质量发展，具体表现在以下五个方面。①促进产业集聚提升。围绕产业转型升级，引导产业链上下游

---

[*] 林巍，温州商学院工商管理系主任、副教授。

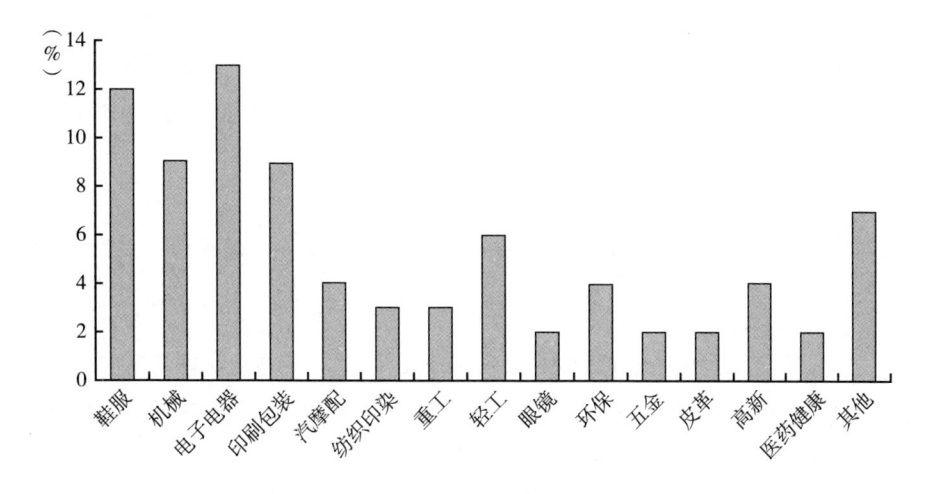

图1 投入运营的小微园产业定位分布

企业在小微园集聚发展。②有力促进环境集中整治。结合"五水共治"等环境整治行动,引导电镀、模具、印染等基础配套产业整合进驻小微园,倒逼污染行业"出城入园"集中整治。③促进土地集约利用。通过土地二次开发、挖潜造地、"垂直工厂"等措施建设小微园,土地得到了集约、节约利用。④促进审批服务集体办理。以园区为单位,集中开展"捆绑"审批、联合审批、审批代办等服务,提高行政审批效率。⑤促进园区服务集成配套。将产镇融合、金融对接、研发支撑、智慧管理等公共服务,在小微园平台上集成共享。

经过几年的开发探索,温州各地的小微企业园在建设模式上各具特色,亮点纷呈,形成了"政府主导、产权开发、企业联建、龙头开发"等多种开发模式,涌现一大批新型工业园区。这些小微企业园成为小微企业高质量发展的重要平台,有力推进了小微企业的高质量发展,块状行业得到快速集聚提升,小微企业"低、散、乱"问题在很大程度上得到了解决,形成在浙江省领先的小微企业园建设的"温州样板"和"温州经验"。2019年温州为进一步提升小微园的运营管理水平,制定《关于进一步提升小微企业园建设管理服务水平的十条刚性措施(试行)》,开展小微园建设管理领域

专项巡察，推动17个园区进行数字化改造。2019年1~11月，温州新开工建设小微企业园26个，新竣工面积达426万平方米，新增入园企业1438家。小微企业园亩均税收达18.21万元，亩均产值达408.8万元，均居浙江省第一位。

二 小微园的开发模式

温州现投入运营的小微园共有五种开发模式，其中企业联建模式最多，数量达到49个，政府主导开发18个，工业地产开发和龙头企业开发均为7个，村集体开发3个（见表1）。

（一）企业联建模式

由同行业或者行业内上下游小微企业签订联合竞投协议，明确出资比例，设立联合体。联合体竞得土地使用权后，与国土部门签订土地使用权出让合同，并明确土地使用权分摊办法和成员地块占比。

（二）政府主导开发模式

通过国有投资公司以公开方式取得土地使用权，用地成本、建设费用委托有资质的中介机构统一核算。建成后，统一出售或出租给入驻企业。这种模式有利于提高建设质量、加快建设速度、控制建设成本，同时有助于对入驻企业把关。

（三）工业地产开发模式

由地产开发商竞拍规划区内的工业用地，取得土地使用权后，投资建设小微园。项目竣工后，予以办理房产登记，用地性质不得改变。生产厂房、办公设施和生活服务设施可以分割出售或者出租给小微企业使用，产权登记可以参照商品房模式。这种模式建设方式灵活，有利于减小政府资金压力，园区功能更贴近市场需求，园区规划建设管理更加专业化。

（四）龙头企业开发模式

由龙头企业牵头，会同同行业或者行业上下游小微企业联合建设。龙头企业竞得土地使用权后，统一规划、统一设计、统一审批，委托有资质的建设公司建设小微园。

（五）村集体开发模式

由村集体牵头，利用本村现有土地，投资开发、建设小微园。项目投入使用后，由村集体出租给入驻企业，园区日常的运营管理由村集体负责。

表1　各类小微园开发模式比较

单位：个，%

开发模式	数量	比例	优点	缺点	典型园区
企业联建	49	58.3	有利于同行业企业相互抱团，在园区功能配套上更符合行业需求	企业难以统一协调、容易各自为的	铜加工小微园
政府主导开发	18	21.4	建设速度快，配套设施完善，成本相对可控，后期管理较为规范	财政负担重，人员有限	永兴南园小微园
工业地产开发	7	8.3	有利于减小政府投资压力，激发社会投资活力，更加贴近市场需求	易出现炒地皮、炒房产现象，缺专业运营能力	置信小微园
龙头企业开发	7	8.3	有利于专业化管理，产业集聚度高，激发龙头企业投资活力	缺专业化管理团队	萧江轻工产业园
村集体开发	3	3.7	发挥村工业用地作用	基本服务难到位，无专业化管理	苏吕电器产业园

温州万洋集团目前是国内小微园开发管理的龙头企业，该集团已在长三角、珠三角及重点区域中心城市开发了45个小微园项目，总面积超4000万平方米，其成功经验也在多地推广复制。该集团开发的平阳万洋众创城系国家级小微企业创业创新示范基地，该园区采用工业地产开发模式，分为机械汽摩配产业园和时尚产业园，两个园区的主导产业分别为机械、汽摩配产业

和时尚产业。该项目是温州市开发规模最大、规划标准最高的小微企业创业园，是集生产、孵化、办公、研发、商务、生活多功能于一体的高端新兴产业综合体。科学的规划设计，将非生产性项目用地面积部分集中用于建设员工公寓、中央食堂、邻里中心等生活配套设施。截至2019年12月，该小微园已准入14批企业359家，已交付并投产企业203家。

三 小微园运营管理中存在的问题

课题组专门对温州部分投入运营较早的小微园进行深入调研，发现了小微园建设中一些越来越凸显的问题，特别是后期运营方面的问题已不容忽视，如不及时采取有效措施加以整治提升，将阻碍小微企业园的健康发展，引发"低、散、乱"问题返潮。对小微园调研走访发现的问题主要有以下几方面。

（一）部分园区缺乏标准化管理，存在一定的安全隐患

安全环保关系人民群众的生命财产安全和生活环境的舒适性，事关区域经济高质量发展。通过调查发现，小微园区存在将原先分散的隐患集中起来而非降低或消除的现象。园区出于土地集约利用的目的，容积率普遍都高于2.0，生产设备搬入二楼以上楼层，出现了超重、超振（机器工作振动）问题，造成部分小微企业园楼板开裂，易引发安全事故。例如，市区某街道在对其辖区内的特色小微园进行排查时发现，园区98家企业有28家涉嫌超重、超振，其中生产设备和产品超重19家，机器工作振动剧烈9家（1家地裂严重）。但小微企业园缺少安全标准，在查处超重、超振时无处罚依据，致使上述现象依然存在。

另外，某环保小微企业园是将73家电镀企业整合为22家入园，因为整合不到位，一家企业的多个股东仍然各自生产经营，环保、安全管理仍停留在以往的"低、散"阶段，在责任落实、设施配备等方面都存在安全隐患。园区没有相应的高质量发展标准倒逼企业提升管理水平，加上厂房设计上的缺陷，曾引发多次安全事故。

（二）场地转租比例高，产业集聚难形成

小微园区的重要导向，就是以一定的入园标准把好进口关，推动在园区形成以某个产业为主导的专业化集聚，延长产业链条，提升产业整体竞争力。但调查发现，小微园区的部分业主为了降低自身经营风险或牟利，将持有的厂房分租给难以入驻小微园的企业主，存在转租进而规避入园条件的现象，使政府部门制定的入园企业资格审查形同虚设，导致园区产业混杂，难以达到专业化集聚的效果。同时，转租还加重了租赁企业的经营成本，影响政府限价政策的有效性。在对温州最早投入运营的两个工业地产开发模式的小微工业园的调查中发现，小微园中转租的企业数分别达到20家和32家，转租率分别达到20%和31%。而在同一区域的某小微园将园区的13栋厂房分租给了13家直租企业，其中11家又转租给了另外50家企业，并存在三手转租问题。某园区现有行业包括电子电器、机械设备、锁具、拉链、木制品加工、五金、卫浴、阀门、印刷、打火机等20余种。这些产业严格来说，只是从以前的分散区域集中到小微园的特定区域，属于空间集中而并非产业集聚，产业集聚政策目的并未达到。以上述三个小微工业园的调查数据为例，其转租和行业分布情况如表2所示。

表2　小微工业园转租和行业分布情况

单位：家，%

园区	行业定位	企业数	转租率	现有行业
A 时尚小微园	鞋服	98	20	鞋服4家、阀门8家、电子电器8家、打火机7家、机械设备6家、锁具4家、其他行业十余种
B 小微园	机械设备	106	31	机械设备21家、鞋服9家、五金8家、阀门6家、眼镜5家、拉链5家、其他行业十余种
C 小微园	流体	64	80	阀门22家、五金4家、电子电器5家、机械设备3家、鞋材2家、其他行业近十种

（三）公共服务层次低，企业创新服务支撑不足

小微工业园集中的主要是小规模制造企业，整体实力有限，需要创新服务支撑以提升其竞争水平，因此希望园区统一提供高质量的生产性服务业。但调研发现，很多小微工业园重引进而轻服务，小微企业并未享受到专业化的集中服务。课题组在对四种不同开发模式小微园的对比分析中发现，虽然各个园区的基础服务基本到位，但是能够给予企业创新服务支撑的专业服务绝大多数园区都没有。而且除政府主导的C小微园治理能力较强外，其他三种开发模式小微园均存在治理能力偏弱的问题，如表3所示。

表3 不同开发模式小微园治理和服务一览

园区	开发模式	治理主体	治理能力	基础服务	政务服务	专业服务
A时尚小微园	工业地产开发	业委会	弱	基本具备	尚无	尚无
B小微园	工业地产开发	业委会	弱	基本具备	尚无	尚无
C小微园	政府主导开发	街道	强	完备	初步具备	金融、物流
D小微园	政府主导开发	街道、村集体	一般	基本具备	尚无	尚无
E铜加工小微园	企业联建	业委会	弱	基本具备	尚无	尚无
F环保小微园	企业联建	业委会	弱	基本具备	尚无	尚无
G小微园	村集体开发	业委会	弱	不具备	尚无	尚无

注：基础服务指园区正常运营所必需的物业管理、交通管理、信息发布等服务；政务服务指集成各类行政服务，以节约企业交易成本和时间成本，如一站式审批服务；专业服务指研发设计、检验检测、技术服务、金融咨询、物流等各类服务。

此外，调研中还发现，部分商业地产背景的开发商缺乏工业地产服务经验以及相关资源来支撑其开展专业化运营服务。开发商将研发场所、活动中心等自持物业以租代售，存在从园区的后期运营管理中退出的现象。例如，2018年某小微园开发有限公司将业主配套活动中心出售，导致员工没有活动中心，部分人才因为生活环境不佳而流失。开发商的上述行为使其在小微工业园的后续运营中服务职能缺失，而园区业委会不具备专业服务能力，无法起到助推小微企业创新能力提升的作用。

四　加强小微园运营管理的对策建议

针对上述问题，建议进一步细化小微工业园后期运营管理的各项规定和标准，推动小微企业实现集聚、规范、绿色、安全、创新发展。

（一）高度重视园区的运营管理制度设计

温州上下一定要进一步统一思想、提高认识，增强责任心和紧迫感，认真贯彻落实浙江省小微企业园建设提升暨"低、散、乱"整治推进大会的精神，切实抓好园区的运营管理工作。要加强组织领导和统筹协调，进一步增强园区后期运营管理的工作合力，建立健全相关部门的联动工作机制，加强规范指导，各尽其责、协同配合，形成合力。

（二）切实完善落实小微工业园高质量发展管理标准

应结合各小微企业园的产业特点建立园区高质量发展管理标准，细化安全、环保等各项指标。主要包括企业入园前高质量发展评估标准、园区高质量发展管理基本标准、高质量发展作业标准、高质量发展技术标准等。高质量发展管理标准是判断小微园区是否能高质量发展的依据，使责、权、利更加明确、更加具体化，是防止互相推诿扯皮的有效办法。高质量发展管理标准的制定可以有效规范小微企业在设备安装、设备运转、物料堆放、现场管理等方面的生产行为，有利于正确生产方法的形成，只要每家企业都能自觉按照标准完成各项工作，就能有效避免重大安全环保等事故的发生。

（三）引入专业化第三方管理机构强化园区监管治理

首先，必须明确管理责任主体，落实执法权，针对小微企业普遍层次低、高质量发展意识薄弱的问题，需要投入足够的执法力量提高巡查频率，

督促企业落实安全环保等责任，推动高质量生产。其次，可以通过引入或培育第三方专业团队帮助企业提升管理能力，也可通过政府购买服务的方式委托有资质的第三方专业团队，对企业现场管理中暴露的各类隐患进行排查、督促和整改。必须发挥在高质量发展管理方面有成功经验的园区的示范引领作用。如温州市龙湾永兴南园小微园是"浙江省十大小微企业集聚发展优秀平台"，其智慧安防系统和"井式安全管理"手段对安全隐患排查整改的效果明显，因此可通过经验交流和培训的方式推广其做法。

（四）强化"亩产论英雄"政策的导向，落实园区企业考核和退出机制

现有小微企业园中除政府主导开发模式外，工业地产开发和企业联建模式小微园的企业考核退出机制普遍没有落实。必须依据企业入园资格审查的具体要求，由经信和所在街道牵头，综合运用亩均税收、亩均产值、亩均能耗等指标，对企业进行综合评价，分出等级，将水电价格与考核等级进行挂钩，等级优异的企业可以获得优惠的水电供给，等级低的企业需承担更高的水电价格，实行"正向激励和反向倒逼"。严把入园关，确保新入园企业是符合园区产业定位的优质企业，同时制定企业厂房的转租转售标准，倒逼低效企业退出。

（五）建立以政府为主导的园区连锁经营管理模式，积极推动组建园区联盟，逐步推进公共服务平台建设

园区公共服务涵盖研发设计、试验验证、检测检验、公共性、技术转化、技术认证、设备共享、信息共享、节能环保、投融资、教育培训等众多方面，公共服务平台建设的水平，在很大程度上影响着小微企业园的产业集聚力和价值链攀升潜力，代表着园区发展的前景与未来。为了高效提供产业发展所需的公共服务，园区应有所为有所不为，合理开展公共服务平台的建设工作。

从不同开发模式小微园的对比分析结果中发现，政府主导开发模式的小

微园优点突出，治理能力更强，政策执行效果也更好。一是组建国有企业管理运营小微园。建议市委、市政府以国有投资为主体的方式，牵头建立针对小微工业园专业化连锁经营管理的运营机构，借鉴中新苏州工业园等外地工业开发区先进经验，通过国有企业主导园区的日常运营，确保政府各项政策有效落地。二是积极推动组建园区联盟。围绕主导产业、特色产业、地标性产业集群建设，重点提升产业链、价值链和资金链，强化服务功能建设，重点解决单个园区功能建设能力不足和资源不足的问题。三是按照"按需推进""适度超前""平衡周边"的原则支持园区建设公共服务平台。鼓励园区引入第三方专业机构建设公共服务平台，实现平台建设的高效率、低成本、优服务，以保障园区企业高质量发展。

B.27
温州市国资运营产融结合实践研究

柯园园*

摘　要： 本报告对温州国资运营的产融结合实践进行分析，发现存在融资结构以银行贷款为主、金融业布局以参股为主、产业基金规模较小、产权交易平台刚起步等特点。国资实力不足、产融协调效应未有效发挥，产融结合还有较大的提升空间。建议深化改革增强国资国企实力、深化"金融+"助力产业经济发展、完善产融结合保障机制，进一步做强做优做大国有经济，助力温州经济高质量发展。

关键词： 国资运营　产融结合　产业基金

国资运营的产融结合，是以金融工具为依托，推动国有企业融资、产业投资、资产处置和资本运营，是实现国有资本运营高效化、市场化以及做强做优做大国有经济的重要方式，也是保障城市建设、民生稳定的重要基础，更是引领和培育战略产业，推动实体经济高质量发展的重要支撑。虽然民营经济是温州的最大特色，但发展民营经济并不排斥发展国有经济。国有经济和民营经济相互促进、共同发展，是温州经济高质量发展的应有之义。近年来，温州市部分国企开展了产融结合实践，促进了自身的转型升级和实体的经济发展。

---

* 柯园园，温州市国资运营公司副总经理。

一 温州市国资运营的产融结合实践

从 2010 年开始,温州国资国企经历了 3 次整合改革,形成了 12 家市属国企[①]、8 家功能区国企、16 家部门管理国企以及 2 家省属国企(参股)的发展局面。截至 2019 年末,市属国企资产总额达 2666 亿元,负债 1696 亿元,资产负债率达 63.6%。

2020 年 1 月,温州市启动深化市级国有企业改革,对市级 30 家企业主体或股权进行优化组合,新成立 2 家市级国有资本公司,优化组建 4 家国资集团,保留做强 5 家市级国资集团,形成 10 家比照正县级单位管理的市级国资集团和 3 家比照副县级单位管理的国有企业的新格局。[②] 温州国资运营产融结合的主要情况分为以下几种。

(一)从融资结构看,银行贷款占比很高

银行贷款是温州市国企融资的主要来源。截至 2019 年末,市属国企总负债 1696 亿元中,带息负债近 1117 亿元,全年利息支出近 55 亿元,财务压力大。市属国企未到期的各类债券余额为 185.8 亿元,[③] 仅占年末带息债务余额的 16.6%,银行贷款占比超过 80%,是国企的主要融资来源。2017~2019 年,全市国企直接融资金额分别是 49.20 亿元、52.00 亿元和 152.59 亿元,2019 年直接融资增长较快,但总体规模仍不大(见图 1)。

---

① 市属国企有功能类 4 家(城投集团、交投集团、铁投集团、名城集团),公共服务类 3 家(公用集团、交运集团、农投集团),竞争类 5 家(现代集团、工业集团、金投集团、建设集团和设计集团)。

② 新成立 2 家为市国有资本投资运营有限公司、市国有金融资本管理有限公司(副县);优化组建的 4 家为市城市建设发展集团、市现代服务业发展集团(正县,组建文旅集团作为二级企业比照副县级单位管理)、市工业与能源发展集团、市设计集团;保留做强的 5 家为市交通建设发展集团、市铁路与轨道交通投资集团、市交通运输集团、市公用集团、市建设集团。

③ 根据市国资委、市金融办数据统计。

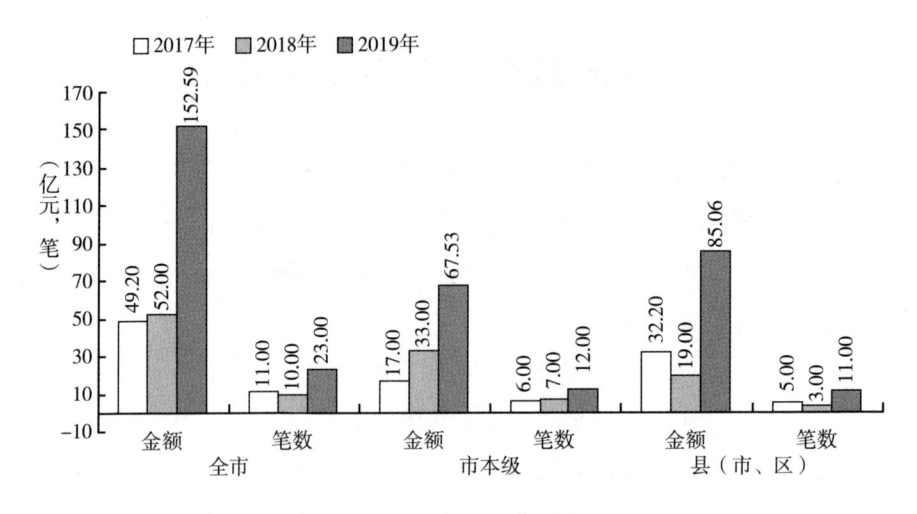

图 1　2017～2019 年温州市国企直接融资情况

国企银行贷款高企的原因主要是：温州地区银行机构健全，相对于量大面广的中小微企业，国企是政府信用的代表，还款来源可靠、违约风险低。另外，温州国企自身普遍经营效益不佳、评级不高，市场化转型偏慢，也乐意接受便利性和可获得性更高的银行贷款。但是，相比直接融资，银行贷款期限短、成本高，期限错配和财务负担会给企业的运营带来不利影响。

债务融资量少面广。随着经营效益和金融理念的提升，符合条件的国企也逐步加大债务融资工具的运用，主要有短期融资券、中期票据、私募债、公司债、企业债、资产支持专项计划等（见图2）。12家市属国企中，8家发行了债券（票据），首笔为城投集团（现为城发集团）2012年4月发行的7年期、总额12亿元的企业债。这些债券期限从270天到20年以上不等，规模最高达到40亿元，年化利率从2.92%到7.8%，较好地满足了国企的融资需求。市铁投集团于2016年9月成功发行10.3亿元城市停车场专项债券，期限15年，申购倍数为2.46，票面利率达3.85%，为全国AA级停车场专项债成本最低。

资产证券化率较低。在1997年10月就实现上市的浙江东日，是目前温

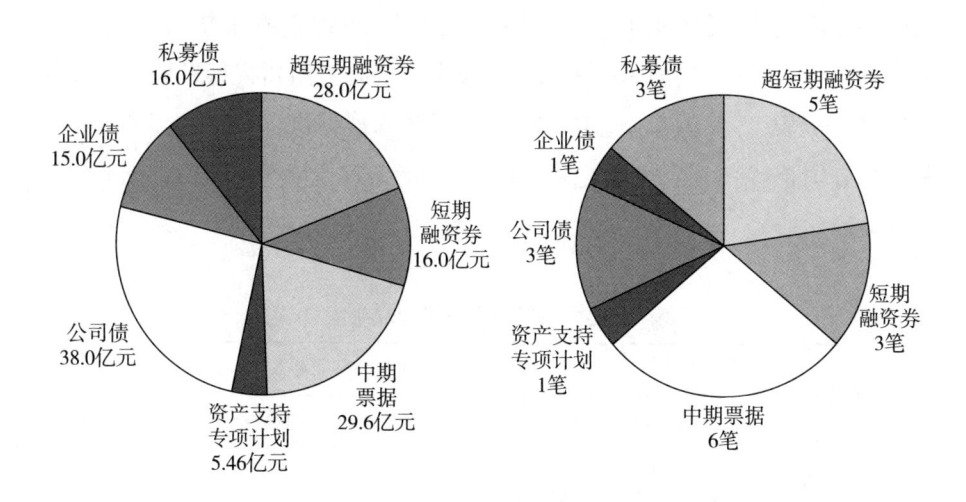

图2 2019年温州市国企不同融资工具融资情况

州唯一的国企上市公司，总资产仅10.6亿元，市值为27.7亿元，2019年3月完成配股再融资4.53亿元；而全省有65家。温州有两家公司挂牌新三板，上市（挂牌）公司的总资产达20.37亿元，仅占市属竞争类国有资产的4.69%，离市委确定的"力争到2020年底市属竞争类国有资产证券化率20%"的目标差距很大。目前全市完成股改准备上市的只有1家，纳入国有企业上市后备库的仅7家。

（二）从金融业布局看，以参股金融机构居多

国资参股金融机构多，控股少。温州国资投资的金融机构主要有银行、证券、金融资产管理公司，而保险、信托、租赁等机构国资都没有参与。国资参与的规模不大且都是参股，能发挥主导控制作用的产融结合平台不多（见表1）。其中，合计持股比例超过20%的只有光大金瓯、温州银行2家金融机构。光大金瓯资产管理公司注册资本30亿元，由光大集团和温州市政府共同投资，其中温州国资占比为45%。该公司以不良资产处置为主业（占69.43%），推进债转股、定增类股权资产业务与共益债、债务重组类业务，2019年累计投资超过70亿元，管理资产超过300亿元，在修复地方金

融生态方面发挥了积极作用。温州银行是温州地方性金融机构,国资合计持有温州银行25.39%的股份,是第一大股东。这既为温州银行发展壮大提供了坚实"后盾",又为市委、市政府重大任务部署提供了重要资金来源。此外,部分国企持有少量财通证券、交通银行等上市金融机构股份,以获取财务收益。

表1 温州市属国企布局金融业情况

企业名称	核心业务	金融领域业务					
		银行	证券	基金	金融资产管理	政策性担保	资产交易平台
市国资运营公司（原金投集团）	金融	√	√	√	√	√	√
市工投集团	工业				√		
市城发集团	城市建设	√					
市现代集团	现代服务业	√					

在政策性金融服务平台建设上发挥主导作用。在政策性金融等需地方政府引导、支持的领域,国资是地方政府的重要出资代表。作为解决企业融资难、融资贵的重要增信措施,温州市融资担保公司（注册资本20亿元）、小微企业信保基金（首期规模5亿元）、市农信担保公司,以及各县（市、区）的政策性担保公司,绝大部分都是国有资本出资（小微企业信保基金有部分为银行机构捐资）。截至2019年末,市融资担保公司和小微企业信保基金累计帮助企业融资超过140亿元,帮扶企业超过9000家。

（三）从基金运作看,规模和引导效应有限

浙江温州转型升级产业基金由市财政局牵头组建,委托金投集团（现变更为市国资运营公司）下属财开公司管理运作。基金成立于2015年11月,注册资本20亿元,其中温州市政府（国资）出资60%,省金控出资

40%，实际到位10.6亿元，主要投向温州"510"产业和新兴产业。目前已设立4只市场化子基金，已投资26家企业（含直投1家），投资8.38亿元，带动社会资本28.11亿元。从产业基金规模、数量和引导效应来看，温州与嘉兴、台州等地市差距较大（见表2）。杭州国资运营公司下属产业母基金就达到300亿元，政府引导产业基金在产业培育和推动经济发展方面发挥了积极作用。

表2 温州、嘉兴、台州三地市主要产业引导基金情况比较

单位：只，亿元

地市名称	产业基金构成	基金规模	子基金数量	规模
温州	浙江温州转型升级产业基金	20（到位10.6）	4	76.05
台州	转型升级产业基金	20（到位10）	22	245.58
	优化升级投资基金	100（到位16）		
嘉兴	政府产业基金	94.93	44	187.59

主题基金主要集中在金融稳定、创业创新、区域合作等领域。温州海汇金投创业投资基金规模2亿元，国资出资9.75%，已投9个项目、1.62亿元。温州市科技创新创业投资引导基金规模10亿元，目前已累计设立14只、总规模23.6亿元的子基金，支持初创期企业创业创新、战略性新兴产业。温州上市公司稳健发展基金规模5亿元，首期到位3.4亿元，投向暂时性流动性困难的上市公司，目的是缓解上市公司股权质押过度引发的流动性风险；目前已帮扶2家上市公司，带动金融机构帮扶合计7.5亿元。长三角产业转型升级基金于2019年3月组建，首期规模50亿元，由温州市、嘉定区、昆山市、太仓市四地政府共同出资24亿元，并撬动上汽集团等的社会资本投资，重点参与长三角地区高端制造业、高科技产业等领域企业股权投资，推动长三角跨区域融合创新、协同发展（见表3）。温州智慧交通发展产业基金（规模10亿元）、制造业转型升级基金等由上级部门发起、温州参与的政府产业基金正在筹建中。

表3 温州市主要政府引导基金设立情况

政府引导基金名称	设立时间	基金规模	投向
浙江温州转型升级产业基金	2015年11月	20亿元（到位10.6亿元）	"510"产业、市县长工程、党委政府战略布局产业
温州海汇金投创业投资基金	2015年8月	2亿元	高新技术企业
温州市科技创新创业投资引导基金	2016年6月	10亿元	初创期企业、战略性新兴产业
温州上市公司稳健发展基金	2018年12月	5亿元	暂时性流动性困难的上市公司
长三角产业转型升级基金	2019年3月	24亿元（其中温州市出资8亿元）	长三角地区高端制造业、高科技产业

（四）从运营平台看，逐步搭建产权交易等金融服务平台

温州通过设立联合产权交易中心、农村产权服务中心、市公共资源交易服务管理中心等国有平台，把国有产权、股权、农村产权、排污权、国有建设用地使用权（矿业权）、政府采购、工程建设项目招投标等交易纳入规范市场；设立温州金融资产交易中心，开展金融资产交易服务。截至2019年末，国有产权交易累计超过50亿元，农村产权交易累计超过95亿元。经过多年发展，温州国资逐步规范了国有产权、股权、农村产权、矿业权和金融资产等资源要素的交易，促进资源优化配置、国有资产保值增值、服务实体经济发展。

同时，初步搭建产融对接服务平台。市国资运营公司（原金投集团）牵头，联合银行、股权投资基金、信保基金、中介机构等组成金融服务团，为企业提供财务诊断、改制规范、路演展示、辅导培训、融资需求对接等金融服务。目前已引导企业在浙股交挂牌601家，促进企业融资3.2亿元，举办挂牌业务推介会、企业融资对接会、企业项目路演会等区域资本市场活动121场，服务企业1100余家。

二 存在的主要问题

国资产融运营实力不足、产融协同作用尚未有效发挥是当前温州市国有资本在产融结合实践中存在的两大主要问题。

(一)国资产融运营实力不足

温州国资实力较弱,导致产融结合开展资本运作的动力不足。一是资产规模小。全市没有1家资产规模超千亿元的国企,最大的1家只有798亿元;市属国企平均总资产和净资产分别只有210亿元和78亿元,很难支撑资本运作。二是盈利能力弱。截至2019年底,12家市属国企信用评级较低,没有1家AAA级企业,有5家AA+级、5家AA级、2家未评级。评级低则意味着融资成本高,盈利能力弱。2019年温州市属国企利润总额仅7.46亿元,净利润为3.3亿元,净资产收益率仅为0.35%。此外,即使是竞争类国企,也需要落实政府投融资任务,消化历史包袱。国资运营企业市场化程度不高,往往难以兼顾社会效益和经济效益。三是资产流动性不足。一方面国资以资产形式居多,流动性不足;另一方面国有股权管理主动权不够,进退留转渠道不畅。

(二)产融协同作用尚未有效发挥

金融资本和产业资本融合程度不深,协同放大作用发挥不足。一是国有资产配置水平不高。主营业务集中度不高,城市建设、交通投资、非金融服务业、金融业等布局分散化、同质化,未能有效统筹。例如,温州银行股权为3家市属国企持有,光大金瓯股权分属2家。国资营运公司下属联合产权交易中心、农投集团控股农村产权交易中心,以及公共资源交易中心等都在开展产权交易业务,市场分割突出、资源配置效率低。二是金融资本与产业资本尚未有效协同。银行、不良资产处置、融资担保、股权投资、要素交易等国资金融平台"各自为战",尚未建立良好的战略协调,投、融、管、退运作机制，资源整合能力不足。同时，金融资本对产业的支撑不足。金融资本对国企改革发展、产业资本扩张支持不足，对战略性新兴产业、先进制造业、现代服务业等政府迫切需要布局的领域投资有限，难以满足发展需要。

三 促进产融结合的相关建议

通过产融结合做优金融产业、服务小微企业和民营经济发展是温州市推进国有资本产融结合的目标。以目标为导向，促进国有资本产融结合应着力在深化改革增强国资国企实力、深化"金融+"助力产业经济发展、完善产融结合保障机制上下功夫。

（一）深化改革增强国资国企实力

一是严格落实市委、市政府关于国资国企改革的工作要求。按照改革方案完成市级国企布局优化，做大资产规模，打造主业更突出、功能更明确、分布更合理、运转更高效的大企业集团。通过全面深化改革和2~5年的努力，市属国企总资产超过4000亿元，资产千亿元以上的2家、资产500亿元以上的3家。二是促进企业提质增效。推动经营管理模式创新，鼓励国资国企抓住新产业、新领域等发展机遇，积极推进市场化产融结合实践，培育新的利润增长点，提高企业经营效益。做高国企资质，提升信用等级，增强经营和融资能力，降低融资成本。三是提高国有资产证券化水平。以"凤凰行动"为契机，推动国企股份制改革，加快珊溪水利水电开发公司、设计集团等上市培育进程，实现更多国企在多层次资本市场挂牌、上市、融资。四是优化资源配置。利用国资运营平台对国企资产进行剥离、盘活、置换等，推动浙江东日等现有上市公司和新三板公司突出主业，增强竞争力。

（二）深化"金融+"助力产业经济发展

一是协同推进主题基金组建。以国资运营公司为主体，深化与银行、证券、保险、上市公司、股权投资机构等的合作，组建符合市委、市政府战略布局和产业发展需要的创业创新、先进制造、数字经济、金融稳定、国企改革、"凤凰行动"等主题基金，推动现有产业基金转型，加快北斗产业基金、长三角产业转型升级基金落地运作，实现金融和产业深度融合发展。二是建设各类要素规范交易的统一市场。以市场化方式，逐步整合国有产权、农村产权、公共资源等要素交易市场，探索组建股份制的浙南产权大交易平台，依法合规逐步开展企业产权、实物资产、知识技术产权、农村产权、海域使用权、排污权、碳排放权等各类要素交易，为国资整合和证券化提供支持。三是打造产融服务综合体。统筹国资运营公司各金融业务板块资源，并借助战略合作伙伴的力量，形成融资、投资、管理、退出、顾问全流程高度衔接的产融结合闭环，打造产融服务综合体。整合搭建大数据信息平台，助力解决融资难、融资贵、融资慢问题。

（三）完善产融结合保障机制

一是完善激励约束机制。根据各类国企的功能定位，设置合理的考核指标，科学考核、有效激励。对实施产融结合的国企（平台）主体，建立更紧密的工资效益联动机制、市场化人才选聘和薪酬激励机制。对部分专业性要求高的岗位，试点职业经理人制度。建立健全容错免责、责任倒查追究制度，探索权责对等、激励约束相宜的发展机制。二是建立产融结合风险防范机制。根据国企资金需求合理评估产融结合的方式和程度，合理使用各类金融创新工具。做好产融各环节财务风险、市场风险、运营风险、法律风险、政策风险等的评估和防范，畅通进退流转通道，匹配市场需求。

B.28 温州新时代"两个健康"先行区进展研究报告

夏天舒*

摘　要： 温州是中国民营经济发展的一面旗帜，是全国唯一的新时代"两个健康"先行区。近年来，温州在护航民营企业健康发展和民营企业家健康成长方面开展了不少创新实践，为进一步完善社会主义基本经济制度做出了许多有益探索。本报告梳理了温州一年多来的先行先试做法，通过深入分析存在的问题，找出进一步推动民营经济高质量发展的实施对策和有效路径，以温州的新探索、新实践、新经验，为全国提供示范样本。

关键词： 民营企业　民营企业家　两个健康　先行先试

经过改革开放40余年的发展，当前温州民营经济在寻求变新变优、变大变强的同时，也面临着模式创新、技术变革、产业升级、企业家接班等现实考验。对温州来说，如何在新时代"喊响民营经济看温州"，推动民营经济持久、健康、高质量发展，不仅是一个事关温州前途和命运的大命题，更是一个在新时代展现我国基本经济制度优越性的重大时代命题。

经过精心准备和积极争取，经中央统战部同意、全国工商联批准，温州

---

* 夏天舒，温州市人民政府办公室"两个健康"创建处处长，研究方向为民营经济发展。

于2018年8月创建了全国唯一的新时代"两个健康"① 先行区，坚定肩负起新时代改革开放探路者的使命与担当。

一 2019年的主要做法和成效

（一）加强制度保障，对民营企业家"高看一眼、厚爱三分"

给企业家尽可能多的礼遇尊荣。温州在全国首个通过法定程序立法，将每年11月1日设立为"民营企业家节"，让民营企业家有了自己的节日。投入近20亿元，在市区核心地段建设了5万平方米的世界温州人家园和民营经济博物馆，让天下温商有了共同家园。率先出台办法保障企业家参与涉企政策制定，政府10余个重要涉企政策通过"政企圆桌会议"等平台充分征求企业家真知灼见，让企业家有了更多话语权。建立走访慰问有重大贡献知名企业家的制度，2019年首届民营企业家节期间，温州市四套班子成员根据挂钩联系全部安排了走访，并送去了"五个一"礼物：一束鲜花、一封贺信、一张"温州民营企业家节"首日封、一枚"温州民营企业家节"纪念徽章、一本惠企政策口袋书。

搭建平台推动政企"亲清共成长"。创办温州"民营经济学院"，在全国率先成立民营企业家"新时代讲习团"，举办"亲清政商学堂"、"青蓝新学"2019年第一期主体培训班，150名党政干部和企业家"同上一个班、亲清共成长"。当前温州第一代企业家平均年龄是55岁，希望子女接班的占80%左右。但由于教育背景、经营理念、行业兴趣的差异，二代企业家愿意接班的仅30%左右。针对这个现状，实施"青蓝接力培养行动"，让"创二代"一起培训、相互感染。选派首批54名新生代企业家赴发改、经信、科技、商务、市场监管等涉企部门挂职。以前是干部到企业挂职，现在是企业家到部门挂职，让企业家换个视角感受政商关系。

---

① "两个健康"即促进非公有制经济健康发展和非公有制经济人士健康成长。

构建政企双向互动清朗环境。创新"三清单一承诺"制度，推出政商交往"正面清单"、"负面清单"和清廉民企建设"引导清单"各7条，3.5万名领导干部对"反对不按规则办事行为承诺"达成一致，改变了温州熟人社会"不按规则找熟人办事"的路径依赖。开展"万名干部进万企"和"百会万企评议涉企部门"活动，建立了万个企业效能监测点，开展常态化"理旧账"行动，加速了政企关系向"既亲又清"转变。与市长热线12345整合搭建企业维权服务平台，设立"企业维权接待日"，实现企业维权"只进一扇门""最多跑一次"。深化非公企业统战和商（协）会改革，工商联所属商会改革、商会党建工作走在全国前列。

为企业家干事创业保驾护航。建立企业家紧急事态应对制度，实行重大涉企案件风险报告制度，通过政府依法和适时适度的介入，防止企业家个人危机处置不当而引发的严重企业危机乃至社会稳定。全面推行涉企柔性执法制度，实现执法"尺度"和"温度"相统一。大胆尝试具备个人破产实质功能和相当程序的个人债务集中清理试点，推动全国首例"个人破产"试点破冰。

（二）全力破解民营企业发展中的"急难愁盼"

企业融资难、融资贵问题得到缓解。创新实施"融资畅通工程"，把发展有前景但暂时有困难的企业列入"白名单"帮扶计划，成功帮扶70家企业渡过难关。引导银行发起不盲目抽贷、不乱收费用等"六不"倡议，推出"无还本续贷"、企业共有厂房"按份额抵押贷款"、建立融资担保基金和上市企业稳健发展基金等融资新政，建设"金融大脑"预判预控金融风险，一年来没有发生一起对银行盲目抽贷压贷的投诉，贷款余额和贷款利率实现了"一增一降"，银行不良率由2012年最高时的4.68%降至2019年的0.94%，创近七年来新低，防范和化解金融风险工作成效位居全省第一。

惠企政策方便兑现、刚性兑现。创新开发惠企政策"直通车"，用时近8个月时间，开展温州历史上最大力度的产业政策大清理，全面清理不顺应发展趋势、不符合产业规律、不适应现实需要、不具备兑现条件、不明确兑现流程等五种情形的条款，将原有178个政策重新整合成工业、农业、服务业、开放型经济、人才5个新政。同步开发全市统一的产业政策网上兑现系统,实现了政策兑现从企业自主申报到政府主动推送、企业上门办理向上网办理、政策跨年度兑现向当年当季兑现甚至实时兑现"三个转变"。截至2019年,温州全市产业政策网上兑现系统共受理申请9103件、兑付奖励22.5亿元。

企业税费负担大幅减轻。连续高标准实施降本减负,在全国降本减负的大背景下,温州自我加压,努力"做得更到位,减得更彻底"。在2018年推出的减负政策"42条",有25条力度超过全省的基础上,在2019年新一轮降本减负政策"30条"中,9条属全省独创,全年为企业减负223亿元,比2018年多减了70亿元。

企业开办和办事更加便捷。持续推进涉企事务"最多跑一次"改革,围绕企业全生命周期中的商事登记、场地获得、员工招聘、生产经营、权益维护、清产注销6个阶段17个高频事项,全面梳理归集"一件事"改革,同步推行"帮企云""易企办",实现涉企事项"网上办""掌上办"。创新推出企业开办一日结、企业注销便利化行动、涉企证照异地通办等措施,基本实现了一般企业投资审批"最多90天"。

民间资金投资渠道畅通、成效显著。持续深化社会力量办社会改革,坚持政府引领、市场决定,进一步向民间资本敞开大门,联动推进社会力量办学、办医、办养老、办体育国家级改革。目前温州民办教育承担了全市1/3的教育任务,民办医院占全市医院的2/3,雅加达亚运会温州10位获金牌的运动员中4位由民办体育机构培养,"国民共建"格局在全国形成示范。2019年,温州民间项目投资增速达19.5%,比省平均水平高5.8个百分点。

(三)"两个健康"一系列先行举措落地带来可喜变化

政商思想认识的"同心圆"画得更大。温州通过"亲""清"新型政商关系体制机制改革创新,廓清了长期以来处理政商关系存在的思想误区,消除了企业家和政府公职人员的困惑、顾虑,为持续深化政商合作、和谐交往打下了坚实的思想基础。同时,新时代"两个健康"先行区的创建广泛凝聚共

识，不仅有利于进一步深化对民营经济发展的规律性认识和整体性把握，还引导全市上下形成"民营经济看温州""民营企业家就是最大优势"等共识。

营商环境评价和企业家信心持续提升。2019年温州在全国297个城市中营商环境排到第26位，小微企业环境满意度列浙江省第一位。营商环境提振了创业者和企业家信心，2019年温州通过试行有限度自由经营区创建，有效激发和培育了一大批创业者，成为浙江省第2个市场主体破百万的地市，每天新设市场主体520家、企业150家。2019年四季度对8483家企业生产经营景气状况的调查显示，全市企业景气指数为124.88，企业家信心指数为125.60，两项指数环比分别回升2.37点和2.61点，处于"较为景气"区间。

一批具有引领性的首创经验得到复制、推广。通过构建全链条工作推进机制，取得了可贵的制度成果，30多项具有引领性的首创经验得到复制、推广。如惠企政策"直通车"成为浙江省十大最佳实践案例，为侨服务"全球通""三清单一承诺"等改革举措在全省复制、推广；企业家紧急事态应对制度、重大涉企案件风险报告制度等涌现越来越多的成功案例；社会力量办社会、市场主体破百万等做法在全国推广，工商联所属商会改革、商会党建工作走在全国前列。社会各界呼声很高的个人破产制度在温州率先"破冰"。党中央《关于营造更好发展环境支持民营企业改革发展的意见》《加强新时代民营经济统战工作的意见》吸纳了温州的很多创新做法，创建新时代"两个健康"先行区获中国改革年度十大案例奖。

提振关键指标，取得了显著的发展成果。2019年"两个健康"引领经济指标全线飘红，一批展现竞争力的关键指标得到有效提升，经济态势向上向好，其中，温州地区生产总值增长8.2%（见图1），2019年温州经济总量（GDP）进入全国"30强俱乐部"，排名比上年提升5位，超过沈阳、石家庄、哈尔滨等省会城市，人均GDP首次突破1万美元。民营经济在工业、投资、出口和税收等方面的指标都得到不同程度的提升，2019年温州出口贸易增速提升（见图2），银行业不良贷款余额和不良贷款率下降（见图3）。

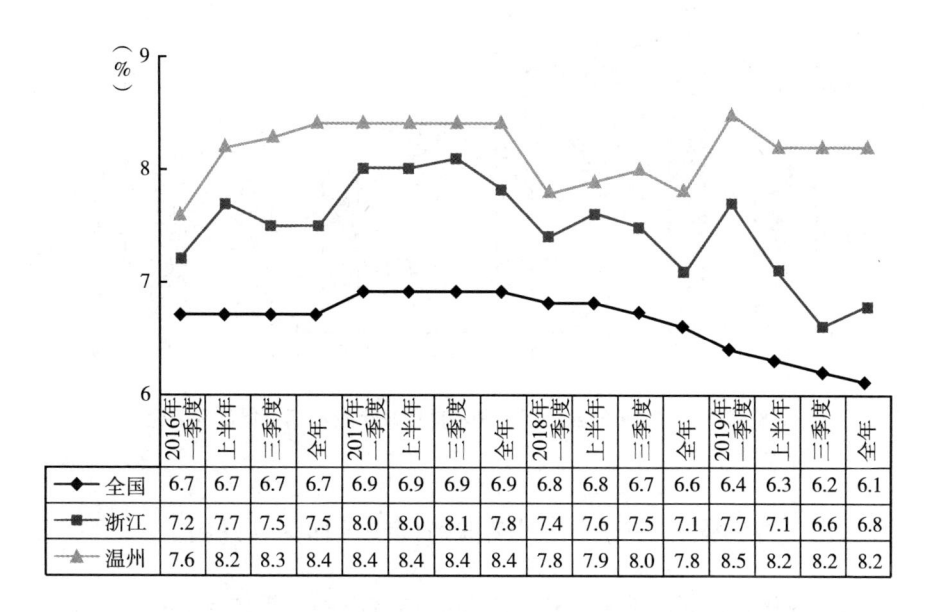

	2016年一季度	上半年	三季度	全年	2017年一季度	上半年	三季度	全年	2018年一季度	上半年	三季度	全年	2019年一季度	上半年	三季度	全年
全国	6.7	6.7	6.7	6.7	6.9	6.9	6.9	6.9	6.8	6.8	6.7	6.6	6.4	6.3	6.2	6.1
浙江	7.2	7.7	7.5	7.5	8.0	8.0	8.1	7.8	7.4	7.6	7.5	7.1	7.7	7.1	6.6	6.8
温州	7.6	8.2	8.3	8.4	8.4	8.4	8.4	8.4	7.8	7.9	8.0	7.8	8.5	8.2	8.2	8.2

图1 2016年以来温州与全国、全省GDP逐季增长对比情况

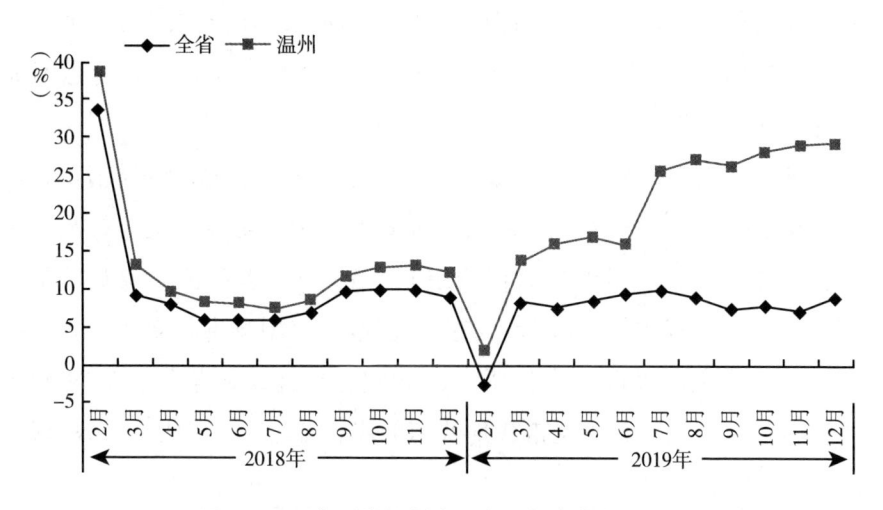

图2 2018年以来温州出口贸易与全省增速对比

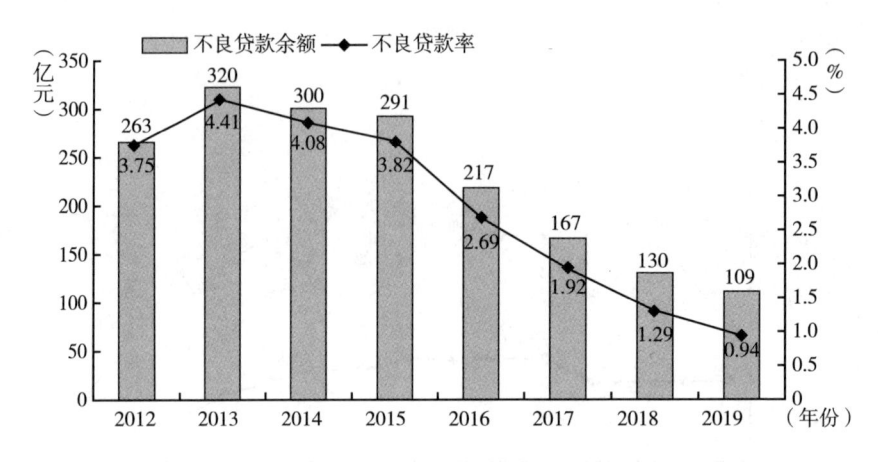

图3 2012～2019年温州银行业不良贷款余额和不良贷款率变化

（四）构建强有力的推进机制保障创建工作深入开展

以清单化方式有序推进。精心创建总体方案和政策体系，形成"41条意见""80条新政"，并把政策意见细化为146项具体责任清单。按照"月月有举措、季季有亮点、半年有总结、年年出成果"的要求，锁定每个阶段的工作重点，将每项责任精准分解到工作组、牵头部门、具体人，确保责任明晰、进度可控。

构建"一把手"领衔的组织架构。成立由省委常委、市委书记任组长的领导小组，市长任第一副组长，市委副书记、纪委书记、统战部部长和分管经济工作的副市长担任副组长，51个重点单位为成员。下设"一办七组"，实现实体化运作，安排一位市政府副秘书长专职负责。各县（市、区）也明确以"一把手"工程定位组建组织架构。2019年初以"新春第一会"启幕，全市各地快速响应，各地"一把手"第一时间亲自进行专题研究。

有效建立常态运行机制。健全完善工作例会、督查考核、信息通报等制度，全年召开了26次例会、4次领导小组会议，及时协调解决了工作推进中遇到的各种问题。建立直通全国工商联的通道，搭建省市"两个健康"

联动推进机制,省委改革委召开会议专题听取温州"两个健康"工作汇报。

加大创建工作的激励和引导。将"两个健康"纳入年终考绩,温州通过督考、督办通报、提醒函等方式,亮晒创建工作进展,倒逼清单落地见效。近年基层减负的督查控制很严,但"两个健康"是温州市委、市政府明确允许的督查事项之一,督查时间和次数不受限制。2019年,"两个健康"146项责任清单已取得阶段性成果的有123项,占84.3%,其中在全国或全省已形成一定影响力的有40项,占27.4%。全年评选出"两个健康"192个先进集体和294名先进个人,在"激扬温州人精神大会"上以市委、市政府的名义予以表彰。

二 主要困难和挑战

(一)企业融资、用工等要素支撑仍显不足

近年来,尽管温州通过"三服务""万名干部进万企"行动解决了许多企业发展难题,但企业仍有很多融资、空间、用工、员工宿舍等共性问题或诉求亟待系统解决。比如小微企业反映,银行贷款主要向大企业倾斜,对小微企业贷款附加条件多,不但要求贷款利率上浮30%左右,而且抵押融资渠道窄。尽管近年来温州市小微企业贷款余额持续保持正增长,但小微企业贷款占比一直维持在40%左右,无法有效满足小微企业对资金的需求。又如企业发展面临突出的人才和用工困境,特别是温州经济重镇乐清柳市、虹桥等地,很多电气企业都会提到的第一个难题是"招人难"和"留人难"。尽管该市工厂一线工人平均每年薪资上涨10%~20%,一些企业一线操作工、数控车床编程一线员工月薪达8000元,但流失率依然较高。再如企业员工宿舍严重不足,以温州鹿城鞋都为例,作为国字号制鞋基地,近两年来凭着产业链优势,吸引了广州、惠州、成都等鞋业生产基地的大量企业迁至鞋都。据第四次全国经济普查统计,2018年鞋都产业工人约11万人,带眷人口约3万,共计14万。目前园区总建筑约400万平方米,非生

产性用房仅58万平方米。按每人7平方米测算,14万带眷产业工人需98万平方米,缺口40万平方米以上。

(二)创二代接班、政策稳定性等因素影响企业家创业投资

新生代(二代)企业家接班意愿不强。温州家族企业较多,改革开放以来,温州的民营家族企业相继到了二代接班阶段,而真正实现顺利接班的尚属少数。原因在于:二代对一代的传统产业不感兴趣;一代不知如何培养二代,特别是管理理念差异较大;二代普遍缺少基层经验,主要是其优越的教育成长环境使他们天然不具备与有较低教育背景的职工沟通合作的能力。本来应该是"青蓝接力",目前温州不少家族企业却出现"青蓝不接"的情况。

不少企业反映政策环境不稳定:各地政策很多,但企业不知该找什么部门(人)对接,该如何使用;政策兑现条件复杂,实际操作中一些政策很难快速落地;一些政策"朝令夕改",没有足够的延续性,有些刚投入的项目因政策变化被紧急叫停,企业投资"打水漂",政府公信力受损;政策"一刀切"冲击大,基层有一些执法人员没有从企业健康发展的角度去考虑,执法还是本本主义,盲目"一刀切",或随意运用、自由裁量,对企业正常生产经营造成不利影响。

(三)民营经济整体发展的竞争力还有待提高

工业经济转型步伐还不够快,虽然温州五大传统支柱产业电气、鞋业、服装、汽摩配、泵阀在全国的市场占有率基本都超过40%,但较多为低附加值产业,很多传统产业碰到了天花板,而在国际上只能算是中低端,缺乏市场话语权,被替代的可能性高,关键配套产业缺失、公共服务平台滞后、区域品牌价值不高等深层次原因还需要系统性谋划破解。数字经济、战略性新兴产业领域,企业规模小、新增项目不足问题较为突出。国家自主创新示范区建设进程仍需加快,目前"一区五园"和环大罗山科创大走廊总体仍然处在规划建设阶段,实质性推进步伐还有待加快。重大项目招引力度还不

够大,虽然内资、外资总体增长较快,但重大制造业项目缺乏、外资总量偏小的短板较为突出。

(四)营商环境建设与先进地区还有不少差距

从外部评价看,虽然目前国内营商环境评价大多数来自非官方科研机构,但从榜单排名看,温州同省内其他城市相比,基本处于中下游水平。如中国战略文化促进会、中国经济传媒协会、万博新经济研究院和第一财经研究院发布的《2019中国城市营商环境百强榜》中,杭州、宁波、绍兴、台州、嘉兴分列第7、17、35、46、51位,温州排名第54位。又如,浙江大学发布的《2019浙江省营商环境评价研究报告》中,温州企业营商环境排名全省第8、产业营商环境排名全省第5。

从关键指标看,国家发改委参照世界银行评价体系,于2018年、2019年针对部分城市开展营商环境试评价。该体系由便利度指标、法制指标、城市吸引力指标三大指标构成,其中法制指标和城市吸引力指标权重不大,权重大且具有决定性的是便利度指标。2019年,国调队受省委改革办委托,根据上述相关便利度指标,在省内先后开展两轮营商环境评价。从第一轮结果看(以2018年下半年为监测样本),杭州、衢州处在全省领先水平,温州综合情况处于中下游水平,在企业开办、获得用水用气方面还比较落后。从第二轮结果看(以2019年上半年为监测样本),温州用水用气方面稍有进步,但在企业开办(见表1)、办理建筑许可等方面还比较靠后,10项主要指标在全省的平均排名为第5.9位。

表1 企业开办情况:温州与杭宁衢对比

地区	分值 (排名)	办理时间 (工作日)	办理环节 (个)	申请材料 (件)
杭州市区	79.1(6)	1.3	2.0	6.0
宁波市区	80.4(5)	2.8	8.0	5.0
温州市区	70.0(9)	3.1	7.8	5.0
衢州市区	86.1(2)	1.9	3.9	5.0
全省平均	77.9	2.1	2.9	5.5

（五）地市一级的改革权限制约重大改革突破

温州围绕"两个健康"制定了146项改革举措，全国工商联、浙江省等也予以协调支持，但仍有部分举措落地困难，类似于龙港撤镇设市这样在全国范围内具有标志性意义的改革举措还不多。主要受三方面制约。一是受限于上位法。如对个人破产制度，学界和企业呼声较高，但我国破产法对该领域没有明确规定。二是受限于审批权限。如华商综合试验区等，需国家部委审批，省市层面主动权较少。三是受限于管理体制。如无还本续贷等金融创新举措，由于金融机构大多实行垂直管理，对地方政府并不"买账"，在具体实施过程中改革效果"打折扣"。

（六）突如其来的疫情对工业经济冲击严重

随着新冠肺炎疫情在全球范围蔓延，温州工业企业在经历国内疫情防控"第一波"冲击之后，马上又面临外贸"倒春寒"、国内消费不振等"第二波"冲击。综合整体调研情况发现，当前温州工业企业生产经营面临"国外订单被取消、国内消费不振、新增订单不足、企业库存增加、经营成本上升"等五大难题，存在"资金链断裂、企业家信心缺失、员工失业率上升、市场秩序被破坏、产能加速转移"等五大风险，亟须实行综合性支持措施（见图4）。

（七）创建工作推进机制有待进一步完善

主要是一些责任单位存在"出政策等于出成果"的思想认识，对各项举措在推出的基础上抓深化、抓扩面、抓出彩不够。也有的认为创建成果超过预期，容易"躺在功劳簿上过日子"。与此同时，上下左右联动还需加强，有的地方将面上工作等同于创建工作，重点抓不住、力量难保障、机制待理顺，包括一些市直部门对县（市、区）的指导仍缺位，对国家和省有关部委、厅局的汇报联系还需进一步加强。

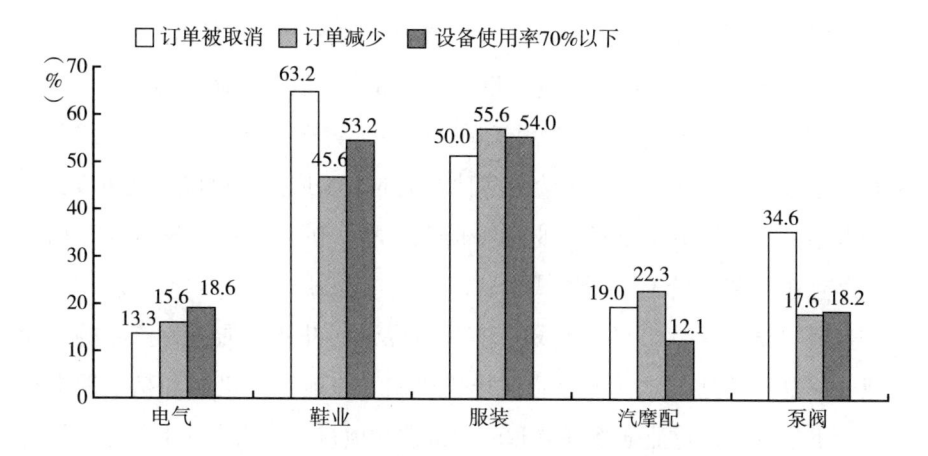

图4 温州市重点产业订单损失和产能情况

三 主要对策建议

（一）千方百计减少疫情影响，助力企业尽快复工复产

精准供给、刚性兑现惠企政策。认真梳理企业诉求，及时、精准制定帮助企业渡过难关的政策措施，依托惠企政策"直通车"系统，制定实施细则，简化兑现流程，多途径加大政策宣传和推送力度，确保政策红利早到位、早见效，提振企业信心，加速复工复产。

切实减轻企业资金负担。金融机构加大优惠信贷投放力度，对受疫情影响有困难的企业分类帮扶，不盲目抽贷断贷压贷，保持企业合理的流动性。坚决破除信贷投放过程中的"隐性负担"，杜绝企业融资成本"明降暗不降"现象。落实各项税费减免政策，实施新一轮降本减负，全年为企业减负230亿元以上。

全力帮助企业争订单、拓市场、去库存。鼓励企业"抱团参展"，积极推广"云展会"，推动展会补助提标扩面。大力发展"数字贸易"，鼓励传统外贸企业和生产型企业开展跨境电子商务应用，帮助企业多渠道开拓多元化市场。帮助外贸企业开拓国内市场，借力温州商会网络推进温州产品

"走出去"；适时推出工业消费券，提高市内采购率，帮助企业去库存。

加大企业复产用工保障力度。设立稳岗资金，以最大诚意为外地务工人员"留岗留薪"。强化重点企业用工调度保障，实施"点对点、一站式"返岗复工服务。对不裁员的企业给予多种方式的鼓励或优惠措施。注重发挥人力资源中介机构作用，做好企业用工信息发布、供需对接。积极探索跨业态、跨企业"共享员工"新模式。

实施"全产业链修复"计划。实施以保链、补链、强链为核心的"全产业链修复"计划，建立配套企业排摸机制、跨地协作机制和精准服务机制，招引建设一批行业强基补链和产业链顶端项目，形成产业上、中、下游的配套发展。引导行业协会（商会）建立产业联盟，加强以大带小、整零协同，增强产业链韧性。完善产业链公共基础配套设施，加快锻铸造、模具、高端电镀等基地建设。

（二）不失时机加大引导，"化危为机"加快企业转型发展

开展"千项智能化改造"。加快企业生产方式迭代更新，开展智能制造诊断，"量身定制"技改方案，全年实施智能化技改项目1000个以上。探索非标设备补助办法，将智能化改造补助比例提高5个百分点，提前兑现技改奖补资金。

加快"四新"经济发展。加大对疫情催生的新技术、新产业、新业态、新模式培育，先人一步建设以5G为引领的"新基建"，加快发展生命健康产业、应急产业等新产业，引导发展在线诊疗、在线教育、在线办公、数字娱乐、数字生活等新业态，推广"无接触配送""无人配送""网红直播"等新模式，打造经济发展新增长极。

推动民间投资继续走在前列。扩大民营企业市场准入，排查清理各类民营企业准入显性和隐性壁垒，打通民间资金转化为民间资本的通道，推进重大基础设施、战略性新兴产业项目等向民资扩大开放，力争民间项目投资增速继续走在全省前列。鼓励民营企业抓住机遇并购国外高端品牌。强化政府与社会资本合作，全市PPP项目完成年度投资100亿元以上，其中政府投资

10亿元、引入社会资本90亿元以上。

加强各类发展要素支撑。抓实抓细"融资畅通工程",深化"无还本续贷""无抵押贷款"等首创性举措,推行顺位余值抵押、应收账款抵押、组合类信用担保贷款等创新产品,实现制造业贷款、民营经济贷款、小微企业贷款增总量、增比重、降成本。推广"无接触贷款助微计划",推行小微企业"首贷易"。建设全国一流的温州金融综合服务平台。建立"工业优先"用地保障集成机制,启动开展工业用地功能回归行动,建立工业用地腾挪置换利益平衡机制。实施"大学生净流入"提升工程,提质推进"新动能工程师引进计划",筹建海内外"科创飞地"柔性引才,招引承接德国、上海、深圳等人才集聚城市的溢出人力资源。

(三)定制特色举措,加快便利化、法治化、国际化营商环境探索

深化省级国际化营商环境试点。出台《温州市营商环境评价方案(2020版)》,对标世界银行营商环境评价体系开展提升工作。集中宣传和全面落实《浙江省民营企业发展促进条例》《温州市优化营商环境办法》。高度重视"万家民营企业评营商环境"等各类营商环境评价活动,推动实现"两个健康"美誉度与营商环境排名相吻合。

深入实施以"青蓝新学"为主打的新生代培养计划。办好全市范围内多层级、多维度的"青蓝新学"主体班,打造新生代企业家寻根认同、学习互动、情感交流的新型平台,创新新生代企业家教育培养模式。加强新生代联谊会组织建设,继续实施新生代企业家到涉企部门挂职锻炼政策,完善导师"传帮带",推进新生代接班。

探索形成"两个健康"法治保护"温州样本"。完善民营企业家容错机制,"涉企免罚"、柔性执法、重大涉企案件报告、企业家紧急事态应对等制度涌现更多实践案例。探索民营企业家在协助纪检监察机关审查调查时人身和财产合法权益保障方面的规范性制度。推进"两个健康"法治护航基地项目建设,探索构建"企业需求+法律研究+司法实务"三位一体的法治保护研究体系。

（四）强化对接争取，加强改革突破和示范引领

加大上级对接争取力度。定期向全国工商联汇报先行区创建进展，及时梳理反映存在的问题，争取更多资源。建立省市联动"直通车"制度，滚动推进"四个一批"省市联动重点改革事项，相关责任单位每年至少一次由主要领导带队赴省厅对接争取，力争将"两个健康"评价体系改革纳入省市联动改革事项。

形成一批改革示范项目。如成立工作专班，编制创建方案，率先对接国家发改委等部门，争取第一批创成全国民营经济示范城市。坚持边实践边完善，按照"可学可复制推广"的要求，在全国工商联和国家统计局的指导下，推动"两个健康"评价体系即民营企业家健康成长指标体系和民营经济健康发展指标体系，力争将"温州标准"固化为"国家标准"。深入探索个人破产制度改革，推广个人债务集中清理创新做法，发挥破产法庭先行效应。

争取在提炼总结和理论创新上取得突破。加强对创建举措的提炼总结，加大专报、信息、媒体等宣传、推广，强化典型引路和示范引领作用。充分借助全国工商联智库和咨询委员会作用，加强与中财办等中央经济领导和决策部门合作，推动"两个健康"理论创新、实践创新、组织创新和制度创新。争取在中央权威理论杂志上发表"两个健康"署名文章。

（五）以制度化推动上下"一盘棋"，实现执行能力新提升

强化县级层面主体意识，加大力度保障和运行机制建设，在县（市、区）全面落地实施"146责任清单"和2020版新清单，推动市级责任清单牵头部门实现对下级条线单位指导的"全覆盖"。梳理县级层面年度特色工作清单，切实发挥工作积极性和主动性，确保上下同频、全市"一盘棋"。加大力度创建工作考核激励制度。鲜明树立"146责任清单"和2020版新清单落地出彩导向，组织"两个健康"最佳案例评选，大力推广"两个健康"先行实践基地建设。将重大改革举措有机嵌入"温州擂台·六比竞赛"活动，鼓励各地各部门创先争优。

B.29
龙港撤镇设市研究报告[*]

朱康对[**]

摘　要： 作为改革开放后由先富起来的农民自己集资兴建的"城市"，龙港农民城是温州模式的典型。为了摆脱体制束缚，解放生产力，建立一个真正属于自己的城市，使自己成为真正意义上的市民，龙港人民足足努力了三十余年。2014年龙港终于借国家新型城镇化战略之机，获得首批经济发达镇设市试点的机会。龙港围绕降低设市行政成本的目标，积极推行大部门制改革和扁平化管理，通过政府职能的整合和转移，进行了县级市的城市管理探索，终于于2019年顺利设市。龙港市的设立，弥补了温州南翼城市化的断点，是自上而下的顶层设计和自下而上的"摸着石头过河"协同改革的成功典型。它给我国经济发达镇设市提供了一个可复制、可推广的样板。

关键词： 龙港　经济发达镇　设市

借国家实施新型城镇化战略机遇，龙港这座由先富起来的农民集资兴建的农民城，终于在建镇35年以后于2019年正式设市。龙港农民城的成功设市，实现了我国行政区划体制的巨大突破。它是我国首批新型城镇化综合改

---

[*] 本报告是作者负责的2019年度浙江省哲学社会科学规划课题"经济发达镇降低行政成本的设市模式研究——以浙江龙港为例"（编号：19NDJC288YB）部分成果。

[**] 朱康对，中共温州市委党校教授，温州市社联副主席。

革试点中唯一的经济发达镇设市的成功案例，对于我国的城镇体系建设和城市行政区划体制改革有着十分重要的意义。

一 龙港城市化的历史回顾

改革开放过程中，温州之所以会诞生龙港这个中国第一农民城，和我国长期以来的城乡二元体制有很大的关系。简要回顾龙港的发展历程，我们就会发现龙港农民城的兴建，既有一定的偶然性，又有其必然的制度逻辑。

（一）龙江港区的设立

龙港的发展起因于1981年平阳和苍南分县。出于县域经济发展目的，为摆脱对鳌江港口的依赖，新成立的苍南县委、县政府决定选择适宜地点兴建港口，建立自己的经济中心。经过反复考察，最后把地点定在鳌江镇对岸的方岩下村。1982年4月9日，温州市人民政府批准建立苍南县沿江港区，把龙江公社的金钗河、江口、下埠和沿江公社的方岩下、河底高等5个大队作为建设基地。同年7月28日，经苍南县政府批准，沿江港区改名为龙江港区。

（二）龙港农民城的兴建

1983年苍南县委、县政府向省人民政府提交《关于建立龙港镇的报告》，阐述了建立龙港镇的三个条件和理由。一是苍南建县后要有港口提供物资进出和经济活动的集中区域。龙江港区是苍南县的海运港口，是全县100万人民生产、生活资料的集散中心，是温州市的重要沿海港口之一，将会成为温州港的辅助港。二是按照规划，龙江港区区域内的5个大队分属于沿江和龙江两个公社，在港区进行基本建设过程中，政策处理、行政、规划和施工管理、治安保卫、劳力安排以及公共设施和工地运输等方面，都产生了许多矛盾，遇到了很多困难。只有早日设立直属镇才能有利于解决建设中出现的种种矛盾。三是已在港区建立的县属公司、企事业和行政管理单位也应由直属镇的党委和人民政府统一领导和管理，不宜由当地两个公社党委和管委会分头附带领导。并建议新镇的名称用"龙江港区"的缩写"龙港"。

然而当时国家对整个温州地区的投资都少得可怜，更不可能对龙港投入很大资金。所以，尽管龙港正式设镇，但要在没有任何基础的小渔村上建设一个城镇，其难度可想而知。实际上当时的龙港还仅仅是一个徒有其名而没有什么人气的空壳城。不过，在改革开放初期的20世纪80年代，对全国许多地方来讲"万元户"还很少，苍南县已经有约6500个"万元户"，其中90%集中在龙港周边的江南3个区。1984年中央一号文件颁布，允许农民自理口粮进城。龙港建设遇到宝贵的政策窗口期。1984年6月3日，时任钱库区委书记的陈定模主动请缨到龙港担任镇委书记，为了动员这些先富起来的"万元户"进城建设龙港，他成立了12个宣传队，亲自带队，携带着并不十分规范的规划图，先后四次分赴全县12个区镇，进行宣传。同时还成立了"欢迎农民进城办公室"，并在1984年7月14日的《浙南日报》头版上公布了龙港对外开放的优惠政策和措施。龙港镇党委、政府一方面根据1984年中央一号文件规定，推进了户籍制度改革，允许农民自理口粮进城。另一方面冒着极大的政治风险，创造性地进行了土地有偿使用改革，走出了一条推进城市建设的市场化道路。龙港镇政府于1984年9月25日颁发《关于本镇农民、居民建房有关规定》（镇府〔1984〕19号），除了对征地原则、占地标准人口计算方法、建房规划等做了规定以外，还制定了市政设施配套费的征收标准。按照城市土地的潜在商业价值，把城市土地划分为若干个等级，以每间收取200元到5000元不等的公共设施费的名义，把宅基地的使用权卖给进城的农民，让他们进城建房。

在改革开放初期，对于长期以来处于城乡分割的二元结构所造成的歧视性地位的农民来讲，这无疑是一个改变自己身份和地位的良机。经过短暂的观望，当确信真的能凭自己的本事和财富进城的时候，他们便蜂拥而至。到1984年底，共有3省7县5000多户农民申请进城建房落户。到1985年底共收到公共设施费约1000万元，基本上解决了"三通一平"基础工程所需的

资金。随着5000多户先富起来的农民的涌入，一场轰轰烈烈的农民造城运动全面展开。短短的一年时间内，一座崭新的城镇在鳌江南岸拔地而起。龙港的城市化道路被海内外誉为"中国农民自费造城的样板"，龙港镇也因此被称为"中国第一农民城"。

（三）龙港设市的三次冲动

对于龙港人来讲，他们本身就是为了甩掉农民身份才来到龙港买地建房的，更不喜欢人们给予龙港的"中国第一农民城"头衔，为了成为名副其实的市民，建镇以后他们几乎从未停止过建市的努力。因此，从建镇十周年开始，几乎每隔十年都会产生一次建市的冲动。

建市的第一次冲动是在1994年建镇10周年的前夕。为能借纪念建镇十周年之际推动设市，龙港人先后在北京举办龙港建镇10周年成就新闻发布会和建镇十周年成果展览会。有些甚至为此组织了推进龙港建市的民间组织，为建市游说和呼吁。尽管这次要求设市的努力，最终连设市方案都没能上报，但他们的努力没有白费。1996年，龙港被国家有关部委确定为全国小城镇综合改革试点，在行政管理体制、财政管理体制、计划管理体制、户籍管理体制、工业管理体制、城镇建设和管理体制、教育体制等方面进行了大刀阔斧的改革，建立了浙江省第一个镇级金库，实行县级计划单列，享受大部分县级经济管理权限，有力促进了龙港经济社会的发展。但是由于试点没有在体制上取得根本突破，到2000年前后，原来下放的各项权力又逐步都被收回县里。

21世纪初，眼看2004年建镇20周年要来临，龙港又产生了建市的第二次冲动。但是这次建市的冲动尚未展开就被降温。连为此谋划的理论研讨会也在少数专家范围内低调进行后，草草收场。但是，这轮设市冲动的收获是2009年龙港被列为温州市5个强镇扩权改革试点镇之一。2010年被列为浙江省首批小城市培育试点镇。这次试点工作，在扩充土地使用权、财政支配权、行政审批权和事务管理权等"四大权限"方面进行了积极探索，建立和完善了龙港城镇管理综合执法大队、龙港行政审批服务中心、龙港就业保障服务中心、龙港应急维稳中心、龙港土地储备中心、龙港公共资源交易中心等六大公共服务平台，初步建立起适应小城市发展和符合新型城镇化要求的行政运行和社会管理机制。其间，曾有过"镇级市"提法，但因和宪法冲突，最终销声。

龙港设市的第三次冲动是建镇30周年的2014年。此时的龙港辖区面积达172平方公里，常住人口有43.7万人，其中建成区面积达19平方公里，常住人口有25万人，年地区生产总值已达206亿元。恰逢中央寻找新的经济启动点，正在谋划启动国家新型城镇化战略的机遇，龙港及时把握了先机，一方面向上表达了作为经济发达镇设市的明确诉求，另一方面提前邀请北京的智囊组织进行了课题论证。经过积极争取，2014年12月29日，国家发改委等十一部委联合下发《关于印发国家新型城镇化综合试点方案的通知》（发改规划〔2014〕2960号），龙港镇终于成为全国首批64个试点地区中两个镇级试点之一。而且明确提出了龙港试点的任务是：通过3年左右的努力，探索建立职能分工合理、行政层级优化、管理机构精简、行政成本降低、行政效能提高、公共服务改善、治理能力提升的新型设市模式，为全国提供可复制、可推广的经验和模式。

二 龙港设市试点改革的积极探索

（一）龙港设市试点改革思路

面对这次设市试点机会，龙港亟须解决横亘在眼前的"两难"矛盾：一是龙港面临镇级体制"小马拉大车"的困境，亟待国家给予县级市的体制待遇，而国家则基于宏观考虑，要求其进行降低行政成本的设市试点；二是龙港基于自身发展需要，亟待通过设市谋求财政独立，但苍南县的大部分地区属于山区，龙港的财政收入大约占全县55%，一旦龙港设市，就需要解决苍南区域平衡发展的难题。可以说，如何解决龙港所面临的"两难"矛盾恰恰是全国许多经济发达镇共同面临的普遍问题，解决好这两个矛盾也正是龙港试点的普适性意义之所在。

其实在2014年试点申报过程中,龙港的策划者已经对"两难"矛盾有了充分的认识,如果不能解决好"两难"矛盾,不但龙港设市难以实现,而且对全国的经济发达镇的设市也没有推广参考价值。为此,他们在申报时就迎难而上,在上报自己的试点方案时,针对经济发达镇设市的特点,直接以降低行政成本的设市试点作为诉求重点,并且在申请报告中针对如何降低行政成本设市设计了三条技术路径。第一,通过行政体制改革,降低设市的行政成本。一方面,通过大部门制改革,对现有的部门进行适当合并。尤其是不影响整体运作的部门,不一定复制全国其他城市体制。另一方面,实行扁平化管理,不再复制全国现有的县级市行政体制——市下再设街道乡镇,而是直接管社区,减少行政层级,降低设市成本。第二,通过积极推行社区自治和行业自治以及向社会购买服务和向社会组织转移非必要公共服务职能,节约行政成本。第三,通过推行电子化和信息化等技术革新,降低行政成本。2014年底龙港经济发达镇设市试点获批以后,在最后确定试点的具体方案时,龙港决定把重点放在行政体制改革的路径上。然而,行政体制改革需要上下联动推进。在龙港的新型城镇化综合改革过程中,尽管中央要积极推进改革的目标导向是明确的,龙港积极要求设市的诉求也是强烈而明显的,但是真正实施改革的决策主体在两者之间的省、市、县这三个层面。这就决定了经济发达镇设市试点改革,不仅需要自上而下的顶层设计,还需要自下而上的积极努力,同时更需要省、市、县这三个中间层面的协同推进。如果单纯由镇级层面向上争取,极有可能是重复1990年代中期小城镇综合改革试点的"改了收,收了改"的死循环。

在三年的试点过程中,中央、省、市、县、镇各级领导反复沟通,多次协调,终于在试点的几项重点任务上取得了重大的突破。2017年11月,浙江大学中国新型城镇化研究院受国家发改委委托对龙港镇新型城镇化试点开展阶段性评估,认为试点工作创新有力、成效显著,表现为突出大部门制、扁平化、低成本、高效率的改革特色——通过整合行政事业单位,完成大部门制改革;争取县级权力下放和上级配套政策支持,初步具有县级管理能力，自主权更多，活力更强；创新扁平化管理体制，赋予社区管理服务职能，完善社区管理服务机制，基层治理更加有效；建立行政审批服务和综合行政执法平台，推进"最多跑一次"改革；实施网格化综合治理，城市管理服务能力水平不断提升。基本实现责权利相统一、机构设置进一步优化、行政成本得到严控、公共服务显著改善、城市治理明显提升、体制机制创新取得成效的工作目标。龙港镇的实践为丰富完善国家新型城镇化发展体系探索了新路径，为破解制约全国特大镇发展的共性问题拓宽了新思路，为深化全国基层管理体制改革提供了新方法，为农民就近就地市民化积累了新经验，是践行新时代五大发展理念的全新探索。

（二）龙港设市改革的主要做法和成效

1. 通过大部门制改革，构建简约精干的组织架构

按照党政机构合一、职能相近部门合并和打破上下对口的原则，推行横向大部门制，优化职能分工。将龙港镇原有的12个内设机构、11个事业单位和县派驻部门中的住房建设分局、自然资源分局、水利分局等18个单位共计41个部门机构进行合并，组建形成1办、14局共13个大部门机构的组织架构，设定大部门的内设科室75个，核定领导班子职数65名。

2. 通过县级权限下放，方便群众办事

苍南县将1575项县级权限事项下放给龙港镇，涉及住房建设局、自然资源局等27个县职能部门；将下放给龙港镇的18个县派驻部门的300多名行政事业人员成建制划转给龙港镇管理。同时，实施大部门业务骨干培养计划，培养一专多能人才。群众办事不需要频繁往来县城、龙港两地，仅行政审批事项，每年可节省交通费用3000万元左右，群众的办事满意度显著提升。

3. 通过建立扁平化管理体制，提高行政效率

建立镇管社区的体制，整合成立14个新型社区，将政府行政审批和公共服务通过电子网络平台延伸至社区，赋予社区相应的社会管理和公共服务职能。社区整合后，中层干部职数从128名精简为98名，社区工作人员从462名精简为393名。构建"多网合一、并网运行"的"一张网"基层治

理网络，将全镇划分为336个网格，5大类57项工作事项被列入网格管理，每格定人、定责，变"基层一根针"为"基层一张网"。

4. 通过明晰政府治理边界，提升管理服务水平

按照审批、监管、执法、市场、社会分立原则，重新梳理政府权力清单，明晰政府部门的权力和责任关系，优化政府执法监督和行政审批服务功能。推进"最多跑一次"改革，120多项部门的行政审批职能纳入行政审批服务中心，实行"一站式"服务，加快流程精简再造。对部门涉及的行政执法职能进行整合，600多项行政执法职能被纳入城市管理与综合行政执法部门，实行综合执法。

5. 通过培育壮大社会组织，增强社会自治能力

按照政府主导、社会运行、专业运作的基本模式，突出政策保障，搭建发展平台，社会组织规模和影响不断扩大。建成社会组织孵化基地1家（龙港公益园），全镇共登记备案社会组织516家，拥有市级以上持证社会工作者130多名，东海民防救援中心、壹次心未成年人帮扶中心成为全国知名社会组织。同时，向社会购买公共服务，将环卫保洁、市政维护、绿化养护等部分职能推向市场。

6. 通过加快城镇建设和功能完善，激发发展热情

完成龙港镇城市总体规划修编工作，优化世纪新城、龙港新城、老城区的城市规划设计。加快交通设施建设步伐，龙港大桥、甬台温高速公路复线、4座跨江大桥等重大工程顺利推进，现代化大交通格局初步形成。加快完善公共服务功能，建成全国第一所镇级大型体育综合场馆、规划展览馆，在教育、医疗、文体等公共服务设施的布局配置上兼顾周边乡镇需求，城镇管理的精细化水平不断提升。

7. 通过试点撬动其他领域改革，开创了高质量发展新局面

推进国家新型城镇化标准化试点工作，编制大部门行政体制、拟设龙港市市管社区服务与管理、智慧龙港城镇治理、设市模式绩效考核等领域的标准404项，成为全国唯一镇级标准化试点评估优秀单位。群团改革被列为省级样板，改革经验在全省推广。全面加快行政审批服务中心和村（社区）

代办点规范化建设，实行中心无差别受理全覆盖，推进民生事项和企业事项网上审批。

尽管龙港国家新型城镇化综合改革有国家层面上的顶层设计，但是毕竟在我国属于首次，没有直接的经验可供借鉴。许多具体问题需要在试点过程中边摸索、边解决。在苍南县委、县政府的直接领导下，围绕着试点的主要任务，龙港镇进行了长达三年的"摸着石头过河"的改革试点工作。也恰恰因为是在县辖体制下的改革试点，在初期设市定级目标定位尚不完全清晰的情况下，出现了以下问题。一方面，镇级行政管理体制承接县级的权限，存在事权执行上的法律风险问题。县级权限下放到镇的做法，短时间内保障了龙港镇的管理服务工作。但从合法性角度看，因镇级政府不具备承接县级权限的行政主体资格，在实际社会管理过程中，镇政府承担着巨大的法律责任风险，特别是行政执法、行政审批等环节隐患较大。2016年中央出台的《关于深入推进经济发达镇行政管理体制改革的指导意见》明确，可以赋予特大镇县级行政主体资格和行政管理权限，但在操作层面上，上级部门还是会行事谨慎，不敢越雷池半步，导致改革探索步伐不快。另一方面，受镇级行政管理体制制约，龙港缺乏高层次的战略谋划人才和产业发展平台，很难整合高端生产要素，产业转型升级十分困难。从政府层面看，由于镇级政府主要承担社会管理服务职能，不承担经济建设职能。因此，龙港镇政府管理人员主要扮演"执行者"角色，而能够承担战略制定、城市规划、招商引资、产业发展等"谋划者"职责的管理人才十分欠缺。从社会层面看，受制于镇级行政管理体制，龙港镇缺乏高端的产业平台，对项目、人才、科技、信息等高端要素吸聚能力较弱，新打造的平台、引进的产业难以实现更高层次的匹配。

由此可见，龙港设市试点过程中暴露出来的问题本质上是镇级行政管理体制固有的问题，这是在镇级层面上试点本身无法解决的。

三 龙港设市的决策实施

龙港作为经济发达镇的设市改革毕竟是全国首创。纵向上看，此前没有

可资学习的经验；横向上看，也没有可供借鉴的方法。试点期间龙港也曾为改革的目标定位而困惑。但是最终在各级领导的重视下，龙港按照试点文件规定的主要任务，分解任务，制订计划，部署实施，有条不紊地推进下来。三年来艰难的综合试点，也为上级领导的最终决策赢得了时间。2017年4月，三年试点即将结束，龙港镇着手试点的总结工作时，新任浙江省委书记车俊同志来龙港调研，之后龙港设市进入了最终决策论证阶段。

由于龙港作为经济发达镇的撤镇设市改革，肩负着全国试点的重任，需要为全国的改革提供可推广、可复制的经验。因此，经过慎重和严密的在经济发展、政治影响、社会稳定等方面的评估和论证后，浙江省人民政府于2018年5月启动龙港撤镇设市申报工作，并按程序上报国务院。在前期工作基础上，按照党的十九届三中全会关于构建简约高效的基层管理体制等要求，又进一步完善龙港机构设置和编制配置方案，细化具体工作措施，于2019年5月21日向国务院提交了《温州市苍南县龙港撤镇设市行政区划调整总体实施方案》。该方案以城市治理体系和治理能力现代化为导向，以推进机构职能优化协同高效为着力点，以大部门制、扁平化改革和城市能级提升为重点，在龙港镇国家新型城镇化综合试点方案批准的实施范围内，探索建立机构最精、层级最少、职能最优、成本最低、效能最高、责权利相统一的精简高效创新的新型设市模式，以求优化区域空间布局，促进资源要素合理配置，更好地发挥城市功能作用，加快新旧动能转换，推动高质量发展，打造新型设市模式全国样板，为国家新型城镇化发展探路。

（一）按照总量控制、精简效能、改革创新、严格管控的原则，延续试点期间大部门制改革的思路，搭建龙港市党政机构组织框架

遵循精简、统一、高效的要求，切实强化党委的领导核心作用，构建简约精干的党委、人大、政府、政协领导班子。设置党政机构15个，机构规格为正科级，其中纪委（监委）1个、党委工作机关5个、政府工作部门9个；党委工作机关根据需要可加挂政府工作部门的牌子。龙港市人员编制安排的总原则是在苍南县现有人员编制总量内调剂解决，浙江省今后在分配编制时予以适当倾斜。一方面，将原龙港镇现有编制（含行政编制和事业编制）以及原苍南县县级相关部门派驻原龙港镇并由原龙港镇统一调配的人员编制和实际在原龙港镇工作但未下放原龙港镇管理的人员编制，统一划转给龙港市。另一方面，在划分行政编制上，将原苍南县党政机构行政编制，按照约20%的比例划转给龙港市。同时鉴于原龙港镇公检法司力量过于薄弱的实际情况和龙港设立县级市独立机构的需要，原苍南县的公安专项、司法行政专项编制等按照约30%的比例划转给龙港市。划转后的龙港市行政事业编制合计5138名。

表1 苍南县、龙港市人员编制划转情况

序号	编制类型	原苍南县编制情况	调整后苍南县编制情况	调整后龙港市编制情况
1	党政群行政编制	777	620	385
2	乡镇行政编制	1125	897	—
3	公安专项编制	1088	780	308
4	司法行政专项编制	71	50	21
5	原工商所专项编制	277	215	62
6	事业编制	21137	16775（其中参公813）	4362（其中参公42）
—	合计	24475	19337	5138

以改革创新的办法，探索实行政府雇员制、聘用制和报备员额制，大力提升城市管理人才素质，加大高素质人才培养和引进力度。探索推行专业化社区工作者公开招聘、岗位等级和薪酬制度，打通社区工作者的职业发展通道，强化人才队伍保障。

（二）坚持创新高效、社会参与的原则，进行基层管理体制改革创新，形成"市管村居、分片服务"的扁平化基层管理模式

通过合理划分片区范围、强化部门力量下沉、有序撤并村居（社区）、完善相关配套措施，构建有别于传统乡镇（街道）设置的基层管理体制。不设乡镇、街道，减少行政层级，提升管理效率，强化村居（社区）自治，

形成"市管村居、分片服务"的扁平化基层管理模式。基于龙港村居（社区）并存现状，在确保管理幅度适宜的前提下，建立分片联系村居（社区）制度，将龙港现有的14个中心社区优化调整为龙江、沿江、白沙、湖前、江山、平等、舥艚、芦浦、云岩等9个非独立法人、无独立编制的片区工作办公室，平均每个片区管理4万人左右。实行分片集中办公，"条块结合、职能融合"，"一人多岗、一岗多责"，指导村居（社区）工作，开展便民服务。推进龙港基层管理低成本、高效率运转，为打造在全国具有示范意义的新型设市模式奠定基础。

此外，按照县级市的运作体制，对党代会代表、人大代表、政协委员的安排进行及时调整。按照属地管理、待遇从优的原则，做好离退休人员管理服务。建立与省直接结算的县级财政体制，完善省对苍南县和龙港市的财政体制政策，并对资产和债务等进行划转和划分。编制规划好龙港市与苍南县协同发展方案、资源共享方案，促进两地高质量发展。积极争取区划调整过渡期优惠政策，尽快在龙港市内建立完善的金融、电力、邮政、电信等公共服务部门的县级架构。

经过相应的法定程序，征求各方意见，做好了各种论证，2019年8月30日浙江省人民政府召开新闻发布会正式发布：经国务院批准，同意撤销苍南县龙港镇，设立县级龙港市，以原龙港镇的行政区域为龙港市的行政区域；市政府驻地为金钗河村镇前路195号；由浙江省直辖，温州市代管。

四 龙港设市的重要意义和启示

经过三十余年的不懈努力、三四年的试点探索，龙港镇终于甩掉了"农民城"的头衔成为一个真正意义上的市；龙港人也真正实现了从农民到市民的蜕变。龙港镇的顺利设市，实现了龙港百姓三十余年的夙愿，续写了温州模式城市化改革新的篇章。它是温州人民在中国特色社会主义道路上的一次新的探索，对中国的改革和发展有十分重要的意义。

（一）龙港人民自下而上的民间推动型城市化和中央自上而下的顶层设计相结合的结果，是新时期上下联动改革的成功典范

三十多年来，龙港人民锲而不舍的努力是龙港设市改革的原动力。国家新型城镇化战略的顶层设计则给龙港镇这样的经济发达镇设市创造了良好的契机。而省、市、县各级领导的大胆决策和积极改革则是龙港设市改革最终成功的关键。正是这种上下联动的改革给龙港创造了天时、地利、人和的条件，使这种很容易引发社会稳定问题的行政区划体制改革，也能够在和谐稳定的环境下顺利推进。

（二）龙港设市弥补了温州南翼的城市化的断点，对于解放鳌江下游区域生产力和推动温州南翼区域经济发展有十分重要的现实意义

近几十年来，鳌江下游的鳌江镇和龙港镇已经成为各自隶属的平阳县和苍南县的经济中心。但是在平苍两县分治的行政区划格局下，两县自然会以行政区划中心，构筑各自的县域经济。尽管在规划发展过程中，也会稍微兼顾各自的经济中心，但是必然做出违背经济规律的选择。无论是苍南县的灵溪、钱库、龙港的"金三角"组合城市，还是平阳县的昆阳—鳌江的哑铃式城市，都是背离江河的布局。在这种逆现代城市化发展方向的县域经济思维下，作为原来温州模式发祥地之一的温州南翼区域缺少一个重要的城市节点，以至近二三十年来温州南翼区域逐渐成为温州区域经济的薄弱环节。而龙港的成功设市弥补了温州南翼城市化的断点，有助于其按照自身的发展需要进行总体谋划，从而进一步强化其城市节点功能，提高原有的对江南片区、平阳片区乃至闽东北的经济辐射能力，并为鳌江流域中心城市和温州南翼副中心城市的建构创造条件。

（三）龙港设市试点期间探索出来的大部门制改革和扁平化管理，给我国经济发达镇的设市改革提供了可推广和可复制的经验

尽管龙港的顺利设市有一定的特殊性，它离不开农民城建设的特殊背

景，更离不开龙港百姓几十年来锲而不舍的长期努力。但是，龙港新型城镇化综合改革试点过程中摸索出来的大部门制改革和扁平化管理，不但是我国行政管理体制的一个重大改革，也为我国经济发达镇探索出了一条可推广、可复制的降低行政成本的设市道路。而且在刚刚设市后的新冠病毒疫情考验中，龙港市充分体现了管理层级少的优势，市政府在疫情管控中直接一竿子插到底，减少了行政层级的传递，是温州各县（市、区）管理最有效的县级行政区域之一。

当然，龙港设市改革不是改革的终点，仅仅是起点。一方面，从内部的改革来看，大部门制改革和扁平化管理仅仅是设市前的试运作，正式设市以后，将面临上下对接的巨大考验。大部门制改革后，合并后的部门平均每个部门对接三个上级部门，如果按照原有的考核方法，单年底考核的文本起草和台账准备，龙港市的人手就很难应付。而龙港市实施扁平化管理后，市政府直接面对整合后的14个社区，在管辖上分9个片区进行管理，每个片区平均4万人口。如果按照传统思维，是否会回到传统的市、街道、社区治理老路尚待探究。由此可见，新龙港在对接旧体制时，实际上对我国政府管理体制改革形成了倒逼的态势。另一方面，龙港改革是否最终成功，需要用实际发展的业绩来考量。龙港市担负的，不仅仅是原有龙港镇范围的发展，而是温州南翼整个鳌江流域的中心城市的使命。当前龙港的城市改造、新区建设、产业转型任务艰巨。2020年正是各地谋划新的五年规划的时机，也是新生的龙港市进行长远发展的宏观谋划契机。为此，龙港要在会聚各种紧缺的专业人才的基础上，积极借用"外脑"，做好长远发展的规划研究，并为下一步构筑鳌江流域中心城市留下端口。

B.30
温州市瓯海区农民资产受托代管融资研究报告

徐 炯*

摘 要： 金融支持是实施乡村振兴战略、推进农民创业创新的重要保障。2015年10月，温州市瓯海区创新推出"农民资产受托代管融资"改革，为破解农村融资"二难一贵"问题提供了地方经验。本文在总结"农民资产受托代管融资"的做法、成效及经验的基础上，分析其实践运作中面临的农民资产如何"代管"、受托资产如何处置流转等实际问题，提出应完善与托管融资相适应的配套机制、培育农村产权评估市场、健全交易流转机制、建立风险保障制度和重视集体属性农村民生资产的处置等相关建议。

关键词： 农民资产 受托代管 书面承诺 融资贷款

农民创业创新作为乡村振兴战略的重要内容，离不开有效的金融支持。而在当前现实中，相当部分农户因缺乏可登记资产而无法获得金融机构的信贷支持。针对这一难题，2015年10月，温州市瓯海区在瓯海农商银行创新推出"农民资产受托代管融资"模式，即农户以自有的动产、不动产及其他经济权益作为受托代管物，采取书面承诺方式向金融机构申请贷款。通过

---

* 徐炯，温州市农办秘书处处长，浙江农林大学中国农民发展研究中心研究员，温州市决咨委研究员。

4年多的改革实践，截至2019年底，"农民资产受托代管融资"模式已覆盖瓯海区232个村，已向22531户农户累计发放此类贷款158.58亿元；现有贷款农户12177户，余额50.66亿元，不良率仅为0.42%，远低于温州银行业平均不良率。

这一创新模式与金融机构传统信贷的最大区别在于，其是以农民信用为基础、以资产为保障的承诺贷款。以信用为基础是指此类贷款没有任何抵押和保证，本质是信用贷款；以资产为保障是指评估农户的有价资产（包括非标资产），并根据评估价值确定贷款额度，确保农户的还款能力有所保障；承诺贷款指的是一种双向承诺，即银行通过发放准贷证向农户承诺发放贷款，农户通过书面承诺委托授权银行方处置资产，具有一定的"软约束"。

一　主要做法

（一）调查建档，完善农民资产评估授信基础信息

1. 建站配员

经村代表大会同意后，农商行、村经社、第三方评估公司通过签订《农民资产受托代管贷款合作协议书》建立合作关系，并设立"农村普惠金融服务站"、遴选协贷员。协贷员和金融服务员通过调查建档，全面掌握农户家庭资产价值、信用情况及贷款需求。

2. 评估授信

农商行、村经社和第三方评估公司在农户申请基础上，根据调查建档基础信息，对农户的贷款资格、家庭状况、资产债务、还贷能力等进行联合评估与界定，确定授信额度。

3. 送证上门

实行农民资产受托代管融资"准贷证"制度，对完成评估授信的农户逐户上门颁发准贷证，农民可根据实际资金使用需求，随时办理贷款业务，实现金融领域"最多跑一次"改革的落地。

（二）多方联动，构建农民资产受托登记信贷体系

1. 受托融资

以农户信用为基础，将农户认为有价值、银行认定风险可控的资产纳入"受托融资"范围，包括农房、村经社股权、土地（林地）承包经营权、农民养老社保权益、花木果树、畜兽、生产设备等16种"受托"资产，特别是三产安置房和拆迁安置房等法律上没有明文规定、无法进行有效登记的新型财产也被纳入受托范围。

2. 协同登记

实行"农商行＋村经社＋职能部门"协同登记机制，农商行负责对农户受托代管动产或不动产进行逐笔登记，建立受托代管资产情况表；村经社接受报备登记，出具监管登记报备回执；房管、工商、农林、拆迁办等相关部门根据法规规定对登记的资产办理登记手续。

3. 三方议贷

农商行、村经社和第三方评估公司根据实地调查、资产评估和市场问价等方面的基础数据，结合申请人现有实际状况，出具议贷结果，实施差别化利率政策。

（三）"三治"监管，健全农民资产风险防控处置机制

1. 动态监管

在准入上，精准识别风险客户和优质客户；在受理上，由村经社确认农户受托资产的所有权，有效避免资产权属争议；在议贷上，通过三方议贷，避免资产虚高和过度授信风险；在贷后管理上，及时掌握借贷农户生活及生产变化、受托资产状态变化，避免受托资产被私自处置和贷款逾期风险，实行全流程风险控制。

2. 联合处置

司法、不动产登记、公安等部门协调合作，综合运用"裁判手段"、"行政限制"登记、"刑侦手段"等方式，规制农户擅自处置财产的行为，

打击恶意逃废债行为，联手做好贷款风险的防范和化解工作。

3."三治"运作

利用受托约定及三方协议，在村经社范围内通过"自治"劝导实现资产的变现，协商化解风险；针对逾期农户，依托村经社通过其亲朋、协贷员等开展"德治"催收，督促贷款农户还款；在"自治""德治"途径无法有效处理贷款风险的情况下启动"法治"程序，由法院、公安等职能部门依法处置受托资产。

二 取得成效

（一）破解农民贷款"两难一贵"难题

一是破解贷款难问题。在瓯海农商银行"农民资产受托代管融资"业务中，55.2%贷款农户为首贷农户，35.3%的贷款金额为新增额度，该模式为农民融资提供了新的渠道。二是破解融资贵难题。2019年12月，温州民间融资综合利率指数为14.88%（相当于月息1分24厘），而"农民资产受托代管融资"平均利率为6.5厘，最低为4厘，真正让利于民。三是破解担保难问题。当前的农户贷款过度依赖保证人和抵（质）押物。该项改革突破了"非抵押不贷，非担保不放"的传统信贷惯例，为农民群体创新推出了"受托"这一全新模式，打通了银行资金与农户资产对接的通道。

（二）推进农村普惠金融创新落实

"农民资产受托代管融资"模式强调有价值、可代管、有承诺即可授信，农民凭借资产均可向银行申请融资。即只要农民有资产、有意愿，就可申请到贷款。由于我国农村的特殊性，目前农民的许多财产没有完整的财产权，如住房的宅基地为集体所有而不能交易流通，土地承包经营权、林权和村经社股权等权益的抵押融资渠道也不畅。按照银行传统的贷款模式，这些财产和经济权益都不具备抵（质）押物性质，绝大多数农民实际上被挡在了金融服务的门外。而托管融资突破了这一限制，银行由注重传统抵（质）押物的权属证明转变为对资产价值的确认。

从"确权"到"确值"的这一转变，让多数农户摆脱了无抵押物、无担保人的窘境，真正享受到普惠金融。瓯海丽岙协春园艺花木种植户徐协春用"两间农房＋116株名贵花木"贷款1000万元，景山街道净水村村民赵忠以村经社股权托管融资，获得30万元贷款，有的农民甚至以养老金权益托管贷得急需的生产资金。

（三）拓宽农村社会治理渠道

长期以来，在乡村治理中我们比较注重农民的政治生活和政治权利，而对他们的经济生活和经济权利关注比较少，特别是实行家庭联产承包后，多数农民以家庭为单位开展创业活动，外界对他们的创业成效和真实的生存（生活）状态知之甚少。"农民资产受托代管融资"模式的推行，以金融服务为纽带，增进了对每个农户经济状况的了解，也为各级政府帮助农民增收、综合施策提供了可靠的依据。

在此类贷款运行中，通过农民自己的资产申报、金融机构和村经社的共同评估确认和逐户建档立卡，对每个农户的财产状况、从事行业和创业就业等有了比较全面、准确的了解；分布在各村的金融服务站和协贷员则为农民提供及时有效的"贴身"服务，构建起农民与金融机构的信息通道，可以及时反馈农民的金融需求。在资产托管中，村经社、银行等受托单位，通过动态监管，及时掌握贷款农户的资金流向、经营成效，发现风险并及时止损。这些元素的发现和运用，都对完善农村社会治理提供了有力的支撑。

（四）激发农民创新创业活力

金融门槛的降低和金融服务的便利化，使农村长期沉睡的资产被唤醒，通过托管融资，实现从"资源"到"资本"的时代跨越，极大地促进了农民增收、农业增效、农村发展。根据融资渠道和受益群体分析，在目前受理发放的12177户农户的贷款中，农村房产类和征收拆迁指标类占比最大，分

别占45.23%、44.15%，金额分别为22.91亿元、22.37亿元（见表1）；受托代管融资贷款用于农户创新创业资金投入35.78亿元，占比70.6%（见表2）。这极大地激活了农民资产的产权价值，让农民摆脱了没有抵（质）押物保证人的困境，从而激活了农村创新创业的活力。

表1 瓯海农民资产受托代管融资资产分类（2019年底）

权证种类	宗数(宗)	金额(万元)	宗数占比(%)	金额占比(%)
农村房产类	5671	229109	36.80	45.23
征收拆迁指标类	6293	223663	40.84	44.15
养老收益权类	1576	7994	10.23	1.58
无形资产	1721	36349	11.17	7.18
租赁使用权类	39	875	0.25	0.17
农村股权类	39	1767	0.25	0.35
承包经营权类	14	444	0.09	0.09
花木果树类	12	2510	0.08	0.50
生产设备类	4	120	0.03	0.02
小微厂房	14	2780	0.09	0.55
存货珍品类	4	240	0.03	0.05
农作物类	3	120	0.02	0.02
禽兽类	2	210	0.01	0.04
交通设备类	17	376	0.11	0.07

表2 瓯海农民资产受托代管融资资金投向（2019年底）

行业投向	户数(户)	金额(万元)	户数占比(%)	金额占比(%)
家庭消费	756	24633	6.21	4.86
农房改造	2712	124208	22.27	24.52
农村制造业	3554	168280	29.19	33.22
农村批发零售	2404	102648	19.74	20.26
农家乐、民宿业	816	24300	6.70	4.80
农村服务业	1069	35455	8.78	7.00
农村建筑施工业	390	11926	3.20	2.35
农村交通运输	308	9485	2.53	1.87
农林牧业	141	4961	1.16	0.98
农村文体教育	27	661	0.22	0.13

注：除"家庭消费""农户改造"外，其他皆为农户创新创业资金投入。

（五）促进农村社会信用体系建设

通过该业务的开展，形成了农村社会信用的基础数据库，为农村社会信用体系建设提供了数据基础；通过评定农户信用等级，并按照信用等级确定利率和额度，使农户形成"信用即资产"的意识；该模式通过将信用纳入村规民约，促进在农户中形成守信、诚信的"信用共识"，有助于培育农户的信用意识，形成信用共识，有效促进农村社会信用体系的构建，为乡村有效治理提供了基础。

三　经验分析

（一）特有的区域文化为该模式推行奠定基础

一是创业氛围浓。温州市瓯海区是中国农村改革的发源地，瓯海人一直以来拥有得天独厚的探索精神和创业基因。根据2017年温州首发的《温州市新设小微企业活力指数报告》，环境满意度指数瓯海最高，据专门开展此项业务的瓯海农商银行测算，仅瓯海区就有300多亿元的市场规模，将释放出巨量的农村发展资金。二是借贷活力强。瓯海拥有庞大的民间资本及大量民间金融载体，2013年3月以来民间借贷规模近75亿元，相比民间借贷的高利息和不规范，农户对"农民资产受托代管融资"模式有更高的接受度和认可度。三是社会信用好。以瓯海农商银行为试点单位开展"信易贷"，辖区里的个体工商户、小微企业主等优质诚信客户就达468户，涉及8289万元。全区信用评价良好以上的企业达95%以上。

（二）紧密的联动模式使该模式推行成为可能

1. 政府推动

农民资产受托代管融资模式属全国首创，既需要突破现有体制机制的桎

桔，又面临农民贷款供需不平衡的困境，瓯海区加强顶层设计，出台《加快推进农村普惠金融工作试行"农民资产受托代管融资"暂行办法》和《农民资产受托代管融资试点风险补偿及缓释机制工作方案》，同时专门成立农民资产受托代管融资工作领导小组，各街道（镇）积极组织、协同推进"农民资产受托代管融资"工作。

2. 银行主动

瓯海农商银行基于几十年来扎根农村积累的农户信息档案和49个基层网点覆盖布局，紧紧抓住乡村振兴战略机遇，推出农民资产受托代管融资业务，一方面是对农村农户知根知底，另一方面用有价值的资产作为保障，更是突破了客户经理惜贷、惧贷的心理障碍。另外，健全的风控技术和适应农村金融业务发展的内部考核机制，也是农民资产受托代管融资不可或缺的重要因素。

3. 村居合力

银行通过与村经社建立合作关系，布设"普惠金融服务站"，聘任当地村干部为协贷员，共同开展农户走访、实地调查、建立农户信息档案，搭建起了农户与银行之间的沟通桥梁，破解了以往农民与银行之间信息不对称的困境，打通了金融服务的"最后一公里"。

（三）严谨的运行规则为该模式推行提供保障

一是组织健全。建立领导小组、优化职责分工、明确目标任务，积极探索和构建领导有力、分工清晰、协调有效的组织体系，确保常态化运行和深入推广。二是流程规范。形成包括"建立合作、建档授信、签约放贷、贷后管理、风险处置"5个环节19个节点的业务流程，确保业务的规范化、标准化与制度化，增强该模式的可复制性和可推广性。三是管控到位。做到试点先行，不断改进、以点带面，设立风险补偿基金，形成贷前、贷中、贷后全流程的风险管控体系，保证改革的可持续发展。

四 存在问题

(一)农民资产受托代管融资中的"代管"难以落实

鉴于不动产不能移动的特性,农民资产受托代管融资模式中"代管"的实际上是不动产的所有权证类文本或其他证明材料;对于动产类资产的代管,由于农作物、家禽等动产受托物需要人工培育、饲养,也无法落实代管手续。从模式运行的实践看,目前仅能够对除上述资产以外的动产类资产落实"代管"手续,如何解决受托后的"代管"问题,仍旧是一个难题。

(二)受托资产出险处置中流转问题仍有待破题

受托代管本质上是一种委托关系,而非抵押关系,即使农户出现违约,金融机构也无法直接处置农户的受托资产,其对受托资产的优先受偿权以及代理处置权难以在法律上得到保证。从法律上看,不动产需完成抵押登记,动产需完成质押登记,才能实现优先受偿权。"农民资产受托代管融资"模式的创新之处和价值所在体现于"无抵押、无担保"贷款,寻求授权代管资产的抵押和质押,无疑与改革初衷相悖,而受托资产流转处置平台建设的滞后,必然会导致出险资产处置难、流转难的问题。

(三)其他金融机构参与农民资产受托代管融资积极性不高

目前瓯海28家金融机构中,仅农商银行开展农民资产受托代管融资业务。相对农商银行,其他金融机构没有长期开展"三农"业务的经验,也没有足够的农村网点支撑工作的开展,特别是现行模式农民资产的托管及处置欠缺法律保障,导致其参与的积极性不高。考虑到市场竞争会提高农户的受惠程度,可引导农业银行、邮储银行等金融机构跟进推行,当然这离不开农户数据共享、金融支农政策资源运用、部门联动协作等外部支撑条件。

五 相关建议

(一)加快培育农村产权评估市场

建立具有本地特色的公允的价值评估机制,是推进农村金融功能实现的重要环节。在瓯海农民资产受托代管融资中,瓯海农合有限公司作为目前唯一的第三方评估公司,负责受托资产的价值评估,但农村资产品类众多且价值评估工作总体上缺乏坚实的理论支持和充足的流转案例支撑,评估方法缺乏统一、科学标准,同时其与放贷银行有股权利益关系,市场公允度容易受到质疑。因此,应鼓励和支持社会办农村产权评估机构,适当降低民营评估机构行业准入门槛和条件,让更多资产评估机构、会计师事务所等中介机构进入农村产权评估市场,满足农村资产和权益的评估需求。

(二)健全农村产权流转交易机制

债权人的利益保护需要一个活跃的抵押品交易市场,瓯海农民资产受托代管融资虽然属于信用贷款,但仍以现有的资产为保障,一旦债务人违约,其所受托代管的资产要被处置变现。但由于历史和政策原因,目前农村产权交易市场发育不健全,变现能力弱,严重制约了农村金融的发展。为此,首先要大力推进农村确权、赋权、活权改革,通过确权颁证,明晰农村各项产权的归属;其次是培育农村产权交易市场,鼓励社会资本参与农村产权交易平台建设,依法合规开展农村土地承包经营权、宅基地使用权、村经社股权等各类产权交易和权益变现,提供从价值评估、公平交易、权属变更到资产管理、法律援助等一条龙专业化服务;最后是建立由政府主导的纠纷仲裁机构,主要通过仲裁机构对农民资产受托代管融资中出现的矛盾、产权处置中的纠纷和权属界定等进行协调化解,尽量避免进入司法程序,降低融资处置成本。

（三）建立风险保障金制度

由于缺乏风险保障机制，一旦受托代管资产出现风险，损失将由金融机构单一主体承担，尤其是未来该模式在相对偏远和贫困地区复制推广时，金融机构将面临更大的难以把控的业务风险。瓯海针对农民资产受托代管融资模式的完善，应尽快出台相应办法，由区财政出资，加快建立风险保障金制度，主要用于：①风险补偿，在由不可抗力因素导致受托代管资产出险情况下，为金融机构提供一定比例的风险补偿；②受损补偿，在受托代管资产处置不足以抵还贷款本金的情况下，为金融机构提供一定比例的受损补偿；③安置预付，在处置农户农房受托物时，提供安置预付，以提高处置效率。

（四）重视民生属性资产的约束和保障

在农民资产受托代管融资中，难免涉及住房、承包地等关系民生的资产和经济权益，在托管和处置中，必须对这部分资产或权益予以约束和保障。在农房托管融资方面，借款人要保证托管的房屋假如被依法偿债后仍有适当的居住场所，且须征得所在村经社同意；在办理农村房屋托管时，应将宅基地使用权变更为集体建设用地，受托人应承诺今后不再申请宅基地。土地承包经营权托管融资方面，托管土地在流转期满后其经营权必须无条件返还给承包农户。同时，在现行政策性涉农保险产品的基础上，扩大种植业、养殖业、林业等的保险业务范围，根据农民资产受托代管融资改革需要开发相应保险产品，适度降低农民资产托管融资风险；村集体经济组织作为推行农民资产受托代管的合作方，除履行如实提供农户动产和不动产信息、属地资产代管责任外，应探索在受托资产需要处置时，村经社回购后在本集体内部再流转的方式和路径。

附 录

Appendix

B.31 1978~2019年温州经济社会发展主要指标

年份	地区生产总值（万元）	第一产业（万元）	第二产业（万元）	第三产业（万元）	人均GDP（元）	财政总收入（万元）	人民币储蓄余额（万元）	年末户籍人口（万人）城镇	年末户籍人口（万人）农村	城镇居民人均可支配收入（元）	农村居民人均纯收入（元）	城镇居民恩格尔系数（%）	农村居民恩格尔系数（%）	城镇居民住房建筑面积（平方米）	农村居民住房建筑面积（平方米）	初中毕业生升学率（%）	卫生医疗机构床位数（个）
1978	132150	55744	47361	29045	238	13477	4511	55.98	505.28	—	113	—	—	—	—	—	5826
1979	150186	62498	55400	32288	265	13781	7242	57.70	513.93	—	—	—	—	—	—	—	6449
1980	179689	68437	73121	38131	312	17089	10783	59.04	522.38	—	165	—	—	—	9.5	—	6951

续表

1978~2019年温州经济社会发展主要指标

年份	地区生产总值(万元)	第一产业(万元)	第二产业(万元)	第三产业(万元)	人均GDP(元)	财政总收入(万元)	人民币储蓄余额(万元)	年末户籍人口(万人)城镇	年末户籍人口(万人)农村	城镇居民人均可支配收入(元)	农村居民人均纯收入(元)	城镇居民恩格尔系数(%)	农村居民恩格尔系数(%)	城镇居民住房建筑面积(平方米)	农村居民住房建筑面积(平方米)	初中毕业生升学率(%)	卫生医疗机构床位数(个)
1981	191755	69904	78928	42923	327	18076	14367	61.73	531.10	477	270	59.95	—	—	10.1	—	7186
1982	213686	88608	75839	49237	358	19100	18482	64.32	537.81	514	298	56.89	—	—	13.1	—	7372
1983	243432	93190	91797	58445	401	23067	24912	65.95	545.51	536	313	63.47	—	11.46	13.6	—	7737
1984	302064	112740	116447	104420	490	27352	31717	69.51	551.01	605	345	56.64	59.45	11.88	15.4	28.1	8289
1985	378045	128045	160970	89030	605	40579	36044	85.10	544.09	819	447	54.63	57.34	—	17.1	19.2	8428
1986	449140	140772	194156	114212	710	50329	59761	88.86	547.35	1020	508	53.24	54.13	11.56	18	26.71	8881
1987	549554	175792	233083	140679	859	60944	76291	91.99	552.00	1176	626	51.71	54.73	—	19.5	22.13	9207
1988	692077	205865	290740	195472	1067	75419	94946	95.42	557.55	1602	832	56.84	53.67	—	20.4	19.42	9841
1989	728378	207848	316565	203965	1110	87672	199361	97.11	562.63	1895	924	57.51	51.82	14.84	21.3	28.48	9935
1990	778977	213424	347959	217594	1174	88929	311059	98.28	568.70	2007	929	58.47	54.84	15.41	21.4	27.67	10135
1991	929184	243483	412663	273038	1387	99391	415505	99.66	572.89	2354	1044	59.16	54.60	—	22.3	26.19	10202
1992	1268594	237351	663989	367254	1877	118946	554207	102.08	576.91	3156	1200	51.88	57.22	13.82	22.3	24.7	10261
1993	1960634	261792	1144698	554144	2874	186767	680182	104.53	581.04	4369	1474	49.34	53.89	14.27	23.2	32.42	10661
1994	2958650	306284	1726585	925781	4294	216837	987766	107.53	584.87	5625	2000	53.95	57.77	16.37	25.3	68.66	11249
1995	4016636	414154	2311076	1291406	5778	264921	1420469	111.24	586.66	7507	2801	54.41	51.26	17.16	28.4	50.69	11303
1996	5070549	473725	2952381	1644443	7232	321986	1994759	114.31	590.06	8277	3371	51.89	56.28	17.06	29.4	52.81	11288
1997	6018516	516825	3444436	2057255	8520	387066	2556952	119.76	588.59	9034	3658	48.92	60.21	20.04	30.7	54.23	11655
1998	6720564	531329	3810420	2378815	9423	459864	3229434	123.90	594.14	8968	3833	47.44	54.08	20.68	28.6	54.4	11905
1999	7290748	523703	4048362	2718682	10128	551533	3795863	127.16	594.46	10339	4024	42.65	51.20	23.28	31.0	58.7	12381

389

续表

年份	地区生产总值（万元）	第一产业（万元）	第二产业（万元）	第三产业（万元）	人均GDP（元）	财政总收入（万元）	人民币储蓄余额（万元）	年末户籍人口（万人）城镇	年末户籍人口（万人）农村	城镇居民人均可支配收入（元）	农村居民人均纯收入（元）	城镇居民恩格尔系数（%）	农村居民恩格尔系数（%）	城镇居民住房建筑面积（平方米）	农村居民住房建筑面积（平方米）	初中毕业生升学率（%）	卫生医疗机构床位数（个）
2000	8220172	532070	4556311	3131791	11276	738727	4641487	130.93	605.39	12051	4298	43.45	49.43	25.63	33.7	66.9	12411
2001	9243037	561894	5022548	3658594	12532	961088	5829091	134.13	604.68	13200	4683	39.22	46.43	26.92	34.1	72.96	12946
2002	10523525	544913	5688237	4290376	14241	1262601	7459660	138.26	600.86	14591	5091	38.13	43.66	27.70	38.2	79.47	14131
2003	12124850	556719	6604186	4963946	16369	1517719	9203153	142.95	599.33	16035	5548	37.13	44.65	28.67	38.4	83.47	15481
2004	13889065	626205	7461479	5801381	18662	1824359	10040379	148.15	598.04	17727	6202	37.43	45.13	29.16	39.4	85.72	16309
2005	15963530	648867	8868845	6645818	21335	2049213	11613127	152.61	597.67	19805	6845	32.61	44.63	31.30	40.0	88.10	16839
2006	18375038	655084	10064859	7655095	24390	2410894	14763429	156.98	599.50	21716	7543	35.22	42.55	31.51	41.3	89.83	18223
2007	21589094	680862	11704211	9204020	28387	2932606	16380211	161.06	603.51	24002	8591	36.38	44.52	33.52	42.3	95.32	18612
2008	24242923	766843	12867606	10608473	31403	3397842	20850242	164.44	607.55	26172	9469	38.36	47.55	30.16	42.1	96.07	19304
2009	25273442	803100	13142400	11327942	32588	3607243	26172245	167.12	611.99	28021	10100	36.34	46.32	30.93	44.1	95.51	20380
2010	29250426	936932	15334626	12978868	37359	4114300	29161226	170.20	616.60	31201	11416	35.2	43.11	30.5	43.0	95.8	22617
2011	34185315	1078751	17607162	15499402	43132	4856156	33422645	171.34	627.02	31749	13243	36.2	44.9	32.3	43.8	96.1	22783
2012	36691832	1142171	18529900	17019761	45906	5178928	36169626	169.50	630.70	34820	14719	37.8	45.7	33.2	45.8	96.5	26159
2013	40038617	1153905	20154845	18729866	49817	5656347	38212517	169.73	637.51	37852	16194	38.8	46	41.7	42.2	97.3	29729
2014	43030500	1179400	20297000	21554100	53094	6124400	38831144	176.38	637.32	40510	19394	31	37.7	42.1	42.1	97.6	31464
2015	46198400	1232400	21015300	23950700	50809	6779200	95774600	404.40	406.81	44026	21235	31.9	39.4	42.62	42.97	97.6	35182
2016	50454000	1388100	21126800	27939100	55165	7239600	102133100	310.00	508.14	47785	22985	31.6	39	43	43.1	98.1	35688
2017	54531700	1440800	21492200	31598700	59177	7782600	108754900	381.55	442.98	51866	25154	31.7	37.2	43.3	45.4	98.1	39947
2018	60061600	1417500	23795300	34848800	72657	8952600	117366600	348.03	480.72	56097	27478	29.8	35.6	—	—	98.5	42432
2019	66061100	1517200	28124800	36419100	71225	9368700	131564400	378.27	454.09	60957	30211	29	35.4	48.20	58.68	—	44038

注：2015年以前城镇人口为非农业人口，乡村人口为农业人口，受户籍制度改革影响，当年统计数值有较大变动；数据整理与计算：王健。

社会科学文献出版社

皮 书

智库报告的主要形式
同一主题智库报告的聚合

❖ 皮书定义 ❖

皮书是对中国与世界发展状况和热点问题进行年度监测,以专业的角度、专家的视野和实证研究方法,针对某一领域或区域现状与发展态势展开分析和预测,具备前沿性、原创性、实证性、连续性、时效性等特点的公开出版物,由一系列权威研究报告组成。

❖ 皮书作者 ❖

皮书系列报告作者以国内外一流研究机构、知名高校等重点智库的研究人员为主,多为相关领域一流专家学者,他们的观点代表了当下学界对中国与世界的现实和未来最高水平的解读与分析。截至2020年,皮书研创机构有近千家,报告作者累计超过7万人。

❖ 皮书荣誉 ❖

皮书系列已成为社会科学文献出版社的著名图书品牌和中国社会科学院的知名学术品牌。2016年皮书系列正式列入"十三五"国家重点出版规划项目;2013~2020年,重点皮书列入中国社会科学院承担的国家哲学社会科学创新工程项目。

权威报告·一手数据·特色资源

皮书数据库
ANNUAL REPORT(YEARBOOK) DATABASE

分析解读当下中国发展变迁的高端智库平台

所获荣誉

- 2019年，入围国家新闻出版署数字出版精品遴选推荐计划项目
- 2016年，入选"'十三五'国家重点电子出版物出版规划骨干工程"
- 2015年，荣获"搜索中国正能量 点赞2015""创新中国科技创新奖"
- 2013年，荣获"中国出版政府奖·网络出版物奖"提名奖
- 连续多年荣获中国数字出版博览会"数字出版·优秀品牌"奖

成为会员

通过网址www.pishu.com.cn访问皮书数据库网站或下载皮书数据库APP，进行手机号码验证或邮箱验证即可成为皮书数据库会员。

会员福利

- 已注册用户购书后可免费获赠100元皮书数据库充值卡。刮开充值卡涂层获取充值密码，登录并进入"会员中心"—"在线充值"—"充值卡充值"，充值成功即可购买和查看数据库内容。
- 会员福利最终解释权归社会科学文献出版社所有。

卡号：926668967759
密码：

数据库服务热线：400-008-6695
数据库服务QQ：2475522410
数据库服务邮箱：database@ssap.cn
图书销售热线：010-59367070/7028
图书服务QQ：1265056568
图书服务邮箱：duzhe@ssap.cn

S 基本子库
SUB DATABASE

中国社会发展数据库（下设 12 个子库）

整合国内外中国社会发展研究成果，汇聚独家统计数据、深度分析报告，涉及社会、人口、政治、教育、法律等 12 个领域，为了解中国社会发展动态、跟踪社会核心热点、分析社会发展趋势提供一站式资源搜索和数据服务。

中国经济发展数据库（下设 12 个子库）

围绕国内外中国经济发展主题研究报告、学术资讯、基础数据等资料构建，内容涵盖宏观经济、农业经济、工业经济、产业经济等 12 个重点经济领域，为实时掌控经济运行态势、把握经济发展规律、洞察经济形势、进行经济决策提供参考和依据。

中国行业发展数据库（下设 17 个子库）

以中国国民经济行业分类为依据，覆盖金融业、旅游、医疗卫生、交通运输、能源矿产等 100 多个行业，跟踪分析国民经济相关行业市场运行状况和政策导向，汇集行业发展前沿资讯，为投资、从业及各种经济决策提供理论基础和实践指导。

中国区域发展数据库（下设 6 个子库）

对中国特定区域内的经济、社会、文化等领域现状与发展情况进行深度分析和预测，研究层级至县及县以下行政区，涉及地区、区域经济体、城市、农村等不同维度，为地方经济社会宏观态势研究、发展经验研究、案例分析提供数据服务。

中国文化传媒数据库（下设 18 个子库）

汇聚文化传媒领域专家观点、热点资讯，梳理国内外中国文化发展相关学术研究成果、一手统计数据，涵盖文化产业、新闻传播、电影娱乐、文学艺术、群众文化等 18 个重点研究领域。为文化传媒研究提供相关数据、研究报告和综合分析服务。

世界经济与国际关系数据库（下设 6 个子库）

立足"皮书系列"世界经济、国际关系相关学术资源，整合世界经济、国际政治、世界文化与科技、全球性问题、国际组织与国际法、区域研究 6 大领域研究成果，为世界经济与国际关系研究提供全方位数据分析，为决策和形势研判提供参考。

法律声明

"皮书系列"（含蓝皮书、绿皮书、黄皮书）之品牌由社会科学文献出版社最早使用并持续至今，现已被中国图书市场所熟知。"皮书系列"的相关商标已在中华人民共和国国家工商行政管理总局商标局注册，如LOGO（ ）、皮书、Pishu、经济蓝皮书、社会蓝皮书等。"皮书系列"图书的注册商标专用权及封面设计、版式设计的著作权均为社会科学文献出版社所有。未经社会科学文献出版社书面授权许可，任何使用与"皮书系列"图书注册商标、封面设计、版式设计相同或者近似的文字、图形或其组合的行为均系侵权行为。

经作者授权，本书的专有出版权及信息网络传播权等为社会科学文献出版社享有。未经社会科学文献出版社书面授权许可，任何就本书内容的复制、发行或以数字形式进行网络传播的行为均系侵权行为。

社会科学文献出版社将通过法律途径追究上述侵权行为的法律责任，维护自身合法权益。

欢迎社会各界人士对侵犯社会科学文献出版社上述权利的侵权行为进行举报。电话：010-59367121，电子邮箱：fawubu@ssap.cn。

社会科学文献出版社